O ÚLTIMO TREM PARA A
ZONA VERDE

OBJETIVA

Paul Theroux

O ÚLTIMO TREM PARA A ZONA VERDE

Meu derradeiro safári africano

Tradução
Ivo Korytowski

OBJETIVA

Grafia atualizada segundo o Acordo Ortográfico da Língua Portuguesa de 1990, que entrou em vigor no Brasil em 2009.

Todos os direitos desta edição reservados à
EDITORA OBJETIVA LTDA.
Rua Cosme Velho, 103
Rio de Janeiro – RJ – CEP: 22241-090
Tel.: (21) 2199-7824 – Fax: (21) 2199-7825
www.objetiva.com.br

Título original
The Last Train to Zona Verde: My Ultimate African Safari

Capa
Rodrigo Rodrigues

Imagem de capa
Mykola Mazuryk/Shutterstock

Preparação de originais
Leny Cordeiro

Revisão
Dayana Santos
Joana Milli
Fernanda Villa Nova

Editoração eletrônica
Abreu's System Ltda.

CIP-BRASIL. CATALOGAÇÃO NA PUBLICAÇÃO
SINDICATO NACIONAL DOS EDITORES DE LIVROS, RJ

T358u
Theroux, Paul
O último trem para a zona verde : Meu derradeiro safári africano / Paul Theroux ; tradução Ivo Korytowski. - 1. ed. - Rio de Janeiro : Objetiva, 2015.
335p.

Tradução de: *The Last Train to Zona Verde: My Ultimate African Safari*
ISBN 978-85-390-0679-3

1. Theroux, Paul - África do Sul - Descrições e viagens. 2. Theroux, Paul - Angola - Descrições e viagens. 3. Theroux, Paul - Namíbia - Descrições e viagens. I. Título.

15-20638 CDD: 910.45
CDU: 910.4:629.525

Para Albert e Freddy,
Sylvie e Enzo,
com amor, do vovô

Quando meu pai viajava, não temia a noite. Mas será que tinha todos os dedos do pé?

— *Provérbio de Bakongo (Angola)*

Deus todo-poderoso disse a Moisés, a paz esteja com ele: Pegue um cajado de ferro e calce sandálias de ferro, e depois percorra a terra até que o cajado se quebre e as sandálias se gastem.

— *Muhammad bin al-Sarraj*, Uns al-Sari wa-al sarib
(Um companheiro aos viajantes do dia e da noite), *1630*

Sumário

0
300 km
200
miles
0
DESERTO DE KAOKOVELD
Outjo
Otjiwarongo
Usakos
Okahundja
Spitzkoppe
Windhoek
Gobabis
BOTSUANA
Swakopmund
Rehoboth
DESERTO DO KALAHARI
OCEANO ATLÂNTICO
NAMÍBIA
Keetmanshoop
Lüderitz
Rio Orange
Springbok
CABO DO NORTE
KAROO DO NORTE
ÁFRICA DO SUL
Baía de St. Helena
Citrusdal
CABO OCIDENTAL
GRANDE KAROO
Cidade do Cabo
Cabo da Boa Esperança
OCEANO ÍNDICO
Langa
Bonteheuwel
Rondebosch
Guguletu
Mitchells Plain
Constantia
Khayelitsha
False Bay
Strand
Simonís Town
Lwandle
Chazaud

CONGO
0
300 km
200 miles
Brazzaville
Kinshasa
Rio Kasai
Rio Congo
Cabinda
REP. DEM. DO CONGO
Rio Quango
Nízeto
Caxito
Luanda
Malanje
Rio Casai
Rio Cuanza
Calamba
Porto Amboim
Sumbe
ANGOLA
Benguela
Lobito
Huambo
Dombe Grande
Catengue
Chongaroi
Cutembo
PLANALTO
Quilengues
Cacula
Cubango
Namibe
Chibia
Dongue
Rio Cunene
Uia
Xangongo
Ondiva
Santa Clara
Cunene R.
Oshikango
Ondangwa
Oshakati
Rio Okavango
FAIXA CAPRIVI
OCEANO ATLÂNTICO
DESERTO KAOKO VELD
ETOSHA PAN
Namutoni
Okaukuejo
Otjikoto Lake
Grootfontein
Halali
Gumare
Dobe
Nokaleng
Outjo
Otjiwarongo
Tsumkwe
NAMÍBIA
Chazaud

1

Entre as pessoas irreais

No sertão plano e quente no distante nordeste da Namíbia, cruzei com um grande cupinzeiro de areia macia mascada pelos insetos, e com a mínima elevação provocada por aquela protuberância sob meus pés, a paisagem se abriu em um leque majestoso, como as páginas palpitantes de um livro ainda por ler.

Então voltei para o fim de uma fila de homens e mulheres de corpos pequenos, quase todos nus, que marchavam sob um céu agitado pelo fogo dourado através da vegetação seca da antes vulgarmente chamada Boesmanland (Terra dos Bosquímanos em africânder) — mulheres com seios que pareciam sacos, rindo entre si, uma criança com a cabeça semelhante a um fruto coberto de penugem balançando no sling de uma mulher, homens em trapos de couro segurando lanças e arcos, num total de nove — e eu pensando, como havia pensado por anos percorrendo a Terra em meio à raça humana: os melhores humanos estão com a bunda de fora.

Contente outra vez, de volta à África, o reino da luz, eu percorria um novo caminho, a pé naquela paisagem antiga, deleitando-me com "um passado palpável, imaginável, visitável — nas distâncias mais próximas e nos mistérios mais claros". Avançava em meio aos espinheiros com pessoas esguias, de pele dourada, que eram o povo mais antigo da Terra, ostentando uma linhagem que retrocedia ao obscuro e remoto abismo do tempo no Pleistoceno Superior, há uns 35 mil anos, os ancestrais comprovados de todos nós, os verdadeiros aristocratas do planeta.

O bufar de um animal assustado fora do alcance de visão nos deteve. Depois, suas ancas se agitando pelo mato. E então, o som de seus cascos batendo nas pedras soltas.

— *Kudu* — um dos homens sussurrou, inclinando-se para ouvi-lo partir, sem olhar para o lado, como que dizendo o prenome familiar de algum conhecido. Voltou a falar, e embora eu não entendesse, escutei como se fosse uma música nova. Sua língua era estranha e eufônica.

Naquela manhã em Tsumkwe, a cidade mais próxima — não exatamente uma cidade, apenas uma encruzilhada ressecada pelo sol com muitas choças e poucas árvores frondosas —, eu ouvira em meu rádio de ondas curtas: *Mercados financeiros mundiais em polvorosa enfrentam a pior crise desde a Segunda Guerra Mundial. Os países da zona do euro se aproximam do desastre enquanto a expectativa é de que a Grécia afunde na falência, com seu governo já tendo recusado um empréstimo de 45 bilhões de dólares para diminuir sua dívida.*

O povo que eu seguia estava rindo. Eram falantes do Khoisan, e de um subgrupo do povo !Kung que se autodenominava Ju/'hoansi — um nome estridente, de difícil pronúncia, que quer dizer "Pessoas Reais" ou "Pessoas Inofensivas". Caçadores-coletores tradicionais, não tinham histórico de uso de dinheiro. Mesmo agora, empurrados para as margens da chamada Terra dos Bosquímanos (aquela parte eles conheciam como Nyae Nyae) — e irregularmente assentados, com algum gado e plantio —, aquele povo pouco via dinheiro e quase não usava essa coisa decadente. Ainda suplementavam sua dieta caçando, arrancando raízes e forrageando — e aceitando esmolas lamentáveis. Tudo indica que não pensavam em dinheiro, ou, caso o fizessem, sabiam que nunca o teriam. Enquanto os gregos se revoltavam, bradando contra seu governo, os italianos nas ruas de Roma protestavam contra a pobreza, os portugueses e espanhóis contemplavam espantados a bancarrota, as notícias eram de falência, moedas sem valor e medidas de austeridade, os Ju/'hoansi eram indestrutíveis em todos os seus velhos costumes, ou assim pareciam, em minha ignorância.

A jovem mulher diante de mim ajoelhou-se na areia. Tinha um rosto adorável e delicado, um tanto asiático — mas também sugerindo o rosto de um extraterrestre —, que a maioria do povo San possui. Ou seja, pedomórfico, o rosto inocente e cativante de uma criança. Passou os dedos em torno de uma trepadeira filiforme que brotava da areia, agachou-se, apoiou-se num cotovelo e pôs-se a cavar. A cada punhado de areia seus olhos reluziam, os seios balançavam e seus mamilos tremiam contra a terra, uma das pequenas excitações daquela excursão. Após um minuto, extraiu um tubérculo com o formato de um dedo do buraco escuro e estranhamente úmido que havia cavado, colocando-o na mão. Ao sacudir o pó, a raiz empalideceu sob as pontas de seus dedos. Sorrindo, ela me ofereceu a primeira mordida.

"*Nano*" ela disse, e a palavra foi traduzida como "batata".

Tinha o gosto terroso e adocicado e a textura de uma cenoura crua. Eu a devolvi, e ela foi compartilhada igualmente, um pedacinho para cada, nove mordidas. Nas florestas, nos desertos e nas encostas através do mundo, povos forrageadores como os Ju/'hoansi são meticulosos na partilha dos alimentos. É essa partilha em sua vida comunitária que os mantém coesos.

Mais adiante, ajoelhados nas cascas de nozes e folhas caídas de um espinheiro, dois dos homens, um de frente para o outro no chão, se revezaram girando um graveto de meio metro de comprimento entre as mãos, friccionando aquele fuso que, em pouco tempo, fez surgir uma fumaça do atrito de sua ponta num pedaço escuro de madeira macia. Chamam o graveto de macho; o bloco de madeira côncavo embaixo, de fêmea. Centelhas se acenderam no bloco quente perfurado, e um dos homens obteve mais centelhas, erguendo a madeira ardente que emanava uma fumaça tênue, soprando nela com os lábios em uma expressão de beijo. Ele espalhou cascas e folhas secas sobre ela, depois um punhado de galhos. Tínhamos fogo.

Greves na Grécia deixaram sem eletricidade muitas cidades, e espera-se um calote dessa dívida pelo governo, o que mergulhará a Europa em incerteza crescente, pondo em dúvida o destino do euro. O efeito propagador poderia comprometer a viabilidade de bancos americanos. Multidões lançando pedras, em protesto contras as medidas de austeridade crescentes, começaram a saquear lojas em Atenas...

Aquelas notícias pareciam ser de outro planeta, sombrio, caótico, não daquele lugar deslumbrante de pessoas pequenas e serenas, sorrindo nas sombras da baixa vegetação, as mulheres desenterrando mais raízes com suas varetas de cavar, uma delas reclinada num trecho de sombra matizada, dando de mamar ao satisfeito bebê.

Estavam livres das metáforas confusas e estranhamente oraculares do mercado em queda — *A crise do subprime era apenas a ponta do iceberg de um colapso econômico* e *Empréstimos não conseguiam deter a hemorragia dos preços das ações* e *Os governos regionais da Espanha ficaram mais 22% no vermelho para quase 18 bilhões de dólares* e *A economia da cidade de Nova York enfrenta um risco de declínio extremo devido à crise da dívida na Europa, porque seus bancos detêm mais de um trilhão de dólares em ativos* — e da percepção burlesca de que o dinheiro não passava de papel amassado colorido, mal diferindo do papel de um bombom; o próprio mercado era pouco mais que um cassino. *Pelo décimo dia seguido...* O pânico, a raiva, a impotência das pessoas confinadas em cidades estagnadas como macacos engaiolados. *Se a Grécia der o calote da dívida, vai se ver numa espiral mortal.*

Enquanto o fogo estalava, mais raízes foram compartilhadas.

— Veja, senhor Bawl...

Um homem agachado com uma corda artesanal feita de trepadeiras cortadas e retorcidas preparara uma armadilha, prendendo-a à curvatura de um galho inclinado. Com movimentos dos dedos na areia, ele me mostrava como a armadilha prendia os pés lerdos de uma ave incauta, talvez uma galinha-d'angola — elas eram numerosas ali —, que eles depenariam e assariam na fogueira. Eles indicaram as plantas venenosas e falaram sobre besouros que esmagavam e aplicavam às pontas das flechas para torná-las mortais, sobre as folhas que usavam para aliviar seus estômagos e os ramos para limpar feridas, aliviar irritações cutâneas.

Aquelas Pessoas Reais, os Ju/'hoansi, vinham sendo perseguidas, oprimidas, massacradas e expulsas desde o momento em que os primeiros brancos desembarcaram na África, em 1652. Os brancos foram Jan van Riebeeck, sua esposa e seu filho, e seu pequeno grupo de holandeses, que chamaram a terra de Groot Schur, Boa Esperança, onde se fixaram a fim de plantar verduras para um posto que abastecia os navios holandeses a caminho da Ásia oriental.

Sensíveis quanto ao tema das raças, com o temperamento holandês para distinções sutis, criaram uma taxonomia para descrever os povos indígenas, designando os khoikhoi pastores de cabras como "hotentotes" (que imitavam os estalidos alveolares da maneira como falavam), os bantos como "cafres" (infiéis — os holandeses adotaram a palavra dos antigos portugueses, que a ouviram empregada por mercadores árabes) e os !Kung San como "bosquímanos", (devido ao seu habitat preferido). Foram os Khoikhoi pastorais que lhes deram o nome San — uma forma desdenhosa de dizer "sem gado" (no sentido de serem atrasados). Todos foram rechaçados na usurpação das terras pelos holandeses, e embora cada grupo contra-atacasse, os chamados !Kung San logo recuaram, mas sem rapidez suficiente. Foram caçados por esporte até o final do século XIX pelos bôeres. Mas esses seres supostamente selvagens — forrageadores e caçadores autossuficientes, com ódio às cidades, aparentemente vivendo fora da economia do mundo — seriam quem, eu acreditava, riria por último.

Mesmo depois, quando aqueles Ju/'hoansi que eu estava visitando haviam tirado seus ornamentos de contas e deposto seus arcos, flechas e varetas de cavar, trocando as peles bonitas que vestiam roupas ocidentais esfarrapadas — calças rasgadas, camisetas desbotadas, sandálias de borracha, saias e blusas, roupa usada enviada em fardos da Europa e dos Estados Unidos —, mesmo então a cortina não caiu. Os Ju/'hoansi ainda pareciam antigos, indestrutíveis e sábios, completamente habituados à sua vida no sertão, sorrindo tranquilamente diante da insensatez e incompetência do mundo exterior.

Foi o que vi. Ou terá sido uma ilusão? Talvez o que estivessem me mostrando fosse uma encenação convincente dos velhos costumes, como índios mohawks num desfile moderno, trajando jaquetas de couro de veado com contas e remando canoas de casca de bétula no rio Hudson. Quem considerasse como típico o comportamento dos Ju/'hoansi, como escreveram alguns antropólogos, estava perpetuando um mito que havia sido afetuosamente inventado, um travestimento no sentido estrito da palavra, uma mera troca de roupas, romantizando para sempre uma vida remota e perdida.

É verdade que os Ju/'hoansi haviam sido dispersados e reassentados, assolados pelo alcoolismo, e muitos deles foram degradados pela vida urbana. Mas os Ju/'hoansi haviam conservado algo de sua cultura. Sua língua estava intacta. Ainda conservavam suas lendas e cosmologia. Haviam preservado e transmitido suas estratégias de sobrevivência no sertão. Muitos ainda rastreavam animais, ainda caçavam, embora não com flechas envenenadas. Alguns ainda reforçavam sua dieta com raízes e sabiam acender fogo esfregando gravetos. Seu sistema de parentesco — família, relacionamentos, dependências — permanecia inalterado.

Mesmo trajando farrapos em vez de peles, ainda pareciam as Pessoas Reais. Mas talvez eu tenha visto o que precisava ver. Suas habilidades tradicionais intactas, suas cabeças (eu supunha) ocupadas com os velhos costumes. Tinham até uma maneira peculiar de caminhar. Ao contrário do morador da cidade, aquela pessoa encurvada, que arrasta os pés e sorri forçado com o canto da boca, os Ju/'hoansi eram atentos. Nunca passeavam ou fugiam. Moviam-se de forma ágil, mas silenciosa, corpos eretos, escutando enquanto avançavam, pisando leve na ponta dos pés, bailarinos em sua marcha, no que mais parecia uma dança do que uma caminhada pelo sertão.

O temperamento deles era adequado para lidar com a austeridade do clima semidesértico, e tinham uma compreensão empática dos animais que caçavam. Mas nunca haviam sido páreo para os povos que os perseguiram, incluindo os !Kung San e os herero, bem como os brancos. Alguns !Kung San que tiveram o infortúnio de viver perto de cidades haviam sido envenenados e debilitados pela *oshikundu* espumante, a cerveja caseira que os namíbios produziam do sorgo fermentado e vendiam em aldeias e *shebeens*. (*Shebeen*, uma palavra irlandesa que significa "cerveja ruim", foi trazida ao sul da África por migrantes da Irlanda, a fim de descrever os botecos mais pobres.)

Pela aparente gentileza, complexidade de suas crenças e linhagem antiga, agências e instituições de caridade estrangeiras haviam se encantado com os !Kung San. Como os antropólogos: os !Kung San estavam entre os povos mais intensamente estudados da África. Mas aqueles que os tratavam com paternalismo tinham bem mais a aprender com essas pessoas do que a lhes ensinar. Elas eram acima de tudo um povo pacífico, igualitário, que prosperara graças à sua tradição de dividir e viver de modo comunitário. Historicamente, haviam recuado mais fundo no sertão em vez de enfrentar o extermínio em uma guerra fútil. Destacavam-se pela paciência, e eram portanto um povo satisfeito. Estavam aqui antes de quaisquer outros — caçando animais, acendendo fogueiras, desenterrando raízes —, e eu tinha convicção de que continuariam aqui depois que o resto do mundo se destruísse.

Sempre viveram à margem. Um forasteiro qualquer de uma organização de caridade, coletora de dinheiro e doadora de roupas usadas, e os simpatizantes benevolentes que lhes davam apoio material poderiam lhes mostrar um modo de vida melhor? As circunstâncias — políticas sobretudo — determinaram que os Ju/'hoansi estivessem confinados em um só lugar, e, embora fossem nômades por costume, teriam de adquirir habilidades agrícolas e de pecuária. Mas, se eram historicamente caçadores-coletores, ligados à terra que consideravam a mãe viva, não seriam bem-sucedidos dessa forma?

Muitos africanos são pessoas de culturas regressivas, os remanescentes dispersos de reinos antigos que foram exterminados ou subvertidos por traficantes de escravos da Arábia e da Europa — os reinos do Daomé e o Congo, o vasto império do século XV do sul da África conhecido como Monomatapa. Como os povos camponeses da velha Europa, um grande número de africanos perdeu ou abandonou suas habilidades tradicionais em telhados de sapê, ferro forjado, entalhes de madeira, coleta de alimentos, agricultura e a maior habilidade de todas: o respeito mútuo e a integridade que ajuda as pessoas a seguir em frente de forma amigável. Em poucas décadas, a maioria dos africanos viverá em cidades. Hoje, 200 milhões de pessoas na África Subsaariana vivem em favelas, o maior número de favelados do mundo, de acordo com o "Relatório de 2010 das Condições das Cidades Africanas" do UN-Habitat. E "favela" é uma palavra um tanto enganadora para esses locais sem futuro — como eu veria — de espantosa desordem.

A cidade mais próxima da minúscula aldeia dos Ju/'hoansi, a encruzilhada de Tsumkwe, cerca de cinquenta quilômetros pela estrada, dispunha de algumas comodidades: uma loja que vendia comida enlatada, pão e balas, uma bomba de gasolina, um simulacro de mercado de rua — uma fileira de sete barracas improvisadas que vendiam roupas usadas, carne, cerveja caseira e, a última barraca, extensões de cabelo. Os vendedores bocejavam no calor; os negócios andavam fracos.

Durante anos eu sonhara visitar o povo !Kung San e perambular pela região. E eu tinha outra razão. Para um livro anterior meu, *O safári da*

Estrela Negra, eu viajara por terra do Cairo à Cidade do Cabo descendo pelo lado direito da África. Dessa vez, buscando a simetria da aventura, queria retomar minha viagem da Cidade do Cabo e, após ver como havia mudado em dez anos, viajar para o norte em uma nova direção, pelo lado esquerdo do continente, até achar o fim da linha, seja na estrada ou na minha mente.

Mas eu tinha ainda outros motivos, também prementes. O principal era me afastar fisicamente de pessoas que roubavam meu tempo com bobagens. "Acredito que a mente pode ser profanada indelevelmente pelo hábito de atentar para coisas vulgares", Thoreau escreveu em seu ensaio "Vida sem princípios", "de tal modo que todos os nossos pensamentos se tinjam de vulgaridade".*

Ao me afastar, eu queria frustrar os espreitadores e importunadores, estar fora de alcance de pessoas que mandam e-mails, telefonam e dizem: "Olha, estamos estourando o prazo!" — prazos de outras pessoas, não meus. Viajar desconectado, distante do olhar ou do alcance de qualquer um, é um barato. Eu fazia jus a essa liberdade: tendo recentemente terminado um romance, e cansado de ficar sentado à escrivaninha por um ano e meio, queria sair de casa — e não só sair, mas ir para bem longe. "Não estou fazendo essa maravilhosa viagem com o propósito de me iludir, mas sim de me conhecer melhor a partir dos objetos que vejo", Goethe escreveu em sua *Viagem à Itália*. "Nada há, de fato, que se compare à nova vida que a contemplação de uma terra estranha descortina ao homem afeito à reflexão. Embora eu siga sendo sempre a mesma pessoa, creio ter mudado até ossos."**

A África conquistou minha atenção por ainda estar tão vazia, tão aparentemente inacabada e cheia de possibilidades, motivo pelo qual atrai intrometidos, analistas, voyeurs e filantropos amadores. Grande parte dela continua selvagem, e mesmo em sua fome é esperançosa, talvez como efeito de seu desespero. "Quero uma natureza selvagem cuja visão nenhu-

---

* Esta citação e a seguinte de Henry David Thoreau são de *A desobediência civil*. Trad. José Geraldo Couto. São Paulo: Companhia das Letras, 2012. (N. T.)

** J. W. Goethe, *Viagem à Itália — 1786/1788*. Trad. Sergio Tellaroli. São Paulo: Companhia das Letras, 1999. (N. T.)

ma civilização seja capaz de suportar", Thoreau escreveu em "Caminhar", "como se nos alimentássemos de tutano de antílope devorado cru". Viajar para a África também foi meu modo de me opor à velocidade crescente da tecnologia — resistir a ela e recuar, descobrindo a paciência e estudando o mundo desse jeito.

A África mudou e, dez anos depois, eu também havia mudado. O mundo envelhecera também, e a natureza das próprias viagens continuou se alterando e acelerando. Dizem que o mundo conhecido nunca foi tão bem-conhecido nem esteve tão facilmente ao alcance de todos. Em 2011, o ano em que estive na estrada, a Namíbia recebeu um milhão de turistas estrangeiros, e a África do Sul, o dobro dessa cifra. Mas esses visitantes permaneciam em rotas seguras e já desbravadas. Muitos lugares na África do Sul raramente viam um turista, e na Namíbia os turistas se limitavam aos parques de vida selvagem e à costa, pouco se aventurando no extremo norte, a inóspita fronteira com Angola. Quanto aos viajantes mais aventureiros, os mochileiros e andarilhos, eu estava por conhecer um que tivesse de fato cruzado essa fronteira.

Embora o mundo conhecido tenha sido bem percorrido e lugares distantes figurem no itinerário turístico (o Butão, as Maldivas, o delta do Okavango, a Patagônia), existem lugares aonde nenhum estrangeiro vai. Os ricos viajam para pistas de aviação remotas em voos fretados, com seus próprios chefs de cozinha e guias. O resto de nós vamos em pacotes turísticos ou aleatoriamente de mochila. No entanto, existem lugares que nos fogem à vista, inacessíveis ou perigosos demais para serem visitados. Muitas trilhas no sertão não levam a lugar algum. E alguns países estão fechados até segunda ordem. A Somália, em estado de anarquia, não consta do itinerário de ninguém, exceto de traficantes de armas. O Zimbábue, uma tirania, é hostil. E outros — o Congo é um bom exemplo — simplesmente não têm estradas. Mas, mesmo que existissem estradas, grande parte do Congo é uma terra de ninguém, com milícias e chefes e guerreiros locais, como já era quando Henry Morton Stanley o atravessou a pé e por rios.

No decorrer de meu planejamento, li repetidas vezes que islamitas militantes estavam ocupados matando infiéis ou espalhando o terror no Níger e no Chade, e na Nigéria os grupos chamados de Boko Haram — muçulmanos que não toleravam a visão de nigerianos ocidentalizados —

vinham matando qualquer homem que trajasse calça e camisa, ou mulher de vestido. Aqueles grupos estavam em busca de alvos fáceis: mochileiros, andarilhos, pessoas como você e eu.

Assim, parti para essa viagem com maus pressentimentos. Um homem que passou cinquenta anos na estrada é uma vítima indefesa: sozinho, com idade para estar aposentado e chamando a atenção num país como a Namíbia, cuja expectativa de vida média é de 43 anos. Consolei-me pensando que a visão improvável de um velho viajando sozinho na África faria qualquer um rir de mim como um excêntrico. Usando roupas desbotadas, um relógio de pulso de vinte dólares e óculos de sol baratos, carregando um pequeno telefone celular de plástico de vinte dólares, que lucro eu daria para um assaltante?

Também suspeitei que essa viagem seria como uma despedida. Para muitos escritores mais velhos, e alguns não tão velhos, uma temporada na África era uma viagem de despedida. A última viagem séria em que Joseph Conrad embarcou, seus 28 dias pilotando um barco para cima e para baixo no rio Congo, formou a base de sua poderosa novela *Coração das trevas*, que escreveu durante os oito anos que sucederam seu retorno da África, descrevendo o livro como "experiência um pouco (só um pouquinho) estendida além dos fatos reais do caso". Após uma vida de viagens, Evelyn Waugh passou o inverno de 1959 no leste e no centro da África e escreveu um relato em *A Tourist in Africa* [Um turista na África]. Morreu seis anos depois. Tanto Laurens van der Post como Wilfred Thesiger passaram seus últimos anos viajando pela África — Van der Post no deserto do Kalahari, Thesiger no interior do Quênia — e escreveram a respeito. O derradeiro safári de Hemingway, sua última viagem séria, foi ao leste africano em 1953-4, e embora desse um tiro em si mesmo seis anos depois, sua versão ficcionalizada do safári, *Verdade ao amanhecer*, organizada por seu filho Patrick, foi publicada postumamente em 1999. Depois que V. S. Naipaul publicou *A máscara da África*, uma extensa interrogação sobre "a natureza da crença africana" através de seis países africanos, deixou claro que aquele poderia ser seu último livro de viagens.

A África pode ser brutal, e parte dela é francamente assustadora, mas como a experiência de Naipaul mostrou, pode também ser gentil para um viajante doente e velho. Você esperaria que as pessoas dissessem: "Vai pra casa, seu velho." Mas não — em geral, a África não expulsa ninguém.

E portanto esse, o mais verde dos continentes, pareceria o cenário perfeito para uma viagem de despedida, uma forma de homenagear o mundo natural e o Éden violado de nossas origens. "Todas as fomes do mundo são abertamente expostas aqui", o escritor e viajante inglês V. S. Pritchett escreveu sobre a Espanha há cinquenta anos. Mas suas palavras poderiam ser uma avaliação da África também. "Vemos as fomes primitivas pelas quais vivemos e mesmo assim, por um feito curioso de estoicismo, fatalismo e letargia, as paixões da natureza humana são ceticamente contidas." Na África, vemos a história humana virada de ponta-cabeça, e lá é possível ver onde foi que erramos.

"A África nos devolve a sensação necessária de que o mundo é vasto, prodigioso e nobre", escreveu outro viajante, e para essa mesma região, Jon Manchip White, em *The Land God Made in Anger* [A terra que Deus criou com raiva]. "Apesar do que dizem os especialistas, nosso planeta não está nem congestionado, nem é desprezível."

Toda viagem solitária oferece uma espécie de licença especial, permitindo que você seja quem quiser. Existem muitos países em risco, ou lugares cujos futuros estão ameaçados. Penso na radioativa Ucrânia, ou na anárquica Tchetchênia, ou nas sobrecarregadas Filipinas, ou na tiranizada Bielorrússia. Cada um desses países poderia se beneficiar de uma mão prestativa, mas quando a celebridade, o ex-presidente ou a figura pública glamorosa deseja fazer uma aparição caridosa, quase sempre é na África, por causa do exotismo — ou será pela dramaticidade do contraste acentuado em preto e branco, ou por ser hipnoticamente ininteligível? Na África a licença do viajante é ilimitada, e a própria África amplia a experiência como nenhum outro lugar.

Quando eu estava seguindo o vigoroso povo Ju/'hoansi de andar ligeiro pelos campos rasteiros, banhados pelo sol de Nyae Nyae, sabia que estava onde queria estar. E aquele tipo de viagem foi uma forma de recuperar minha juventude, porque, como um professor de 22 anos numa pequena escola na África rural, eu passara alguns dos anos mais felizes de minha vida — anos de liberdade, amizade e grandes esperanças.

Se eu tinha um mau pressentimento sobre essa viagem, foi porque viajar ao desconhecido também pode ser como morrer. Após a angústia das despedidas e a própria partida, você parece diminuir cada vez mais até desaparecer a distância. Com o tempo, ninguém mais sente falta de você, exceto da forma casual, ligeiramente debochada de "Seja lá o que aconteceu com o velho tal e tal, quem foi que ameaçou se mandar para a África?". Você partiu, ninguém pode depender de você, e quando você não passa de uma lembrança tênue, um amargor invade a recordação, assim como costumamos nos ressentir dos mortos por estarem mortos. De que serve você, inalcançável e tão distante?

E isso faz de você dois espectros, porque no país distante você também é como uma aparição, seu rosto pressionado à janela de outra cultura, contemplando outras vidas. E grande parte do que você vê, como a vida harmoniosa no sertão, possui outro lado.

Levei algum tempo até entender que a janela da África, como a janela de um trem varando a noite, é um espelho deformador que em parte reflete o rosto do próprio observador. Entre os Ju/'hoansi eu estava na verdade testemunhando uma encenação, e vim a perceber que o povo que se denominava Pessoas Reais era, infelizmente, irreal. O mundo pagão heroico dos Ju/'hoansi de pele dourada era uma ilusão. Eu esperara achar essa raridade no mundo, um país com uma alegria não contaminada, mas o que achei foi um povo desesperado, almas tristes, estáticas, desesperançadas; não indestrutíveis como eu pensara, mas precisando urgentemente de socorro.

2

O trem de Khayelitsha

Algumas semanas antes de minha visita aos Ju/'hoansi, que dormem deitados no chão de seus abrigos simples, sempre alertas devido às rondas noturnas dos predadores, acordei de um sono profundo em uma cama macia num hotel de luxo, entre os flancos verdes escarpados da montanha da Mesa e o resplendor aquoso da baía da Mesa. Aquilo foi na Cidade do Cabo, com suas alturas e penhascos, a única cidade na África com pretensão à grandeza.

Bocejando com dentes à mostra, como um babuíno, liguei a TV e vi a confusão na Europa, o tipo de imprudência e caos que as pessoas costumam associar à África, e agradeci por estar bem longe. Eu seguiria rumo ao norte em um daqueles dias, pela estrada, para a Namíbia, o Botsuana e a Angola, e talvez mais longe. Nenhum plano de longo prazo era necessário. Estava sozinho, viajando com pouca bagagem, e precisava apenas de uma passagem barata só de ida. Um ônibus diário ia da província do Cabo do Norte para a isolada Springbok e continuava à noite pela fronteira da Namíbia, que era o curso leste-oeste do rio Orange.

Agora viajante mais velho, levei meus comprimidos matinais, dois tipos diferentes para evitar a gota, uma vitamina e uma dose de supressor de malária, e depois fiquei matando tempo, ainda grogue pela mudança de fuso horário. E, lembrando que estava em viagem, datei e escrevi a primeira linha de meu diário, sobre acordar em uma cama macia num hotel de luxo.

Em local tão agradável, por mais longe que esteja, você nunca imagina que está velho demais para viajar. Posso fazer isso até morrer, você pensa enquanto pede lótus para comer ao serviço de quarto. ("Pensando bem, vou querer filé Wagyu com crosta de pimenta e trufas negras ao vinagrete.") Somente numa choupana no sertão, ou ao ser encarado com raiva por uma multidão malcheirosa e hostil ("Mister! Mister!"), ou comendo um guisado sinistro de carne preta ou um prato trincado de batatas frias, malcozidas, gordurosas e cheias de pontos pretos, ou sacolejando numa lata velha por nove horas descendo uma estrada de montanha toda esburacada — com a morte violenta tão perto como aquele precipício escuro à direita — é que me ocorre que outra pessoa deveria estar fazendo isso, talvez alguém mais jovem, mais faminto, mais forte, mais desesperado, mais louco.

Mas há algo que se chama curiosidade, exaltada como um espírito de investigação, e essa bisbilhotice governou minha vida como viajante e escritor.

Em grande parte da Europa e da América do Norte, um olhar curioso é considerado uma intromissão hostil, e perguntas curiosas costumam despertar uma resposta maldosa ou inútil: "Está escrevendo um livro, cara? Bem, deixe este capítulo de fora." Mas na África tal atenção próxima é considerada uma preocupação bem-vinda, uma forma de cordialidade, sobretudo quando são trocadas as gentilezas habituais e observadas as sutilezas tribais. O que me trouxe de volta a essa bela cidade, e a esse continente, foi o desejo de conhecê-los mais pessoalmente, aquele comichão vitalizante que mantém a todos nós deslumbrados e alguns de nós na estrada.

Durante o café da manhã — salmão, ovos mexidos, fruta, suco de goiaba, chá verde, torrada de pão integral e geleia —, lendo o *Cape Times*, vi as manchetes "Montanha Fechada à Noite" e "Cidade Reage aos Ataques". O motivo do fechamento da montanha da Mesa após o anoitecer foi a criminalidade — assaltantes, ladrões ou, na gíria sul-africana, *tsotsis* e *skelms*, os nomes locais para os criminosos. Uma série de caminhantes noturnos e pessoas radiantes de admiração com as luzes da cidade em seus carros estacionados havia sido atacada, espancada e roubada. Como era possível fechar a montanha era um mistério. Essa enorme e dominante formação rochosa, com mais de três quilômetros de largura em seu platô, constituía uma cadeia que se estendia por 65 quilômetros até Cape Point.

Mas aquela era a África, tão sujeita a mudanças súbitas. Menos de um mês depois, a montanha da Mesa foi designada (junto com a baía de Halong, no Vietnã, a floresta amazônica, as cataratas do Iguaçu e três outras) uma das sete maravilhas naturais do mundo. Reconhecida mundo afora como uma maravilha, a montanha da Mesa foi orgulhosamente reaberta ao público.

No mesmo dia em que acordei no hotel de luxo, saí para passear. No Texies Fish and Chips na Adderley Street, na praça Grand Parade perto da estação ferroviária, enquanto comia meu almoço de peixe *kingklip* grelhado e admirava a vista, a prosperidade aparente, o vaivém agitado das pessoas fazendo compras, os pombos bicando migalhas de pão lançadas por passantes, observei alguns jovens nas sombras da arcada perto de minha mesa ao ar livre, retribuindo meu olhar. Vendo que eu já tinha comido o suficiente, um deles, um adolescente magrela, se aproximou e, hesitante, perguntou:

— Posso terminar?

Simplesmente assenti com a cabeça porque havia sido pego de surpresa. Ele levou os restos da minha comida — o prato de batatas fritas gordurosas — a uma pequena distância, espantando os pombos, e os devorou.

Literatura de viagem às vezes não passa de roupagem literária para um tipo de misantropia debochada ou mitomania ou romantismo forjado, mas naquele momento senti apenas uma piedade impotente. E eu veria aquele mesmo reflexo desesperado uma série de vezes durante aquelas viagens africanas, o homem ou menino faminto espreitando, esperando para levar meus restos, ou os de outra pessoa, e comê-los com seus dedos sujos.

Se eu me indagasse por que havia retornado à África, acho que teria de responder: para topar com aquilo, entre outros encontros fortuitos. Seria um erro dizer que estava em busca de algo. Eu não estava buscando nada. Fugia de minha rotina, de minhas responsabilidades e de minha aversão geral à conversa presunçosa, do papo sobre dinheiro, de histórias sobre dinheiro, do riso amarelo nos jantares comemorativos. A insatisfação é como um combustível. Tornou suportável o voo em zigue-zague de Nova York a Dubai, e a etapa seguinte até a Cidade do Cabo, 22 horas voando, trinta horas de viagem. Mas eu estava feliz em cair fora. Era viajar como rejeição, como se, ao partir, estivesse dizendo àquelas pessoas fátuas: *Vejam do que sou capaz.* E talvez torcendo para que dissessem depois: *O que aconteceu? Onde ele está? Foi por causa de algo que eu disse?*

Acima de tudo, eu queria voltar à África e retomar o fio da meada.

Dez anos antes, eu estive aqui e percorri a paupérrima favela chamada New Rest, nos terrenos planos arenosos e desolados na periferia da Cidade do Cabo. No meu retorno, o primeiro lugar aonde queria ir era essa favela, ver qual destino tiveram seus barracos, seus banheiros externos, seu povo maltrapilho que se fixara na terra inculta ao lado da rodovia.

Estaria ainda humilhada, uma favela feita inteiramente de pedaços de madeira e plástico dilapidado, ainda precária em meio à areia levada pelo vento?

A maioria dos negros sul-africanos vive nas profundezas inferiores, não nas aldeias pitorescas ou nas cabanas de telhado de sapê em encostas verdejantes. Três quartos dos africanos urbanos vivem nas piores comunidades. Mas o que acontece com esses lugares após cerca de uma década?

"Não vá a uma favela. Não vá a uma comunidade negra. Você será roubado ou coisa pior", um funcionário mestiço na estação ferroviária central da Cidade do Cabo me alertara em uma manhã de domingo dez anos atrás, recusando-se a me vender um bilhete para Khayelitsha.

Perguntei por quê. Sua certeza inflexível chamou minha atenção. Ele não estava fazendo uma generalização racial. Não me venderia o que considerava um bilhete para a violência. Explicou que o trem para Khayelitsha era frequentemente apedrejado, as janelas eram quebradas, os passageiros atacados, por jovens desempregados das comunidades pobres.

No dia seguinte, instigado por sua advertência, fui até a favela de New Rest e escrevi na época sobre os 1,2 mil barracos que vinham se acumulando havia uma década no solo arenoso infértil de Cape Flats, à margem da estrada movimentada que conduzia ao aeroporto. A maioria dos 8,5 mil moradores vivia na miséria. Era terrível, mas não indescritível. Não havia água encanada. Não havia postes de luz nem quaisquer árvores. Ventava e era sombrio. Por ter sido ocupada por invasores em dezesseis hectares de areia, não havia serviços públicos e como consequência o local fedia e tinha um aspecto horrível. As casas eram barracos feitos de tábuas mal-encaixadas, pedaços de madeira, folhas de latão e folhas de plástico. Pelos buracos entre as placas penetrava o vento arenoso. Um homem me contou que constantemente tinha areia e poeira em sua cama.

A vida não podia ser mais cruel que aquilo, eu pensara então — a favela urbana, sem vegetação, arenosa demais para se cultivar algo além de gerânios mirrados e cactos eriçados, pessoas tendo que apanhar água de canos com baldes de plástico e acender velas em seus casebres. Os casebres frios no inverno, sufocantes no verão, sujíssimos, ao lado de uma rodovia e seu ruído. O que poderia ser pior? Chamá-los de "assentamentos informais", como faziam alguns, não aliviava o mau cheiro.

Mas, com toda a sua miséria, as pessoas em New Rest eram animadas e tinham firmeza de propósito. Um dos moradores, o homem que reclamou da areia na sua cama, me levou à associação de moradores de New Rest, que se reunia regularmente em um dos barracos. Seus membros me contaram que todos aqueles invasores vinham da província do Cabo Oriental, dos antigos bantustões designados pelo governo de Transkei e Ciskei, bem como das favelas de East London, Port Elizabeth e Grahamstown, cidades industriais que não estavam indo bem na economia pós-Independência da África do Sul. A associação de New Rest explicou seus objetivos: pavimentação, água encanada, eletricidade e — num processo conhecido como "melhoria *in situ*" — uma casa permanente a ser construída no lugar de cada barraco.

Um plano mestre havia sido delineado e projetado por urbanistas voluntários da Universidade da Cidade do Cabo. Cada barraco miserável, por menor que fosse, havia sido numerado, e seu terreno, registrado. Um censo se realizara. A ideia de transformar uma área invadida em bairro viável com a melhoria das moradias existentes — transformando uma favela num loteamento — já havia sido executada no Brasil e na Índia, mas na África do Sul ainda não. A força propulsora por trás daquilo era o orgulho das pessoas por terem achado um lugar seguro para morar. A boa vontade dos estrangeiros também havia ajudado: visitantes bem-intencionados haviam doado dinheiro para manter a creche, comprar três máquinas de produção de tijolos e criar um fundo que beneficiasse o lugar. O fundo era administrado de graça pela empresa de safáris e pelo New Rest/Kanana Community Development Trust, que promovia o turismo nas comunidades. Algumas crianças eram apadrinhadas por americanos e europeus, que mandavam dinheiro regularmente para roupas e despesas escolares. Um esquema improvisado, precário, mas seu aspecto de autoajuda fez de mim um simpatizante.

Mas o que aconteceu desde então?

Em meu segundo dia na Cidade do Cabo, após outro desjejum gourmet no hotel, fiz o percurso de trinta minutos descendo e contornando a montanha até a comunidade. Encontrei um motorista de táxi que morava perto de New Rest, num povoado mais antigo chamado Guguletu, que eu visitara dez anos antes e aonde eu também queria ir.

Nenhum visitante de Boston, onde nasci, acorda num hotel de luxo e, após um supercafé da manhã, pega um táxi para percorrer, por pura curiosidade voyeurista, as áreas mais pobres da cidade — a parte negra em Roxbury, onde o Malcolm X Boulevard entra em Dudley Square; os bairros pobres de Charlestown e Chelsea; ou as ruas pobres de Everett, com suas lojas de esquina, salões de sinuca e casas de madeira de três andares. Curiosos não são bem-vindos nesses lugares, mas mesmo se o fossem, ninguém iria lá casualmente, porque as partes pobres das cidades americanas são percebidas como perigosas. Assim, eu estava bem consciente de meu privilégio como visitante na África do Sul — de que estava fazendo algo que evitava fazer em casa.

E não era difícil consegui-lo. Na Cidade do Cabo, muitas comunidades pobres, algumas delas praticamente idênticas, constituem o itinerário de divulgados tours panorâmicos da cidade.

— Aqui é Imizamo Yethu — o guia diz no alto-falante enquanto o ônibus da City Tours se aproxima de uma encosta de casas precárias e vielas. — Significa "Nossa Luta". No início era uma invasão. Agora é uma comunidade. Começou na década de 1980, quando a lei do passe terminou, e cresceu nos anos 1990. Vocês podem saltar aqui se quiserem fazer um tour com um morador da comunidade. Outro ônibus virá em trinta minutos..."

O nome do meu motorista era Thandwe. Da tribo Xhosa, viera para cá quando menino, 27 anos antes, de Port Elizabeth, no Cabo Oriental, para morar com o tio.

— Vez por outra volto para casa — Thandwe disse —, mas é aqui que pretendo ficar.

Descíamos a estrada que a maioria dos visitantes estrangeiros vê, já que é a principal via para o Aeroporto Internacional da Cidade do Cabo. Eu queria — esperava — encontrar boas notícias, ver algo diferente.

— New Rest é aqui — Thandwe disse, indicando um conjunto de casas ordenadas, de telhados castanho-avermelhados, que jaziam atrás de uma cerca alta ao lado da estrada. Não eram casebres restaurados ou choupanas reformadas. Eram casas novas, de aspecto sólido, erguendo-se perto umas das outras no que eram os locais dos barracos e dos casebres que eu vira uma década antes. Aquela era a "melhoria *in situ*" que os planejadores urbanos haviam almejado.

Saímos da estrada para a rua lateral que levava a New Rest e percorremos aquela comunidade agora bem melhorada. Quarenta anos atrás, aquela era uma área rural com aura espiritual e importância ritual para o povo Xhosa local. Os iniciados (*mkweta*) nas cerimônias de circuncisão (*ukoluka*) eram escondidos no mato naquele lugar. Quando seus pênis eram encurtados com a lâmina de uma lança (*mkonto*), os jovens permaneciam em grupo até suas feridas sararem. Dez anos antes, fui informado de que em junho e dezembro os meninos recém-circuncidados eram vistos, "às vezes muitos deles, escondidos na parte distante do mato".

Aquilo já não ocorria mais. Todos os arbustos haviam sido derrubados, casas se erguiam onde antes havia mato, e não restava uma árvore de pé. Mas eu vira uma mudança, e entendi como se desenvolvera. Primeiro os novos moradores das aldeias provinciais criaram uma invasão de plástico, farrapos e galhos de árvores cortados. Depois os abrigos evoluíram para cabanas com tábuas velhas e sucata, tornando-se uma favela. Com o tempo, foram acrescentados banheiros comunitários e um cano d'água. E enfim, graças à tenacidade das pessoas — aquelas que em minha viagem anterior haviam me dito: "Vamos permanecer aqui. Este é o nosso lar" — e dos urbanistas voluntários e simpatizantes, havia sido incrementada de novo. Havia um departamento governamental, o Programa de Reconstrução e Desenvolvimento, dedicado a melhorar e reconstruir favelas.

— Tem lojas agora. A escola fica perto — Thandwe disse. — Um dos motivos dessas melhorias foi a Copa do Mundo.

Depois que a África do Sul foi nomeada sede da Copa do Mundo de 2010, três enormes estádios de futebol foram construídos em suas principais cidades, e os sete estádios existentes foram amplamente reformados. Construíram-se hotéis novos, e melhorou-se o transporte público, e com todo aquele investimento veio uma conscientização de que se deveria gastar dinheiro em moradias para as pessoas que seriam empregadas nas novas instalações. Os trabalhadores malremunerados que mantêm a África do Sul como um local agradável que resolveu o problema de mão de obra — domésticas, jardineiros, mecânicos, faxineiros, garis, motoristas de ônibus, taxistas, garçons, babás, enfermeiras e professoras — moram em grande parte nessas comunidades. Assim, melhorias em suas condições de vida eram essenciais ao funcionamento da cidade.

Outro dia, outra partida do meu adorável hotel no centro da cidade, outro motorista. Esse homem era Phaks — pronuncia-se "Pax". Ele me havia sido recomendado como uma autoridade sobre a vida das comunidades, ele próprio morador da grande extensão de Khayelitsha, com sua população de meio milhão e desemprego superior a 80%, o local com a pior reputação pela criminalidade, ociosidade, jogos de azar, brigas e consumo de álcool.

— Mas não é tão ruim assim — Phaks disse enquanto dirigia pela estrada. Embora fosse bem alegre, parecia que problemas não resolvidos estavam pesando em sua mente, e às vezes sua expressão se anuviava e ele ficava aflito.

Demos uma volta por District Six, uma área animada da Cidade do Cabo na era do apartheid que desafiara o racismo e prosperara como um bairro central multirracial seguro, famoso pela música, culinária, colorido e animação. No final da década de 1960, desejando recuperar a região e criar uma área branca, o governo da cidade forçara sua população de 60 mil a partir, e dividiu-a por raça, reassentando-a em comunidades específicas — os brancos em áreas brancas, os negros em Khayelitsha e as pessoas de raça mista (os "*coloreds*") em Mitchells Plain e Bonteheuwel.

A ideia era criar um bairro só de brancos, de casas novas, que se chamaria Zonnenbloom (Girassol), mas não deu certo. Ninguém queria morar lá, e havia dez anos estava vazio, um campo estéril limitado por duas velhas igrejas — tudo que restou de District Six foram suas igrejas.

Mas algumas casas haviam sido construídas desde a última vez em que eu havia visto o local. Em 2005 o Programa de Reconstrução e

Desenvolvimento erguera várias casas novas, e muitas delas, mas não todas, estavam ocupadas.

— Elas são para aqueles que quiserem retornar — Phaks disse. — Mas algumas pessoas estão resistindo.

— É central, é seguro, as casas são novas — observei. — Por que não iriam querer voltar?

— Dizem que não é mais igual, por isso evitam o local.

— O que significa "não é mais igual"?

— Não é mais multirracial. Só tem negros.

Depois ele me levou para a comunidade de Langa, situada um pouco mais perto da área da Cidade do Cabo e, como muitas das outras comunidades, na margem da estrada para o aeroporto principal. A distinção de Langa era ter sido uma das primeiras comunidades negras. Phaks contou que começou a ser ocupada em 1900, mas o historiador local o contradisse, afirmando que foi em 1927. Depois Phaks disse que o nome Langa significava "Sol", e o historiador local disse que foi chamado de Langa em homenagem a um famoso chefe tribal e militante antigovernista do século XIX, Langalibalele, que foi exilado como um inconveniente para um local próximo dali.

O historiador, subcontratado por Phaks para se juntar a nós, era um homem Xhosa chamado Archie, que explicou que aquela comunidade era consequência do sistema de apartheid sul-africano, em particular da Lei de Áreas de Grupos que obrigava os não brancos a viver em lugares designados. Esse confinamento dos não brancos foi imposto pela Lei do Passe de 1952, que exigiu que todos portassem um documento de identidade conhecido formalmente em africânder como *Bewysboek*, "o Livro de Referência", e universalmente conhecido entre seus portadores como o *dompas*, ou "passe idiota".

O *dompas* era na verdade um passaporte, com número de páginas tão grande quanto as de um passaporte normal. "O símbolo mais desprezado do apartheid", segundo a parlamentar e ativista antiapartheid sul-africana Helen Suzman. "Nas páginas do *dompas* de um indivíduo constavam suas digitais, foto, detalhes pessoais de emprego, permissão do governo para estar numa parte específica do país, qualificações para trabalhar ou buscar trabalho na área e informações de um empregador sobre o desempenho e a conduta do trabalhador."

Protestos contra as leis do passe — iniciados por mulheres corajosas no início da década de 1950, depois em 1960 liderados por homens inspirados por essas mulheres — levaram à repressão, ao massacre cruel em Sharpeville e mais protestos, expondo a luta antiapartheid à atenção do mundo. A África do Sul agora celebra esses protestos com dois feriados nacionais, o Dia das Mulheres e o Dia dos Direitos Humanos. Após 34 anos de passaportes internos regendo as vidas dos sul-africanos negros e mestiços, as leis do passe foram revogadas em 1986.

Com uma indignação beirando a raiva, Archie me falava das odiadas leis do passe e da leis das áreas de grupos enquanto caminhávamos pelas ruas de Langa, que estavam repletas de lixo, pneus velhos e garrafas quebradas. Mesmo as flores recém-plantadas e os trechos de grama cercada estavam sujos.

— Seu Bill Gates nos ajudou com o centro cultural — Archie disse, mostrando-me o Guga S'thebe Arts and Cultural Center, onde, em uma sala dos fundos, três mulheres pintavam desenhos em vasos e canecos de cerâmica, num esforço para desenvolver talentos e criar empregos. As mulheres sul-africanas parecem ter iniciativa, porém mais de 60% dos homens adultos em Langa estavam desempregados. O centro cultural, pintado em cores vivas e com obras de arte de cerâmica na fachada, construído para workshops e espetáculos, era um prédio pós-apartheid com um projeto criativo, talvez o único novo na comunidade. Fora construído calculadamente perto do local onde, em 1954, milhares de moradores de Langa protestaram contra as leis do passe: uma queima em massa dos *dompas* e uma marcha até a Cidade do Cabo. Com apenas dez anos, o centro já estava num estado lastimável — sem manutenção de limpeza e, ao que parecia, abandonado. No itinerário do tour à comunidade, tinha mais turistas visitantes do que moradores locais.

— Como foi que Bill Gates ajudou?

— Ele nos deu esses computadores.

Quatro computadores abandonados, com teclados encardidos e monitores apagados, jaziam em mesas.

— Infelizmente não funcionam há um ano.

O que Archie não disse, e talvez não soubesse, era que a Gates Foundation havia doado dinheiro em apoio a um projeto para aumentar a conscientização sobre o HIV/aids. Langa tinha um dos índices de infecção mais altos da África do Sul. Sábado é "dia de enterro" em Langa, e em geral cerca de quarenta corpos eram enterrados a cada sábado. Apesar dos esforços para conscientizar a população de Langa, a taxa de mortalidade pelo HIV/aids vinha aumentando.

— Venha por aqui — Archie disse.

Ele chutou uma lata de cerveja com a lateral do pé, e eu usei aquilo como oportunidade para perguntar por que os jardins de flores cuidadosamente plantados diante do centro cultural estavam destruídos, e por que aquela rua inteira e sua calçada estavam apinhadas de latas de cerveja, papel velho e sacos plásticos voando.

— Não sabemos o que fazer com isso. As pessoas jogam no chão e o vento leva.

— Por que não recolher?

— É um problema.

— Archie, basta uma vassoura e uma lata de lixo.

— A prefeitura cuida disso.

— Se é assim, por que este lixo ainda está aqui?

Eu o coloquei contra a parede porque ele era, por assim dizer, o porta-voz, e o centro cultural era o principal destino do tour da comunidade — por acaso, um ônibus cheio de visitantes brancos havia chegado e estava olhando com aquele ar de "onde estamos?" de turistas recém-desembarcados. Num local onde dezenas de milhares de pessoas não tinham emprego nem nada para fazer — muitas estavam ostensivamente sentadas por ali conversando ou olhando boquiabertas para os turistas —, ninguém recolhia os montes de lixo.

É possível que Archie, ainda denunciando a injustiça das leis do passe, não visse a desordem, e ele pareceu aborrecido comigo por mencioná-la. Como que para me aturdir — ou talvez para explicar o desleixo —, pôs-se a declamar.

— Teve um profeta aqui tempos atrás! Seu nome era Ntsikana, e ele fez uma previsão!

— Qual foi a previsão?

— Foi em 1600 — Archie disse, e num tom solene de profecia parecendo citar Ntsikana: — Pessoas virão do mar. — Archie ergueu um dedo para enfatizar. — Essas pessoas terão um livro e dinheiro. — Archie balançou o dedo. — Peguem o livro, mas não o dinheiro! — Archie baixou o dedo. — Mas eles pegaram os dois.

— Não deveriam ter pegado o dinheiro?

Archie disse:

— Aquele foi o erro.

Memorizei o nome Ntsikana e depois pesquisei e descobri que houve um profeta Xhosa com esse nome, cuja vida foi bem documentada. De fato, era um pioneiro da "teologia negra", um cristão autocriado (ele teve contato com missionários, embora nunca tivesse sido batizado e jamais tivesse estudado com eles) que se distinguiu do final do século XVIII ao início do século XIX. Em 1815, Ntsikana teve uma epifania, "uma iluminação da alma" que consolidou nele a crença na monogamia, no batismo no rio e na oração dominical a um Deus soberano. Compôs hinos e poemas. Como sua conversão ocorrera sem intervenção de missionários, conforme ele dizia, seus seguidores "reivindicaram uma linhagem para o cristianismo de Xhosa independente da influência missionária".

"Fui enviado por Deus, mas sou apenas como uma vela", Ntsikana dizia, usando uma imagem feliz de iluminação e finitude. "Nada acrescentei a mim."

Num proselitismo furioso, o profeta criou congregações rurais por todo o Cabo Oriental. Um dia Ntsikana previu a chegada de uma raça de pessoas às praias da África do Sul. Descreveu-as como pessoas "[por] cujas orelhas transparentes o sol brilha vermelho" e "cujo cabelo é longo como os pelos da cauda da zebra". Como já vira brancos antes, essa profecia se mostrou exata, e ele parece ter alertado seus seguidores a não acreditar muito no novo povo. Ntsikana morreu em 1821, e seu túmulo, perto de Fort Beaufort, no Cabo Oriental, é local de peregrinação.

Ainda que Archie tivesse errado em alguns detalhes, sua súbita parábola me chamou a atenção para essa seita influente, ainda com muitos adeptos. Caminhávamos ao longo do calçamento esburacado de ruas emporcalhadas que se estendiam entre um par de prédios de blocos de concreto de dois andares que tinham a austeridade prisional de muitos conjuntos habitacionais. Outrora haviam sido, Archie disse, os albergues de trabalhadores migrantes — todos homens — empregados como mão de obra rural, operários comuns e empregados domésticos na Cidade do

Cabo durante a época do apartheid. Uma forma eficaz de controlá-los era abrigá-los num local isolado, exigir que portassem os *dompas* e separá-los das esposas e filhos, que permaneciam em aldeias distantes.

Atrás daqueles albergues malconservados havia pequenos barracos de madeira amontoados. Crianças maltrapilhas, com os narizes escorrendo naquela manhã fria, espreitavam nas entradas.

— Mais gente — observei. — Mais barracos.

— Assentamentos informais — Archie disse. O nome sempre trazia um sorriso sem graça aos meus lábios porque invocava a imagem de pessoas em bangalôs reluzentes espreguiçando-se em sofás. — O nome para eles é *siyahlala.*

Pedi que soletrasse, e anotei.

— É em Xhosa — Archie disse. — Significa "Vamos permanecer aqui".

Contou que viviam cinco ou seis pessoas em cada barraco, embora mal parecesse caber duas. Espalhados em torno do limite do povoado, além dos albergues, além dos barracos, viam-se contêineres de navio — grandes caixas de aço enferrujadas — onde moravam pessoas também recém-chegadas, Archie disse. Alguns contêineres haviam sido divididos em habitações para duas ou três famílias, portas e janelas grosseiras abertas a maçarico nos lados. Diante de vários barracos se vendiam cabeças de carneiro enegrecidas.

— Chamamos de *smiley* — Archie explicou que, quando a cabeça cortada era lançada na grelha quente, "os lábios se contraíam num sorriso". Os moradores locais as comiam com "train smash", prosseguiu, e riu. — Molho de tomate.

Enquanto caminhávamos, adolescentes nos fitavam sentados em bancos ou pneus. Alguns nos lançavam olhares fulminantes das entradas das casas, outros desviavam os olhos dos jogos de cartas ou ficavam desatentos ao jogo de futebol, outros ainda permaneciam postados como garças, imóveis, sobre uma só perna, a outra cruzada atrás. Todos os jovens estavam ociosos, não uma dúzia, mas montes deles, talvez centenas, pelo jeito, sem nada para fazer. Alguns começaram a nos seguir, mas logo se cansaram daquilo — talvez estivéssemos andando depressa demais para eles. Uma de minhas regras num local aparentemente inseguro era andar rápido e parecer ocupado.

Archie contou que os albergues haviam sido reformados em 2002, o que talvez significasse que haviam sido pintados na cor amarela fosca que vi. Mostrou-me um deles por dentro — uma colmeia de apartamentos sujos de dois cômodos atulhados de colchões imundos.

— Seis quartos aqui — ele disse em outro dos albergues. Os lugares estavam entulhados de colchas úmidas, roupas velhas, sapatos furados e brinquedos de plástico, bem como de CD players e rádios.

— Quantas pessoas moram aqui?

— Trinta e oito. — Ele notou minha incredulidade, e prosseguiu: — Algumas dormem na mesa de jantar. E embaixo dela.

A miséria nos familiariza com companheiros estranhos. O cheiro ficou mais forte quando penetramos no último quarto estreito, onde havia duas camas pequenas. Abrigava uma família conhecida dele.

— Nove pessoas neste quarto — ele disse.

Tentei imaginar onde se deitavam à noite nas camas e no chão daquele quarto, que não media mais de 3 por 1,5 metro. Assentiu com a cabeça, satisfeito por ter me surpreendido, porque algumas dessas visitas às comunidades parecem feitas para chocar o visitante. Mas também pensei que devia haver lugares como aquele nos Estados Unidos, talvez muitos, mas como eu ficaria sabendo? Não havia tours, nem homens como Phaks e Archie para guiar alguém até lá.

— O mais asqueroso é que todos usam o mesmo banheiro — ele disse, referindo-se aos 38 ocupantes do lugar.

— Onde estão as pessoas agora?

— Lá fora — respondeu. — Aqui é pequeno demais para ficar de dia.

Aquele também era um hábito das aldeias, onde as pessoas passavam o dia ao ar livre, sob uma árvore ou no pátio improvisado, usando suas choupanas de barro para dormir ou se proteger contra animais noturnos.

Os lugares que Archie me mostrou depois eram mais espaçosos, e um parecia habitável. Com certeza era mais limpo, um apartamento de dois quartos onde morava uma família. A matriarca, observadora mas educada, assentiu para mim com a cabeça, e um menininho com ar espantado espiou do lado da porta. O aluguel custava quinhentos *rands* mensais, cerca de sessenta dólares.

Mais barracos se erguiam por perto, do pior tipo, apenas madeira e plástico, com tetos baixos. Difícil imaginar alguém vivendo neles.

— Chamamos de *vezinyawo*, porque são muito pequenos — Archie disse. Ele explicou que a palavra significava "Seus pés estão aparecendo" ou "Seus pés estão para fora", porque uma cabana não era grande o suficiente para acomodar um ser humano deitado com o corpo reto.

Algumas ruas adjacentes aos barracos eram orladas de bangalôs compactos e reluzentes, pintados em cores pastel, cercados por muros, com carros novos estacionados na entrada. Outras casas sólidas, algumas recém-concluídas, davam para a via principal, a estrada para o aeroporto, e aquelas eram as casas que os visitantes estrangeiros veriam ao passar por lá, talvez dizendo: "Não parecem tão ruins, Doris", sem terem ideia dos barracos e casebres mais além, que não eram visíveis. Numa delas, uma mulher havia disposto em uma mesa oscilante uma fileira de braceletes de contas. Fizera com as próprias mãos, ela disse. Aquela expressão me levou a olhar suas mãos — a mulher as apertava com ansiedade. Tinha nove filhos, todos morando no barraco. Parecia implorar que eu comprasse, e saí dali com os bolsos cheios de pulseiras.

— E este é um bar — Archie disse, abrindo a cortina diante da entrada de um barraco. O teto era tão baixo que não consegui ficar ereto, e o ar estava rançoso, quente, cheirando a cachorro. Quando meus olhos se habituaram ao escuro, vi seis homens se enchendo de cerveja lá dentro, três nos bancos, três acocorados no chão, bêbados e incapazes, ao meio-dia de uma segunda-feira. Uma velha mulher descarnada de avental presidia o local, mexendo uma vasilha de um mingau líquido.

Um homem sorriu para mim e bebeu de um grande copo esmaltado, como um gato lambe leite, depois o sacudiu, espirrando o líquido cremoso lá dentro.

— Toma uma bebida — Archie disse. Eu estava certo de que ele estava me testando, mostrando o pior lado da comunidade. Eu tentara parecer implacável com meu "Como se escreve isto?" e "Vamos ver outro". Mas aquilo era como uma cela de prisão ou o pior quarto de um manicômio.
— Esta cerveja é feita de milho e sorgo. Chama-se *umqombothi*.

— Como se escreve?

Alguns dias depois, ouvi essa palavra de novo, numa adorável e animada canção sobre uma mulher orgulhosa que faz cerveja, "cerveja mágica", interpretada por uma cantora sul-africana melodiosa e cheia de energia, Yvonne Chaka Chaka

Àquela altura, já havíamos caminhado 1,5 quilômetro ou mais e continuávamos na comunidade de Langa. Mas Archie queria que eu visse outra coisa, algo especial, talvez outro choque.

— É o sr. Ndaba — Archie disse. — Um curandeiro tradicional.

O sr. Ndaba morava em outro quarto de teto baixo — precisei me abaixar para entrar e me ajoelhar para falar com ele. O curandeiro estava sentado num banco, mexendo com sua faca em algo que segurava na outra mão.

Inspirei e tive ânsia de vômito. O quarto tinha o cheiro pungente de decadência, um odor de larvas, e logo vi por quê. Das paredes e do teto pendiam velhos crânios e maxilares de macacos, as peles em decomposição de pequenos animais, penas, mais ossos, um pangolim morto, peles de cobras, espinhos de porcos-espinhos, aves mumificadas e, num canto, um rato recém-morto sendo mascado por um filhote de gato sarnento.

— Isso tudo é remédio — Archie disse. — Ele consegue curar a aids.

— O que é aquilo? — perguntei, apontando para a pele malhada de um animal morto, possivelmente de um gato-almiscarado.

— É meu chapéu — disse o sr. Ndaba, e agora consegui ver que estava comendo. Falava de boca cheia, e continuava golpeando e entalhando com sua faca. O raspar da lâmina era uma nota prolongada e abafada. O que ele segurava era um agregado de osso amarelo e carne frouxa cinza. Arrancou um pouco de carne daquilo e elevou a faca à boca.

— E o que é isto?

— Estou comendo a cabeça de um porco.

Ao suspender aquela coisa na mão, as orelhas do porco abanaram. O fedor da carne rançosa me atingiu, e tive ânsia de vômito.

— Ele é um curandeiro — Archie disse. — Consegue curar a aids. Consegue fazer alguém se apaixonar por você. Consegue afastar os maus espíritos. Consegue tornar você melhor. Nós o chamamos de *igqirha*.

— Como se escreve isto? — eu quis saber, me esquivando e deixando a cabana.

Quando saí, o sr. Ndaba disse "até logo" de uma forma gentil. E pensei como era fácil debochar do curandeiro com pele de gato-almiscarado na cabeça, cercado de ossos fétidos, penas e peles de cobra. Mas quem adentrasse esperando ser curado, confiando no curandeiro, experimentaria o que os cientistas chamam de encontro terapêutico — a sensação de bem-estar que você tem na presença de um médico em quem confia, com um jeito gentil, indagador, e com crânios de macaco em vez de diploma na parede. O próprio fedor, como a visão de um estetoscópio, poderia criar um efeito placebo.

Mesmo assim, na intimidade daquelas choupanas sombrias, eu me sentia envergonhado, quase como se não tivesse o direito de estar ali.

Qual o objetivo desses tours pelas comunidades? — ouvi brancos na Cidade do Cabo perguntarem repetidamente, numa descrença constrangida. *Por que os sul-africanos anunciam sua miséria e vendem bilhetes para suas favelas?*

Também achei estranho que turistas fossem convidados a ver as comunidades e encorajados a examinar os quartos tristes, porque continuavam tão sujos, desordenados e infestados pelo crime como nos dias do apartheid — talvez ainda mais. E era impressionante que, quando os moradores reclamavam dos velhos e maus tempos, um visitante só conseguia pensar em como eram horríveis e inadequadas à habitação humana no tempo atual. Mais tarde naquele dia, em Guguletu, vi um grupo de turistas italianos bem-trajados, saídos de uma van, bebendo cerveja e água mineral em um restaurante de frango frito imundo — italianos que, sem dúvida, não ousariam adentrar as favelas de Nápoles (retratadas no filme italiano *Gomorra,* de 2009, baseado no livro homônimo de Roberto Saviano), que se assemelhavam a Guguletu. Havia também alguns restaurantes pequenos em Guguletu que haviam sido descobertos pelos gourmets da Cidade do Cabo e eram cautelosamente visitados, não apenas pela refeição, mas pelo incremento da sujeira e da ameaça de seus arredores.

Parecia que visitantes curiosos, entre os quais eu me incluía, haviam criado todo um itinerário, um voyeurismo da pobreza, e essa exploração — no fundo não passava disso — produzira uma oportunidade de marketing: moradores das comunidades, cuja pobreza jamais imaginaram interessar a alguém, tinham descoberto que, para visitantes abastados, esta tinha o mérito de ser fascinante, e os habitantes se tornaram intérpretes, historiadores, vítimas vivas, sobreviventes e vendedores de objetos de contas, brinquedos, bolsas bordadas e cestas, apregoados nas barracas adjacentes às horríveis casas. Haviam descoberto que sua miséria era vendável. Essa era a questão.

Vejam como o sistema do apartheid nos forçou a viver como cães num canil!, era a mensagem pretendida. Mas a mensagem que me atingiu foi que os antigos albergues para homens miseráveis eram agora quartos superlotados e imundos para famílias desesperançadas, a maioria indigente e desempregada.

Phaks aguardava perto de mim. Propôs:

— Vamos voltar?

— Tem mais um lugar — eu disse. — Guguletu.

— Gugs — ele disse usando o apelido local, e lá fomos nós em seu velho e barulhento furgão.

Dez anos antes, eu caminhara por Guguletu, notando como a comunidade alcançara a notoriedade em 1993, quando uma californiana de 26 anos, Amy Biehl, fora assassinada ali por uma gangue local. Formada em Stanford, morando na África do Sul como voluntária do censo eleitoral para as eleições livres do ano seguinte, ela dera carona até a comunidade a três amigos africanos. Tinha uma passagem aérea para a Califórnia e deveria deixar a África do Sul no dia seguinte. Vendo seu rosto branco, um amontoado de meninos africanos gritou ensandecida, pois aquela era uma comunidade negra, e ela era a vítima branca. O carro foi apedrejado, ela foi arrastada para fora e, embora seus amigos implorassem que a deixassem ("Ela é uma companheira!"), Amy foi lançada ao chão, sua cabeça foi esmagada por um tijolo e ela foi apunhalada no coração. "Morta como um animal", escrevi então no meu caderno.

Quatro suspeitos foram denunciados, julgados e condenados pelo homicídio, e o juiz, observando que não "mostravam nenhum remorso", sentenciou-os a dezoito anos de prisão. Três anos depois, aqueles assassinos se apresentaram à Comissão da Verdade e Reconciliação. Tinham uma explicação para o homicídio. "Sua motivação foi política, não racial." Eles "lamentavam" o que tinham feito. Alegaram então que sentiam "remorso". Solicitaram sua soltura sob a anistia geral.

Tudo que disseram me pareceu pouco convincente e infundado, mas eles foram libertados porque os pais de Amy, Peter e Linda Biehl, vieram da Califórnia, compareceram às audiências e ouviram seus depoimentos. Disseram que sua filha teria desejado uma demonstração de clemência, já que estava "do lado daqueles que a mataram". Os Biehl não se opuseram a que os assassinos fossem libertados da prisão.

Assim, os matadores saíram, radiantes, e dois deles, Ntombeko Peni e Easy Nofomela, receberam — é inacreditável — emprego dos Biehl, e trabalhavam como assalariados para a Amy Biehl Foundation, uma instituição beneficente fundada pelos indulgentes pais de Amy em memória da filha. Na época em que a visitei, a fundação havia recebido quase 2 milhões de dólares da Agência dos Estados Unidos para o Desenvolvimento Internacional [USAID] por se "dedicar aos oprimidos".

Em 2001, uma pequena cruz havia sido colocada perto do posto de gasolina onde Amy fora assassinada, e numa tabuleta improvisada atrás da cruz estava garatujado: ÚLTIMA MORADIA DE AMY BIHLS SEÇÃO 3 GUGS — com erros de grafia e tão tosca a ponto de ser ultrajante.

Então eu disse para Phaks:

— Leve-me até lá.

O posto de gasolina estava maior e mais claro do que antes. Um memorial novo, de mármore preto, à semelhança de uma lápide, havia sido colocado na margem da rua em frente ao posto, no local fatal.

AMY BIEHL
26 DE ABRIL DE 1967 — 25 DE AGOSTO DE 1993
MORTA NUM ATO DE VIOLÊNCIA POLÍTICA.
AMY ERA BOLSISTA DO PROGRAMA FULBRIGHT
E INCANSÁVEL ATIVISTA PELOS DIREITOS HUMANOS.

— Eles a mataram bem aqui — eu disse. Phaks resmungou, e fomos embora. Aquelas palavras me incomodaram. — O que é um "ato de violência política"?

— Aqueles rapazes, eles tinham uma filosofia.

— Qual era?

— A África para os africanos... era o pensamento deles.

— Isso não é filosofia. É racismo.

— Mas foi um ato político.

— Não. Eles a mataram porque ela era branca

— Acharam que era uma colonizadora.

Ele tinha contado que um dos gritos de guerra na época era: "Um colonizador, uma bala."

— Mas a África do Sul estava cheia de gente branca que fazia parte da luta. Eles apoiavam Mandela, foram para a prisão. Brancos!

— Mas aqueles rapazes disseram que se arrependeram — Phaks desconversou. — Pediram desculpas à Comissão da Verdade e Reconciliação. E os pais dela concordaram.

— Mas o que você acha que os pais dela realmente sentiram?

— Não sei. Mas, veja bem, o nome dela está lá.

— E conseguir o nome dela lá compensa o assassinato da filha?

— Foi um ato político. Os pais contrataram os rapazes para trabalhar para eles — Phaks disse, e agora era possível ver que estava perturbado, porque dirigia mal pelas ruas esburacadas e movimentadas da comunidade, reclamando do trânsito, sendo cortado pelos carros que vinham.

— Phaks, você tem filhos?

— Quatro.

— Uma filha?

Ele fez que sim com a cabeça — sabia o que eu iria dizer.

— O que você faria se alguém derrubasse sua filha no chão, pegasse um tijolo e esmagasse a cabeça dela? Depois a apunhalasse no coração e a deixasse morrer?

Ele estremeceu, mas ficou em silêncio.

— Você diria: "É a filosofia deles. É um ato político"?

— Não.

— O que você acharia?

— Eu, eu não aceitaria.

— E se eles pedissem desculpas?

Phaks estava bem contrariado agora, de modo que me calei e o deixei dirigir, mas ele continuava irritado por causa do meu questionamento, murmurando "Não, não. Não consigo. Nunca, jamais." *Nayvah, nayvah.*

A Amy Biehl Foundation havia sido criada para promover a paz e a compreensão mútua. Também fora fundamental na melhoria da infraestrutura de Guguletu — melhoria dos barracos e chegada dos serviços públicos. Fazer aquilo era mais fácil do que pacificar. De acordo com dados coletados pelo South African Institute of Race Relations [Instituto Sul-Africano de Relações Raciais], mais de setecentas pessoas foram assassinadas em Guguletu entre 2005 e 2010. Isso representava um assassinato a cada dois dias e meio naqueles cinco anos.

Meu desafio a Phaks tivera o efeito de deixá-lo revoltado. Agora estava contra os criminosos, como eu estivera, batendo no volante com a palma da mão, apontando para os grafites, o lixo, os marmanjos e os jovens ociosos diante das lojas e nas esquinas e, talvez devido à lembrança dos rapazes que haviam sido libertados após assassinar Amy Biehl, começou a ver a insolência e o mau comportamento por toda Guguletu.

— Esses rapazes se comportam mal — ele disse. — Estão fora de controle. Não mostram respeito... sabe por quê? Porque têm direitos demais. Todo mundo os protege! Até o governo, até os advogados!

— Quer dizer que não são punidos?

— Absolutamente. Quando eu estava na escola e fazia algo errado, levava uma surra. Aí chegava em casa e quando contava ao meu pai o que tinha acontecido, ele me dava outra surra!

— E era uma coisa boa?

— Uma coisa muito boa. Tinha um impacto, vou lhe dizer. Me ensinou uma lição. Mas isso aí — apontou para fora da janela; rapazes ociosos estavam por toda parte, de pé, sentados, eternamente esperando — está de fato acabando com a gente.

— Falta de umas boas surras — eu disse, para encorajá-lo.

— Escuta — Phaks disse. — Aqui existe uma constituição para crianças. Consegue acreditar em algo assim? Se você pegar o cinto e bater na criança, ela pode ir à polícia fazer uma queixa contra você.

— Então qual é a solução?

— Uma surra é a solução — ele respondeu. — Veja o estuprador em Khayelitsha outro dia. Você ouviu falar? Ele foi espancado. Nu. Vou lhe dizer — Phaks tamborilou com os dedos. — Recebeu uma boa sova. Estava sangrando. Aquilo não foi o fim da história. Enquanto jazia ali, três mulheres ficaram em cima e urinaram no seu corpo. Ha-ha!

Phaks estava de bom humor agora, acalmado com seu discurso sobre a justiça com as próprias mãos. E observou que naquela parte de Guguletu havia ruas com casas novas, como as ruas que antes ele chamara de "Beverly Hills de Langa".

Improvável aquele upgrade — tudo aquilo parecia uma versão arrumada do que eu vira em New Rest, arrumada, melhorada e esperançosa, a transição de favela para comunidade, as estruturas reforçadas, engrossadas e tornadas inteiriças. E após aquele longo dia de comunidades, qualquer um concluiria — eu certamente concluí — que uma solução para as invasões havia sido descoberta. Choupanas viravam lares, e um tipo de harmonia se estabelecia.

Foi assim que, ao longo da história, cidades haviam sido construídas, as favelas transformadas em bairros habitáveis da metrópole, a gentrificação de Gin Lane, o aburguesamento de Bowery. Pensei em velhas gravuras que vira de ovelhas ceifando a relva no Soho Square em Londres, de pastores seguindo seus rebanhos pelas ruínas cobertas de mato da Roma do século XIX, de vacas pastando em Boston Common.

Mas o dia não tinha terminado. Deixamos os bangalôs de Guguletu e entramos por uma rua lateral no que pareceu um campo de refugiados: abrigos arranjados às pressas, barracos cobertos com sucata, estruturas esqueléticas com remendos de plástico e pilhas de pedras e restos de madeira para impedir que o plástico fosse levado pelo vento, chiqueiros, casebres, cercas grosseiras em que roupas puídas secavam. Os barracos se erguiam próximos uns dos outros, apenas com vielas estreitíssimas entre suas paredes externas. Fumaça subia das fogueiras para cozinhar, luzes de lampiões brilhavam no crescente lusco-fusco e linhas de transmissão improvisadas pendiam no alto, como a teia de uma aranha bêbada tecida desordenadamente, as imagens visíveis da teoria das cordas mapeadas no céu crepuscular — invasores puxando gatos da rede elétrica nacional.

Aquele povoado era novo, abrigando os que chegaram mais recentemente, invasores de terras, construtores de cabanas e desesperados. Alguns haviam chegado ontem, outros chegariam amanhã, os barracos se estendendo por outro 1,5 quilômetro na terra inculta e empoeirada.

O que parecia um campo de refugiados *era* um campo de refugiados — para os pobres que fugiam das províncias, tendo renunciado ao campo e às aldeias rurais, vindo simplesmente para se instalar na periferia da cidade dourada. Eles também queriam lares de verdade, água corrente e eletricidade. Não havia fim para aquela comunidade: os albergues levavam aos barracos; os barracos, às choupanas; as choupanas, à beira da estrada e aos bangalôs; e além dos bangalôs e dos botecos estavam os recém-chegados aos abrigos de galhos e plástico, espalhados pelo terreno plano. Tão logo uma solução era encontrada, uma nova solução se fazia necessária. Era o dilema africano.

— As pessoas não param de chegar — Phaks disse. — Tem outras comunidades que você não viu: Bonteheuwel...

Enquanto ele as listava, observei, conversando à beira da estrada, no canto mais repulsivo do "campo de refugiados", três moças adolescentes com blusas brancas, saias azuis, meias até o joelho e sapatos pretos combinando, voltando da escola para casa. Carregavam mochilas abarrotadas de livros e deveres de casa. Destacavam-se nitidamente pela brancura de suas blusas à meia-luz — harmoniosas, esperançosas e um pouco surpreendentes, como as florações súbitas que a gente vê numa vala contaminada.

Estava escurecendo, e eu tinha de voltar à cidade. Phaks disse:

— Mas eu não mostrei a última coisa. É uma surpresa.

Voltamos de furgão a Khayelitsha. A surpresa de Phaks era um hotel, Vicki's Place, dirigido por uma mulher alegre que anunciava seu lar como "o menor hotel da África", apenas dois quartos numa casa bamba de dois andares. Muitos jornalistas estrangeiros e escritores de viagens haviam divulgado o Vicki's Place. Vicki guardava os recortes de jornais e revistas, todos mencionando seu bom humor, seu empenho, seu empreendimento naquela comunidade.

Phaks tinha ainda outra surpresa: seu furgão não dava partida. Estava girando a chave na ignição, junto a um punhado de fios que ele arrancara esperando descobrir o problema.

— Vou pegar o trem — propus.

— Ônibus é melhor.

Dez anos antes, eu pretendera pegar o trem mas havia sido desencorajado pelo atendente na bilheteria.

— Vou pegar o trem — informei a Phaks.

Ele me conduziu pelas ruas secundárias até a estação, ficou comigo e fez questão de comprar meu bilhete. Quando o trem chegou, apertamos as mãos, nos abraçamos e ele disse, desanimado, que teria de voltar ao carro quebrado.

— Fique de olho no seu dinheiro — ele alertou.

O trem estava meio vazio, porque se destinava à cidade. Ao voltar da Cidade do Cabo estaria lotado. Procurei por potenciais assaltantes e, examinando os passageiros no vagão, chamei a atenção da mulher no banco à minha frente.

— Por que você está aqui? — ela perguntou.

— Só estou olhando.

— Brancos não vêm aqui. Brancos não moram aqui — ela disse com uma convicção quase prepotente.

— Mas eu estou aqui — respondi.

— Porque você tem aquele cara para ajudar — ela disse. Devia ter visto Phaks na bilheteria. Parecia desafiadora, quase altiva. — Você não viria aqui sozinho.

— Que luzes são aquelas? — perguntei, para mudar de assunto, e apontei para as encostas da montanha da Mesa.

— Rondebosch, Constantia. — Ela respondera sem erguer o olhar.

3

Cidade do Cabo: *O espírito do cabo*

A verdade é que nada está oculto na Cidade do Cabo: é uma cidade que parece um anfiteatro. Com seu ar soprando suavemente sobre mim, eu estava sentado na Constantia, elegante, sombreada e cheia de mansões, o bairro na encosta que eu vislumbrara dos barracos de Khayelitsha no dia anterior. Estava me deleitando com um cálice de *sauvignon blanc* no majestoso pórtico que era a sala de degustação da sede do Constantia Glen Vineyard. Daquele ponto de observação eu conseguia ver, por cima da borda do meu cálice de vinho, a nuvem tóxica de pó que pendia sobre Cape Flats.

Essa visibilidade é um dos aspectos incomuns da Cidade do Cabo. Das propriedades em seus enclaves mais ricos, nos subúrbios desnivelados das escarpas médias da montanha (Constantia, Rondebosch, Bishopscourt, Newlands), dá para ver o perfil horizontal desolador dos tristes campos de invasores e das comunidades pobres infladas na planície abaixo. Os vinhedos verdes harmoniosos dão vista para o desordenado matagal e, do mesmo modo, pelos vãos largos nas paredes de tábuas ou rasgões no plástico azul dos barracos de Khayelitsha é possível desfrutar um panorama de prédios e colunatas da universidade amontoados nas alturas do frondoso Rondebosch.

Condomínios fechados por todas essas elevações ostentam placas alertando qualquer intruso para o MONITORAMENTO E REAÇÃO ARMADA

24 HORAS POR DIA, mas os pobres têm uma visão desimpedida dos ricos, e vice-versa. E cada pessoa exposta, olhando a distância, parece passiva e onipresente, como um tipo de vegetação humana.

Na minha última estada na Cidade do Cabo, aquela vinícola não existia — nenhum vinhedo, nenhum tonel, nenhuma atividade exceto o mugir das vacas. Ali ficava uma fazenda de laticínios, comprada por um empresário chamado Alexander Weibel, que tinha dinheiro e estava interessado em produzir vinho. Ao lavrar os montes, descobriu que a terra possuía um subsolo argiloso, boa capacidade de retenção da água e era rica em mica, que transmitiria uma "mineralidade inconfundível", segundo ele, ao vinho branco. Ele plantou videiras, cercou-as, apoiou-as em estacas, podou-as. Investiu em equipamento de produção de vinho e, em 2007, obteve sua primeira colheita. Seu vinho foi elogiado. Tudo isso em dez anos.

— Sei que ali é Khayelitsha — eu disse, olhando para as comunidades em Cape Flats, abaixo.

— E ali é Mitchells Plain — a mulher prestativa no pórtico de degustação de vinhos informou. — E Guguletu, e mais para lá, depois de Langa, fica Bonteheuwel. Os mestiços vivem lá.

Quase metade da população da Cidade do Cabo era "mestiça". O termo (*colored*) não havia sido abandonado, nem "*coolie*" para os indianos, embora "banto", "*muntu*", "nativo", "cafre" e "hotentote" fossem execrados e condenados. Um gerente de supermercado, tecnicamente "mestiço", se referiu a um de seus funcionários como hotentote enquanto eu estava na Cidade do Cabo. Ele pronunciou da forma como os sul-africanos o fazem: "hot-not". Alguém ouviu aquilo e denunciou-o ao seu superior. Ele foi demitido no ato.

A comunidade de Bonteheuwel foi criada quando o velho, animado e multirracial District Six, no centro da Cidade do Cabo, foi arrasado, e as diferentes raças foram dispersas e reassentadas, cada qual num lugar específico, com seu próprio matiz racial. Foi assim que, com refugiados e exilados, Bonteheuwel cresceu. É conhecida tanto pela singularidade de sua população como pela criminalidade violenta. Grande parte da comunidade é dominada por gangues de rua e, ao contrário das demais comunidades, com seus tiroteios e espancamentos aleatórios, as gangues de Bonteheuwel são organizadas, têm nomes ameaçadores, e são envolvidas em guerras incessantes por pontos de venda de drogas e territórios. O que Bonteheuwel tinha em comum com as demais comunidades era que, com todas as suas provações e desordem, também era um lugar com vida própria, onde música e arte enchiam seus clubes e galerias de arte, e cujos moradores partiam de manhã para trabalhar no centro da Cidade do Cabo ou ir à escola.

Era de Bonteheuwel que a jovem de 22 anos Donna-Lee de Kock se deslocava todas as manhãs até o prédio da Old Mutual Insurance em Pinelands — um percurso de uma hora e meia — a fim de cursar a Tertiary School in Business Administration. Foi ali que conheci Donna-Lee e seus colegas de classe. A rigor, eu estava ali para dar uma palestra, mas meu motivo mais profundo era conhecer a faculdade e talvez descobrir, após meu período percorrendo as comunidades, algo de promissor.

Aquela faculdade, conhecida pelo acrônimo TSiBA (a palavra Xhosa para "salto"), era uma boa notícia. Financiada com recursos privados, sem fins lucrativos. Eu estava particularmente interessado porque a instituição havia sido inaugurada em 2005, depois de minha última visita à África do Sul. No princípio, oitenta estudantes se matricularam. Agora eram 320. Nenhum aluno pagava mensalidade ou taxa, embora o custo anual para educar cada um — alimentação, livros didáticos, transporte, computadores e materiais para escrever — fosse de 10 mil dólares. Todos os alunos estavam estudando administração de empresas ou economia, e todos pretendiam abrir negócios. A missão da faculdade era fazer algo de bom acontecer. Gostei de sua autossuficiência, e do fato de ser um empreendimento puramente sul-africano — não uma instituição imposta por uma enxerida sra. Jellyby,* um filantropo estrangeiro ou um astro pop caído de paraquedas. Tampouco estava ligada a algum governo ou político.

Havia cotas para estudantes com históricos de carência educacional. Se alguém se candidatasse e fosse considerado apto, mas deficiente em alguma área acadêmica, um "ano de nivelamento" era oferecido para aperfeiçoar as habilidades necessárias e elevá-lo ao padrão. A meta da faculdade era fornecer educação superior a jovens que normalmente não teriam acesso a ela — aqueles pobres demais, marginalizados ou malpreparados.

---

* Filantropa fictícia do romance *Bleak house*, de Dickens, que monta uma missão na África enquanto ignora as necessidades da própria família. (N. T.)

A faculdade foi fundada por Leigh Meinert, uma jovem da Cidade do Cabo formada em universidades da África do Sul e da Grã-Bretanha. Idealista, branca, de uma família de vinicultores, estava empenhada em fazer a diferença na África do Sul. Seu pai, Martin Meinert, aprendeu a arte de produzir vinhos na vinícola de sua família em Devon Valley, além de ser formado em vinicultura e enologia pela Universidade de Stellenbosch. Encorajada por ele, Leigh Meinert desenvolveu um plano para a educação superior na África do Sul que beneficiasse os jovens ambiciosos e inteligentes, mas ignorados.

— Vi como minha geração era insular, como sabíamos pouco uns sobre os outros e como estávamos isolados da riqueza das diferentes culturas à nossa volta — Leigh Meinert contara a um entrevistador de jornal no ano anterior à minha visita, sintetizando a situação em que ela nascera na África do Sul, na época da libertação de Nelson Mandela após 27 anos de prisão. — Eu queria fazer algo para mudar isso. Em especial naquele período empolgante, queria estar envolvida na construção da nação e trabalhar especificamente entre pessoas de minha geração para integrar e desenvolver liderança.

Aquelas eram generalidades otimistas, mas ela arregaçou as mangas para torná-las reais. Vinha desenvolvendo a faculdade havia sete anos e só tinha trinta e poucos anos. Quando a conheci, estava grávida de oito meses, mas riu ante minha sugestão de que aquele poderia ser um pretexto para reduzir o ritmo.

— Você recebe algum dinheiro do governo? — eu quis saber.

— Nada, nenhum tostão do governo! — e ela riu. — Esta é uma universidade livre. Talvez não seja boa ideia dizer isso!

— Então como ela funciona?

— A Old Mutual nos cede o espaço, e recebemos doações de empresas, que também atuam como conselheiras. Não é complicado, embora leve um ano só para planejar. Requer muita cooperação. E trabalho.

— O que acontece com os graduados?

— As empresas que são nossas doadoras costumam contratá-los, ou eles podem ingressar em outras empresas, ou abrir negócios próprios. A filosofia básica é que, após se diplomarem, eles retribuam. Com dinheiro, apoio ou tempo, eles devolvem. Porque sua própria formação foi paga por outra pessoa.

Aquilo era uma paráfrase de algo que ela escrevera e publicara: "Nossos alunos não ressarcem o investimento em suas bolsas de estudo. O modelo, porém, visa assegurar que eles as retribuam pela transferência das habilidades aprendidas, através do engajamento cívico e da responsabilidade social. Também procuramos incluí-los no dia a dia da administração da faculdade, o que, além de refletir nosso empenho em desenvolver liderança e empreendedorismo, também ajuda a manter a equipe gestora enxuta, flexível, jovem e inovadora."

Aquilo parecia tão otimista e, consequentemente, tão improvável que questionei.

— Eles realmente oferecem o dinheiro?

— Sim, veja! — ela respondeu. Ela apontou para as fotos emolduradas na parede do corredor que percorríamos. — Eis alguns deles.

Cada retrato tinha por legenda *Um herói da retribuição*, com detalhes do histórico acadêmico do ex-aluno, profissão atual e quanto dinheiro ou tempo foi restituído à faculdade.

Aquele pareceu, em minha experiência na África, um dos raros projetos educacionais autênticos que tinham de fato prosperado. Ali estavam salas de aula limpas, bibliotecas com livros nas prateleiras, computadores funcionando, lâmpadas, água corrente, estudantes animados, sérios, motivados — e sem patrocínio estrangeiro. A TSiBA tinha planos de mudar para um prédio maior e estava em busca de mais apoio financeiro.

A faculdade com certeza merecia o apoio. A bolsa de pós-graduação mais almejada na África do Sul era a Mandela-Rhodes, que financiava integralmente dois anos de estudos para "jovens africanos que exibissem talento acadêmico, bem como maior potencial de liderança, uma oportunidade educacional única no continente". O próprio Mandela, no lançamento da bolsa a que emprestava um dos nomes, em 2003, dissera: "É reflexo de uma crescente noção de responsabilidade global que, neste segundo século de funcionamento, o Rhodes Trust julgue apropriado redirecionar parte de sua atenção e recursos de volta às origens de sua riqueza."

Apenas trinta bolsas Mandela-Rhodes eram concedidas na África inteira a cada ano. No curto período de funcionamento da faculdade, os estudantes de Leigh Meinert obtiveram quatro delas.

Como outros alunos na TSiBA, Donna-Lee de Kock, da distante comunidade de Bonteheuwel, estava estudando para um bacharelado em administração de empresas. Sua ascendência mista africana, chinesa, indiana e branca assomava em suas feições.

— Quero terminar aqui e depois ir para uma faculdade de cosmetologia — ela me contou —, obter um diploma e depois abrir meu próprio negócio.

Na biblioteca da faculdade havia cerca de quinze dos alunos, e indaguei-os sobre seus planos. Cada um tinha a ambição de abrir um negócio e sabia exatamente o tempo que levaria, os estudos que requeria, os diferentes passos. Foram francos sobre a economia vacilante, o desemprego elevado, e quando perguntei explicitamente sobre a corrupção do governo, apenas sorriram: eles sabiam. Foram unânimes em um ponto.

— Todos temos a aspiração de sair das comunidades — um deles disse.

Fui ficando na Cidade do Cabo, em busca de mais boas notícias, e ouvi falar de um campo de trabalhadores migrantes mais antigo, chamado Lwandle, que havia se reinventado como comunidade e se pusera em evidência com seu novo museu. Fui até lá. A menos de cinquenta quilômetros da Cidade do Cabo, Lwandle era outro exemplo dos arredores da Cidade do Cabo, a comunidade poeirenta pobre visível das alturas da cidade verde abastada. Nesse caso, a miserável Lwandle, em Somerset West, era adjacente à adorável e velha cidade de Stellenbosch, com suas adegas e sua universidade, sob a escarpada e estriada cadeia de montanhas ainda conhecida como Hottentots Holland (Holanda dos Hotentotes).

A peculiaridade de Lwandle era a autoestima elevada, que se refletia em sua autopromoção. Sua vitrine, o Lwandle Migrant Labor Museum, exibia sua história ao longo de sessenta anos. A comunidade tinha seu próprio historiador também, que me saudou e me guiou por lá.

Seu nome era sr. Lunga Smile — como, ele explicou, em "sorria para a câmera" — e ele havia estudado na escola secundária local, Khanyolwetho High School. Um espírito animado, com jeito de andar saltitante, elástico, como um homem chutando uma bola, e junto com sua energia externa havia uma ânsia de informar. Trajava uma jaqueta axadrezada quente e touca de lã naquele dia encoberto e frio, que deixava ainda mais sombria a selva de choupanas e barracos.

Como seu colega Archie, o historiador da comunidade de Langa do outro lado de Cape Flats, o sr. Smile de Lwandle era capaz de converter sua animação em uma sensação de revolta quando destacava as afrontas sofridas pelos moradores da comunidade ao longo dos anos.

— Era assim que as pessoas pobres viviam antes — ele disse. — Veja que construção ruim. Sem água corrente. Sem aquecimento.

Para demonstrar as privações anteriores dos moradores, um dos albergues, que datava de 1958, fora preservado sem alterações. Uma estrutura de blocos de concreto com um pavimento sem aquecimento nem água, dividido em cubículos de diferentes tamanhos, os menores designados para dezesseis pessoas, os maiores abrigando até 38.

— Eram todos homens que trabalhavam nas fábricas de enlatados — o sr. Smile explicou.

A velha história: homens em busca de trabalho que haviam deixado seus lares e famílias no Cabo Oriental para viver em albergues de trabalhadores migrantes na periferia da Cidade do Cabo. Ali eram empregados no fértil vale Stellenbosch como colhedores de verduras e frutas e ceifeiros de uvas, e nas fábricas que processavam e enlatavam aqueles produtos.

Mas o principal empregador, a fábrica de alimentos enlatados Gant, encerrara as atividades na década de 1980, e com os vinhedos mais mecanizados, menos trabalhadores eram necessários. Eu tinha vindo em busca de boas notícias, mas estava descobrindo outro paradoxo. A maioria das pessoas em Lwandle agora estava desempregada, mas a população residente vinha aumentando, e estava ociosa. Lwandle e sua área vizinha invadida abrigavam agora 80 mil pessoas.

O sr. Smile me conduziu pelo prédio velho, frio e arenoso, com seu ar estagnado, suas paredes ressecadas e seus banheiros externos com seis cabines com baldes.

— Eles tinham que esvaziar os baldes manualmente, carregando-os até ali — o sr. Smile disse. — E uma mulher não estava segura lá. Podia ser atacada enquanto usava o banheiro.

Bufei, tomei notas e percorri aquele lugar horroroso, denominado Prédio 33, e o sr. Smile continuou falando:

— Era aqui que viviam, veja que aperto! — Disparou até um quarto dos fundos onde algumas prateleiras representavam camas. — Eles costumavam dizer: "Minha cama é meu lar."

Bufei novamente, tomei mais notas, observando o chão de cimento sujo, os quartos qual celas de prisão, os tetos imundos, as janelas tão encardidas, sem lavagem, que não dava para enxergar através do vidro.

— Este é o nosso legado!

Então eu vi um cartaz escrito à mão e perguntei:

— O que é isso?

— Foi colocado ali pelas pessoas que moravam aqui antes.

— Antes do quê?

— Antes que virasse um museu — o sr. Smile disse. — Eles estão reclamando.

Copiei o cartaz. Dizia (com muitos erros de grafia): NÓS RESIDENTES DO QUARTO 33 DECIDIMOS ESCREVER ESTE CARTAZ DISCORDANDO DAS PESSOAS SOBRE ESSE QUARTO SER UM MUSEU. PRIMEIRO NOS DEEM ACOMODAÇÕES ANTES DE OBTEREM ESTE QUARTO. OBRIGADO — DO QUARTO 33.

Então as pessoas que vinham morando naquele barraco, que foram despejadas para que o lugar se tornasse uma peça de museu representando o pior exemplo de uma favela, queriam urgentemente retornar e habitar o barraco como sempre fizeram. Ainda que fosse terrível, estavam em condições ainda piores onde moravam agora. Queriam seu barraco de volta, mesmo que isso significasse viver feito porcos.

— Onde estão agora?

— Talvez numa área invadida — o sr. Smile disse.

— Então como é que isto está melhor do que antes?

— Agora cada um tem seu próprio espaço — e por "espaço" se referia a um cubículo — sem precisar dividi-lo.

Antigos albergues de trabalhadores migrantes haviam sido convertidos em moradias para famílias, mas continuavam igualmente apinhados, sujos e sem aquecimento. Criancinhas maltrapilhas e descalças corriam atrás umas das outras numa noite fria, passando por uma parede com um retrato de Steve Biko, morto pela polícia na era do apartheid, um dos mártires da luta pela liberdade. Não longe de onde estávamos conversando, uma mulher lavava roupas, golpeando-as em uma pequena pia pública fixada em uma fonte à beira da rua suja.

O museu em Lwandle tivera mais sucesso do que o comitê cultural de Lwandle poderia imaginar, já que a comunidade inteira parecia ter sido preservada como uma lembrança turva dos velhos e maus tempos que persistia no presente. A única diferença era que, em vez de Lwandle servir de campo para homens com excesso de trabalho, agora era um campo de famílias desempregadas, que sobreviviam de esmolas e trabalhos servis.

O Migrant Labor Museum abrigava uma exposição de fotografias de moradores de Lwandle, a maioria mulheres — "domésticas", o sr. Smile disse, explicando que haviam sido empregadas de famílias brancas em Stellenbosch.

Eram retratos de mulheres mais velhas sentadas em cadeiras toscas, em ambientes humildes. Um mostrava uma mulher corpulenta num vestido volumoso. Seu nome estava indicado: Nontuthzelo Christine Makhebane. Uma legenda sucinta em suas próprias palavras resumia sua existência melancólica ali:

Meu lar é onde nasci. Só estou ficando aqui. Meu lar é Ngqamakhwe. Só trabalho aqui. Mas meu futuro, o lugar onde eu queria morrer, é Ngqamakhwe.

Ngqamakhwe, que localizei num mapa, era um povoado rural minúsculo no meio do país, no âmago verde de Cabo Oriental.

— Por que estas pessoas vêm para cá se há tão pouco trabalho? — perguntei ao sr. Smile.

— Por causa da seca em suas aldeias — ele respondeu. — Porque não têm comida em casa. Porque eles têm esperança.

E porque, como observa Elias Canetti em *Massa e poder*, as pessoas se sentem mais seguras em uma multidão. Assim, fogem do vazio e da insegurança do campo para buscar consolo em uma multidão favelada urbana, ainda que suja e sem futuro, como esta em Lwandle.

No lusco-fusco crescente e sob a luz turva, crianças magrelas, algumas descalças, chutavam uma bola por um trecho pedregoso do terreno, gritando umas com as outras e depois zombando de mim enquanto eu passava.

Todas as noites na Cidade do Cabo, após flanar pelas comunidades, eu retornava ao meu hotel de luxo. A diferença nas condições era violenta, e as implicações me davam calafrios. Eu sabia perfeitamente que no século XIX londrinos ricos e voyeuristas acorriam às favelas de East End para a emoção da sarjeta — a palavra *slumming* (visita a favelas) data de 1884. Durante a Lei Seca, nova-iorquinos brancos buscavam bebida alcoólica e exotismo em incursões às partes mais pobres do Harlem e do Bowery. Atualmente tais descidas sociais constituem um ramo reconhecido da indústria do turismo: o chamado turismo de favelas existe na Índia e na América do Sul, e é um bom negócio na África do Sul.

O turismo de favelas talvez tenha se originado quando o primeiro turista curioso encontrou um morador de favela faminto que reconheceu uma oportunidade lícita, e em vez de pensar em roubo, levou o turista — mediante uns trocados — para ver as pessoas do abismo. Os africanos mais pobres começaram a perceber que o simples fato de serem pobres mobilizava muitos visitantes estrangeiros que, associando pobreza com perigo e fracasso, não podiam fazer isso onde moravam.

Esse tipo de turismo tem sido denunciado como "pornografia da pobreza" e exploração, ao rentabilizar a miséria dos moradores de favelas que nada mais tinham a oferecer. Para alguns excursionistas, a experiência representava um exemplo extremo de curiosidade, beirando o voyeurismo, o turista estrangeiro tendo por intenção maldosa sentir o calafrio da diferença, o interesse pelo horror indistinguível da visita à favela. Mas havia outros — estrangeiros solidários, praticantes da caridade — que, além de olharem boquiabertos, eram levados a doar dinheiro, e tendo visto a favela estavam contribuindo com certa compreensão. Como eu próprio havia visto, os primeiros visitantes e voluntários no campo de New Rest, com um desejo genuíno de ajudar, contribuíram para manter uma clínica e uma creche. E tiveram uma função importante para a transformação do campo em comunidade viável.

O voyeurismo é um elemento presente em grande parte, talvez na maioria, das viagens, mas mesmo assim eu acreditava que minhas visitas não eram motivadas pelo horror, e tampouco altruístas. "Quando algumas pessoas viajam, meramente contemplam o que está diante de seus olhos", o taoísta Lie-Tzu dissera. "Quando viajo, contemplo os processos da mutabilidade."

Claro que eu queria embelezar as minhas intenções — que viajante não quer? —, mas achava que o ponto de vista de Lie-Tzu sintetizava meu sentimento: não de *slumming*, nem de paternalismo, mas em busca de mudanças. (E talvez um pouquinho de voyeurismo também; senão, por que não ficar em casa?) Eu queria ver mudanças, e encontrei muitas: a transformação das choupanas em casas em New Rest, a criação da Tertiary School in Business Administration em Pinelands, a diminuição dos ataques com paus e pedras aos vagões de trem em Khayelitsha e uma sensação geral de melhoria social da cidade. Ver diferenças assim (o processo da mutabilidade) me parece um dos propósitos das viagens, e muitas vezes indica como o mundo muda e dá vislumbres do futuro.

Mas, após um dia de imersão, eu sempre retornava ao meu hotel. Meu hotel era esplêndido — e ligeiramente preocupante por seu esplendor, porque um hotel pode ser tão parecido com um lar que se torna uma barreira à compreensão do mundo externo e seus desconfortos. O prazer de estar no hotel me levava a procrastinar. Sabia que, ao deixá-lo, estaria viajando para o desconhecido — ao menos para mim: eu nunca pegara a estrada ao norte para fora da Cidade do Cabo, rumo à Namíbia, a Botsuana, a Angola e talvez além. Eu tinha um mapa, e algum dinheiro, e meses pela frente.

O meu hotel, o Taj Cape Town, tinha umas termas onde às vezes eu fazia uma massagem ("O hóspede é Deus, senhor, permita lavar seus pés") e um restaurante indiano chique onde eu podia ser encontrado quase todas as noites saboreando meu *tandoori*, com a frente de minha camisa cheia de migalhas de *poppadom*. Café e sonhos de creme eram servidos todas as tardes no saguão, onde eu me sentava numa poltrona de couro e lia no *Cape Times* os últimos episódios das arengas racistas de um dos demagogos sul-africanos em ascensão, Julius Malema, ou anotava os eventos do meu dia no caderno.

Os moradores da Cidade do Cabo faziam cara feia quando eu contava que ia visitar mais uma comunidade, assim como um nova-iorquino poderia se mostrar espantado — com toda a razão — se um visitante de Manhattan dissesse que passaria o dia em Brownsville, no Brooklyn, onde existem dezoito conjuntos habitacionais de baixa renda de aspecto sombrio e pouco atraente. Os nova-iorquinos de vez em quando me desafiavam assim. Mas uma de minhas semanas mais reveladoras em Nova York foi perambulando em Brownsville e no South Bronx, coletando material para um ensaio ("Gótico subterrâneo") sobre os confins do sistema metroviário de Nova York.

— Por que os africanos convidam pessoas para ver sua miséria? — um amigo sul-africano me perguntou. Uma pergunta frequente. — E por que as pessoas fazem esses tours pelas comunidades?

Acontece que ele era um chef de cozinha, viajante e gourmet. Para me apresentar à comida sofisticada da Cidade do Cabo, me levara ao Aubergine Restaurant. Comecei minha refeição com *involtini* de creme de lagostim com nabo japonês e aspargos, e ele pediu carpaccio de peixe, salada de caranguejo namibiana e escalopes tostados acentuados com molho de *mizuna*. Como entrada comi filé de avestruz tostado "acentuado com mozarela de búfala e groselhas do Cabo", e ele escolheu lombo de coelho rolê com tiras de barriga de coelho crocante, aromatizado com toicinho, servido sobre um purê de vagem. Ele continuou me atormentando sobre o turismo das favelas, enquanto eu listava para ele as mazelas vistas nas comunidades, que para mim eram tão impressionantes e incomuns como o filé de avestruz tostado com groselhas, e bem mais esclarecedoras.

— Este Boekenhoutskloof 2005 de Franschhoek combina bem com a avestruz.

— Sim, só mais um pouquinho, obrigado. O que eu estava dizendo?

— Você ia falar das invasões.

Eu achava então, e continuo acreditando, que a única forma de entender uma cidade é ver sua periferia, porque é ali que os trabalhadores costumam viver, as pessoas que são empregadas para mantê-la — que eram provavelmente as que varreriam as migalhas caídas dessa mesa no Aubergine e de outras, nos fundos, onde se preparava a comida. Uma cidade não consegue funcionar sem essa gente. Isso valia para Nova York e para a Cidade do Cabo: os trabalhadores da cidade nunca moravam na parte central, e sim nas margens, nas comunidades, e se deslocavam de trem ou micro-ônibus até seus locais de trabalho. A mulher que arrumava minha cama no Taj — um prédio venerável, outrora um banco, que cintilava perto do parque e do jardim botânico conhecido como Company Gardens —, essa alma sorridente, ofegante, que sempre perguntava de forma receptiva se eu estava gostando, deixava o trabalho diariamente para retornar à sua casa humilde numa comunidade poeirenta em Cape Flats.

Meu amigo gourmet disse que eu deveria fazer um passeio em torno da montanha para ver as comunidades ordeiras à beira-mar. Foi o que fiz no dia seguinte, com Claire Jones dirigindo e narrando. Claire viera da Inglaterra quando criança, tempos atrás. Pensara em partir nos anos opressivos do apartheid, mas permanecera e se animara com as mudanças políticas, a libertação de Mandela, a nova prosperidade, a Copa do Mundo.

— É meu lar. Viajo, é claro, o tempo todo. Mas sempre retorno. Não quero viver em nenhum outro lugar.

Ela desceu comigo pela costa oeste e pelos penhascos altos ("e essas rochas são os Doze Apóstolos, mas não os conte, são mais de doze") até Sea Point, Bantry Bay, Clifton e Hout Bay ("eles costumavam emitir passaportes aqui, de brincadeira"), depois até Scarborough, onde, em um banco, uma gigantesca babá de uniforme e chapéu de sol largo segurava uma menininha branca em seu colo grande e macio. Depois transpusemos a cadeia — vislumbres de babuínos andando sobre os nós dos dedos — até Simons Town (e uma categoria nova de turistas: falantes e prósperos, da República Popular da China); até a Boulders Beach para ver os pinguins-africanos que eu vira dez anos antes — mas em quantidade bem maior agora, e mais bem protegidos; e subimos pela costa da False Bay até Fish Hoek, Glencairn e Kalk Bay, onde os pescadores estavam aportando, com seus barcos abertos de madeira reluzente com engradados de abadejos-do-cabo recém-pescados — tripulações puramente Xhosa, todos criados como pescadores, sua negritude realçada pelos oleados amarelos.

Foi uma excursão simples. Um passeio turístico, uma atividade inconsequente, em geral imbecil, que costumo depreciar por seu comodismo, mas as paisagens eram bonitas, a comida, excelente, o tempo estava perfeito — foi tudo tão facilmente agradável que não houve nada sobre o que escrever. E tive a sensação de que, depois que eu partisse, estaria em uma estrada esburacada, destinado, através da poeira, à incerteza.

E outra coisa me refreava também: um pensamento inoportuno que me mantinha indolente, em certo sentido me abrigando nos confortos da Cidade do Cabo. Foi a crença mórbida de que poderia não retornar, não apenas para a Cidade do Cabo, mas para casa. Que estava partindo para sofrer e morrer.

Quando jovem, nunca cogitei aquela ideia de morte em viagem. Eu partira para a África quase cinquenta anos antes com a ideia de que minha vida enfim começara, de que eu estava livre nesse grande continente verde, livre de minha família e seu paternalismo justo na época em que muitas nações africanas haviam se libertado da mão paternalista do colonialismo. E quando os africanos me contavam como haviam sido reprimidos, confinados, depreciados, explorados e infantilizados por seus dominadores coloniais, seja a Grã-Bretanha, na Bélgica, em Portugal ou na França, eu pensava em minha própria mãe raivosa dizendo "A culpa é toda sua" e "Você não vai a lugar algum — você não tem coragem" e meu pai dizendo "Arrume um emprego — dinheiro não dá em árvore", "Por que você é tão desafiador?" e "Por que você escreve este lixo?".

Assim, a África fora uma libertação para mim, um abraço salvador e uma oportunidade. Muitas pessoas sentem esse mesmo alívio, felicidade e sensação de possibilidade ao chegar pela primeira vez ao continente. Os próprios africanos inspiram isso. E na África tive enfim algo para escrever. Naquela época, início e meados da década de 1960, muitas partes do continente, remotas e raramente visitadas, me atraíram. Tornei-me professor numa pequena escola no Malaui e depois na Universidade Makerere, em Uganda. Nas férias, viajei para Congo, Nigéria, Gana e Quênia, para cima e para baixo no Malaui e até o rio Lower Shire, um afluente pantanoso do Zambezi. Casei-me em Uganda, e meu primeiro filho nasceu lá. A África me deu tudo. Nunca tinha pensado em morte: a África me dera vida.

Mas minha boa sorte nas viagens durara tanto tempo que estava fadada a se exaurir em certo ponto, e com certeza brevemente. A África havia mudado. Países que eu adorava visitar haviam implodido ou acabado, e as próprias pessoas com frequência diziam, suplicantes, "Estamos desesperados, senhor", ao estender as mãos, implorando por dinheiro. Eu logo seguiria para a parte da África infestada pela malária, a parte turbulenta, onde a vida era precária, a comida e a água eram insuficientes, os ônibus sacolejavam pelas estradas esburacadas e as pessoas haviam sido tão completamente abandonadas por seus governos, tão largadas à própria sorte, que eram dominadas pelo medo de não sobreviver. Por que alguma dessas pessoas se importaria com um homem branco já velho fazendo perguntas intrometidas e rascunhando as respostas em seu caderno?

Numa vida de viagens, eu estivera em lugares horríveis e correra riscos idiotas, e sobrevivera. Sempre me imaginei o Viajante Sortudo. Mas a certa altura, mesmo a pessoa mais sortuda, plena de esperança, abre uma porta e acha um reflexo esquelético do outro lado. E assim o viajante, a cada manhã no espelho, como Webster no poema de Eliot,* se torna obcecado pela morte, e vê a caveira sob a pele, as órbitas oculares vazias, o sorriso sem lábios.

Em meus últimos dias na Cidade do Cabo, percorri mercados e lojas. Muitos vendiam curiosidades para turistas, máscaras e contas e cestas falsas, embora algumas lojinhas oferecessem o artigo genuíno: antigos entalhes e utensílios de aldeia — bancos, cajados-troféus, pauzinhos de cavar, objetos rituais. Adoro velhos objetos de madeira que foram manuseados e usados: o banco que havia sido polido no assento escorregadio, o descanso de pescoço simétrico que havia sustentado a cabeça sonolenta de seu dono por muitos anos, a cuia de madeira com sua pátina cor de abóbora, o bracelete de marfim escurecido pelo pulso do usuário, o amuleto reluzindo com a fricção nervosa de dedos supersticiosos. Encontrei um amuleto Yaka, uma figura cubista de boca aberta e olhos arregalados com um longo pescoço e nada mais, entalhado em madeira preta, pequeno o suficiente para caber na minha mão. Parecia ter sido usado para assustar. O povo Yaka se estende pela fronteira de Congo e de Angola, a maioria perto do rio Kwango na beira da parte mais alta de Angola, para onde eu iria. Tornou-se meu amuleto e protetor pessoal.

E comprei um mapa detalhado e uma passagem de ônibus.

O último item de minha lista de desejos na Cidade do Cabo era um passeio de barco. Queria muito obter uma visão da cidade a partir do mar. Eu nunca tinha saído de barco para longe da costa. Meu modesto pedido foi satisfeito por alguns companheiros num piquenique em um iate de dezessete metros, *The Spirit of Cabo*. O nome era apropriado: era o espírito do Cabo que eu queria sentir. Zarpamos de um ancoradouro perto do Cape Grace Hotel e singramos pelas docas e ponte giratória para pedestres na baía da Mesa, seis pessoas a bordo, boa companhia, ótima comida, o mar adorável, e avultando acima de nós a montanha avistada pela primeira vez pelo explorador português Bartolomeu Dias, em 1488. Ele a chamou de Cabo das Tormentas devido às tempestades e ao mar bravio.

Nesse dia de clareza ofuscante, o vento frio soprando do sul, velejamos umas três milhas em alto-mar e depois rumamos para o sul, passando

---

* O poema é *Whispers of Immortality* [Sussurros de imortalidade]. (N. T.)

pela montanha da Mesa, monumental à luz do sol, os numerosos Apóstolos dispostos na rocha perto do topo, a cidade espalhada através de seus mantos de granito. Quem conhecesse sua história, sobretudo sua história recente, poderia estar seguro de que a Cidade do Cabo era uma cidade de futuro, que inspirava a noção de que todas as coisas são possíveis. Robben Island, ao largo, já não era uma colônia penal, e seu prisioneiro mais famoso guiara o país para a liberdade e continuava vivo e sorrindo, carinhosamente conhecido por todos pelo nome de seu clã, Madiba.*

O planalto ao sul era um parque nacional, onde tropas de babuínos do cabo fechavam a cara e deslizavam em meio aos arbustos baixos, de odor doce, que os africânderes chamavam de *fynbos*. A terra parecia abençoada, o supremo fim do mundo, um paraíso — como era quando seus únicos habitantes eram os caçadores-coletores que se autodenominavam as Pessoas Reais. Como passagem para as Índias Orientais, havia sido renomeado Cabo da Boa Esperança.

No *Spirit of Cabo* bebemos cerveja, comemos camarões-rosa frios e pedaços de pizza. Conversamos sobre viagens, e soube por meus colegas de piquenique que o Cabo era o lar do *Flying Dutchman*, um navio-fantasma que navega incessantemente e serve de lição para todos os viajantes, especialmente aqueles ambiciosos demais. E — já que a lenda era baseada num piloto fanático real — aos viajantes que não sabem quando parar.

— Então, Paul, para onde você vai?

Comecei, hesitante, a descrever meu itinerário. Alguns dos homens haviam estado na Namíbia, mas nenhum em Tsumkwe no remoto nordeste, lar do povo Ju/'hoansi, aonde eu esperava ir. Nenhum dos homens havia visto Angola, embora conhecessem ex-soldados que estiveram lá — o Exército sul-africano combatera e instalara minas ali, e bombardeara as cidades, lutando contra os guerrilheiros namíbios, também apoiando uma das facções na guerra civil angolana que durou 27 anos. Mas naquela época Angola era quase uma terra incógnita, conhecida pelas reservas de petróleo, suas muitas minas terrestres não explodidas e seu isolamento.

---

* Refere-se a Nelson Mandela, falecido em 5 de dezembro de 2013, depois da viagem do autor. (N. E.)

— Tem certeza de que quer ir até lá?

Respondi:

— Ah, sim. Estou ansioso para ir.

— Parece que as estradas são realmente horríveis.

Eu disse:

— Não tenho pressa.

— Provavelmente nem tem estrada em alguns lugares.

Teria sido pretensioso dizer "Não sigo nenhum caminho, o caminho me segue", mas era, pomposamente, como me sentia. Eu disse:

— Tem sempre um caminho quando a gente não está com pressa.

— Dá para ver tudo aqui — o piloto disse. Ele ligou o GPS e logo, em segmentos iluminados, a costa oeste do sul da África apareceu na tela. Ele a ampliou e rolou para cima.

— Tem a parte norte, Namaqualand e o interior — ele disse, seus dedos percorrendo a tela como uma aranha. — Esta parte plana da costa... há minas de diamantes por toda ela. Esse gancho é Luderitz, onde a Namíbia começa. Ali está a baía de Walvis: muita navegação por lá. E Swakopmund, e a Costa dos Esqueletos.

— Está vendo aquela linha? — um dos outros disse. — É o rio Kunene, a fronteira com Angola. Estive ali num helicóptero com clientes de um safári, mas não a atravessei. Ninguém atravessa, exceto os Himba.

O povo Himba eram pastores seminômades, veneradores do fogo, notoriamente tradicionais e bonitos em suas contas e ornamentos de conchas, com argila vermelha colorindo as longas tranças das mulheres.

Quando *The Spirit of Cabo* deu meia-volta perto de um velho destroço parcialmente submerso em Clifton, e transpôs as ondas de volta ao porto, o piloto prestativamente traçou a linha sinuosa com a ponta do dedo, indicando o rio fronteiriço que separava a Namíbia de Angola. Mas o mapa tinha tão poucos detalhes, sua topografia simples brilhando na tela na casa do leme, que parecia retratar uma terra desconhecida e ainda não descoberta.

4

O ônibus noturno para Windhoek

COMO UM MENINO ENCABULADO, CURVADO e constrangido, afundando no carro caro do pai a caminho da escola, eu disse:

— Yusuf, por favor, me deixe aqui — quando o poderoso Mercedes preto se aproximou da estação de ônibus. A entrada da estação estava indistinta na névoa da madrugada. Eu preferia ser discreto. Bem, quem não preferiria? Ninguém chama mais a atenção do que alguém saindo de uma limusine para pegar um ônibus velho. Mas o porteiro do hotel havia insistido, na intenção de me oferecer uma boa despedida, e parecia grosseiro recusar. A uma distância discreta — Yusuf atendendo ao meu pedido —, saltei antes que ele pudesse me abrir a porta. Ele estava sorrindo, dando um risinho discreto ao me dar a mão e entregar o jornal matutino, um *Cape Argus* caprichosamente dobrado.

— Boa jornada, senhor.

— Você está sorrindo porque estou pegando o ônibus — eu disse, respirando fumaça de diesel dos ônibus parados.

— De jeito nenhum, senhor.

— Então por quê?

— Por que o senhor só comprou o tíquete de ida. *Tucket.*

Sim, eu não sabia até onde iria, ou se voltaria por aquele caminho. Era um salto no escuro, para o norte, em direção ao Congo.

Todas as matizes das identidades raciais sul-africanas estavam representadas na estação, preparando-se para embarcar no ônibus: negros, indianos, Cape Malay, "mestiços", chineses e alguns bôeres musculosos, todos rumando para Springbok e a fronteira, e talvez além. Nenhuma formalidade exceto um ritual mecânico junto ao motorista, que segurava uma prancheta e checou meu nome. O embarque era informal e ordenado, sem controle de segurança, sem delongas. Assim que nos instalamos no ônibus, fomos conduzidos para fora da cidade, rumo à Namíbia e à *l'Afrique profonde*, às entranhas do continente mais verde.

Sentei-me à janela lendo o *Cape Argus*, curtindo a perspectiva da longa viagem e me inteirando das novidades. A semana inteira, entrando e saindo de comunidades, eu vinha acompanhando o progresso de uma batalha pública entre disciplinadores no partido governante, o Congresso Nacional Africano e Julius Malema, o exuberante presidente da Liga da Juventude, que se regozijava com sua própria violência. Malema estava sempre no noticiário em razão de seus pronunciamentos agressivos: suas ameaças ruidosas aos brancos e aos indianos, suas exigências de que as minas fossem nacionalizadas, de que Botsuana fosse invadido e seu governo derrubado, de que as fazendas de propriedade de brancos na África do Sul fossem invadidas e confiscadas — entregues totalmente a sul-africanos negros — como acontecera de modo desastroso no Zimbábue, um país arruinado, à beira da falência, que Malema admirava e sempre visitava.

Embora retratado na imprensa como um bufão, e com três condenações em tribunais sul-africanos por pregar o ódio, Malema era um possível futuro líder da África do Sul. Na verdade, já era um líder, embora semeando discórdia. Com apenas trinta anos, mas rico, perigoso e vingativo, era arrojado o bastante para almejar o cargo supremo. O presidente atual, Jacob Zuma, que, como mentor de Malema, parecia uma versão mais velha e sagaz daquele valentão arrogante, começara a temê-lo. Assim como Zuma, Malema havia — segundo informações de investigações de jornais — enriquecido através de negociatas e subornos em contratos governamentais. Como resultado, era dono de uma mansão recém-construída num subúrbio chique de Johannesburgo.

Malema presidia a Liga da Juventude desde 2008, e suas fotos, de punho erguido, discursando ao microfone, ano a ano o mostravam mais inchado, um homem esguio de um negro intenso transformado, tornando-se cada vez mais gordo e calvo, até que sua grande cabeça uniforme quase não tinha traços, como um balão superinflado, olhos empapados parecendo fendas perversas, um rosto que não alcançava nenhuma expressão exceto quando, olhos arregalados e dentes à mostra, conseguia inspirar medo ao disseminar sua ameaça racista.

Popular entre os negros urbanos pobres por seus insultos contumazes, Malema proferia discursos vociferantes, amplamente reproduzidos. O mesmo ocorria com suas entrevistas coletivas turbulentas, em que não poupava esforços para humilhar os jornalistas e qualquer um que discordasse dele, especialmente da imprensa estrangeira. Suas ofensas eram memoráveis por serem diretas: "estúpido", "imperialista", "patricinhas", "vão embora!". A impressão era de que ninguém no governo sabia o que fazer com ele, e aquele pensamento maldoso lhe dava prazer, porque quanto mais era censurado, mais desafiador se tornava.

Aquelas almas ruidosas e obedientes que eram seus seguidores dispunham de tempo livre para aparecer quando e onde fossem convocadas para ovacioná-lo, brandir cartazes e saltar para cima e para baixo — a exibição de aprovação peculiar de seu público eram saltos vigorosos, dando aos comícios de Malema o aspecto de uma enorme aula de aeróbica. Aqueles saltadores eram quase todos homens jovens e desempregados das comunidades — nada tranquilizador para os oponentes de Malema (que eram em grande número), já que a maior proporção de sul-africanos desempregados vivia nas comunidades. Eram os muitos milhões sem ocupação nem destino, a quem Malema oferecia uma espécie diabólica de esperança na política de incitação racial.

A demagogia na África, no tocante ao discurso, nunca tivera grande peso. Embora berrar discursos fosse razoavelmente comum entre os picaretas promissores dos partidos, um dom da oratória não era crucial ao político africano com pretensão a tirano. Os chefes tribais e reis tradicionais não se envolviam em discursos públicos, mas apenas sussurravam seus desejos aos seus braços direitos — *porte-parole* nos reinos da África Ocidental, o "mensageiro do chefe" na África Oriental e Central —, o porta-voz que transmitia as palavras que tinham de ser obedecidas.

Embora a aprovação e os uivos da ralé, dos pobres, da turba pudessem ser úteis, raramente eram fatores decisivos para alçar um homem ao poder, a não ser que a turba estivesse bem-armada. Em cada tirania africana era a fidelidade do Exército ao líder e sua crueldade imparcial que faziam a diferença. Uma vez que um líder se consolidasse como ditador, controlava seu país pelo Exército e pela polícia, complementados pela brutalidade de intimidadores autodesignados da liga da juventude do partido dominante. Discursos eram irrelevantes. Se você tivesse homens armados do seu lado, nenhuma outra persuasão era necessária. Um ditador africano podia ser um tirano mudo e implacável e passar muitas décadas no poder sem sequer ser visto em público.

Mas, de forma estranha e talvez singular à África, a música sempre tinha importância no processo político. Não interessavam os discursos: quem tinha paciência para ouvir as mentiras? Junto com as armas, a música era a influência mais persuasiva na vida política africana, tanto quanto na cultura africana. A política era dominada por canções incitantes. Sempre fora assim. No início da década de 1960 em Niassalândia (que logo se tornaria Malaui), a canção definidora foi "Zonse Zimene za Kamuzu Banda" — "Todo mundo pertence a Kamuzu Banda", um hino tanto quanto uma profecia, em louvor ao novo primeiro-ministro, cantada nas aldeias, em encontros políticos e pelos alunos de minha escolinha. Banda assumiu o poder, suprimiu e prendeu a oposição, e governou (a música ainda tocando) pelos 34 anos seguintes.

O presidente da África do Sul Jacob Zuma tinha seu hino pessoal, que cantava e dançava em público a cada oportunidade. Era uma canção da luta, sobre sua metralhadora.

> *Umshini wami, umshini wami* (Minha metralhadora, minha metralhadora)
> *We Baba* (Ó, pai)
> *Awulethu, umshini wami* (Por favor, tragam minha metralhadora)

Um fato inconveniente é que a África do Sul não foi libertada pela guerra total nem tampouco por guerrilheiros brandindo metralhadoras. Não houve Gettysburg na África do Sul, apenas o descampado de

Sharpeville, que foi o local de um massacre unilateral de 69 manifestantes desarmados. Mandela não foi libertado de Robben Island por uma multidão indignada em um movimento popular de libertação de prisioneiros como a tomada da Bastilha. Quase ao final de sua pena, Mandela foi secretamente transferido para um ambiente de casa de campo, sereno e bucólico, na região vinícola onde, com a conivência do governo branco, aguardou tranquilo as eleições e a transferência do poder.

Violentos protestos, sabotagens e luta armada haviam sido fatores, mas não decisivos, na Independência da África do Sul, que foi conquistada pela obstinação, agitações trabalhistas, greves paralisantes, desordem pública, negociações de bastidores, sanções econômicas e, sobretudo, pressão estrangeira. O bem-armado Exército sul-africano era esmagador. A Independência não foi conquistada, mas concedida, e já era tempo no gotejar da inevitabilidade histórica. O hino da metralhadora de Zuma e sua dança de guerra ao som da melodia não passavam de uma ostentação tristemente cômica, mas tinha valor simbólico para uma população ainda ressentida.

Julius Malema — pouco instruído, corrupto, astuto, desvairado e doido pelo poder — muito se assemelhava a Zuma. Era um de seus partidários e tinha um hino pessoal também, chamado "Atirem no bôer". À semelhança de Zuma, cantava-o com um prazer e uma gesticulação exagerados. Você poderia ser desculpado por achar — se ignorasse o sentido das palavras — que aquilo era uma palhaçada exuberante, como um número de teatro de variedades em que um artista com rosto pintado de negro tentava extrair risos da plateia. O único objeto que faltava era um banjo ou tamborim.

Mas ele falava sério. Uma enorme manchete no *Cape Argus* que eu estava lendo no ônibus envolvia Malema, denunciando-o por desafiadoramente liderar seus adeptos ao cantar sua canção de ódio inconfundível, porque parecia que ele não pararia de cantá-la. "Atirem no bôer" era perfeita para um ambicioso político negro sul-africano: melodiosa, de poucas palavras, fácil de lembrar, contra os brancos e uma incitação ao assassinato.

A canção também se originara da luta, mas o país fora em frente, como também acontecera com "Traga minha metralhadora". Porém, muita gente na África do Sul gostava da mensagem de assassinato e vingança, porque muitos ainda precisavam encontrar trabalho, bem-estar e um lugar para si, e sentiam inveja e raiva dos visivelmente ricos. Aquelas pessoas insatisfeitas eram os valentões das comunidades que apedrejavam trens, sequestravam carros e aterrorizavam bairros com roubos ousados que faziam disparar as estatísticas do crime. Com uma taxa de homicídios anual de 32 mil e os estupros ultrapassando 70 mil, a África do Sul esteve na dianteira mundial em 2011 em relação a estupros e assassinatos informados à polícia.

Dado que "Atirem no bôer" defendia a matança dos fazendeiros brancos, constituía outra estatística terrível que, desde o fim do apartheid em 1994, mais de 3 mil fazendeiros brancos haviam sido mortos por assassinos negros. A maioria das vítimas fora emboscada em fazendas isoladas na savana. A letra do hino em zulu era de uma simplicidade brutal:

Ayasab' amagwala (Os covardes estão assustados)
Dubula dubula (Atirem atirem)
Ayeah
Dubula dubula (Atirem atirem)
Ayasab' amagwala (Os covardes estão assustados)
Dubula dubula (Atirem atirem)
Awu yoh
Dubula dubula (Atirem atirem)
Aw dubul'ibhunu (Atirem no bôer)
Dubula dubula (Atirem atirem)

Com exceção do povo desorientado que cantava isso com Malema em seus comícios políticos, a canção era condenada em editoriais de jornais e por muitos cidadãos como uma incitação ao ódio, considerada uma vergonha e um passo atrás para o país.*

---

* Por seu discurso de ódio e por "semear a discórdia", Julius Malema foi afastado de seu cargo na Liga da Juventude e expulso do Congresso Nacional Africano em abril de 2012. Naquele mesmo ano ressurgiu, aproveitando a matança pela polícia de mineiros em greve para se posicionar novamente como líder, com seu tema fixo: "O governo voltou-se contra seu povo." (N. A.)

Mas esperem: uma voz se ergueu em defesa de Julius Malema, gordo e petulante, em seu boné de beisebol amarelo-canário e camiseta da mesma cor, punho erguido, bradando "Atirem no bôer — atirem, atirem". Essa voz apoiadora e confiante, com sotaque irlandês, foi a do cantor Paul Hewson, conhecido no mundo como o intrometido e onipresente Bono, o líder do U2. Ele adorou a canção. O roqueiro multimilionário, na turnê "360 Degree" de sua banda na África do Sul em 2011, espiou por seus óculos de sol caros, inclinou o chapéu de caubói em respeito e afirmou que *Atirem no bôer* lhe trouxera à mente a lembrança afetuosa das canções de protesto do Exército Republicano Irlandês.

— Quando eu era criança e cantava canções — Bono recordou ao *Sunday Times* de Johannesburgo —, lembro-me dos meus tios cantando [...] canções rebeldes sobre os primórdios do IRA.

Citou para o repórter uma cantiga sobre um irlandês carregando uma arma e acrescentou, aludindo a "Atirem no bôer":

— É justo dizer que é uma música folclórica.

Estava tão ansioso por agradar — esquecendo, em sua pressa ou ignorância, as estatísticas de homicídio absurdas e o horror das pessoas que temiam por suas vidas — que não mediu esforços na aprovação da canção racista, reforçando seu argumento com a observação de que "Atirem no bôer" era um sentimento completamente irlandês. Pode ser, embora muitos discordassem, tanto irlandeses quanto sul-africanos. Seus comentários provocaram uivos de raiva no povo da África do Sul, que observou o paradoxo de que, justo no ano anterior, em abril de 2010, Bono (dividindo o palco com o ex-presidente Bill Clinton) havia sido agraciado pelo Atlantic Council com o Prêmio de Distinção para Liderança Humanitária.

E ali estava eu, lendo aquilo num ônibus em direção ao norte pela savana alta, com um homem que poderia perfeitamente ser um zulu no assento à minha frente, uma mulher negra idosa atrás de mim e dois homens que eram sem dúvida fazendeiros bôeres conversando em africânder no assento ao lado.

Interior adentro lá fomos nós, percorrendo as ruas principais de cidadezinhas, orladas pelas arcadas e pórticos das casas de ferragens e velhas lojas, passando pelas imensas fazendas e paisagens espetaculares do Cabo do Norte — um grande alívio, uma melhora após minha experiência de bairros barra-pesada, invasões, comunidades e subúrbios fortificados.

Muitos dos sul-africanos que encontrei queriam ser tranquilizados. Como estamos nos saindo? perguntavam, mas indiretamente. Como a África do Sul se comparava com o país que eu vira em minha viagem dez anos antes e descrevera em *O safári da Estrela Negra*? Eu pude honestamente dizer que estava mais radiante e melhor, mais confiante e próspera, embora nada daquilo se devesse a alguma iniciativa política. O povo sul-africano fizera a diferença e continuaria fazendo, não graças a um governo que o constrangia e insultava com gastos pessoais opulentos, egoísmo, corrupção, pronunciamentos revoltantes, promessas vazias e mentiras deslavadas.

A nova prosperidade ficou evidente quando, percorrendo a rodovia N1, passamos por Century City, que ainda estava em construção da última vez em que estiver na África do Sul, e que se tornara um enorme complexo de casas, prédios altos e "o maior shopping center da África", Canal Walk, com centenas de lojas, lembrando seu estereótipo irmão: a comunidade residencial e o shopping center na Flórida ou Califórnia que serviram de modelo. E servindo ao mesmo propósito: a fuga da classe média da cidade, em busca de espaço e segurança. Bem-financiado e limpo, Century City contrastava em todos os aspectos com as comunidades improvisadas dezesseis quilômetros ao sul.

Passando por uma usina de eletricidade, uma prisão e a Corpus Christi Church (REABASTEÇA AQUI E CONECTE-SE COM DEUS confiantemente escrito no letreiro em frente), rumamos para o norte em uma estrada nova, passando por mais subúrbios — e notei que, quanto mais cara parecia a casa, mais alta era a cerca de segurança ou o muro de tijolos. Em uma república de campos abertos, que celebrava a liberdade do espaço africano, toda grande propriedade era cercada por muros; toda casa, uma fortaleza.

Subindo uma estrada ladeada por eucaliptos através de Durbanville, passamos pelas primeiras elevações do veld verde, os suaves montes Tygerberg, cobertos de videiras em fileiras ordenadas. Tratava-se das amplas plantações dos D'Aria Vineyards, compostas de duas vinícolas, Doordekraal e Springfield. A primeira safra dessa vinícola foi um *sauvignon blanc*, produzido e comercializado em 2005.

Esse fato descobri na cidade seguinte, Malmesbury, onde o ônibus parou por meia hora e pude conversar com um dos bôeres do assento ao lado.

Seu nome era Hansie, um mineiro que estava indo para Springbok, mas viera por aquele caminho muitas vezes, observando a ocupação e expansão de Durbanville e das cidades agrícolas vizinhas. Aquele vinhedo não tinha mais de dez anos.

— Não tinha nada aqui antes, apenas veld e algumas fazendas antigas — Hansie disse. — Agora é uma vinícola em funcionamento.

Ele me perguntou de onde eu era. Respondi.

— Você poderia ter ficado em D'Aria em vez de na cidade... eles aceitam hóspedes também. É bonito e tranquilo.

Nos últimos dez anos, ele havia visto as cidades próximas crescerem, ocupadas por moradores vindos da Cidade do Cabo em busca da vida serena das montanhas. O lugar onde paramos, Malmesbury, era um exemplo, uma cidade-mercado num antigo distrito agrícola, cercada de campos de trigo, na rota de Hansie rumo a Springbok. Era uma cidade que também havia crescido.

— Muita gente nova aqui — ele disse. Muitas lojas novas. Estão chegando. E, veja, a apenas trinta quilômetros da Cidade do Cabo.

E acrescentou que estávamos em Swartland [Terra escura], assim chamada devido ao solo preto.

Fiquei com vontade de perguntar a Hansie sobre Julius Malema, mas não tive coragem de proferir o nome de um homem que era obviamente seu inimigo. Os sul-africanos costumam ser sensíveis sobre lembranças de sua história, mas seu passado recente estava tão cheio de ambiguidades que ninguém saberia dizer o que o futuro poderia reservar.

— Depois a gente continua — ele disse, me deixando para que ele pudesse, como disse, "comprar um belo sorvete de casquinha?".

Lembrando que não trouxera comida nem bebida, caminhei até um grande supermercado à beira da estrada principal, que parecia um depósito e estava repleto de mercadorias e engradados equilibrando-se uns sobre outros e pilhas irregulares de produtos enlatados em caixas de papelão rasgadas.

Os proprietários eram chineses, e seu inglês, quase inexistente. Tudo que eu queria eram algumas garrafas d'água, que não consegui localizar, até que a mulher no caixa, gesticulando prestativa mas desengonçada, e tentando se comunicar com alguns sons nasais estranhos, me orientou de onde estava atrás do balcão. Ela e o homem empilhando latas eram talvez algumas das pessoas novas. Os primeiros de muitos imigrantes da República Popular que eu encontraria naquela viagem e, embora a maioria estivesse fazendo negócios em locais remotos e pouco promissores, pareciam satisfeitos, concentrados, imperturbáveis, e até gratos; pés firmes no chão.

Após Malmesbury, a paisagem rural se ampliou em uma imensidão de morros baixos e cordilheiras negras circundantes. Como Hansie dissera, a escuridão do solo valera à região o nome Swartland. Somente naquele local rural a África do Sul fazia sentido. Aquele era seu interior, sua fonte de alimento, amável, bem-estabelecido, sereno. Descrevi em meu diário a paisagem iluminada pelo sol, o gado pastando nas colinas, as fazendas distantes, as estradas vazias, a paz.

Conservei aquela lembrança feliz na cabeça, pensando em Malmesbury como um local abençoado, mencionando-o depois aos meus amigos da Cidade do Cabo. E eles me mostraram a manchete de um jornal local: "Casal atacado em fazenda em Malmesbury":

> Um casal foi atacado com um machado e um cano de aço em sua casa na periferia de Malmesbury, no Cabo Ocidental, esta manhã, a polícia informou.
>
> O capitão FC van Wyk disse que três homens arrombaram a porta dos fundos da casa de fazenda em torno das três da madrugada.
>
> — Eles exigiram dinheiro e outros bens valiosos da vítima de trinta anos e sua noiva de 26 — Van Wyk contou.
>
> — Os intrusos dominaram e agrediram o casal com um machado e um cano de aço. O homem sofreu diversos ferimentos nas costas, peito, braços e pernas.
>
> Os homens saquearam a casa e fugiram com vinhos e um aparelho de DVD.

Esse ataque foi logo parar no site Afrikaner Genocide Archives, que estava cheio de relatos de ataques contra fazendeiros e outros crimes rurais, e deu mais detalhes sobre o incidente em Malmesbury. As vítimas foram Pieter Loubser e não sua noiva, mas sua esposa Brenda, sócios do clube de criadores de gado Wes-Kaap Simmentaler. Os Loubser mantinham uma fazenda de laticínios — cujo leite, vendido localmente e na Cidade do Cabo, era um dos produtos alimentícios mais baratos encontrados nas comunidades. Os outros fatos conferiam: uma invasão de madrugada por três homens, um ataque com machado no quarto de dormir, a exigência de dinheiro, o roubo de pertences, os ferimentos graves. E outro detalhe, algo novo: "Outras fontes informam que Brenda sofreu um abuso sexual brutal."

O relato concluía: "Ataques contra fazendas punham em grave risco a segurança alimentar do país. Comportamentos irresponsáveis e declarações de jovens políticos negros radicais são responsáveis diretos pela situação — apesar de eles próprios engordarem com a comida produzida pelos mesmos fazendeiros tão demonizados por esses líderes."

Assim, quem acreditasse, como Bono, que a canção de Malema, *Atirem no bôer*, não passava de uma peça de folclore inofensiva, incentivando-a como se fosse uma cantiga irlandesa, me parecia cúmplice desses ataques. Era obviamente uma incitação e tornava a vida dos que viviam em fazendas isoladas um inferno. Mas na época em que aquele crime ocorreu, Bono e o U2 estavam bem longe, cantando em outra parte do mundo, talvez recebendo outro prêmio por ações humanitárias, e restava aos fazendeiros locais daqui encararem a sua música.

De volta ao ônibus, seguimos por terras cultivadas, passamos por Mooreesberg e Piketberg, Swartland conduzindo a vales mais profundos até que os morros rochosos se transformaram em montanhas irregulares — nenhuma árvore, apenas rochas estranhas empilhadas como marcos funerários gigantes, espalhados com arbustos baixos e os *fynbos* de fragrância doce que me lembravam os maquis da Córsega, encostas inteiras de ervas em meio a penhascos íngremes e declives de rochas despedaçadas — os grupamentos mais rudimentares de granito suavizados por brotos de flores silvestres.

Enquanto descia para a cidade de Citrusdal, lembrei-me de uma jovem numa vinícola em Constantia cujos avós tinham fazenda aqui, e me lembrei do nome Citrusdal por ser tão específico.

— Vovó não fala uma palavra de inglês — ela havia me contado. — Só africânder. E ela nunca deixa a fazenda. Esteve na Cidade do Cabo apenas algumas vezes na vida. Eles acham muito estranho eu estar aqui. Sou a "garota das uvas"!

Laranjais, quilômetro após quilômetro de seus ramos densos e folhas verde-escuras, cobriam os vales ensolarados de Citrusdal. Se eu tivesse vindo em meu próprio carro, teria parado e passado a noite nessa cidade agradável, entre as árvores perfumadas, à beira da Área Natural Silvestre de Cederberg, tão bonita que meu amigo escritor sul-africano, falecido Etienne Leroux, autor de *Seven Days at the Silbersteins* [Sete dias com os Silberstein] e outros romances, escolheu aquela área para ser enterrado. Era bem fácil chegar lá, a apenas duas ou três horas da Cidade do Cabo, mas, embora próxima, constituía uma grande paisagem vazia outrora pertencente ao povo San, que deixou para trás suas brilhantes pinturas em cavernas.

A estrada era perfeitamente lisa, contornando morros, com apenas duas pistas, o principal caminho de subida ao norte do lado esquerdo da África. Para manter a ordem — e a ordem era prioridade —, o antigo governo sul-africano dominado pelos brancos julgara essencial criar um sistema de estradas de nível internacional: o Exército precisava dele para se deslocar com velocidade e eficiência, a fim de controlar a população e combater a longa e sangrenta insurgência no território do Sudoeste africano e além. Aquela rodovia construída para jipes e caminhões militares, bem como para transportar produtos agrícolas em épocas de crise, era agora uma estrada para turistas e viajantes para a Namíbia.

Na poltrona da janela em frente a Hansie, uma mulher mais velha lia um artigo no *Weslander*, um jornal africânder, com a manchete "Hoërskool Brand!", que mostrava a foto de uma escola em chamas. Atarracada e gordinha, barriga saliente e cabelos brancos curtos, tinha o aspecto de imperador romano de Gertrude Stein. No colo amplo, uma bolsa marrom de sanduíches, que comia enquanto lia o jornal, parecendo satisfeita.

Agora já havíamos passado pelos maiores pomares de árvores frutíferas e vinícolas, e era como se a camada superior do solo tivesse sido removida, restando apenas moitas baixas, arbustos espinhentos e rocha nua. Mas, mesmo naquela região aparentemente desfavorável para a agricultura, vi vales irrigados de uvas e frutas cítricas. Eram Clanwilliam e Vanrhynsdorp, os nomes dos lugares sugerindo as diferentes nacionalidades daqueles que ali se fixaram.

Dorp era a designação correta para os povoados de beira de estrada, a palavra africânder rude e ligeiramente cômica que significa "aldeia" ou "cidadezinha". Paramos num deles, outro *pit stop* na margem do veld bem mais seca, onde não havia nenhuma fazenda, e o semideserto pedregoso parecia o Novo México ou o Arizona.

Puxei conversa com uma mulher de trinta e poucos anos talvez, só para perguntar por que estava pegando o ônibus e aonde estava indo. Descobri que seu destino também era a Namíbia. Seu nome era Anke, e era mestiça, talvez parte alemã, parte africana ou malaia.

— Vou visitar meus avôs em Windhoek — ela disse —, só para descansar. Preciso de um descanso.

Vivia na Cidade do Cabo, onde tinha uma empresa de produção de móveis infantis, e embora os negócios andassem fracos, ela disse que estavam melhorando.

— Por que está indo de ônibus? — eu quis saber.

— Sempre vou de ônibus. Eu não sonharia ir de nenhuma outra maneira. — Tinha o jeito africânder agitado de transformar a palavra "*dream*" [sonho] em uma gagueira de duas sílabas, como que sussurrando êxtases. — Adoro ficar olhando os morros e as fazendas. É gostoso e relaxante no ônibus.

Concordei, e aquela estrada ondulante era o único meio de ver como uma paisagem se transformava lentamente em outra.

Antes, Anke estava alegre, mas nas horas seguintes uma grande tristeza iluminada pelo sol surgia em seu rosto conforme a terra se nivelava, as árvores sumiam, as montanhas diminuíam, e todos os quilômetros até o horizonte eram preenchidos apenas com relva avermelhada e mato baixo. O simples tamanho da paisagem era intimidador, sua secura, desértica, e parte do solo exibia o brilho do sal. Nada crescia além de uns 25 centímetros de altura.

Na Cidade do Cabo, minha leitura de cabeceira havia sido *Voices* [Vozes], as memórias de Frederic Prokosch, um escritor americano de meados do século XX que passou grande parte da vida como um expatriado na Europa. Seu romance *The Asiatics* [Os asiáticos] havia sido um best-seller em 1935, porque parecia um retrato muito distinto e preciso das viagens de um jovem pela China e Índia. Mas a viagem ali, tão evocativa e convincente, fora totalmente inventada — Prokosch mal saíra de sua casa em New Haven ao escrever o livro, e sua vida posterior foi marcada por uma sucessão de fraudes. *The Asiatics* foi muito admirado pelo viajante Bruce Chatwin, que costumava ficcionalizar seus relatos de viagens, enfeitando episódios banais, dando-lhes dramaticidade e transformando uma curta estada em uma longa e especializada residência. Os muitos encontros de Prokosch com grandes escritores em *Voices* também pareciam enganações, e o cansaço do mundo em si era uma afetação.

— Sim, existem ainda aquelas selvas e desertos infindos lá na África — uma socialite europeia conta ao autor. — Mas o que nos importa a África? Nada acontece de importante na África.

Aquela ainda era a opinião ignorante de muitas pessoas na Europa e nos Estados Unidos. Eu a copiara no meu caderno e me desfizera de *Voices*, mas me lembrei do "nada acontece" naquele longo trecho vazio pela estrada estreita e sinuosa para Springbok.

Estávamos no interior de Namaqualand, em uma imensidão pedregosa de morros baixos e barrancos, uma grandeza desoladora que associei a ossos de dinossauro. Os trechos brancos que julguei serem rochas eram ovelhas, a distância tão pequenas, imóveis, redondas e mudas como pedras.

Eu estava pensando — e escrevi no caderno que sacolejava no meu joelho — como costumava questionar o que estava fazendo quando por acaso me achava distante num clima seco como aquele. Bem além da idade da aposentadoria e sozinho, viajava em meio a morros calvos e cerrado, rumo à Namíbia. Se parecia pura autossatisfação estar ali, qual aspecto perverso de minha personalidade eu estava satisfazendo?

Tentei me convencer de que a experiência física é a única realidade verdadeira. Eu não queria ser informado sobre aquilo nem queria ler a respeito de fonte indireta. Não queria olhar fotos ou estudar sobre o assunto em uma pequena tela de computador. Não queria ouvir palestras a respeito. Queria estar viajando no meio daquilo e submergir, como fazia então, no clima enfático, muito quente, o balé de luz e calor que lhe dava uma imobilidade visível agora bem brilhante, com toda a vitalidade consumida.

Sob o céu azul de fim de tarde, sem nenhuma nuvem, e o sol poente jazia uma paisagem de pedras quebradas e empilhadas, torturadas em vales acentuados e penhascos pedregosos. O lugar parecia antigo, como se ninguém nunca tivesse vivido ali, combinando com o perfil de uma velha mulher no ônibus que fitava as pedras africanas como Karen Blixen e tinha o mesmo rosto de iguana.

O pôr do sol em Springbok foi uma chegada inesperada e sinistra a uma cidade crepuscular cercada de rochas, com casas pequenas de paredes de estuque incrustadas nas encostas de um vale de granito quebrado. Como um povoado, parecia absurdo. Qual o objetivo desse lugar, brilhando em meio às trevas que caíam, sem nenhuma outra cidade num raio de quilômetros?

A resposta era que encontraram cobre nas imediações, os primeiros poços de minas cavados no século XVII pelos primeiros colonizadores holandeses. Cobre e zinco ainda eram explorados na área, mas Springbok era mais conhecida agora pela profusão de flores silvestres que apareciam em agosto e setembro, a primavera sul-africana. A história mais triste era a do massacre do povo nama — os namaquas — pelos alemães que desceram ao sul de Windhoek, fortemente armados. Os namas nativos haviam vivido ali desde o despontar da humanidade e prosperado graças à proximidade do rio Orange. Mas a descoberta de cobre e diamantes pelos holandeses, e mais ao norte o imperativo alemão de terem uma colônia própria, fizeram com que a população nativa fosse tratada sem dó nem piedade. Em uma guerra ocorrida entre 1904 e 1907, a maioria dos namas e hereros foi exterminada, e o resto, expulso ou escravizado.

Esse é o tipo de história brutal que choca o turista, mas por ter seus paralelos em todas as Américas, onde o genocídio e a escravidão eram comuns, seria hipócrita mostrar desaprovação. Qualquer um em Springbok poderia observar que os índios wampanoags capturados na Guerra do Rei Filipe pelos controvertidos imigrantes ingleses foram todos enviados em navios para trabalhar até morrer como escravos nas plantações de açúcar do Caribe. A curiosa experiência da história africana é que ela costuma invocar imagens do passado de nossos próprios países. Mas na África do Sul tudo é tão terrível e tão recente que é mais agradável se concentrar nas flores silvestres.

Meia dúzia de pessoas no ônibus saltaram em Springbok e, aliviados por estar em casa, reconfortados pela chegada e superando a timidez, desejaram “Boa viagem!” ao resto de nós.

A escuridão caiu. Havíamos percorrido mais de seiscentos quilômetros e estávamos perto da fronteira da Namíbia. Mais tarde, ao brilho de lâmpadas em postes altos, entramos num posto de gasolina, e enquanto os outros passageiros iam atrás de comida — pratos de batatas fritas servidos por mulheres sorridentes vestidas como enfermeiras em jalecos brancos e toucas brancas —, procurei alguém com quem conversar. Encontrei um homem ao final das lâmpadas, na beira do deserto. Usava uma touca de lã e camadas de roupas gastas. Virou-se, surpreso, porque estava gritando com seu cão, um vira-lata prostrado, de aspecto maltratado, que parecia submisso e confuso.

— Onde é que estamos?

Em vez de responder, o homem gritou comigo e se afastou, seguido pelo cão.

— *Steinkopf* [cabeça-dura] — um observador xingou.

Mais à frente na estrada, não muito depois, chegamos a uma cerca de arame alta encimada por fita farpada e parecendo o contorno de uma prisão. O aspecto de prisão era realçado por torres de vigia, luzes ofuscantes e homens uniformizados com rifles ameaçadores sob os braços. A fronteira.

Algumas pessoas colecionam antiguidades, selos ou lembranças dos Beatles. Eu coleciono cruzamentos de fronteiras, e as melhores de todas são aquelas onde tive de andar do Camboja ao Vietnã, dos Estados Unidos ao México, do Paquistão à Índia, da Turquia à República da Geórgia. Para mim, uma fronteira representa a vida da maioria das pessoas. "Tornei-me um estrangeiro", V. S. Pritchett disse sobre ser um viajante. "Para mim, é nisto que consiste ser um escritor — um homem vivendo do outro lado da fronteira." É uma emoção ir a pé de um país a outro, um mero pedestre mudando de países, pisando na linha de tinta imaginária mostrada nos mapas.

Com frequência uma fronteira é um rio — o Mekong, o rio Grande, o Zambezi; ou uma cadeia de montanhas — os Pireneus, os Ruwenzoris; ou uma súbita alteração na topografia, uma transformação surpreendente da paisagem — o montanhoso Vermont se tornando plano no Quebec. Mas com a mesma frequência — talvez na maior parte do tempo —, uma fronteira é irracional, além de não ser visível; uma continuidade que se chama Terra de Ninguém, uma extensão de terra limitada por cercas. Mal dá para distinguir um país do outro. Muitas vezes inexiste uma diferença visual, como qualquer migrante que transpõe o deserto de Sonora do México ao Arizona pode atestar — a terra árida abarca os dois lados da fronteira. Se existe alguma dramaticidade, esta é imposta pelas autoridades, realçada pela presença da polícia ou Polícia de Fronteira. Do contrário, a fronteira é uma linha pontilhada artificial e arbitrária, uma presunção política dividindo comunidades e pessoas, criando diferença e desarmonia. Suponho que o ato de andar por uma fronteira seja meu modo de desfazer a diferença e buscar a harmonia, ainda que isso só aconteça na minha cabeça. Quase sempre é um ato feliz, mesmo nas trevas da noite, retardado pela burocracia e pelas inspeções.

Existe também uma igualdade quando se cruza uma fronteira a pé: nenhuma primeira classe, nenhuma pista rápida, nenhum tratamento preferencial. Você entra na fila do guichê, tem seu passaporte carimbado, suas malas revistadas, e vai em frente, talvez para achar um transporte do outro lado ou para subir de volta no ônibus. O ônibus só parte quando todos tiverem sido liberados, e, enquanto aguardam, os passageiros arrastam os pés e falam agitados.

O meu mapa indicava aquele limite da África do Sul como Vioolsdrift.

— *Viool* significa "violino" — uma mulher me explicou. Havíamos saltado do ônibus e estávamos passando pela imigração. — Nome engraçado para um lugar.

Drift significa "vadear", como em vadear um rio. O rio Orange era a fronteira, mas "violino"? Uma versão dizia que um nama, chamado Jan Viool, por causa de seu violino, morou aqui e deu ao local seu nome bonito.

A mulher com quem eu estava falando, uma passageira, era idosa mas conformada, de pé na noite gelada carregando uma pequena mala. Tinha uma ancestralidade complexa: "Sou alemã, malaia e herero, e um pouco khoisan, e outras coisas."

Seu nome era Johanna, e voltava para casa, em Windhoek. Aquele era o melhor caminho, pelo Cabo Setentrional.

— Bonita paisagem — ela disse —, especialmente quando tem flores. — Ela adorava viajar, mesmo naquele ônibus velho.

— Estive na Grã-Bretanha. Foi legal. Mas meu primo mora em Croydon, uma espécie de subúrbio. Não gostei nem um pouco. Gente demais. Não é como isto. — Johanna apontou para o vazio, a escuridão ao redor, a imensidão do céu noturno, o resplendor das estrelas. — Fui à Malásia uma vez, só para ver.

— As pessoas perguntaram de onde a senhora veio?

— *Ach*, sim. Algumas perguntaram: "A senhora é uma aborígine australiana?" — Ela riu. — Eu disse "Namíbia", mas eles não tinham ideia do que eu estava falando. Não conheciam o país. Nunca tinham ouvido falar.

Ela estava com sua amiga Edith, a mulher que eu observara que parecia um imperador romano com seus cabelos raspados à la Gertrude Stein. Mas agora pude perceber que tinha uma tonalidade marcante e um tanto bonita que a caracterizava como mestiça. Seu destino era Rehoboth, na estrada para Windhoek.

— Eles dizem as coisas mais terríveis sobre nós — Edith falou. Por "eles" entendi o mundo em geral. — Mas, veja bem, temos de tudo aqui, comida abundante e espaço de sobra. Suponho que sejamos mais felizes que a maioria das pessoas, mas ninguém nos conhece, ninguém dá a mínima.

— A senhora viajou pelo mundo também?

— Um pouco. O suficiente para saber que não quero viver em nenhum outro lugar. — Contemplou o céu noturno. — E está pacífico aqui agora. Não é mais como antes. Tivemos uma guerra, você sabe. Tiros. Bombas.

— Está tão melhor agora — Johanna disse.

— A não ser pela falta de emprego para os jovens — Edith disse, e se virou, porque alguém havia gritado: o motorista do ônibus, chamando-nos. Edith arrastou os pés rumo ao ônibus, murmurando: — Não podemos ficar para trás.

O lado namibiano era Noordoewer ("Margem Norte", em africânder). Outra volta, mais formalidades, um país novo. Estava ficando tarde, e quando partimos no ônibus novamente eu dormi, só acordando na parada em Keetmanshoop, onde vi Edith de novo, toda encolhida devido ao frio.

— Como estamos indo? — perguntei.

— Muito bem. Só faltam quinhentos quilômetros.

Johanna deu um gritinho. Edith riu. Outros passageiros estavam bocejando e batendo os pés para expulsar a fadiga. Ninguém se importava com a distância. Lá fomos nós na escuridão, mais fundo na Namíbia, pelo deserto.

5

Trem noturno de Swakopmund

EM UM DESLUMBRANTE AMANHECER EM pleno deserto, saltei do ônibus no ar rarefeito do centro de Windhoek, uma cidade de ruas largas, com arcadas antiquadas de madeira sobre calçadas que vemos em filmes de caubói. Era domingo. A dignidade e a sonolência de um domingo, desaparecidas na maioria dos países, eram observadas em Windhoek, o que tornava minha chegada mais simples. Entre as famílias em trajes formais de igreja — os homens de terno, as mulheres em vestidos com babados ou mantos de mangas compridas, todos sorrindo como se tivessem sido recém-batizados —, caminhei rumo a um hotel a poucos quarteirões de distância. E vi aquela raridade entre os trabalhadores na África: um varredor de rua, dois na verdade, um varrendo as sarjetas de granito com sua vassoura imensa, o outro removendo a sujeira com a pá, bem-sucedidos em seu trabalho. As ruas limpas acrescentavam um toque surreal àquela capital africana.

Parando para observar e recobrar o fôlego, percebi que olhava surpreso para a cidade. Aquele se tornara um hábito naquela viagem, uma súbita reflexão sobre uma paisagem ou um rosto específico — rostos podem parecer topográficos também, como paisagens protuberantes. Mais do que apenas observar, estava estudando as feições e sombras, tentando apreendê-las de algum modo, pensando que poderia não vê-las de novo porque provavelmente jamais retornaria. Não conseguia recordar um sentimento semelhante em minha vida de viagens. Mesmo nos piores lugares, eu acreditava que poderia retornar em busca de mudanças. Havia uma finalidade na minha forma de olhar agora, uma contemplação repleta de lembrança.

Olha pela última vez todas as coisas adoráveis,
A cada hora... *

Alguém que pareça frágil talvez não seja nem um pouco frágil, mas apenas uma pessoa mais velha absorta num olhar concentrado, como numa derradeira viagem, memorizando a cena, grato por estar vivo para vê-la. Saber que uma volta à África estava provavelmente descartada — quanto esses ossos conseguem ainda suportar? — me fez querer ser escrupulosamente verdadeiro. Nada daquilo era trivial, tudo era significativo. Tudo que eu via importava bem mais. E grande parte do que presenciei na Namíbia foi uma revelação.

A maioria das pessoas vem à África para ver animais grandes ou bizarros na selva, enquanto outras ("a nova turma: — a turma da virtude")** — visita para ensinar aos africanos como melhorar suas vidas. E muita gente faz as duas coisas: observar animais no início da manhã, meter-se na vida dos outros à tarde.

Muitos países africanos oferecem essa oportunidade — Quênia (parques de vida selvagem e favelas), Uganda (gorilas e tiranos), Tanzânia (pastores massais pitorescos e favelas urbanas), Malaui (luxo à beira dos lagos e 1 milhão de órfãos da aids). E existem outras oportunidades de turismo-e-intromissão, notadamente na África do Sul, onde se pode passar sem maiores problemas de um safári fotográfico para um tour numa comunidade e ver — de passagem — que ambas as experiências (ver a vida selvagem e visitar favelas) possuem certo *páthos*, até mesmo uma estética, comum.

---

* Do poema "Fare well", de Walter de la Mare (n. 1873). (N. T.)

** Joseph Conrad, *Coração das trevas*. Trad. Sergio Flaksman. São Paulo: Companhia das Letras, 2013. (N. T.)

Uma das características do turismo através dos séculos, do Grand Tour em diante, é que não longe dos hotéis cinco estrelas existe fome e miséria. Na maioria dos destinos não se pode ser um turista sem dar as costas ao desespero humano ou tapar o nariz. A Índia é o exemplo permanente: glória no plano de fundo, miséria em primeiro plano, nenhuma visão de ouro sem um cheiro de excremento. Mas estamos na África agora, um continente assolado por consultores estrangeiros. Hospedei-me em hotéis africanos, na maioria das vezes os mais caros, em que praticamente metade dos hóspedes eram conselheiros regiamente remunerados.

Difícil encontrar um visitante da África que não tenha uma opinião sobre como o continente deveria ser melhorado. Os conhecidos e badalados reformadores sociais fornecem um espelho com moldura dourada em que muitas dessas ambições exuberantes são refletidas, através de um vidro, obscuramente.

Quatro exemplos, com maquiagem teatral, vêm à mente. O astro do cinema de talento apenas mediano, de má formação, mas popularíssimo, cujas prováveis habilidades são puramente teatrais, decide tornar-se uma presença diplomática na luta territorial sudanesa. O velho e dissoluto cantor visita o Malaui, adota uma postura de compaixão e um ou dois filhos, e parte com a promessa de uma nova escola. A bilionária apresentadora de TV tem um encontro com um chefe de Estado e funda uma luxuosa faculdade para moças em Johannesburgo. O casal escandaloso de superastros encontra uma trégua de seus fãs na Namíbia, a esposa dá à luz num hospital particular, e depois doa à maternidade uma soma polpuda.

Em todos esses casos, os doadores são dos distantes Estados Unidos, artistas profissionais, novatos em África, e parecem estranhamente eufóricos — olhos arregalados, ensurdecidos pelo poder que o dinheiro lhes proporcionou —, pois o dinheiro não consegue comprar a crença ou obediência em Hollywood como consegue na África. Esses astros exibem sua preocupação em público, sua caridade se eleva ao nível do espetáculo, como crianças gigantes colocando, alvoroçadas, dinheiro nas mãos estendidas de um mendigo e fingindo ignorar os aplausos. É como se tivessem resolvido provar que uma pessoa em uma profissão tão superficial, semelhante a uma marionete, é capaz de tal consciência.

Será que essa caridade improvisada traz algum benefício? A História sugere que não, que os países estão piores por causa dela. Muitos economistas africanos, incluindo Dambisa Moyo, da Zâmbia, e o queniano James Shikwati, têm argumentado convincentemente que a maior parte da ajuda é prejudicial. Em seu livro que analisa a ajuda externa à África, *Dead Aid*, Moyo declara que o trilhão de dólares que os países africanos receberam desde o final da década de 1940 desencorajou os investimentos, inculcou uma cultura de dependência e criou corrupção, tudo isso impedindo o crescimento e retardando as economias das nações.

É também o ponto de vista do bilionário sudanês das telecomunicações, Mohamed Ibrahim, citado no *Wall Street Journal* em 2012: "Estou convicto de que a África não precisa de ajuda." Em sua visão, os governos corruptos são o problema. "Sem uma boa governança não há progresso." Ibrahim é um filantropo generoso na África, mas se recusa a dar dinheiro a qualquer país malgovernado. Grande parte da ajuda é puramente política, e grande parte é puro teatro, um comportamento natural aos artistas e às figuras públicas que se envolvem nesses esforços de desenvolvimento africano. A um olhar mais próximo, são em geral esforços para melhorar as irregularidades em suas próprias imagens públicas.

Mesmo assim, a falta de caridade humana é um defeito aterrador, portanto não estou condenando as ações dessas pessoas, apenas as questiono e considero quase sempre equivocadas. E o ambíguo, comodista ou egomaníaco louco pela fama, falando com as línguas dos homens e anjos, se assemelha ainda mais a um címbalo barulhento ao desempenhar o papel de filantropo. Ninguém é um moralizador mais autoritário do que uma celebridade decadente.

Pobre África, o palco onde tantos forasteiros dramatizam suas vidas, testam suas teorias e se reinventam. E existem dezenas de milhares de outras organizações bem-intencionadas e doadores generosos também envolvidos no negócio da ajuda. A Namíbia é um lugar maravilhoso para se observar essa exibição.

A Namíbia — país vasto, de população pequena, deserto pedregoso árido predominando — recebe a atenção de muitos americanos caridosos. Existe uma única cidade no país, que mal chega a ser uma cidade: Windhoek, a capital, tem cerca de 250 mil habitantes. O mesmo tamanho da cidade de Newark, em Nova Jersey, e acredito que muitos de Newark que visitam Windhoek fazem a viagem com o intuito de ensinar aos locais como viver suas vidas.

Na verdade, Newark e Windhoek enfrentam alguns problemas semelhantes. Ambas as cidades lutam para manter programas de alfabetização e aliviar a pobreza e o desemprego. Uma diferença é que a taxa de formandos no ensino médio é maior em Windhoek que em Newark, onde chega a meros 29% (conforme informou a governadora de Nova Jersey, Chris Christie, em palestra na Harvard Business School em 2011). Os bairros de Windhoek são perigosos, sim, e embora haja menos homicídios que em Newark, existem duas vezes mais assaltos e três vezes o número de invasão a domicílios. Os moradores de Windhoek são, porém, visivelmente mais educados. Windhoek tem um clima mais ameno que Newark, e acesso a minas de diamantes. Não fica longe de uma costa intacta, e bandos de leões e elefantes perambulam por perto. As ruas de Windhoek também são mais limpas que as de Newark.

Não se trata de criticar Newark. As ruas de Windhoek são varridas com mais frequência do que as de muitas cidades americanas. Chegando de ônibus de manhã cedo pela primeira vez, parei em uma rua larga, impressionado com a limpeza, ordem e aspecto de bem-estar de Windhoek. Percebi o orgulho deles, até uma espécie de presunção cívica.

Em vez de darem conselhos sobre desenvolvimento comunitário, faria mais sentido os estrangeiros indagarem como essa ordem chegou a Windhoek, e à Namíbia em geral, sobretudo tendo em vista a história colonial do país, que é vergonhosamente rica em massacres e opressão, e sua guerra da Independência, que começou em 1966 e prosseguiu por 24 anos — os guerrilheiros namíbios enfrentando o bem-armado Exército sul-africano, a maioria das vezes em conflitos cruéis no seu interior. Após o turbilhão de todos esses problemas vieram anos de paz e ordem.

A alta taxa de alfabetização (acima de 90%) explica o fato de existirem cinco jornais diários em Windhoek, sem incluir um em alemão, o *Allgemeine Zeitung*, conhecido na Namíbia como *AZ*.

"Na verdade, é escrito em alemão do sudoeste, a língua dos falantes de alemão na Namíbia", um ex-editor explicou ao site da Deutsche Welle no nonagésimo aniversário do jornal. O editor, um alemão nascido na Namíbia, deu como exemplo a palavra, em alemão do sudoeste, *rivir*. "Não significa rio e não significa *Fluss*", a palavra alemã para rio. "Significa um rio seco", ou *uádi*.

Deutsch-Südwestafrika, como muitas colônias africanas, começou como um pequeno entreposto comercial privado, até que a população estrangeira cresceu, contraiu os músculos e começou a arrebatar mais terras, que precisavam de proteção. A modesta empresa de 1883 se tornou uma colônia alemã, e prosperou, mas após a derrota da Alemanha na Primeira Guerra Mundial o território inteiro foi entregue aos sul-africanos, que o administraram como sua colônia, impondo seus preconceitos, suas leis raciais, seu Exército e sua polícia e seus próprios colonos. No entanto, aventureiros da África do Sul já tinham chegado a essa área havia um século ou mais, e nas depressões e vales mais remotos da Namíbia, as tumbas de pioneiros bôeres torravam ao sol. Eu veria um grupo de sete lápides em Etosha, no norte da Namíbia, perto de um chafurdeiro de elefantes no fim do mundo, e outro em Humpata, no centro-sul de Angola.

Os africanos com consciência racial tinham obsessão em categorizar as pessoas. Mas aquilo se mostrou um dilema, porque no sudoeste africano as pessoas vinham em todos os matizes, do branco ao negro, com todos os tons de café e de chá intermediários. Tomemos Edith como exemplo, a mulher de raça mista que conheci no ônibus. Orgulhosa de sua herança namíbia, estava a caminho de Rehoboth, com sua população baster. Os basters remontavam sua ancestralidade aos primeiros holandeses naquele território, cuja mistura com o povo nama nativo produziu uma comunidade própria que orgulhosamente se chamava basters — da palavra holandesa para "bastardo" — palavra e designação de que ainda gostam. *The South African Guidebook* de 1923: "Os bastardos são descendentes de um cruzamento de fazendeiros europeus do Cabo com hotentotes. Seu número oscila entre 3 e 4 mil e vivem no distrito de Rehoboth. Os bastardos são governados por um chefe tribal com o título de 'Capitão'."

Somente ao chegar à Namíbia planejei para onde ir, mas mesmo assim aqueles planos eram vagos. Eu havia me oferecido para dar uma palestra num evento patrocinado pela Unesco em Tsumkwe, no extremo nordeste, pela experiência de conhecer a população local, e queria ver a costa, mas, afora isso, simplesmente não tinha planos além de viajar por terra em direção ao norte, para Angola.

Foi fácil achar meu caminho na Namíbia, que era entrecortada por rotas bastante trilhadas, com ônibus lotados de turistas da Europa. Muitos deles eram alemães fazendo uma jornada sentimental à sua ex-colônia e tendo a agradável surpresa de encontrar *Gemütlichkeit*, hotéis alemães, restaurantes alemães e cerca de 40 mil residentes alemães permanentes (duas vezes o número pré-Independência). Milhares de outros alemães viviam sazonalmente na cidade costeira de Swakopmund, um refúgio ensolarado do inverno alemão.

Mesmo que a Namíbia tenha duas vezes o tamanho da Califórnia, sua população é de apenas 2 milhões — uma das menores populações de qualquer país africano — e a maioria vive em Windhoek ou no extremo norte, acima da chamada Cerca Veterinária que divide o país em dois (uma proteção contra a disseminação da febre aftosa). A Namíbia é uma terra de extremos: ultrarrica em minerais que variam de urânio, que os Estados Unidos compram em quantidades crescentes, a chumbo, zinco, estanho, prata, tungstênio e diamantes. A maioria dos namíbios são fazendeiros, mas pobres. Embora o país tenha uma das taxas de alfabetização e renda per capita mais altas na África, está quase em último lugar em distribuição de terras e de renda.

— Os turistas dizem que estão desapontados, que isto não é África — um homem chamado Karl disse para mim. Eu o encontrara na principal estação ferroviária de Windhoek, onde ele estava buscando encomendas que haviam sido enviadas da costa pelo trem postal. Por "não é África" queria dizer que o lugar era organizado demais, não obviamente pobre ou tiranizado. — Mas é assim que a África inteira deveria ser.

Conversamos um pouquinho. Karl nascera em uma família de fazendeiros na pequena cidade pecuarista de Gobabis, no leste da Namíbia, à beira do deserto do Kalahari. O viajante inglês Francis Galton havia descrito aquele lugar remoto. Um dos primeiros exploradores naquela parte do país, Galton também foi o primeiro europeu a escrever sobre os animais em Etosha, em sua *Narrative of an Explorer in Tropical South Africa* [Narrativa de um explorador na África do Sul Tropical] (1853). Perguntei a Karl, que tinha uns setenta anos, como foi a vida quando criança em sua cidade natal.

— Muito tranquila — ele disse. — E continua tranquila.

Contou que foi para o internato na Cidade do Cabo, uma longa viagem de trem.

— Meu irmão e eu pegávamos a linha de bitola estreita de Gobabis até Windhoek, mudávamos para a linha de bitola larga rumo à África do Sul, para Upington, baldeávamos de novo em De Aar, no alto veld, e enfim chegávamos à Cidade do Cabo: quatro dias no trem.

Seus pais e seus avós haviam todos sido fazendeiros. A sonolência e o madrugar da vida rural: nada mudou durante anos, e mesmo aquela elegante estação ferroviária com reboco branco em Windhoek estava em uso havia um século, como uma importante parada na Rede Ferroviária Transnamibiana e na vida de Karl.

— Nenhum turista vinha aqui, e o país não mudou muito até que eles descobriram urânio — Karl contou. — Aí precisaram de gente para trabalhar nas minas, e recebemos pessoas de outros países. E algumas da Europa, fugindo do inverno.

As primeiras minas de urânio haviam sido achadas na década de 1920, jazidas maiores foram descobertas na década de 1960, e descobertas ainda mais substanciais foram feitas nos anos 1970. Novas minas foram abertas até 2007. A mineração pelos cartéis representa dois terços da renda da Namíbia, mas emprega menos de 10% da força de trabalho.

Com a ajuda de Karl, porque não havia ninguém de plantão na estação, descobri que apenas um trem noturno ia para a costa, partindo no escuro, chegando ao amanhecer. Portanto, se embarcasse, eu não veria nada além do interior do trem, meu rosto desapontado refletido na janela do vagão.

Refletindo sobre o trem noturno versus o ônibus diurno para Swakopmund, voltei caminhando ao longo da Bahnhof Street e em torno do pequeno centro da cidade, ofegante nesse lugar a 1,6 mil metros de altitude. Windhoek tinha o aspecto que Harare, no Zimbábue, tinha antigamente: uma capital colonial e cidade comercial com ruas largas o bastante para que um carro de boi desse meia-volta. Harare era agora uma ruína desesperada à beira da falência, mas Windhoek crescera sem perder sua personalidade: bem-conservada, orgulhosa, sólida como sempre, e atraía investimentos. A uniformidade da arquitetura alemã pesadona e de construções baixas — igrejas, prédios municipais e bangalôs — era inconfundível e parecia à prova de bombas, construída para durar, como se fosse uma rua em Berlim e não naquele planalto distante no deserto da Namíbia. "Essa uniformidade deriva do senso de aptidão e de superioridade da perspectiva alemã", Jon Manchip White escreveu no relato de 1971 de sua viagem por esse país, *The Land God Made in Anger* [A terra que Deus fez com raiva]. White, que percorreu a área no início da década de 1960, fornece sínteses maravilhosas da história e da cultura, embora às vezes exagere suas descrições, mesmo da pacata e tediosa Windhoek, afirmando que a cidade dá ao viajante "uma sensação de necromancia. [...] O mistério africano é onipresente. Os desertos pressionam seu redor tão implacáveis como a selva em Kinshasa".

Nenhum "mistério africano" agora. Apenas namíbios enérgicos e confiantes ocupados falando em celulares. Entrei numa loja e perguntei a um homem onde poderia comprar um telefone. Ele respondeu que eram fáceis de achar e baratos, e deu o nome de uma loja de eletrônicos em que eu poderia solicitar um.

A loja ficava numa rua lateral, uma prateleira de amostras de celulares em uma vitrine, e no balcão uma mulher atendia um cliente. No canto do balcão havia um garotinho sentado num banco, de braços cruzados.

Ao me ver, a vendedora disse:

— Vá lá — e gesticulou para o menino.

Sorri e hesitei, e o garoto nada disse. Depois vi que o que parecia uma criança de uns oito anos era na verdade um homem adulto, com traços do povo san, orelhas de morcego e mãos miúdas.

Eu o cumprimentei.

— Sou Jakob — ele disse.

Foi educado e paciente. Ele me vira hesitar, a ponto de ignorá-lo, tomando-o por uma criança. Mas ali estava ele, num emprego responsável, explicando o que eu teria de fazer para obter um celular que funcionasse no país. E, embora o aparelho que me mostrou parecesse barato, decidi comprar em outra ocasião.

Agradeci a Jakob e fui embora, imaginando que tormentos ele teria sofrido. Havia pessoas de baixa estatura por toda a África Central, no Congo, no sul de Angola e no norte da Namíbia, que se chamavam os twas, ou batwas ("povo twa"). Eu sabia de grupos dispersos em Uganda, onde suas aldeias ficavam perto da fronteira do Congo. Reuniam-se na estrada para Bundibugyo, acenando para os carros que passavam. Quando um carro reduzia a velocidade, gritavam "Mim pigmeu. Tira foto", e pediam dinheiro. Os twas, que são parcialmente caçadores-coletores, tendem a viver perto de outros povos, de forma semidependente, barganhando e negociando, mas têm seus próprios costumes — um dos quais permite que uma mulher cujo marido tenha praticado o adultério estrangule sua suposta rival. (O homem não é punido.)

Jakob podia ser um twa, mas não levantei o delicado tema porque um traço que une os twas é serem desprezados por aqueles em meio aos quais habitam. E mesmo que Jakob não fosse um Twa, provavelmente era identificado como um daqueles pigmeus que vivem às margens do país.

Aproveitei o tempo que tinha em Windhoek para me abastecer de suprimentos. Como iria para o sertão após minha viagem à costa, precisava de mais Malanil, uma dose diária contra malária. Estando no sul da África, poderia comprar o remédio barato e sem receita, assim como aquele contra a gota e certos antibióticos. Encontrei um prestativo farmacêutico namíbio que me explicou as dosagens. Comprei pilhas, repelente contra insetos, um chapéu, meias sobressalentes, um cinto de couro de elefante e um cadeado para minha mala.

Windhoek era tão rica em equipamento para safáris que eu poderia ter me trajado para uma ambiciosa expedição de caça — não há safáris mais elaborados ou sangrentos do que na Namíbia. Os charcos abundantes e o mato rasteiro a tornam o destino predileto dos animais de caça, não apenas os Cinco Grandes (elefante, leão, leopardo, búfalo, rinoceronte), mas os grandes animais selvagens cornudos e das planícies também, como o cudo, o órix e o elande. Esses animais são caçados por meio de concessões administradas por empresas de safári, que também se encarregam de empalhar e enquadrar o animal morto — o objetivo de toda essa farsa ridícula sendo o troféu.

Havia caçadores no meu hotel, facilmente identificáveis por seus chapéus esquisitos, roupas cáqui novas e estojos para rifles — como grandes escoteiros —, que, por sinal, caminhavam em pequenos grupos, cautelosos, isolados, a não ser quando iam atrás de seu guia local. O guia era o homem-chave em todo o empreendimento. Era o organizador, o facilitador, o contratante de cozinheiros, de rastreadores e do pessoal do acampamento, o homem que os conduziria à concessão de caça ou rancho de vida selvagem e os levaria até uma distância em que fosse fácil atirar no animal para o qual haviam comprado licenças para matar. Era turismo de safáris, caça a troféus para imbecis.

No hotel, supondo que eu fosse alguém que ele conhecera no dia anterior, um namíbio — um herero, pelo que me contou depois —, convidou-me para assistir com um grupo à final da Copa do Mundo de Rúgbi: França contra Nova Zelândia.

O grupo do rúgbi era uma multidão ruidosa e embriagada, gritando diante de uma TV de tela grande num dos salões do hotel. Os namíbios torciam pelo time da Nova Zelândia, conhecido como os All Blacks; os brancos torciam pela França. E quando a Nova Zelândia venceu por um ponto, houve uma erupção de alegria em vez de confusão.

Os namíbios não eram uniformemente negros, nem os brancos eram uniformemente brancos. Eram tão misturados, de grupos étnicos tão obviamente diferentes, que eram inclassificáveis, e tais diferenças impossibilitavam qualquer pressuposto racial. Isso os tornava descontraídos, pacíficos, um tanto amigáveis e de temperamento calmo.

Sentei-me, tomando cerveja e observando o brutal vaivém da partida de rúgbi, e puxei conversa com o homem da cadeira do lado, que disse ser de Huambo, no coração de Angola. Um ovimbundo desenraizado pela longa Guerra Civil angolana, ia para casa apenas ocasionalmente. Elogiou seu país: "É mais animado que a Namíbia. As pessoas são muito contentes." Seu nome era Neto.

— Estou pensando em ir para Angola pela estrada.

Ele sorriu para mim, como se diante de uma bobagem inocente de criança.

— Não, a estrada é ruim. Tem muitos voos partindo de Windhoek.

— Mas quero atravessar a fronteira e ver o sul de Angola.

— Não tem nada, só estradas ruins.

Quando foi a última vez que ele tinha estado lá?

— Faz muitos anos.

— Talvez as estradas tenham sido reparadas.

Ele refletiu a respeito, rangendo os dentes, distraído por um lance no jogo de rúgbi.

— Pode ser... Mas de qualquer modo, Luanda é melhor. Bem maior que Windhoek.

Vi que não chegaria a lugar algum sobre o tema da viagem por terra ao seu país, então mencionei que planejava ir no dia seguinte a Swakopmund.

— É pequena, mas legal.

Eu disse que optara pelo ônibus em vez do trem, ao menos na descida até a costa.

— É melhor — ele disse, e embora fosse tão negro quanto qualquer outro que eu viesse a encontrar na Namíbia, acrescentou: — Só gente negra pega o trem.

Sob um céu límpido, o ônibus, com sua carga de namíbios e estrangeiros, deixou a asseada Windhoek e passou por cidades recém-pintadas do interior ao longo do caminho: a ordeira Okandjia, a Karibib, orgulhosa de suas casas minúsculas, e a altiva Usakos, com casas de estuque em tons pastel rosa e amarelo e igrejas luteranas com torres altas, os povoados cercados de poeira brilhante e quente. Lembrei-me do que Karl havia dito sobre o desapontamento dos visitantes por nada daquilo parecer a África. Mas gostei da surpresa: tudo era novo para mim, e muito bem-construído e cuidado. Descendo à costa, passamos pela savana plana, por pradarias e por uma imensidão de cascalho, depois pelo deserto pedregoso e pálido.

As montanhas a distância, algumas tão pontudas quanto lâminas, eram as Erongoberg, de acordo com meu mapa, e o pico piramidal além da estranha cidade colonial de Usakos devia ser Spitzkoppe, um lugar que gostaria de visitar por suas pinturas nas rochas.

Um grande e escuro babuíno-sagrado rastejou pela grama alta e surgiu entre arbustos ressequidos na beira da estrada. Hesitou, balançando seus braços, confuso, abrindo bem a mandíbula e parecendo feroz. Em estradas secundárias e margens de rios na África, eu tivera diversos encontros com tropas de babuínos, e achei-os destemidos e insensatos, com dentes aterrorizantes. Mesmo o livro mais sábio sobre o tema dos babuínos, *The Soul of the Ape* [A alma do macaco], do naturalista sul-africano Eugene Marais, não me tranquiliza.

Mencionei esse fato ao homem sentado no banco ao meu lado: Cleo, um namíbio. Ele disse:

— Eles podem causar problemas. Roubam frutas das fazendas.

Olhei para os enormes espaços vazios de Erongo, as rochas partidas e o cascalho que se estendia por quilômetros, e perguntei sobre que outros animais poderia haver ali.

— Avestruzes. Chacais — Cleo disse. — Até leopardos você encontra.

Swakopmund era uma pequena cidade germânica à beira-mar de ângulos retos em uma grade de ruas, clara, mas fria devido ao vento forte do Atlântico. A velha estação ferroviária, de 1901, havia sido transformada num hotel elegante, mas além daquele não havia hotéis grandes, apenas pousadas e hospedarias pequenas. Os diversos casarões e casas bem-construídas eram onde muitos europeus — na maioria alemães — passavam o inverno. Conheci um homem de Hanôver que havia passado todos os invernos dos últimos trinta anos em Swakopmund. Alguns daqueles anos podem ter sido de Guerra Civil e turbulência na Namíbia, mas ele havia encontrado seu sol, sua cerveja e seu *schnitzel* anuais. Disse que compraria uma casa para se aposentar ali, mas a esposa não suportaria. Seu nome era Friedrich e, ao se despedir de mim, disse:

— Assim como a Alemanha está para a Europa, a Namíbia está para a África: trabalhadora, rica, sensata. É o paraíso!

Recomendou o Hansa Hotel, então me hospedei lá. Pequeno e hospitaleiro, servia ótima comida. Os demais hóspedes eram da Alemanha e da Holanda, com alguns italianos e africanos, todos turistas, porque não havia negócios em Swakopmund a não ser o turismo. As minas de urânio ficavam distantes, bem como as escavações em busca de pedras preciosas — turmalinas, granadas — que eram extraídas em algum lugar do deserto. Se eu quisesse, poderia ter me hospedado em Burning Shore, dez minutos ao sul de Swakopmund, em Langstrand, um alojamento que se anunciava como o lugar em que a atriz (e ativista humanitária, sua biografia acrescenta) Angelina Jolie curtira sua gravidez por alguns meses em 2006 antes de se transferir para o Cottage Private Hospital, agora incluso no mapa devido ao nascimento de seu filho. O alojamento Burning Shore era um conjunto novo, mas bem comum, de prédios murados à beira-mar, e o conjunto inteiro fora requisitado e ocupado para o prólogo daquele parto. A descoberta de Brad Pitt e Angelina Jolie em Swakopmund havia sido um acontecimento mais importante para o mundo do que a descoberta, no mesmo ano, de um vasto depósito que se tornou a mina de urânio Langer Heinrich, perto da cidade.

O calçadão em Swakopmund, bem como seu longo quebra-mar de madeira, suas palmeiras primorosamente plantadas, seu aspecto de aldeia e, acima de tudo, seus muitos casarões com jardins murados davam à cidade a impressão de um refúgio burguês do mundo, o que de fato era e havia sido por cem anos, abraçando a praia, suas costas voltadas ao deserto.

Mas eu não desdenhei a eficiência, a ordem, a tranquilidade, as ruas sem lixo. Essas qualidades eram tão raras em uma cidade africana — certamente eu vira poucas assim — que senti que deveriam ser celebradas. A sala de jantar no Hansa servia *Wiener Schnitzel* e carpaccio de *kudu*, bolinhos de carne de caça e lombo de gazela. No entanto, aquilo me deixava inquieto. O tempo todo em que estive ali senti que estava de férias, uma insinuação que me fazia sentir constrangido, leviano e solitário.

O que eu havia visto da Namíbia, e Swakopmund, era insípido. Os turistas pelo jeito eram exigentes, e as paredes lisas das construções — as alemãs antigas e os casarões mais novos — pareciam asseadas, como se tivessem sido esfoliadas.

Após um dia de caminhada pela cidade, contratei um homem, Linus, do povo damara, para me levar ao deserto, com a ideia de que o descampado pudesse levantar meu astral, mas percorrer a paisagem lunar em um Land Rover em meio à estranha vegetação me deprimiu. Linus arrancou plantas medicinais e explicou suas propriedades, mas aqueles arbustos poeirentos pareciam mais um exemplo da falta de vida do deserto.

Aloé, ele disse. *Welwitschia. Stinkbush.* Savana espinhenta. Vegetações minúsculas semelhantes a fungo e liquens franzidos. E o resto — por quilômetros — era areia e cascalho.

Continuamos subindo pela Windhoek Road de volta a Usakos e depois para Spitzkoppe, a fim de andarmos até as pinturas nas rochas. As montanhas de pedra se erguiam isoladas, algumas como animais deitados, outras como criaturas irrompendo pelo deserto, assomando de debaixo da terra, outras ainda como as mandíbulas dentadas dos predadores.

— Meu povo vive aqui — ele disse, mas se referia ao povo damara, não ao san, que fizera as pinturas havia alguns milhares de anos, e se dispersara.

Mais *stinkbush*, mais plantas pontudas, e um dente escarpado singular se erguendo no deserto, Gross Spitzkoppe. Deixamos o veículo, caminhamos ao redor da montanha de rocha nua e escalamos um lado íngreme, segurando uma corrente fixada. Chegamos a uma saliência, a Paradise Cave. Exatamente o tipo de caverna rasa que você vê nos cânions de pedra rachada e avermelhada em torno de Sedona, Arizona, servindo igualmente como uma galeria protegida para gravuras rupestres e pinturas.

— Estão em mau estado — Linus disse, sem muito interesse.

As imagens haviam sido vandalizadas, esfregadas e raspadas, mas mesmo borradas eram impressionantes. É impossível ver toda uma forma coerente cuidadosamente desenhada em pedra antiga — por um artista fixando uma visão, um sonho ou a lembrança de uma fera — e não pensar no povo que havia se desenvolvido nessa paisagem, seus representantes todos desaparecidos, tendo deixado para trás essas figuras animadas.

Rinocerontes, elefantes, grandes felinos, animais com chifres curvados, outros com caudas, e — em uma fileira — figuras humanas empunhando arco e flecha, claramente uma tropa de caçadores pintados. A vitalidade, o movimento, nessa arte — nada daquilo era estático — impressionava: as figuras saltavam pela parede num panorama animado de ousadia e companheirismo.

Apesar da deterioração e do abandono, o que vi foi mais do que um mural retratando um vislumbre da vida humana do período neolítico; foi uma linguagem. Ocorreu-me que os caracteres chineses se baseiam em figuras. O mesmo ocorre com os hieróglifos e as linhas de glifos gravadas na pedra de Roseta. Aquelas pinturas na caverna serviam como palavras também, uma parede inteira de pictogramas.

Eu não havia percebido que aquela arte na caverna estava mais próxima da linguagem escrita que do mero esboço de animais. Algo era mostrado, porém, mais importante, algo estava sendo dito. Em seu conjunto, tratava-se de uma afirmação sobre a caça — terrores e estratagemas, a sucessão de imagens disposta como frases.

— Tem uma aldeia damara perto daqui — Linus disse. — Posso levar você. É tradicional.

Mas a noite estava caindo, e eu detestava as estradas africanas de noite. Perguntei a ele onde morava.

— Mondesa — ele respondeu, e explicou que era uma comunidade bem na saída de Swakopmund.

— Vamos lá amanhã.

— Não temos um tour — ele objetou.

— Mas você pode me mostrar onde mora e onde outras pessoas moram.

Ele riu, porque a ideia de visitas às comunidades começara recentemente na Namíbia, e ainda precisava se tornar uma opção de turismo consagrada, como na África do Sul. Parecia pura novidade para Linus. Mas ele disse que, mediante um pagamento, me levaria até lá.

Na manhã seguinte, fomos de carro até o extremo de Swakopmund, onde os limites da cidade encontravam o deserto e a área industrial. No terreno nu, erguiam-se fileiras de casebres de blocos de concreto quadrados, tetos retos, escurecidos pela areia soprada pelo vento. Além daqueles casebres de cimento havia grupos de barracos improvisados. Depois de ver Swakopmund, nova em folha, aquela grande comunidade, de umas 30 mil pessoas, representava uma dose de realidade, um lugar de evidente pobreza.

— Esta é Mondesa, a comunidade negra — Linus disse.

— Existem outras?

— Tamariskia. É mestiça.

Como a maioria das comunidades africanas, Mondesa começara como uma invasão. Aquilo nos segregados anos 1950, quando Swakopmund precisava de trabalhadores domésticos e braçais, mas não queria que vivessem na cidade branca. "No deserto, no limite norte de [Swakopmund] estão as favelas dos africanos", Jon Manchip White escreveu em 1971, e prosseguiu: "'O homem é o lobo do homem.' A citação [de Plauto] estava presente em minha mente em Swakopmund." A segregação terminara oficialmente com a Independência em 1990, mas a divisão racial continuara, com outras subdivisões. Mondesa estava dividida em termos tribais, com algumas ruas ocupadas pelo povo damara, outras pelos hereros ou pelo oshiwambo. As ruas sujas e sulcadas eram margeadas por choupanas baixas, quadradas, de dois aposentos. Algumas das choupanas dispunham de instalações hidráulicas, mas não muitas, Linus disse. Toaletes e chuveiros públicos se erguiam nas esquinas.

Passamos por um prédio desolado que ele identificou como um orfanato, e outros, parecendo áreas de confinamento, ele disse serem jardins de infância mantidos por donativos. Um dos projetos educacionais mais ambiciosos da comunidade, chamado Mondesa Youth Opportunities, fora criado por um americano em 2003, e era principalmente dirigido por não namíbios e financiado por doações estrangeiras. Toda aquela pobreza, desordem e caridade destoava da disciplina teutônica rigorosa, das ruas impecáveis e das refeições de cinco pratos em Swakopmund, que agora achei ainda mais ilusórios.

A casa de Linus era como as outras, construída de blocos de concreto, mas ligeiramente aumentada para acomodar sua família estendida: seus sobrinhos e outros parentes, todos eles (segundo suas informações) desempregados.

— Seu vizinho está fazendo uma grande obra na casa dele — observei.

Eu podia ver o início de uma área coberta, uma projeção de vigas sobre o pátio de terra, e uma cerca de estacas.

— Ele quer transformar a casa num boteco pra ganhar mais dinheiro.

Justamente o que se quer em uma rua na comunidade de Mondesa, à beira do deserto: um boteco de cerveja, com música barulhenta, gritaria e a ocasional briga de bêbados pela qual os botecos são conhecidos. Nenhum alívio visual amenizava o lugar; nenhuma grama, nem árvores. Os campos de jogo eram meros retângulos de pó e cascalho, e por todo o amplo povoado pendia um ar indiferente de desolação.

Tamariskia, uma comunidade adjacente com esse nome por causa da tamargueira (embora nenhuma crescesse ali), era um pouco melhor: casas mais amplas, também feitas de blocos de concreto, mas muitas delas pintadas. Eram maiores do que aquelas de Mondesa, algumas com garagem e carros estacionados nos acessos.

— Só mestiços aqui?

— Só mestiços — Linus disse, apontando. Caminhávamos em direção a uma rua principal. Antes de cruzarmos a rua, passamos pelo Cottage Private Hospital, onde, Linus orgulhosamente disse, Angelina Jolie dera à luz. Depois apontou para o outro lado da rua, para casas maiores, mais reluzentes, algumas delas eram bangalôs de dois andares cobertos com telhas, e muitas com áreas ajardinadas, arbustos e palmeiras atrás dos muros.

— Ali é Vineta.

Vineta, mais perto do oceano, Linus disse, era "predominantemente branca, com alguns mestiços".

Aquelas três comunidades existiam em um raio pouco superior a 1,5 quilômetro: a mais branca perto da praia, com as melhores casas e pouco arborizada; a mais escura e tribal no interior, do lado mais desolador do deserto. Como diziam na África do Sul, aqui era possível olhar para uma pessoa e dizer precisamente onde ela morava. E os habitantes das comunidades trabalhavam na meia dúzia de minas, fosse na administração ou cavando nos poços abertos, extraindo o óxido de urânio que era peneirado, tratado e levado para ser vendido a países com reatores nucleares. (Havia apenas um na África, em Koeberg, perto da Cidade do Cabo.)

A visão daquelas subdivisões e, especialmente, o longo olhar na comunidade de Mondesa tirou o esplendor da visão cor-de-rosa que tive de Swakopmund, a cidade dos aposentados alemães, dos viajantes de inverno e turistas europeus vindos de toda parte.

Linus disse que algumas escolas de Mondesa contavam em parte com professores da Grã-Bretanha e dos Estados Unidos, que algumas ofereciam programas de combate à gravidez na adolescência e de conscientização sobre o HIV/aids, que infectava um quinto da população da Namíbia. Se você estivesse de frente para o oceano, caminhasse sob as palmeiras ao longo de Arnold Schad Promenade (nome em homenagem a um mercador do século XIX) ou descesse a Am Zoll na orla, conseguia se convencer facilmente de que aquele era o atraente balneário dos folhetos. A realidade era mais sombria: era um oásis cercado de desemprego, pobreza, negligência e doenças.

Mas todas as pessoas que encontrei, inclusive as que questionei sobre a desolação, foram amigáveis, e muitas — locais e estrangeiras — estavam otimistas quanto ao futuro. Pierre, um homem de uns cinquenta anos, era livreiro. Seu negócio ia devagar, mas não estava mal. Sua livraria no centro da cidade também era um café. Conhecera tempos bem piores. Sul-africano de uma família de fazendeiros, em meados da década de 1970 seus pais concluíram que a vida na África do Sul estava perigosa e migraram para a Rodésia, onde tinham parentes. Compraram um terreno ao sul do país, perto de Victoria, construíram uma casa e plantaram várias espécies — milho, trigo, alfafa —, e como a mãe de Pierre era jardineira, criou um elaborado jardim planejado, para o cultivo de flores, sobretudo rosas. Haviam fugido da incerteza na África do Sul apenas para chegar à Rodésia no início da Guerra Civil.

— A guerra começou a esquentar — Pierre contou, falando da luta pela Independência, com os guerrilheiros dos movimentos de libertação e o Exército rodesiano atirando uns nos outros. — Aquela violência surpreendeu meus pais, mas eles continuaram cuidando da fazenda. A vida era precária, mas eles conseguiam se alimentar, e mamãe tinha seu belo jardim.

Após a Independência, com a Rodésia se tornando Zimbábue e Victoria passando a se chamar Masvingo, os pais de Pierre continuaram sua atividade agrária, mas começaram a ser atormentados por homens que queriam partes de sua terra — homens enviados pelo presidente Robert Mugabe. Eles se denominavam veteranos de guerra, mas na verdade eram sem-terra de aldeias superpovoadas. O pai de Pierre fez concessões, cedeu cantos e margens de sua fazenda a invasores, que ergueram barracos e plantaram legumes. Aquilo prosseguiu por quinze anos, a fazenda sendo erodida por cada vez mais homens, alguns pedindo, outros ameaçando.

— Até que meus pais receberam uma ordem de despejo do governo — Pierre disse. — Aquilo foi em torno de 2000. "Saiam, senão..."

Sua mãe ligou para ele na África do Sul — agora, após sua própria revolta, governada por Nelson Mandela — pedindo que viesse imediatamente e os ajudasse a fazer as malas. Estavam perdendo a fazenda, a casa, os plantios nos campos — sendo expulsos sem indenização. Um ministro do gabinete do alto escalão do governo de Zimbábue assumiria tudo.

— Eu fui — Pierre disse. Respirou fundo e olhou a meia distância. — A visão que não consigo esquecer, e a coisa mais triste que vi na vida, foi minha mãe, no dia em que deixamos a casa para sempre, com a mangueira na mão regando seu jardim. Sabendo que nunca mais o veria. De pé ali naquele dia ensolarado, aguando as suas flores.*

---

* Eu havia escrito sobre o governo do Zimbábue confiscando violentamente aquelas fazendas em *O safári da Estrela Negra*. Oito meses depois que Pierre me contou aquela história, o *New York Times* informou, em 2012, que a colheita de milho havia se re-

Outro homem que conheci, Michael, que tinha uma loja perto da livraria de Pierre, havia migrado da Alemanha em 1986. A Namíbia estava melhor então — não havia crime, você podia deixar sua porta aberta. Mas agora, com o alto índice de desemprego, pequenos furtos eram comuns. E ele estava desanimado com a parcimônia dos turistas. Das dezenas de milhares de alemães residentes na Namíbia, Michael disse:

— Eles nunca gastam dinheiro, meus compatriotas. — Aguardava ansioso a Oktoberfest, uma grande celebração em Swakopmund e Windhoek, com música, danças e muita bebida.

— Eu mantenho meu passaporte alemão. — Assentindo com a cabeça em direção à rua, como que para todos os outros alemães, Michael acrescentou: — Eles fazem o mesmo. Não existem namíbios neste país. Existem herero, damara, oshiwambo, africânderes, basters; é o que dizem primeiro, se você pergunta. Depois eles dizem: "Ah, sim, também sou namíbio".

Havia algo de colonial em Swakopmund, e talvez fosse disso que os alemães gostavam. Os prédios antigos continuavam de pé, parte da cidade conservava o mesmo aspecto de um século atrás, inexistiam prédios altos e — graças às comunidades pobres — não havia problema de mão de obra. Havia muitos bons restaurantes, as cartas de vinhos eram extensas, os preços, razoáveis, a hospitalidade, convincente. Todas as noites, quando eu retornava de minhas incursões, Herr Wacker, o gerente geral do Hansa Hotel, me saudava cordialmente:

— Você tem que ficar mais tempo.

Eu ficaria, mas tinha um trem para pegar.

Não foi fácil deixar o hotel. Enquanto todos os outros hóspedes se dirigiam para a sala de jantar, eu pegava um táxi para a agora escura estação ferroviária, o motorista me lembrando da viagem noturna pelo deserto e repetindo que, por uns cem dólares, ele me deixaria em Windhoek pela manhã.

Mas eu resolvera pegar o trem e, quanto mais ele era criticado ("Só gente negra pega o trem"), maior era meu desejo de vê-lo. Como tanta

---

duzido em um terço, 1,6 milhão de zimbabuanos corriam o risco de morrer de fome e o Programa Mundial de Alimentos da ONU teria de distribuir ajuda de emergência. Antes de 2000, o Zimbábue contava com excedentes de milho, um alimento básico da população.

coisa em Swakopmund — muitas casas, os bancos, alguns hotéis, o traçado das ruas —, a ferrovia também tinha cem anos.

Achei um assento reclinável que me permitiria dormir. Entre meus colegas passageiros, alguns estavam sobrecarregados de trouxas, outros, com crianças pequenas, grupos familiares já se acomodando para a noite. Do outro lado do corredor, um grande e gordo africânder lia um jornal em sua língua. Sentado sozinho, todo seu saliente diafragma estava envolvido em abundantes bandagens, como que para impedir que explodisse.

No banco de trás, um alemão, Klaus, contou que estava doente.

— Passei mal à noite — ele explicou. E fez um gesto de vômito, a mão imitando um jato de sua boca escancarada. — Foi a *biltong* (carne--seca) que comi.

Então deixamos a estação, e quando as luzes no vagão apagaram, o deserto se acendeu e brilhou por horas à luz da lua fria.

6

A trilha para Tsumkwe

Um evento sério, idealista, bem-financiado, patrocinado pelos estrangeiros — do tipo que eu sempre evitava ou de que sempre debochava — estava sendo promovido em Tsumkwe, uma cidadezinha no remoto nordeste da Namíbia. Bem menos do que uma cidade, Tsumkwe era uma aldeia-encruzilhada em Kaokoveld, uma região no centro de Nyae Nyae, que eram 4,7 mil quilômetros quadrados de sertão infértil, propenso a secas, assolado pela fome, com população esparsa — uma área pouco promissora, ao que parecia, para um esforço tão caro e acadêmico assim. No entanto, eu sabia que esses lugares eram o coração pulsante da África.

O evento seria um programa de dia inteiro de palestras e filmes, intitulado "Dia Mundial para Celebrar a Herança Audiovisual da Namíbia", organizado pelo escritório da Unesco em Windhoek. Não se pode ouvir um título pomposo assim sem imaginar um longo dia de bocejos, embaralhar de papéis e protocolo, grupos de discussão, projetos nobres ("Poderíamos criar um workshop... formar um comitê... requisitar uma subvenção"), e conversas sem fim — o jargão de sempre sobre planos que nunca dão em nada além de palavras ao vento. Você pensa: para quê?

Perguntaram se eu gostaria de falar naquele evento de Tsumkwe, num fórum dedicado ao tema do dia: "Preservação da herança cultural".

O tema, por mais vago que fosse, me interessou, e minha única obrigação seria enfrentar uma longa estrada. Gostei da ideia de uma viagem até Tsumkwe, a 730 quilômetros de Windhoek, o último terço em estrada de saibro, através do sertão inculto e indistinto. E eu poderia ter algo a acrescentar à discussão.

Respondi que aceitava, lutando com meu ceticismo, e fiquei satisfeito depois.

Nenhum trem, nenhum ônibus, e dificilmente um táxi do sertão iria até Tsumkwe. Caminhões viajavam para o local a intervalos irregulares. Ao final da estrada poeirenta e perto da fronteira de Botsuana, Tsumkwe estava mais perto (a cerca de 160 quilômetros) do delta do Okavango e da cidadezinha de Nokaneng, em Botsuana, que de qualquer lugar substancial na Namíbia. Abrigava os Ju/'hoansi, um subgrupo dos !Kung, ficava perto de muitos de seus povoados e era considerado um centro dos últimos dos caçadores-coletores, que haviam vivido por ali por quase 40 mil anos.

Em troca de duas palestras no evento, eu receberia uma carona de Windhoek. Em minha viagem, não usava outros transportes além de ônibus e trens públicos, e estava determinado a avançar por terra, embora fosse complicado às vezes. De qualquer modo, também não havia nenhum avião comercial que fosse até Tsumkwe. Uma pista de pouso havia sido aberta no mato para acomodar aviões privados e helicópteros dos políticos namíbios.

Embora não passasse de um ponto no mapa, Tsumkwe era importante em termos históricos. Ficava perto da base de operações escolhida pela etnógrafa Lorna Marshall para seu estudo pioneiro sobre os Ju/'hoansi, as Pessoas Reais. Em um acesso de inspiração incansável combinado com o desejo de viajar, o marido de Lorna, Laurence Marshall, um abastado homem de negócios e cofundador da Raytheon Corporation, levou a esposa e os filhos ao sul da África em 1950. Recém-aposentado, disse que queria fazer algo de construtivo que incluísse passar um tempo viajando com a família. Ele concebeu um plano ambicioso — alguns poderiam chamar de arrojado — de se mudarem para a remota Área de Preservação Nyae Nyae e conhecerem a população nativa, naquele tempo um povo negligenciado e indiferenciado chamado simplesmente, e de forma pouco útil, de bosquímanos. Até então aquele povo desprezado mal havia sido estudado, e fora empurrado às margens e ignorado pelo governo sul-africano, que administrava o que era então o território sob mandato do Sudoeste africano. Laurence e Lorna Marshall e seus filhos adolescentes, Elizabeth e John, penetraram no sertão sem trilhas numa caminhonete Chevy, uma viagem difícil hoje, e quase inimaginável na década de 1950.

Tsumkwe naquele tempo não era nenhum tipo de povoado estabelecido. Apenas um charco perto de um grande baobá, não passava de uma terra inexplorada, um trecho de sertão (chamado um *n!ore*) que mantinha a caça e o forrageamento de um grupo minúsculo do povo Ju/'hoansi. Os Marshall ficaram uns cinquenta quilômetros a sudeste, perto de uma bacia — um charco sazonal — chamada Gautscha. Ali permaneceram dois anos, e continuaram retornando por mais de uma década. Aparentemente, os Marshall se assemelhavam à família Robinson suíça sobre rodas. Na prática, foi uma volta à natureza em família, provocada pela curiosidade intelectual que rendeu ricos frutos antropológicos.

O livro de Lorna Marshall *The !Kung of Nyae Nyae* [Os !Kung de Nyae Nyae] (1976) foi um dos primeiros estudos acadêmicos sobre essas pessoas. Os filhos de Lorna também se inspiraram. John Marshall, iniciado nas tradições ainda adolescente e fluente no idioma, passaria o resto da vida, intermitentemente, entre os Ju/'hoansi, caçando com eles, estudando-os, filmando-os. Elizabeth Marshall Thomas, uma romancista, escreveu dois relatos de não ficção sobre os Ju/'hoansi ("Ju/wasi" em sua grafia): *The Harmless People* [O povo inofensivo] (1991), um relato brando e esperançoso sobre esse povo, e *The Old Way* [A maneira antiga] (2006), um olhar mais frio das mudanças drásticas em sua cultura e nos mitos sobre suas vidas que são cultivados por voyeurs românticos feito eu.

Durante um período de cinquenta anos, de 1950 a 2000, John Marshall, um homem de sensibilidade luminosa, registrou os Ju/'hoansi extensamente em filme. Seu documentário em cinco partes, *A Kalahari Family* [Uma família Kalahari], em que entrevistou os Ju/'hoansi em uma filmagem agora considerada rara, é considerado um registro visual etnográfico clássico. Ele fez vários outros filmes sobre o povo e sua cultura em extinção, relatando a dramática história recente dessas pessoas que, vivendo da forma antiga, imperturbadas por 1,5 mil séculos, têm sido confrontadas pelo mundo exterior de burocratas, mercadores, políticos, missionários, mineiros, turistas, oportunistas, educadores e toda a parafernália que os forasteiros trouxeram consigo — sumários jurídicos, armas, dinheiro, comida enlatada, álcool, doces, livros, Bíblias e doenças novas. Também trouxeram promessas extravagantes, se não de prosperidade neste mundo, ao menos de glória pós-morte. Os Marshall testemunharam os Ju/'hoansi passarem de autossuficientes e fortes a predominantemente dependentes e bastante enfraquecidos. A linha do tempo de Tsumkwe, esse posto avançado no sertão, se assemelhava à linha do tempo da África subsaariana, a história da África em uma parábola de exploração e declínio.

Outra coisa que me persuadiu a participar daquele Dia da Herança Audiovisual em Tsumkwe foi a notícia de que dois dos filmes de John Marshall, recentemente descobertos nos Arquivos Nacionais da Namíbia, seriam exibidos ali — onde foram rodados — pela primeira vez. Eu queria ver o lugar, assistir aos filmes e conhecer as pessoas, e estava disposto a viajar sertão adentro.

Até então minha viagem fora razoavelmente fácil. Embora muitos sul-africanos tivessem alertado para o perigo físico, e os namíbios alertassem para os furtos, eu não sofrera nenhum inconveniente grave. Tudo que eu experimentara foram algumas ameaças berradas, alguma ofensa racial leve, furtos insignificantes (óculos de sol, pequenas quantias de dinheiro) e os apelos de gente faminta — problemas corriqueiros em qualquer lugar do mundo.

As pessoas diziam:

— Espere até você chegar a Angola!

Eu perguntava:

— Qual foi a última vez que você esteve em Angola?

Eles diziam que nunca, que ninguém ia a Angola porque era pavoroso. Nenhuma testemunha ocular, nenhum relato pessoal. Eu não desanimei.

Eu nunca ia atrás de problemas e costumava pegar o caminho mais fácil, embora a viagem mais simples na África possa ser problemática para alguém que viaja sozinho. Eu odiava correr riscos, tentava evitá-los, mas às vezes eles eram inevitáveis. Indo desacompanhado, sempre tinha problemas por resolver. Eu não tinha carro, então dependia do transporte público. Não fazia planos com muita antecedência, portanto estava sempre precisando de um quarto de hotel ou uma refeição de última hora. Por causa disso, às vezes tinha de dormir num ônibus, ou ficar sem dormir, e vez ou outra ficava sem me alimentar. Mas mal podia reclamar desses efeitos incômodos em países onde tantas pessoas eram pobres, dormiam sob árvores e aguentavam longos períodos sem comida. Por natureza, não cultivo uma rede de contatos nem vou atrás das pessoas, de modo que estou sempre dependendo de encontros fortuitos, da pura sorte ou da gentileza dos estrangeiros.

Tony, um diplomata americano na Namíbia, foi um desses estrangeiros prestativos. Ele me convidara para o evento em Tsumkwe, do qual também participaria. Explicando-me sobre o evento durante o jantar num restaurante português em Windhoek, mostrou-se tranquilizadoramente amigável e com vastas leituras ("Você sabe, Thomas Pynchon escreveu sobre os hereros em *O arco-íris da gravidade* e *V*"). Tony também era imperturbável, e tinha acesso a um veículo com tração nas quatro rodas bastante novo. Todos os melhores atributos para uma viagem rodoviária de dez horas sertão adentro.

Partimos de madrugada de Windhoek, em direção ao sol nascente. Conversamos sobre os livros de Pynchon. Eu mencionei que, frase após frase fulgurante, o cara era brilhante, mas suas páginas de alta densidade e tramas divagantes e envolventes davam aos livros uma afetação literária anêmica que os tornavam quase ilegíveis para mim. Tony, que estudara literatura, tinha paciência acadêmica, estômago para solucionar charadas literárias monótonas e prazer em aprender lições: um texto literário difícil para ele era um problema a ser dissecado, como um estudante de biologia examinando um roedor estripado num laboratório. Tony lia pelo desafio e pela possível recompensa de identificar obscuridades e fazer associações. Aquele não era meu temperamento. Odeio estudar livros e ruminar textos concebidos só para chatear, as corridas de obstáculos de dificuldades propositais. Se um livro não me cativa, ponho de lado. Leio pelo prazer visceral da leitura.

Ao passar pelo gado pastando na savana das grandes terras centrais ressecadas pelo sol, Tony insistiu que eu fosse mais receptivo com os livros de Pynchon. Eram ficções, mas historicamente exatas, dramatizando um período do colonialismo alemão e as atrocidades que haviam sido omitidas pelos políticos alemães e sobre as quais pouco se escreveu. Mas nos últimos anos aquela época brutal tem recebido bem mais atenção e estudos mais profundos e detalhados.

A Alemanha — o último país europeu a conquistar colônias e o primeiro a perdê-las — tentou exterminar uma população nativa inteira, os hereros, no Sudoeste africano, em 1904. A aniquilação foi quase total, no que foi denominado o primeiro genocídio do século xx. Aquela foi em grande parte uma iniciativa de um só homem, o general Lothar von Trotha, encarregado pelo cáiser Guilherme II de perpetrar a *Vernichtungsbefehl* ("ordem de extermínio"), um documento impresso verdadeiro, datado de 2 de outubro de 1904, do qual uma cópia é mantida nos Arquivos Nacionais de Botsuana. Para Von Trotha, os hereros eram *Unmenschen* — inumanos. Eles eram — e um pequeno número continua sendo — um povo nômade pastoril. O apego dos hereros às suas terras tradicionais e aos seus ataques ocasionais contra os colonos intrusos enfureceram Von Trotha.

"Todas as tribos da África compartilham a mentalidade de só recuar quando confrontadas com violência", Von Trotha escreveu aos seus superiores, parecendo o sr. Kurtz.* "Minha política foi e é aplicar tal violência com o máximo grau de terrorismo e brutalidade. Exterminarei as tribos rebeldes com rios de sangue."

Pressionados pelos alemães, os hereros resistiram. Um dos resultados foi o massacre de Waterberg, e nessa e em outras batalhas (as metralhadoras Maxim de fogo contínuo contra flechas e velhos rifles de um só tiro) se estima que até 90 mil hereros — a grande maioria desse povo — tenham sido mortos.

Tony e eu conversamos a respeito enquanto viajávamos sob um sol glorioso para a cidade de Otjiwarongo, passando pelo exato local, Waterberg, uma cadeia azulada a distância, onde o massacre ocorreu.

De algum modo — no exílio, dispersos, em campos de concentração, como trabalhadores escravos —, os hereros remanescentes haviam sobrevivido. As mulheres hereros são facilmente identificáveis por suas roupas típicas: um vestido ondeante até o tornozelo com mangas compridas e um extravagante turbante de tecido dobrado, chamado *otjikaiva*, com duas extremidades pontudas que parecem um chapéu de almirante achatado que dizem imitar os chifres de uma vaca.

---

* Personagem fictício de *Coração das trevas*, de Joseph Conrad. (N. T.)

— Vejo hereros por toda parte — eu disse. Os homens hereros não se destacavam por suas roupas, mas as mulheres eram inconfundíveis. — Vi um monte deles em Windhoek, que está cheia de alemães. Não parecem guardar nenhum ressentimento.

— As pessoas na Namíbia costumam ser tranquilas — Tony explicou. — São gentis. Você raramente ouve alguém gritando. São os angolanos que têm a reputação de serem animados e excitáveis.

Mas não vimos ninguém à beira da estrada ou na paisagem, nada para sugerir a habitação humana exceto cercas de gado estendidas ao longo da estrada. Aqui e ali víamos animais selvagens — uma gazela, um avestruz ou uma ocasional ave de rapina pendendo no céu —, mas não havia pessoas, nem casas, nada além da vasta terra quente, amarela na seca que a havia dominado.

Tony disse:

— O pessoal em Tsumkwe está realmente contente com sua vinda.

— Sou grato pelo convite — eu disse, de coração. E sorri ao pensar que eu, que costumava implicar com esses eventos, estaria participando do esforço cultural de uma ONG naquele local remoto.

— Como é lá?

— Não sei — ele respondeu. — É minha primeira vez.

Chegamos à cidade de Otjiwarongo ("Lugar do Gado Gordo", na língua herero), ainda um centro pecuarista. Uma das afrontas dos alemães havia sido expulsar da terra as tribos proprietárias de gado para se dedicarem eles próprios à criação. Quando questionados a respeito por pessoas sensatas, os alemães, e depois deles os sul-africanos, diziam que para alcançar a autossuficiência os nativos precisavam de educação.

— Meu bisavô, o falecido chefe Kambazembi, nunca foi à escola, mas era dono de 25 mil cabeças de gado em 1903, antes de sermos conquistados — um homem herero, Zedekia Ngavirue, contou a uma comissão da ONU em Dar es Salaam em 1961 (citado em *South West Africa*, de Ruth First, 1963). — Tenho um diploma universitário e não possuo sequer um frango. — Essa afirmação foi visionária: muitos africanos atuais poderiam alegar o mesmo.

Os túmulos ancestrais dessa família de predominância Kambazembi não ficavam longe, nas encostas do planalto de Waterberg. Alguns restos exumados haviam sido devolvidos por Botsuana (onde a família havia se exilado) e cerimonialmente reenterrados ainda em 2006.

Otjiwarongo tinha uma população alemã e africânder de cerca de 3 mil habitantes, a maioria fazendeiros e lojistas, quando o escritor Jon Manchip White passou por lá na década de 1960, achando-a um posto avançado de detalhes simplórios: rotarianos, placas de estacionamento e gnomos de jardim de gesso. O número de brancos não diminuíra muito, embora grande parte parecesse viver num bairro de bangalôs murados a dois quarteirões da rua principal. A cidade permanecia um centro de criação de gado e de agricultura, de modo que na rua principal havia um grande supermercado, oficinas mecânicas, lojas de ração, pequenos hotéis e muitas igrejas, incluindo uma grande igreja luterana com um enorme campanário de lados quadrados, que também era uma torre de relógio.

— Você deve achar um telefone celular numa dessas lojas aqui — Tony disse.

Eu havia mencionado minha falta de telefone celular durante a viagem. Às vezes me sentia como a única pessoa na Namíbia sem celular, e me ocorreu que poderia ser uma boa ideia ligar para casa.

Algumas informações prestativas de moradores amigáveis de Otjiwarongo nos trouxeram à pequena loja de beira de estrada do sr. Khan, que tinha uma série de produtos eletrônicos na vitrine. O sr. Khan explicou que por uns vinte dólares eu poderia comprar um aparelho, e, por mais vinte, um chip com minutos utilizáveis, que ele programaria no telefone. Agora entendi, meio tarde no dia, por que condutores de riquixá, pescadores cambojanos e guerreiros massais eram às vezes vistos falando num telefone de plástico minúsculo.

Uma jovem mulher herero, Grace, me ajudou na transação.

Perguntei:

— Grace, diga-me, onde posso me divertir em Otjiwarongo?

— Não tem diversão aqui! — respondeu rindo, e o sr. Khan, que era do Paquistão, concordou:

— Nenhuma diversão, senhor.

Com essa pechincha de telefone na mão, liguei para casa e, por muitas semanas depois, tudo que eu precisava fazer era discar o número, dizer "Liga pra mim", e podia falar com a pessoa querida que havia deixado para trás. De vez em quando, nos lugares mais improváveis — num ônibus, numa cabana de sapê, num barraco onde vendiam frango, enxotando moscas tsé-tsé ou chutando a poeira —, sentia uma vibração no meu bolso, junto à coxa: Havaí chamando.

Grootfontein ficava 160 quilômetros estrada acima, ainda na região de Waterberg de morros suaves, planícies de relva e restolho descoloridas pelo sol e baixadas pedregosas. A paisagem era imensa e simples — nenhuma floresta, nenhuma água, poucas aldeias. Aquele vazio e a aparente simplicidade são a glória da Namíbia e uma consequência de sua população baixa. O número de pessoas no país em 1904 era minúsculo — talvez poucas centenas de milhares nessa região —, de modo que parece um crime ainda maior que os alemães, não satisfeitos em compartilhar, procurassem exterminar até a última mulher e criança, para terem a colônia desértica inteira para si.

Atualmente, a maioria das pessoas vai à Namíbia para ver os animais na bacia de Etosha (parte do Parque Nacional de Etosha) e nada mais. Mas aquela parte nordeste do país, mesmo adorável e rica em aves, não estava na rota e não era muito visitada. Grootfontein, o local de uma grande derrota alemã em 1915, era mais famosa por seu objeto visível do espaço, o meteorito Hoba, uma laje de ferro maciça de 66 toneladas conservada como relíquia num campo próximo. A cidade existia para atender os ranchos de gado, as fazendas de animais silvestres e a pequena população da comunidade. Como muitas cidades que vi no sertão da Namíbia, parecia um local lutando pela sobrevivência, uma parada para pessoas com destino a Angola e à Faixa de Caprivi no norte ou viajando para o nordeste na estrada de cascalho de Tsumkwe, ambas rotas pouco percorridas.

O centro das atividades em Grootfontein era o supermercado na rua principal. Um lugar de ociosos, pedintes e pequenas e velhas mulheres africânderes em longas túnicas desbotadas no estilo da década de 1930, protegendo-se com guarda-chuvas do sol brilhante, estranhas e amareladas. Senhoras de rosto holandês, como artefatos de uma época anterior. Aproximei-me de duas delas fazendo perguntas, mas elas sorriram e murmuraram: "*Mynheer, ek verstaan nie.*" Ao contrário dos hereros e dos ovambos, aqueles africânderes isolados falavam apenas sua própria língua.

Uma trupe de nove cantores jovens, hereros talvez, se apresentavam à beira do estacionamento — dançando, harmonizando, enquanto um menininho passava o chapéu para contribuições. Representantes de uma igreja evangélica em Grootfontein entoavam hinos alegres e sincopados, e pareciam à vontade entre os pedintes de rua, camelôs de frutas e vendedores de cestos, me fazendo lembrar que grande parte da atividade comercial na África rural se assemelha a um mercado medieval. O modo como se vive nas cidades-mercados no sertão é como se vivia outrora na Europa: as pessoas se reúnem para flertar, vender seus produtos, ostentar seus animais, deslumbrar os observadores, fazer música, encontrar uma esposa ou um marido.

O único lugar que oferecia refeições era um canto do supermercado com cadeiras e mesas que vendia tortas de carne, frango à milanesa e batatas fritas. Tony e eu nos sentamos com nossa comida, e eu conversei com a garçonete, que também era a gerente do restaurante: Helena, uma mulher magra, de rosto amarelado, dedos ossudos e corroídos, cabelos lisos e um jeito triste, um pouco exasperado. Parecia incomodada, obscuramente atribulada, e um olhar melancólico transparecia de seus pálidos olhos cinzentos.

— Não tem diversão em Otjiwarongo — eu disse, provocando. — Onde está a diversão em Grootfontein?

— Não tem diversão aqui — ela disse com seu forte sotaque africânder. — Nenhuma vida. Absolutamente nenhuma vida.

Ela disse que havia nascido em Grootfontein, com um gargarejo no *Groot*, e sabia do que estava falando.

— E nos finais de semana?

— Bem, tem o Golf Club. É mais para beber.

— Vou lhe pagar uma bebida, Helena. Tudo que peço é que você me conte como é ser criado em Grootfontein.

— Não preciso que me pague uma bebida — ela disse, desafiadora mas sorridente. — Tenho meu próprio dinheiro.

— Conte sobre o clube.

— Só tem brancos no clube — ela disse, mais sugerindo uma atmosfera do que afirmando um fato. — Não é ruim, é legal.

— A gente podia conversar. A não ser que você esteja comprometida.

— Sou sozinha — ela disse, e hesitou, parecendo angustiada, e temi o que vinha a seguir. — Meu marido morreu seis meses atrás. Não tenho ninguém agora.

Tony fez uma expressão de desagrado e um sinal de não com a cabeça. Eu falara demais, e agora me sentia terrível e tentava ser solidário. Tarde demais. Ela era uma mulher pobre, pequena e enlutada numa remota e poeirenta cidade pecuarista no meio da Namíbia — conhecida pelos furtos, como eu descobriria. Por isso me arrependi de ser brincalhão e tentei apaziguar minha consciência dando uma gorjeta generosa e fazendo algumas perguntas ignorantes sobre Tsumkwe.

Ela suspirou ao pensar em Tsumkwe, e disse que nunca estivera lá. Acrescentou:

— Mas de uma coisa eu sei: faz calor lá. Vi na TV: fez 42 graus lá ontem.

— Isso são mais de cem graus Fahrenheit — Tony observou quando estávamos de volta no carro.

Eram 42°C à sombra.

Cerca de cinquenta quilômetros depois na estrada pavimentada, chegamos a um desvio, uma trilha estreita de cascalho esbranquiçado, e então, sacolejando em pedras soltas na terra seca, percorremos o sertão amarelo baixo pelo resto da tarde, aos solavancos e derrapagens, as janelas cobertas de sujeira da poeira levantada. Nenhum outro carro, nenhuma pessoa, nenhum animal, nenhum povoado nem quaisquer trilhas, nada além de areia e do emaranhado de espinheiros escuros.

— A Cerca Veterinária — Tony disse, espiando à frente e reduzindo a marcha após três horas dirigindo.

Nenhuma cerca ficou logo visível para mim, embora pudesse ver uma muralha de árvores empoeiradas altas e uma barreira de metal através da estrada. Um homem esfregando o rosto com um trapo branco parecia tomar conta. Mais perto, pude ver uma cerca de arame instalada em postes amplamente espaçados que se estendiam até o horizonte.

— Esta cerca atravessa todo o país — Tony disse. — Incrível, né?

Então o guarda com uniforme cáqui, bocejando no calor, aproximou-se de nosso carro e fechou a cara para nós pela janela lateral, enquanto diligentemente examinava o banco traseiro — à procura de quê? Contrabando?

Voltou a bocejar, suando numa quente depressão da estrada.

— Vocês têm leite? Vocês têm carne?

— Nenhum leite, nenhuma carne — Tony respondeu.

— Para onde estão indo? — O homem mascava seu trapo branco.

— Tsumkwe.

— É quente demais lá. Está quente demais aqui também. Qual o país de vocês?

Nós respondemos. Ele foi amigável. Conversamos um pouco. Ele disse que queria ir a Chicago. Ergueu a barra de ferro e nos deixou transpor a cerca. Do outro lado estávamos em uma África diferente.

Logo vi que a Cerca Veterinária, também chamada de Cerca de Controle de Animais, instalada no início da década de 1960 para impedir a disseminação de doenças, era bem mais do que um *cordon sanitaire*. O problema original havia sido uma pandemia de peste bovina que vinha sendo espalhada pelo búfalo selvagem das savanas do sul. Aquele animal pesado, perigoso, de chifres grossos era um dos favoritos dos caçadores legais (pelo aspecto feroz da cabeça empalhada numa parede) ou ilegais (pela carne). A construção da cerca, que atravessava todo o norte da Namíbia e a leste a fronteira de Botsuana, conteve os animais selvagens e o gado infectado, impedindo que atingissem o coração do país, mais ao sul.

A cerca, que resolvera alguns problemas, também criara outros. Certas espécies com alimentação específica, como as palancas-vermelhas e palancas-negras, sem conseguir chegar aos poços de água durante as secas, ficavam aprisionadas e morriam de sede. Em todos os postos de controle na Cerca Veterinária era comum confiscarem leite e carne de carros inspecionados que entravam e saíam. A captura e o confinamento da vida selvagem causaram um subsequente declínio em seu número, bem como a criação de ecossistemas e padrões de povoação novos.

Mas, fundamentalmente, a Cerca Veterinária era uma fronteira cultural nítida, separando pessoas, criando divisão. Além do arame estava a África mais familiar de crianças esqueléticas, de aspecto faminto, retraídas ao sol, de homens bebendo cerveja sob árvores, de aldeias dispersas e frangos frenéticos e gado vagueando pelas estradas, de papel ao vento e bolsas de plástico frágeis presas em árvores, de pilhas de farrapos descartados e latas de cerveja pisoteadas, a África improvisada e caótica de cercas derrubadas, fogos de cozinhar, lama e sapê. Aquela era uma África desconhecida na ordem teutônica do centro de Swakopmund e Windhoek, e bem diferente até da monotonia de pequena cidade de Grootfontein, a apenas poucas horas de distância. A paisagem do outro lado da cerca era diferente também: mais acidentada, negligentemente arada e plantada, irregularmente dividida, em todos os aspectos como um novo país hesitante. Embora pareça estranho, era também mais afetuosa, mais hospitaleira e, mais amigável.

A cerca que isolava os animais também isolava as pessoas. Nada atrás daquela barreira de 1,6 mil quilômetros se assemelhava remotamente a algo que eu tivesse visto no sul do país. A textura da vida era diferente aqui do lado remoto, mais pobre, mais destituído, porém — a palavra "autêntica" parece paternalista — mais humano e real. Se você não cruzasse a Cerca Veterinária, não teria ideia da luta da população rural pobre da Namíbia — talvez a maioria — para permanecer viva. A Linha Vermelha, como era chamada com menos frequência, talvez fosse um nome melhor, por ser apropriadamente dramático.

Mais abaixo na estrada esburacada, uma placa com uma seta indicava a aldeia Ju/'hoansi. Adentramos uma trilha estreita e seguimos devagar pela areia implacável por vários quilômetros, de vez em quando atolando nela. Por uns momentos desanimamos e quase voltamos, mas depois retomamos a busca pela aldeia.

Chegamos a uma clareira: de um lado, uma aldeia tradicional com cabanas de sapê e cercas de galhos; do outro, uma aldeia nova, de barracos. As cabanas tradicionais eram para exibição, como as tendas indígenas exibidas para turistas nas Grandes Planícies americanas. Os barracos eram onde o povo san de fato vivia.

Três homenzinhos vieram depressa em nossa direção, sorrindo e gesticulando. Eu ficava sempre irracionalmente comovido e enternecido por quem quer que eu visse correndo na África.

Um dos homens falou, hesitante e em inglês, palavras hospitaleiras:

— Por favor, sejam bem-vindos, sim, sim...

Para mim foi como encontrar três unicórnios. Eram os primeiros que eu havia visto do povo — os sans falantes de !Kung — que se intitulava Ju/'hoansi, as Pessoas Reais. Embora estivessem impecavelmente vestidos com camisas de mangas curtas e calças compridas, contemplei seus rostos incomuns, amigáveis, com uma espécie de arrebatamento, como se estivesse diante de ancestrais míticos. Dizem que os traços desse povo são uma combinação de todas as características raciais do mundo — olhos asiáticos, rostos africanos, tons de pele europeus — e se houvesse uma síntese humana de todos os grupos étnicos do mundo, o exemplo resultante provavelmente seria uma pessoa Ju/'hoansi. Tinham ossos pequenos, baixa estatura — não mais de 1,5 metro de altura — e estavam ávidos por nos mostrar sua aldeia. Perguntamos por detalhes.

— Mas é tarde demais — o homem disse.

Queria dizer que passava das quatro horas, tarde demais no dia. Aquele meu primeiro vislumbre dos sans despertou o pensamento louco de que pareciam extraterrestres — o queixo estreito, os olhos velados, o crânio grande, feito cúpula, bem-formado. Eu sabia que estava na presença de nossos ancestrais vivos mais antigos, e eles irradiavam uma espécie de inocência e bondade. Não era ilusão. Todos que haviam estudado aquele povo observaram sua gentileza, o fato de que não lutam, não elevam suas vozes, não roubam, nunca repreendem os filhos.

Quando Francis Galton encontrou essas pessoas ao sul dali — e as chamou de hotentotes —, caracterizou-as de uma forma diferente, observando o "rosto de criminoso" e explicando: "Quero dizer que eles têm as maçãs do rosto proeminentes, cabeça em forma de bala, olhos medrosos mas agitados, lábios grandes e sensuais, e além disso um traje e jeito contidos." Mais tarde ele encontrou alguns outros povos parentes com "rostos notadamente agradáveis parecendo de chineses". Ao menos aquela parte era verdade: os rostos dos homens também tinham um aspecto asiático.

Prometi:

— Nós voltaremos.

— Compre algo, por favor. Ali.

Ele indicou um caminho que levava a uma pequena clareira.

Na clareira, quinquilharias pendiam de uma cerca de galhos: colares de contas, ramalhetes de penas, bolsas de couro, cachimbos de madeira e os fragmentos perfurados e polidos de ovos de avestruz. Não havia vendedor aqui: os objetos pendiam, qual sinos dos ventos ou ornamentos natalinos, com os preços escritos à caneta em tiras de papel. Era o sistema da honra, adequado a povos em cuja cultura o furto era desconhecido. "Furtar sem ser descoberto é praticamente impossível na vida dos !Kung, porque o !Kung conhece as pegadas de todos e cada objeto. O respeito pela propriedade é forte, mas fora isso 'Roubar só causaria confusão. Poderia provocar uma briga'" (Lorna Marshall, *The !Kung of Nyae Nyae*). Você escolhia os objetos que queria e deixava seu dinheiro em uma caixa.

Chegáramos a Tsumkwe no crepúsculo, descrito pelos sans como "a hora em que tudo é bonito".

7

Cerimônia na encruzilhada

EM SUA PEQUENEZ, FRITANDO NO calor do deserto, a letárgica e desgrenhada Tsumkwe ilustrava da maneira mais simples uma série de dilemas econômicos e demográficos africanos. No sertão próximo, a vida de aldeia era sustentável, mas antiquada, e o acesso à água era um problema. A cidade irregularmente ocupada, crescendo a cada ano com pessoas deixando o sertão, compunha um quadro de sujeira, ineficácia e má gestão. Tsumkwe tinha uma delegacia de polícia, duas igrejas e uma escola. A escola educava centenas de alunos, mas era carente em recursos; seus professores, mal remunerados; os estudantes precisavam arrumar dinheiro para pagar as taxas, mas o que fariam depois de formados nesse país com alto índice de desemprego?

Os barracos dos indigentes recém-chegados estavam espalhados de um lado da encruzilhada, e do outro, além das lojas, havia dois botecos fétidos onde homens bêbados se acocoravam no chão sujo, salivando sobre sua cerveja caseira, enquanto uma mulher emaciada entornava mais cerveja de um barril de plástico nas latas de estanho que serviam de copos. Lá fora, sob uma árvore, um homem em farrapos, bêbado ou então exausto, jazia numa postura de crucificado. Perto dali havia sete barracas feitas de tábuas grosseiras. Duas vendiam roupas usadas e uma vendia roupas novas. Uma oferecia verduras, outra, chá com leite e pãezinhos secos para os estudantes.

Em uma barraca, o açougueiro talhava com um facão a perna preta e podre de uma cabra. A última barraca, mais salubre, com os dizeres *Cabelos de Verdade*, vendia perucas e extensões de cabelo com trinta centímetros de comprimento. Perto das lojas se erguia uma árvore frondosa sob a qual uma dúzia de mulheres e umas dez crianças sentadas em grupo batiam um papo amigável, algumas transformando cascas de ovo de avestruz em pequenos discos, enquanto outras, com ferramentas caseiras, abriam furos no meio, e outras ainda enfileiravam os discos em cordões, formando braceletes e colares que seriam vendidos aos turistas.

Mas não vi turistas em Tsumkwe. Poucos viajantes e errantes chegavam a esse lugar distante e desolado. Agora eu sabia por quê: para chegar a Tsumkwe eram 290 quilômetros de uma estrada empoeirada, através do sertão que resplandecia ao calor. E a cidade mais próxima, Grootfontein, não era muito melhor: tinha um supermercado, um banco, um posto de gasolina, algumas ruas secundárias e um clube esportivo com, como Helena sugeriu, sócios predominantemente brancos, que abrigava festas de cerveja e outras bebedeiras.

Ao norte de Tsumkwe ficava a fronteira de Angola e a Faixa Caprivi, um enclave estreito que se projetava primorosamente para o leste no mapa e continha uma estrada até o rio que servia de fronteira com a Zâmbia. (Essa porção a mais foi uma concessão aos colonizadores alemães, que traçaram a fronteira em 1890 e queriam acesso ao rio Zambezi e ao que era então a África Oriental alemã.) A oeste de Tsumkwe havia deserto, a leste, cerca de 130 quilômetros de mais deserto, e Botsuana — alguns povoados Ju/'hoansi e a cidadezinha de Nokaneng, à margem do delta do Okavango, um mundo aquático luxuriante, rico em vida selvagem, aonde turistas abastados, pagando milhares de dólares por dia, eram trazidos em aviões particulares para acampamentos de luxo. Num desses acampamentos você podia chapinhar pelos brejos montado em elefantes, em um dos safáris mais caros da África.

Tsumkwe, uma encruzilhada, sempre fora insignificante. O que sabemos sobre o local se deve quase inteiramente aos textos dos Marshall. Em *The Old Way*, Elizabeth Marshall Thomas descreveu como o charco foi escolhido como sede de um órgão governamental para monitorar o movimento do gado, impedir a caça ilegal, proteger a área contra incursões de caçadores de diamantes e permitir que fazendeiros bôeres invadissem os povoados Ju/'hoansi em busca de trabalhadores agrícolas — tratados como pouco mais que mão de obra escrava. O posto do governo foi aberto em 1960 e a área foi designada "Reserva para os Bosquímanos" em 1970. Tsumkwe obteve um posto policial com cadeia em 1975, quando passou a ser considerado crime a população local caçar ou provocar incêndios florestais.

A encruzilhada apareceu mais audaciosamente no mapa na época em que a Força de Defesa Sul-Africana construiu um posto do Exército ali. Isso foi em 1978, quando o governo sul-africano, que administrava o Sudoeste africano como uma colônia dominada por brancos, tentava em vão suprimir a bem-armada luta pela libertação namíbia. Alguns !Kung foram cooptados pelo Exército sul-africano, que os utilizou como rastreadores e vigias e até como recrutas comuns armados. Após o sucesso da luta e a Independência da Namíbia em 1990, essa aparente colaboração com os inimigos dos nacionalistas azedou as relações entre os !Kung e os políticos namíbios, que viram sua busca desesperada por empregos como a traição de contrarrevolucionários.

Sendo a Namíbia, as pessoas em Tsumkwe e arredores provavelmente não eram particularmente saudáveis. USE CAMISINHA estava pintado em grandes letras de cores vivas em dois idiomas na parede externa do centro comunitário de Tsumkwe, e para quem não entendesse o conselho ou fosse analfabeto, uma camisinha de um metro e meio de comprimento também estava desenhada na parede, parecendo uma biruta grande e esvoaçante.

Os únicos sons nas aldeias Ju/'hoansi eram o crepitar e chiar dos insetos. Na encruzilhada Tsumkwe, os sons predominantes eram o grito e a batida do rap. O rap e o hip-hop agora dominam a música pop africana. Grande parte é importada sem alterações dos Estados Unidos, parte vem do Brasil ou é adaptada localmente, sempre tocando no máximo volume dos rádios dos carros ou de dentro dos bares, mesmo naquele lugar minúsculo.

Por ser uma nítida caretice — e inútil, de qualquer jeito — reclamar da música alta, sobretudo da música dos jovens, limitei-me a refletir, irritado e com olhos semicerrados, sobre a atração daquela música semianalfabeta ali. E não só ali: o rap é tocado em toda a África subsaariana. Quase todo país tem as próprias bandas de rap. Quando indaguei, descobri que a Namíbia sozinha tinha mais de vinte cantores ou bandas de hip-hop, com nomes como Contract Killers, Snazzy, L'il D e, na pequena cidade por onde acabara de passar, Otjiwarongo, uma banda chamada Krazie D. Obviamente, algo nessa música sensibiliza o africano urbano, em geral desempregado, desconsiderado, ocioso, muito pobre, solitário e alienado das tradições e devoções das aldeias.

O rap é o uivo da classe dos destituídos, a música da ameaça, da hostilidade, da agressão. Intencionalmente ofensivo, grande parte do linguajar é tão obsceno que não pode ser tocado nas estações de rádio. Assim, é natural que você se pergunte o que existe na cabeça dos jovens daqui que adotaram essas canções como seus hinos. Estarão apenas ociosos, suas mentes colonizadas pelas letras estrangeiras? E junto com a música vem um estilo de vestimenta. Quaisquer jovens de Tsumkwe com dinheiro para comprar roupas ostentavam camisetas e shorts novos em folha com temas de rap. Versões desbotadas também estavam disponíveis nas barracas de roupas usadas, cortesia de americanos que se desfaziam das roupas velhas dos filhos, doando-as a instituições de caridade e talvez jamais imaginando que a camiseta com a foto de The Notorious B.I.G., Heavy D ou Snoop Dogg, ou aquela com os dizeres *Thug Life*, em homenagem ao rapper assassinado Tupac Shakur, era justamente o que eles queriam. E agora tinham a música para combinar. Tinham as letras também, e podiam dizer, como Caliban em *A tempestade*: "Ensinaste-me a falar, mas o que aprendi/ Foi a praguejar!".

Em países onde o beisebol era desconhecido, o acessório de cabeça mais comum era o boné de beisebol. O hip-hop inspirara o skate, a dança break e os grafites. Uma prancha de skate é inutilizável em uma rua africana, mas algumas vezes vi gente dançando break em aldeias ou cidadezinhas, e era rara uma parede pública na África que não tivesse sido coberta de grafites. O som da África urbana não é o ritmo harmonioso e hipnótico de um tambor, e sim o brado do rap e seu oposto: o cantar áspero de hinos evangélicos — ambos os tipos ouvidos na remota Tsumkwe.

O centro comunitário com a camisinha do tamanho de uma biruta pintada na lateral foi oficialmente designado o Centro de Desenvolvimento e Aprendizado Comunitário Capitão Kxao Kxami. (Um esclarecimento: palavras como Kxao, #Oma, !Kung e /'hoansi transmitem sons específicos — um *tsk*, um *clic*, um chupar de língua, ou um estalar de língua imitando o som dos cascos de um cavalo ou o sugar de bochecha que um cavaleiro usa para ordenar a um cavalo que aumente a marcha — quatro "sons de sucção velares" de que nenhuma forma fonética escrita sequer pode se aproximar.) Longe de ser uma iniciativa do governo namíbio, o centro fora erguido em 2006 com recursos da Namibia Association of Norway (NAMAS), que também fornecera os computadores e a conexão com a internet. Aquele grupo norueguês também estava profundamente envolvido em projetos de educação e saúde nas aldeias. A Redbush Tea Company entrara com dinheiro, e uma instituição beneficente da África do Sul doara livros. Em 2009, a divisão texana do Explorers Club arrecadou fundos para construir o salão de seminários onde eu daria minha palestra.

Em face disso, Tsumkwe — solitária, remota, miserável — era o exemplo clássico de um posto avançado pobre na África, adotado por estrangeiros como beneficiário de dinheiro e dos esforços idealistas de outros países para melhorar a educação e a saúde. As três igrejas ali também tinham sua função, embora eu não descobrisse até que ponto eram bem-sucedidas.

Tsumkwe havia sido negligenciada, se não totalmente ignorada, pelo governo namíbio, embora dois ministérios — das Águas e da Agricultura — dispusessem de escritórios perto da encruzilhada. Por esse motivo, e por sua pobreza e carência, a cidade havia se tornado uma causa e um ponto de convergência para a indústria da virtude, na qual por alguns dias eu iria desempenhar um papel ativo. A intromissão de forasteiros na vida cotidiana dos africanos era o tipo de coisa que eu sempre criticara. Os noruegueses faziam aquilo havia trinta anos, canalizando dinheiro para o local e produzindo pesquisas autofinanciadas extensas e especializadas sobre as provações e os objetivos da população local.

E aquilo era uma lição para mim, porque minha primeira impressão da Namíbia, da fronteira até Windhoek e a costa, foi de um lugar que não precisava de ninguém de fora do país para informar às pessoas como viver suas vidas, de que os próprios namíbios haviam dado um exemplo de desenvolvimento e decência. Mas aquele foi um julgamento precipitado, antes que eu cruzasse a Cerca Veterinária.

No alojamento em Tsumkwe, que era de fato um pequeno acampamento, Tony e eu encontramos o pessoal da Unesco: Jaco, um sul-africano;

seu colega Andrea; e Werner, um alemão, chefe dos arquivos namíbios em Windhoek. Cada um de nós tinha uma pequena cabana — a de Tony ficava ao lado da minha — e observamos a rotina submissa dos moradores. O pôr do sol era rápido, as noites, quentes, e o gerador era desligado às dez, lançando o lugar inteiro nas trevas e no silêncio. Na primeira noite, porém, ouvi um tamborilar que em segundos se tornou uma torrente de chuva. Um aguaceiro-fantasma, pareceu. De manhã não havia o menor sinal de umidade, só poeira esburacada e plantas mirradas.

Encontramo-nos no Centro de Desenvolvimento e Aprendizado Comunitário Capitão Kxao Kxami de manhã para o que foi anunciado como uma cerimônia de abertura. O salão estava repleto de autoridades, chefes tribais e seus cortejos, consultores, o pessoal do Ministério da Educação, o governador da região, a delegação de Windhoek — da qual eu fazia parte — e alguns clérigos. Totalizávamos umas trinta pessoas, as mulheres em vestidos brilhantes, e todos os homens — exceto eu — trajando gravatas e ternos escuros.

Começamos cantando o hino nacional namíbio ("Namíbia, terra dos bravos/ Luta pela liberdade que vencemos...") e o hino da União Africana ("Unamo-nos e celebremos juntos/ As vitórias de nossa libertação..."), e depois o clérigo mais velho nos liderou numa oração na língua !Kung e em africânder. Captei a palavra "Moisés" e ao final, em inglês: "Todos pertencemos a Deus."

Àquilo se seguiram mensagens e observações sobre a importância do Dia da Herança Audiovisual, embora eu me perguntasse qual seria o significado de "audiovisual" ali. Ninguém mencionara que Tsumkwe era um local sem televisão, sem um cinema e com apenas um acesso precário à internet.

Com grande formalidade e, sobretudo, protocolo, os participantes foram apresentados, e o governador fez seu discurso de abertura.

— Preciso também dar as boas-vindas a mim mesmo! — o governador Kamehozu de Otjozondjupa disse brincando, após suas boas-vindas solenes aos visitantes. Ele prosseguiu: — Esta é uma das áreas mais remotas da Namíbia. Mas Tsumkwe tem sua própria beleza, e precisamos aproveitar as oportunidades que nosso pai celestial nos proporcionou. Somos afortunados de várias maneiras. Nossos elefantes são maiores que os elefantes em outras partes. Nossos leões também são maiores...

Orador após orador subiu ao pódio, fazendo observações, tediosamente entregando fotografias históricas para os Arquivos Nacionais Namíbios, declamando mensagens de congratulações, lendo apresentações, até a homilia de encerramento do chefe Tsamkxao #Oma. Eu ficava lembrando naquele salão — com janelas altas demais para se ver lá fora — que toda aquela conversa e cerimônia estava ocorrendo ao final de uma estrada de saibro em um povoado distante no sertão à beira do deserto de Kalahari.

Aquela foi exatamente a manhã que eu havia temido, limitada e formal demais. Mas após o almoço (sanduíches e um ponche de frutas sob o espinheiro) o evento adquiriu maior significado. Na primeira sessão, alunos da escola próxima encheram o salão. Estavam no início da adolescência, mas tinham aspecto desenvolvido, e as meninas com seios fartos pareciam prestes a virar adultas. Eram todos educados, fluentes no inglês, comportados e receptivos, me lembrando, em sua energia, os alunos esperançosos e esforçados aos quais eu havia lecionado quase cinquenta anos antes no Malaui. Sentavam-se atentos, em uniformes impecáveis, como ocorrera com meus próprios alunos, as moças de blusas brancas e saias escuras, os moços de camisas brancas e calças escuras.

Proferi minha palestra. Expliquei — porque eles disseram que não tinham nenhuma ideia — o significado das palavras "áudio", "visual" e "herança". Depois me lancei no meu tema designado: "Preservação de uma herança cultural." Minha mensagem aos estudantes foi bem simples: conversem com as pessoas mais velhas da aldeia, perguntem sobre suas experiências, habilidades e lendas, e anotem tudo. Reunidos, aqueles relatos eram a História da região. Aquilo era algo que eu gostaria de ter feito anos antes no Malaui. Ainda que tivesse conversado com aldeões e anotado algumas de suas histórias, eu deveria ter sido mais metódico, usando o gravador, entrevistando todos os anciões que pudesse achar. Aqueles acima de sessenta anos, e havia muitos, teriam lembranças do século XIX, dos primórdios da colônia, das primeiras visões que tiveram dos missionários, viajantes e colonizadores brancos. Podiam ter ouvido histórias familiares do mercado árabe de escravos. Esse tipo de história oral era preciosa, e aquela, em suma, foi minha exortação sobre preservação cultural.

Depois as lâmpadas se apagaram. O curta *Children Throw Toy Assegais* [Crianças lançam azagaias de brinquedo] (1974), de John Marshall, foi exibido. Era um vislumbre do passado recente, seis ou sete meninos, com não mais que dez anos, praticando o arremesso de um tipo de lança curta, alguns conseguindo que aquela coisa pontuda penetrasse numa árvore. Os meninos estavam radiantes, competindo para ver quem faria o melhor arremesso. As azagaias eram meros brinquedos, mas aquela brincadeira tinha uma intenção séria. Quando o menino crescesse, sua azagaia seria uma lâmina presa a uma lança e seria usada para matar animais. Aquilo portanto não era apenas uma brincadeira competitiva — era uma preparação para suas vidas como caçadores.

Nenhum dos meninos no filme usava mais do que um pano negligente em torno dos quadris, e a visão daquela seminudez fez os alunos uniformizados darem risinhos, se não envergonhados, ao menos constrangidos. Embora os Ju/'hoansi vestissem pouca roupa, eram avessos a exibir seus corpos a forasteiros. Algumas das mulheres eram proeminentemente esteatopígias — tinham nádegas enormes —, mas "não conseguimos observar o grau de esteatopigia existente entre as mulheres da área Nyae Nyae", Lorna Marshall escreveu, "porque as mulheres simplesmente se recusavam a despir os *karosses* (capas de couro de antílope) que usavam ao redor das costas". Os alunos que assistiam ao filme ficavam embaraçados porque nós, forasteiros, estávamos presentes, mas também se empolgavam com esse olhar de sua história animada.

— Vi meu próprio irmão nessas imagens! — o velho chefe tribal Tsamkxao #Oma exclamou na língua !Kung quando as luzes acenderam. Com lágrimas de empolgação, ele gesticulava para a tela branca, desajeitadamente arrebatado. — Parece um sonho. Aquele era meu irmão quando jovem! — Fez uma mesura para os visitantes e tocou seu coração. — Obrigado pelo filme. Isto é como um sonho para mim.

Os alunos fitaram o chefe com o que parecia uma nova curiosidade, como se ele próprio fosse um artefato. E ele era, em certo sentido, porque fora criado à moda antiga, no sertão, sem escola, sobrevivendo graças à azagaia e à flecha. E vejam bem: aquilo tinha sido havia menos de quarenta anos, mas, segundo todas as aparências, poderia ter sido mil anos atrás.

O filme seguinte foi *A Rite of Passage* [Um rito de passagem], que John Marshall realizara em 1972. Aquilo fascinou as crianças porque não estava tão distante delas. Muitos de seus pais teriam participado daquele Ritual do

Primeiro Abate, a ocasião em que um menino, num grupo de caça, mata seu primeiro animal grande. Até aquele ponto, o menino teria matado apenas um pássaro ou coelho, mas matar uma girafa crescida, um antílope pesado, um búfalo ou gnu — um animal selvagem abatido por causa de sua carne — era algo importante, uma etapa na passagem de menino para homem.

Um pequeno grupo de Ju/'hoansi dançou pelo capim alto, procurando um animal, e /Ti!kay, o menino a ser iniciado, surgiu na dianteira da coluna de caçadores. Os alunos no salão observaram atentos, dando ocasionais gritinhos de empolgação.

— Um gnu adulto foi detectado no capim alto — John Marshall disse, narrando seu filme, enquanto o grupo de caça ficava alerta e vigilante.

A progressão da caçada e a perseguição e morte, revelados por John Marshall em off, e o depoimento posterior de sua mãe, Lorna, em seu livro sobre esse povo, descreveram essa primeira grande caçada como uma prova essencial da masculinidade. Um homem jovem não podia cortejar uma mulher e desposá-la enquanto não tivesse abatido um animal poderoso, e somente então, quando tivesse exibido sua destreza como caçador, poderia passar pelo Ritual do Primeiro Abate.

No filme, um gnu adulto — chifrudo, corcunda, com flancos peludos — foi expulso do capim alto, perseguido pelo jovem e esguio /Ti!kay portando uma lança, e os adultos indo atrás dele no encalço do animal. Fora da vista da câmera, o animal pesado foi derrubado pela lança do menino e, aos gritos de júbilo dos mais velhos, morto com golpes de sua azagaia. Com a mesma rapidez o animal foi retalhado em pedaços irregulares e sangrentos, suas pernas foram arrancadas e desmembradas, e uma tigela de gordura viscosa de gnu foi posta de lado.

Acendeu-se uma fogueira perto dos cortes de carne, e um pedaço gorduroso foi assado ali, enquanto /Ti!kay, o menino caçador, sofria escarificações, cortes de faca rituais nos braços, no peito e na testa. O pai do menino, Khan//, fazia os cortes — de expressão séria, mas claramente orgulhoso —, que foram untados e esfregados com gordura quente.

Àquela altura da exibição do filme, os alunos gritaram, porque aquilo obviamente era doloroso para o menino /Ti!kay, que, também obviamente, suportou aquilo com estoicismo. Se a caçada havia sido um teste de proeza, aquela escarificação era um teste de autocontrole. /Ti!kay parecia estar no início da adolescência, mas, em seu suplício, já ingressava na vida adulta.

O ritual de untar os cortes com carne crestada e gordura, Lorna Marshall escreveu, servia "para assegurar que ele não será preguiçoso, que seu coração lhe dirá: 'Por que estou sentado aqui à beira da fogueira? Por que não estou lá fora caçando?'"

O gnu era um macho, John Marshall contou em sua narração, por isso /Ti!kay foi escarificado do lado direito. "Quando enfim matar uma grande fêmea, os cortes serão feitos do lado esquerdo."

Com aquela iniciação, seus poderes aumentavam. As cicatrizes ungidas lhe davam proteção — ajudavam-no a localizar um animal, e o tornavam invisível aos animais. Talvez mais importante, com a cerimônia adquiria o direito de casar, o que não ocorreria necessariamente logo, mas era certo no decorrer do tempo. E no grande dia, porque caçada e casamento estavam ligados, sua noiva compartilharia um animal que ele tivesse matado recentemente. "As fontes básicas da vida física: sexo e comida", Lorna Marshall escreveu sobre esse evento. "O poder varonil e o mérito e a dignidade estão associados à caçada. [...] A família da noiva pode capturar de imediato os poderes sexuais e de caçada do jovem homem."

Quando as luzes acenderam, as crianças estavam cochichando umas com as outras. O filme sobre a brincadeira com as azagaias pareceu ter mais efeito do que aquele sobre caçada, matança, escarificação ritual e dor.

— O que vocês acharam deste filme? — o homem da Unesco perguntou.

Eles pararam de cochichar, mergulharam num silêncio e simplesmente fitaram o homem branco que estava repetindo sua pergunta.

Tinham olhos dóceis, cílios compridos, rostos sérios e lisos, expressões intensas.

— Foi interessante para vocês?

Murmuraram que sim, num zunido crescente.

— Ela tem cortes — uma das moças disse, apontando para outra atrás de si, que se retorcia timidamente na cadeira.

— E ele tem cortes! — disse outra, indicando um menino de cara fechada.

A moça que se retorcia se levantou e mostrou suas cicatrizes faciais. Perguntei o que significavam.

— É para proteção.

Indaguei quantos deles haviam sido cortados dessa forma. Cerca de um terço ergueu as mãos, mais meninas que meninos. Foi curioso ver aquele grupo de alunos reunidos, em seus uniformes impecavelmente lavados e passados, reconhecendo orgulhosos sua escarificação ritual, mostrando as marcas dos cortes nos rostos e braços.

A sessão estava quase terminando, mas como minha missão havia sido falar sobre preservação cultural, perguntei se um deles tinha alguma história para contar — talvez uma que tivessem ouvido em casa, na aldeia, ou narrada por um ancião. Vários se levantaram e contaram histórias curtas, mas aquela com mais impacto foi narrada por uma menina alta, sorridente e comedida, primeiro em !Kung, sua língua, e depois em inglês.

— Dois homens estavam caçando — ela começou em inglês, após fazer grande sucesso com a história em !Kung, provocando risadas gerais. — Estavam no meio da floresta quando anoiteceu, portanto decidiram dormir ali, sob uma árvore. O primeiro homem adormeceu. Mas a noite estava fria. O outro homem cobriu-se com uma pele de guepardo. No meio da noite, o primeiro homem acordou: "Oh!" Viu a pele de guepardo. Pegou sua faca e a apunhalou, cortando a perna do amigo.

Os alunos gritavam de prazer, como ocorrera da primeira vez que ouviram a história em sua própria língua.

— O amigo começou a berrar. Quando o homem com a faca viu o que havia feito com a perna do amigo, fez cara feia — e a menina fez uma cara feia e gesticulou loucamente — e apunhalou seus olhos, de tão contrariado. Assim um deles ficou aleijado e o outro, cego.

As crianças morreram de rir dessa ironia, talvez por sua simetria, talvez pelo simples horror sangrento.

— Amanheceu. — A menina estava sorrindo. Ela não terminara. — E o cego carregou o aleijado em seus ombros de volta à aldeia.

Quando os risos diminuíram, perguntei:

— Existe uma moral nesta história?

— Não sei.

Descobri que havia uma história Ju/'hoansi intitulada "A bonita menina-elefante". Lenda do folclore, envolvia o estranho e súbito nascimento da menina-elefante, seu absurdo assassinato pelos dois irmãos, a dilaceração de seu cadáver, todo seu corpo canibalizado, seu sangue desprezado, a abertura mística de um formigueiro como refúgio, o sangue se elevando para criar um renascimento da menina-elefante, um chifre de antílope mágico, a reaparição dos irmãos assassinos e a vingança contra eles: "Quando os dois irmãos haviam adentrado a aldeia, ela pegou seu chifre de antílope mágico e soprou nele, dizendo: 'Estes dois irmãos e sua aldeia devem ser desintegrados e arruinados!' O chifre derrubou a aldeia, arrasando-a. Então a bonita menina-elefante caminhou para casa."

Essa lenda estranha e desconexa, característica das histórias Ju/'hoansi tradicionais, não diferia muito da historinha sangrenta que a aluna contara. A única diferença foi que a menina estava improvisando e divertindo seus amigos, e "A bonita menina-elefante" era uma lenda narrada por um ancião e transcrita por uma equipe de Ju/'hoansi bilíngues.

Foi o que aconselhei aos alunos naquela manhã.

E foi como tomei conhecimento do projeto de transcrição em Tsumkwe, o Kalahari Peoples Fund, e do enorme número de estrangeiros que contribuíam para manter aquela cultura viva, enquanto os povos nativos eram auxiliados e cuidados.

O Ju/'hoansi Transcription Group estava ativo em Tsumkwe desde 2002, mas as lendas haviam sido coletadas a partir de 1971, algumas registradas quase quarenta anos antes pela eminente antropóloga Megan Biesele, de Harvard, e as histórias (publicadas tanto em inglês como em Ju/'hoansi) eram traduções fiéis dos registros feitos nas aldeias. Grande parte desse trabalho era apoiado pelo Kalahari Peoples Fund (com sede em Austin, Texas), que datava dos anos 1970 e funcionou ao longo da era do apartheid, criando materiais de leitura autóctones para as escolas locais. Não houve envolvimento do governo no fundo. Na verdade, as autoridades educacionais namíbias sempre haviam resistido à instrução na língua-mãe nessa área.

O Village Schools Project havia sido criado no âmbito do Kalahari Peoples Fund para pressionar o Ministério da Educação namíbio a adotar a língua Ju/'hoansi nas escolas e nos materiais impressos. Todas essas informações estavam disponíveis na Kalahari Peoples Network, e o projeto inteiro era financiado com doações estrangeiras.

Com o passar dos anos, o projeto se tornara cada vez mais ambicioso. A ideia era criar um banco de dados de histórias tradicionais e codificar o texto criando uma ortografia acessível ao usuário para essa língua foneticamente complexa. Outra meta era atualizar o dicionário Ju/'hoansi. Um Youth Transcription Group foi criado para transmitir conhecimentos práticos. Aquilo significava o treinamento de transcritores para dominar a informática, a arrecadação de dinheiro para a compra de equipamentos e um esforço coletivo para encorajar antropólogos, professores voluntários, escritores e assistentes a ajudar a manter o centro, orientar o projeto e publicar o trabalho em forma impressa e na internet.

Ajuda estrangeira! De longe vieram webmasters, assistentes técnicos, filólogos da Alemanha, doações de laptops e painéis solares de empresas estrangeiras. Após 2007, o Centro Comunitário Capitão Kxao Kxami, financiado pelos noruegueses, se tornou disponível, e agora dispunha de eletricidade e conexão com a internet.

Aqueles doadores de fora envolveram a comunidade inteira, a começar pelos estudantes das aldeias, que encorajariam os mais velhos a falar sobre o passado e a contar histórias. Alguns dos anciões eram curandeiros, que transmitiriam suas experiências de "cura paranormal". Mas as histórias dos líderes locais que haviam participado da luta pela Independência namíbia também foram registradas. O grupo de transcrição era um projeto de memória, a história oral que eu descrevera em minha palestra — mas eu era um retardatário naquele esforço.

No centro financiado por estrangeiros com equipamentos financiados por estrangeiros — computadores, gravadores de fita digitais, câmeras de vídeo —, o objetivo era a "capacitação tecnológica", proteger a cultura, produzir materiais educacionais para escolas e desenvolver um arquivo. A missão declarada era que o povo Ju/'hoansi contasse suas próprias histórias.

Quando me pediram para falar sobre "Preservação da Herança Cultural", era aquilo que eu tinha em mente. Entristecia-me pensar que tanta coisa na África tinha se perdido: as técnicas de construção e agrícolas, as artes de entalhar e ornamentar, da música e dança, de contação de histórias. Eu não percebera que a preservação já vinha se realizando havia muitos anos e que toda a comunidade Ju/'hoansi e uma grande comunidade estrangeira de apoiadores também estavam envolvidos.

Se aqueles estrangeiros não tivessem feito aquilo, ninguém mais teria. E preservar aquela história era algo importante — tão importante quanto fornecer água ou comida. Tudo aquilo foi uma lição para mim: nada daquilo teria acontecido se tivesse ficado a cargo do governo namíbio, que parecia considerar /Ti!kay e as terras depois da Cerca Veterinária como além do limite da percepção. Sem a intromissão inspirada de forasteiros, Tsumkwe teria afundado silenciosamente em sua própria poeira. Graças àquele envolvimento estrangeiro, tinha orgulho de sua língua, uma história oral, um arquivo crescente de relatos e um lugar para se reunir e fazer planos.

Em Tsumkwe conheci um americano, um homem de Seattle, que vinha lecionando na Namíbia fazia quinze anos, os últimos dois na escola da encruzilhada.

— Muitas mudanças aqui — ele disse, porque eu havia perguntado. — Isolamento, alcoolismo, gravidez adolescente. — Mas ele não estava desanimado. Esperava permanecer mais alguns anos.

Vi que havia sido precipitado ao julgar alguns esforços de estrangeiros. Aquilo era necessário e oportuno. No entanto, é impossível ver aquela esperança e disposição nos jovens e não pensar: o que acontecerá com eles?

No dia seguinte, exprimi minha ansiedade a um dos sul-africanos, que simplesmente deu de ombros.

— Eles irão para as cidades. Para Grootfontein. Para Windhoek.

— O que farão lá? — eu quis saber.

— Vão ser empregados. Serviços domésticos.

Aquilo soava ainda mais cruel naquele seu sotaque.

Ao final do meu último dia, um grupo grande de crianças retornou ao complexo da escola, que ficava na outra extremidade da encruzilhada. Viram-me observando debaixo de uma árvore frondosa e chamaram:

— Senhor!

Caminhei com eles um pouco e fiquei estimulado por sua vitalidade — seu humor, suas brincadeiras, sua inteligência. Cada um carregava um caderno com anotações feitas no evento. Quando nos despedimos, eles gritaram:

— Volte para Tsumkwe, senhor!

Depois prosseguiram em seu caminho, no calor, ligados a sombras compridas.

8

Entre as Pessoas Reais

FOI NO DIA SEGUINTE, NO sertão plano e quente a alguns quilômetros ao norte de Tsumkwe, que — como contei no início desta narrativa — cruzei com um grande cupinzeiro de areia macia mascada pelos insetos, e apenas com a elevação daquela protuberância sob meus pés, a paisagem se abriu em um leque majestoso, como as páginas palpitantes de um livro ainda por ler.

Então voltei para o fim de uma fila de homens e mulheres de corpos pequenos, quase todos nus, que marchavam sob um céu agitado pelo fogo dourado através do cerrado seco da antes vulgarmente chamada Boesmanland (Terra dos Bosquímanos em africânder), e geralmente conhecida como Kaokoveld. Aquela área passou a ser designada Nyae Nyae, uma reserva para os !Kung e subgrupos como os Ju/'hoansi — nomes trava-línguas, difíceis de pronunciar, para a antiga raça que ainda habitava a região.

Um velho sonho meu havia sido encontrar e conversar com algumas dessas pessoas em sua própria aldeia, embora "aldeia" seja a palavra errada para *n!ore*, a extensão de terra que reivindicavam para se manter vivos — uma porção da paisagem com limites vagos que chamavam de lar. Era uma área de sertão onde havia água, vida selvagem e bulbos, tubérculos, raízes, sementes e nozes de mongongo suficientes para sua dieta. Naquele lugar tinham seu acampamento, chamado *tshu/ko*, e construíam abrigos — pouco mais que quebra-ventos ou barracos de galhos —, meros locais de dormir, não para viver ou ficar perambulando no seu interior. Viviam sob o céu, viviam em torno do fogo. Aquela era a ideia dos Ju/'hoansi aceita por viajantes como eu, muitos de nós voyeurs românticos.

Tempos atrás, no período mais livre de minha vida, trabalhei como professor na África por seis anos ininterruptos. Eu havia revisitado o continente em intervalos de poucos anos desde então, por vezes permanecendo vários meses. Tinha subido e descido meia dúzia de grandes rios, inclusive o Nilo e o Zambezi, percorrera os contrafortes das montanhas da Lua e cruzara o lago Vitória e o lago Malaui. Viajara por terra do Cairo à Cidade do Cabo. Confraternizara e trabalhara com o povo angoni, os bagandas, os núbios, os karomojongs, os watutsis, os waGogos, os massais, os zulus, os quicuios, o povo sena do rio Inferior, os pigmeus batwas da Floresta Ituri, e dezenas de outros povos. Porém, em todas essas ocasiões, nunca encontrara um Ju/'hoansi — povo esquivo, que vive em pequenos grupos aparentados — em seu próprio território.

Mas eu os havia vislumbrado com fascínio, assim como você vê um pássaro de passagem cintilando num galho próximo e agitando sua cauda brilhante. A fisionomia deles — o aspecto dessas pessoas, todo o seu ser físico — era inconfundível. Vez ou outra, numa rua movimentada da Cidade do Cabo ou num vilarejo sonolento no interior, eu veria aquele rosto de matiz claro, levemente asiático, os olhos estreitos, as mãos delicadas, a pequena estatura, uma típica forma ereta de ficar de pé e uma forma lépida, quase saltitante, de andar — e ainda que a pessoa estivesse envolta num casaco pesado e xale para se proteger do vento que soprava da baía de Mesa ou do Grande Karoo, eu sabia quem estava vendo.

Sempre suspeitei que aquelas pessoas, evasivas nas respostas às minhas perguntas diretas, estavam longe de casa. E sentia que havia algo radiante sobre elas. Não era ilusão. Era o brilho da pacificidade do núcleo de seu ser, o que Elizabeth Marshall Thomas denominou "sua magnífica não violência". Eles são conhecidos, numa interpretação do nome que dão a si mesmos, como o Povo Inofensivo.

Aqueles eram os que haviam resistido, e tinham a pretensão de ser os remanescentes vivos dos primeiros seres humanos da Terra, com uma linhagem antiga que era um vínculo ininterrupto até o presente. Grupos de outros africanos, sobretudo bantos, aqueles que eram exploradores e conquistadores, haviam se deslocado — alguns se fixando, outros continuando — pelas florestas no coração da África, inicialmente no sentido horário pelo Congo e depois se dispersando e descendo, infiltrando-se a leste e ao sul até o rio do Grande Peixe. Aquele rio se tornou uma fronteira tradicional da Colônia do Cabo, onde no final do século XVIII um confronto entre os Xhosa, em uma margem, e os colonizadores holandeses e ingleses na margem oposta levou a uma série de guerras sangrentas. Mas tanto os bantos como os brancos eram outra história. Eram migrantes ou filhos de migrantes.

Os Ju/'hoansi não eram migrantes. Alguns haviam se dispersado devido à perseguição e a apropriação das terras, mas a maioria permaneceu onde sempre esteve, naquela parte sul da África, desde o Pleistoceno Superior, fiéis uns ao outros e apegados às suas habilidades e tradições, notoriamente pacíficos e transigentes — nenhum furto, nenhuma briga, e o divórcio era uma questão tão simples que o adultério era quase desconhecido entre eles.

Renomados rastreadores de animais selvagens, mestres da caça — uma pequena expedição podia derrubar e abater uma girafa ligeira e crescida, como mostrou John Marshall em um de seus primeiros filmes. Brilhantes como botânicos, reconheciam uma enorme taxonomia de plantas do sertão e da savana — usadas como alimento, como medicamento, como amuleto, como ornamento. Conheciam a química entomológica dos venenos e a arte de produzir armas, as habilidades do uso de flechas, lanças e armadilhas. Apesar de tudo aquilo, raramente brigavam ou elevavam a voz, jamais guerrearam entre si, nem se inflamaram pela belicosidade mesmo diante das maiores provocações — incursões de captura de escravos, colonos brancos intrusos e caçadores bantos predatórios.

Era espantoso, em face de todas as invasões — eles viviam numa terra onde os diamantes cobriam o chão como seixos, onde animais podiam ser caçados como troféus, onde o gado podia pastar —, que os Ju/'hoansi ainda existissem. Mas existiam, embora em número decrescente, e haviam se tornado o alvo obsessivo, até mesmo os queridinhos, dos etnógrafos, pelo que podiam informar sobre como nós, seres humanos, vivemos na pré-história, e também como "nobres selvagens" — "um dos grupos humanos que a ciência transformou em mercadoria de modo mais implacável, nos anais da pesquisa científica", escreveu Robert J. Gordon em *The Bushman Myth: The Making of a Namibian Underclass* [O mito do bosquímano: a formação de uma subclasse namíbiana].

Pareciam um povo atemporal, tão eternos quanto os aspectos da paisagem — as rochas, as ravinas, os cupinzeiros. Não envelheciam, não mudavam, perduravam em sua terra ancestral. Aquela foi a impressão que adquiri dos primeiros livros que li.

Claro que estava tudo errado, mas como eu poderia saber?

Décadas atrás, os únicos livros sobre os Ju/'hoansi que consegui achar foram as obras de Laurens van der Post, mas logo aprendi a desconfiar dele. Ele havia publicado *Venture to the Interior* [Aventura no interior] em 1952, um relato de sua viagem de exploração à Niassalândia, e quando comecei a viver lá pouco mais de dez anos depois, vi que ele tinha transformado em narrativa crepuscular e existencial alguns meses razoavelmente convencionais de desbravamento da selva com um grupo de companheiros na região de Mlanje, de plantações de chá. Percebi, com base naquele livro e nos outros de sua autoria, que ele era uma espécie de mitomaníaco.

Em 1975, certa vez visitei Van der Post na Inglaterra, para uma entrevista, e o achei mal-humorado e arrogante, monologando comigo principalmente sobre a vida colorida que vivera, no tom seco e imperioso de um diretor de escola. Sua vida havia sido de fato extraordinária em muitos aspectos (prisioneiro dos japoneses, amigo de Carl Jung, defensor dos bosquímanos), mas em sua narração era uma sucessão de presunções mal-humoradas. Fazia um beicinho estranho, seu lábio inferior úmido se projetando como se incrédulo, olhos azuis arregalados e um jeito severo, um tanto relutante.

Numa grande poltrona *bergère*, parecia uma tia velha interrompida em seu tricô, e tinha um rosto enrugado e rabugento de titia. Recusou-se a me encontrar sozinho, e permaneceu de lado em sua cadeira, cercado de bajuladores e criadas que o tratavam feito um sábio. (Mais tarde ele se tornaria um mentor do igualmente deslumbrado príncipe Charles.) Estrelando em seus próprios filmes, via-se como um intérprete pioneiro dos bosquímanos e, embora não fosse proficiente na língua deles nem possuísse um conhecimento profundo daquele povo, apenas um entusiasmo romântico por sua tenacidade e cultura, ele foi fundamental para ajudar a planejar a política do governo sul-africano que lhes concedeu uma reserva.

Passei a ver que ele era um fantasista posudo e um místico farsante no campo, e como escritor era um impressionista usando cores, em vez de um cientista social usando fatos. Aquilo era facilmente compreensível e quase perdoável, porque em meados da década de 1950, quando ele as visitou pela primeira vez, as pessoas ainda eram (temos a obra dos Marshall como prova) espécimes físicos culturalmente coerentes, autossuficientes, remotos e maravilhosos. Mas Van der Post tendia a se entusiasmar ao descrevê-los. Seu autoapreço e intervenções jungianas atrapalhavam suas narrativas. Sua obra, cheia de mistério emocionante ou de pura imprecisão, costuma ser ignorada ou desprezada pelos estudiosos posteriores, que parecem considerá-lo, com razão, como pouco mais do que um explicador de aldeia (*The Lost World of the Kalahari*) ou fabulador (*The Face Beside the Fire*) — uma testemunha pouco confiável.

O livro mais completo que achei, a bíblia da cultura bosquímana, foi o clássico *Specimens of Bushman Folklore* [Amostras do folclore bosquímano], de Wilhelm Bleek e Lucy Lloyd, o mais antigo estudo do povo e de sua língua. (Van der Post criara um de seus livros sobre os bosquímanos, *The Heart of the Hunter* [O coração do caçador], dando nova feição às lendas de *Specimens*.) Bleek — corpulento, cabeludo, ursino, beirando um desleixo grosseiro — foi um gênio linguístico, um filólogo prussiano que migrou para a África do Sul em 1855 com o objetivo de compilar uma gramática zulu. Mas, quando jovem estudante na Universidade de Berlim, em 1850, ele foi, como escreveu Neil Bennun em *The Broken String: The Last Words of an Extinct People* [A corda arrebentada: as últimas palavras de um povo extinto] (2004), "o maior especialista do mundo nas línguas do sul da África". Suspeitava, e tentou provar, que as línguas dos bosquímanos pudessem estar associadas (devido à expansão para o norte dos povos pré-históricos) ao egípcio antigo. Ele era estudioso mas de saúde frágil — tuberculoso, se cansava com facilidade, com tendência a calafrios e habitualmente tossindo sangue. Casou-se com Jemima Lloyd, filha de um clérigo galês, mas foi sua cunhada Lucy Lloyd quem se tornou sua colaboradora no projeto de anotar e organizar os elementos da língua /Xam dos bosquímanos e registrar as histórias e crenças desse povo desconhecido e abandonado.

Como isso aconteceu é uma boa história, e curta. Bleek não tinha estômago nem vigor para viagens árduas. Não podia conhecer os bosquímanos em seu próprio ambiente no distante interior. Mas os bosquímanos eram frequentemente detidos por pequenas transgressões — bebedeira, vadiagem, furto, roubo de gado, invasão de propriedade, caça ilegal ("A fome transformara em criminosos os homens /Xam", escreveu Bennun). Aquilo foi nas décadas de 1860 e 1870. Os homens capturados eram trazidos acorrentados para a Cidade do Cabo, julgados, sentenciados a trabalhos forçados e encarcerados. Sabendo disso, Bleek ofereceu-se para abrigar um deles em sua pequena propriedade, The Hill, em Mowbray, uma aldeia rústica pouco além dos limites urbanos da Cidade do Cabo. Seu pedido foi atendido, e outros prisioneiros se juntaram aos Bleek. Como moradores de The Hill, os condenados se tornaram seus professores do idioma, e com o tempo aqueles bosquímanos divulgaram seu *kukummi*: sua história oral, suas tradições, sua cosmologia, suas lendas. O arquivo de Bleek do folclore bosquímano, ditado pelos prisioneiros, chegou a 12 mil páginas.

Muitas das histórias eram desagradáveis, algumas cruéis e violentas. "Se você estivesse aprendendo a língua dos povos caçadores e coletores nativos da África do Sul na segunda metade do século XIX", Bennun escreveu, "as primeiras palavras e frases que aprenderia teriam a ver com fome, privação e crime".

Wilhelm Bleek morreu em 1875, aos 48 anos. Lucy Lloyd e Dorothea, filha de Bleek, continuaram seu trabalho, aprofundando sua compreensão, valendo-se de informantes prisioneiros. Após muitas tentativas, parte daquele material — a etnologia pioneira do povo mais antigo — foi publicada em *Specimens of Bushman Folklore*, em 1911. Ao longo dos anos 1920 e 1930, viajantes curiosos fizeram incursões ao Kalahari, mas aquelas expedições foram predominantemente turísticas, sem acrescentar muito ao que Bleek e Lloyd haviam descoberto, apenas confirmando o estereótipo de que os bosquímanos eram caçadores semisselvagens nus da Idade da Pedra que dormiam sob árvores, desenterravam raízes, caçavam antílopes e comiam insetos.

Bem mais tarde, optando por viver entre eles e conhecê-los melhor, a família Marshall foi pioneira: Lorna, em *The !Kung of Nyae Nyae*, o estudo sutil e detalhado daquele povo, e depois seus filhos, que documentaram a mudança e decadência nas condições do povo — John em seus muitos filmes, Elizabeth em seus dois livros evocativos. Nos últimos tempos, muitos outros livros surgiram, e só os títulos já são desconcertantes: *Land Filled with Flies* [Terra cheia de moscas], *The Land God Made in Anger*, *The Bushman Myth*, *Women like Meat* [Mulheres gostam de carne] — livros realmente úteis e bem-informados, mas que mantiveram as pessoas bidimensionais, inodoras, abstratas, fora de foco, em tons sépia, como costuma acontecer com os livros de antropologia.

Ler sobre um lugar remoto pode ser uma satisfação em si, e você pode ficar grato por ler sobre a viagem ruim sem a poeira em seu nariz, nem o sol queimando sua cabeça, sem ter de suportar os estorvos pouco proveitosos e os atrasos na estrada. Mas ler também pode ser um forte estímulo à viagem. Foi o que ocorreu comigo desde o princípio. A leitura e inquietude — insatisfação em casa, uma irritação em ficar em locais fechados e uma ideia de que o mundo real estava em outra parte — fizeram de mim um viajante. Se a internet fosse tudo aquilo que se considera, permaneceríamos em casa e seríamos brilhantes e perspicazes. Mas, com tantas informações contraditórias disponíveis, existem mais motivos para viajar do que antes: para olhar mais de perto, investigar mais profundamente, separar o autêntico do falso; para verificar, para cheirar, para tocar, para provar, para ouvir, e às vezes — o que é importante — para sofrer os efeitos dessa curiosidade.

Foi aquilo que me levou a viajar por uma paisagem árida de Tsumkwe até a aldeia Ju/'hoansi naquele dia tórrido.

Alguns homens Ju/'hoansi estavam secando e curando pedaços de carne — mais grossos do que simples tiras; grandes correias fibrosas e pretas dela — que mais pareciam couro velho do que carne, transformando-a na carne-seca conhecida em todo o sul da África como *biltong*. Tinham sempre em vista comida e água.

O povoado de barracos e abrigos ficava ao final de uma estrada estreita de areia tão mole e funda que nosso veículo cavava sulcos e a empilhava, como um carrinho de mão inclinado para a frente e oscilante. Ficamos atolados diversas vezes, as rodas inúteis cavando sulcos mais profundos até que os eixos repousassem contra a estrada. A areia estava quente também, como descobri quando me ajoelhei nela para empurrar o para-choque traseiro. Pensei em continuar a pé até o povoado, mas o motorista, ele próprio um Ju/'hoansi morador da cidade, e calmo, insistiu que eu fosse paciente. Após alguns minutos, o veículo estava sulcando a areia de novo, e aos trancos e barrancos chegamos à aldeia.

Uma dúzia de pessoas miúdas, trajando peles e contas, acorreram para nos saudar, sorridentes.

Mas do outro lado da aldeia, um grupo de cinco crianças, nenhuma com mais de dez ou doze anos, descalças, trajando roupas convencionais, carregavam baldes de plástico e bacias de estanho. Em Tsumkwe, a maioria das crianças daquela idade, muitas delas Ju/'hoansi, estariam na escola de manhã, em uniformes azuis e brancos, calçando sapatos, escrevendo nos cadernos.

— Eles estão indo atrás de água — um dos homens explicou através de um intérprete, cujo nome era John.

Enquanto ele falava, as crianças puseram seus baldes nos ombros e partiram pela vegetação rasteira. Observei que o homem que tinha falado usava uma tanga de couro tradicional, chamada *chuana*, e sandálias de couro costuradas à mão, e carregava um cajado de madeira. As crianças Ju/'hoansi em busca de água trajavam roupas ocidentais usadas que se encontram por toda a África subsaariana. Os meninos vestiam camisetas e shorts rasgados, as duas meninas pequenas, vestidos rosa e azul. Longe de parecerem caçadores-coletores, se assemelhavam às crianças maltrapilhas de qualquer aldeia africana rural. E, como a maioria das crianças africanas, eram magras e esfalfadas.

— Onde está a água? Tem um riacho por perto? — perguntei.

— Nenhuma água! As crianças vão percorrer dois quilômetros em busca de água! — percebi o ressentimento no rosto do homem enquanto falava em sua língua. — O governo prometeu um cano de água há três anos, mas até agora nada.

A seca durara anos. O clima costumava ser culpado pelos problemas da África, mas "de que adianta atribuir qualquer catástrofe à natureza?", Rebecca West se perguntou em *Black Lamb and Grey Falcon* [Ovelha negra e falcão cinza], e respondeu: "Quase sempre a perversidade inerente ao homem aparece e usa as oportunidades que ela oferece para criar uma catástrofe ainda mais grave."

Frangos ciscavam na areia perto de nós, e a uma pequena distância uma cabana grosseira parecia mais substancial do que os abrigos de galhos de árvores e sapê que eu vira nas fotografias em preto e branco dos livros de antropologia. Aquele não era um acampamento sazonal, parecia mais um povoado permanente, e dizer que era pobre era dizer pouco.

Perguntei sobre as tiras de carne enegrecendo ao sol, cerca de catorze quilos drapejando num estrado de madeira.

— É carne de elefante.

— Vocês mataram um elefante? Conte-me como.

Aquilo fez o homem Ju/'hoansi rir.

— Não, não — ele disse. — Nós não matamos elefantes.

— De onde veio a carne?

— De um caçador de troféus.

— Um homem Ju/'hoansi? — Eu sabia que não podia ter sido. Nenhum caçador de aldeia em nenhum lugar aqui estava interessado em matar um elefante, leão ou búfalo como troféu. — Quem seria?

— Um caçador!

— De onde?

— Um homem branco!

Eu queria conhecer a palavra que ele usou. Foi *!hû* — pessoa branca. Para testar, eu disse que era um *!hû*, e eles concordaram, sim, mas eu também era um *ju-s-a-!gaa* — um homem vermelho, e confirmaram o que Lorna Marshall havia descoberto e explicado, que os africanos negros são chamados de *ju-s-adjo* — pessoas pretas.

— E o que vocês são: vermelhos, pretos ou brancos?

— Nós somos Ju/'hoansi! — Ele deu ao nome a ênfase de seu verdadeiro significado aborígene: *Somos Pessoas Reais!*

— Era um elefante grande?

— Enorme — o homem disse, esticando os braços —, com grandes presas.

— Por que os caçadores de troféus não caçam elefantes pequenos e fracos? — foi minha próxima pergunta sugestiva, mas ele sabia que eu o estava testando.

— O grande com presas é o único elefante que eles querem.

Enquanto o homem Ju/'hoansi me conduzia pelo complexo, o intérprete e algumas mulheres nos seguiram. As mulheres, jovens e velhas, também trajando peles de animais e contas de cascas de ovos de avestruz como ornamentos, tinham os seios à mostra, e uma carregava uma criança num sling.

— Veja, sr. Paul — disse o intérprete John, e por sinal aquele homem Ju/'hoansi usava camiseta, óculos de sol e jeans azuis, com sapatos resistentes nos pés. Ao caminhar fazia soar as chaves de seu carro, presas a um chaveiro de plástico. — Ele quer lhe mostrar este gancho.

O homem Ju/'hoansi com a tanga de couro apanhou uma vara apoiada num toco. Um longo e rígido arame estava preso numa extremidade da vara, e havia um gancho de aspecto maligno na outra extremidade. Balançando-a, arremessando-a, ele explicou como era usada para capturar qualquer animal pequeno que tivesse fugido para um buraco no solo. O gancho era enfiado no buraco — às vezes, em todo seu comprimento, que era de pouco mais de dois metros — até que o animal fosse espetado e puxado para fora, sangrando.

— Qual animal você procura?

— A lebre-saltadora.

— Existem muitas por aqui?

— Não, só algumas. — O homem parecia abatido, e tive a impressão de que havia poucas lebres para capturar, porque a vara parecia letal mas sem uso: não havia sangue no gancho. Talvez uma mera curiosidade para mostrar a um visitante crédulo como eu.

Retinindo suas chaves de novo, John disse:

— Sr. Paul, quer dar uma volta no mato?

— Não agora — respondi. — Talvez mais tarde.

Eu havia visto um homem velho de pé à sombra de uma árvore, segurando um arco resistente, com uma corda bem esticada. Vestia um avental de couro de animal e vinha nos observando enquanto fazíamos as rondas da carne-seca e das armas. Era magro, mas vigoroso, como todos eles. Fui atraído por sua postura — não apoiado à árvore, mas levemente de pé sob seus ramos, matizado pela luz solar filtrada, simplesmente nos fitando, imóvel, como se não passássemos de animais desatentos, pastando em sua área.

— Quero falar com ele — eu disse.

Faço com que isso soe sério e premeditado, e poderia haver um toque não intencional de solenidade enfadonha nessas descrições. Era uma manhã bem quente, por volta dos quarenta graus de novo. Eu tomava notas e fazia perguntas ao mesmo tempo, enquanto marchava sobre a areia. Poderia parecer uma reunião de todos os ingredientes amargos de um dia difícil. Mas não estava nada difícil. Eu estava contente.

Estava mais contente do que me lembrava de ter estado antes tão longe de casa. A felicidade removera todos os obstáculos. Eu mal sentia o calor, estava empolgado, não sentia fome. A realização de um velho sonho pode ser desse jeito se a realidade corresponde ao sonho. Algumas pessoas que sonharam com as pirâmides e enfim conseguiram viajar até Gizé se desapontam ao vê-las. "Eu não havia percebido que eram tão pequenas", um homem me disse certa vez no Egito, porque as pirâmides haviam crescido em sua imaginação. Mas a maioria das pessoas fica arrebatada em sua primeira visão do Grand Canyon, sua primeira experiência da Dança do Macaco balinesa, a *Ketjak*, seu primeiro vislumbre de uma baleia-jubarte saltando nas águas. Assim eu me sentia. Estar entre aquelas pessoas excedia meu sonho. E talvez felicidade seja a palavra errada. Talvez o que eu sentisse fosse êxtase beirando o arrebatamento.

— Por favor, pergunte àquele homem se posso falar com ele.

Quando o homem foi consultado, não mudou a postura nem a expressão, tampouco piscou, e temi que a resposta tivesse sido negativa.

— Ele vai falar com você.

Um estrangeiro, negro ou branco, entre aquelas pessoas era chamado *ju dole* — uma pessoa má ou prejudicial. "O estrangeiro é potencialmente prejudicial no pensamento !Kung", escreveu Lorna Marshall. Lugares estranhos, pessoas estranhas e situações estranhas deixam os Ju/'hoansi apreensivos. No entanto, como pessoas pacíficas, têm meios de lidar com o estrangeiro e estranho. Primeiro, depõem suas armas antes de saudar um estranho, porque acreditam que se aproximar de alguém armado poderia provocar confusão. São educados mesmo com alguém detestavelmente *ju dole*. Conservam a contenção, a modéstia e a deferência.

Assim, o homem velho, observando as cortesias rituais de seu povo, não poderia, com bom senso, se recusar a falar comigo, embora tivesse se mantido afastado do grupo entusiasmado que me dera as boas-vindas, e parecesse desconfiado e evasivo enquanto eu me aproximava dele.

Ele era um *ju n!a*, uma pessoa velha, e esta expressão, como *mzee* em suaíle e *bambo* em Chichewa, é um termo respeitoso, significando "ancião" ou "pai". Os anciões na África, os homens mais que as mulheres, costumam receber um status especial — a idade exige deferência. Mas a idade de alguém que viveu uma vida dura é sempre difícil de calcular. Um ancião em tal sociedade pode não ter mais de quarenta ou cinquenta anos. Tive a impressão de que aquele homem era bem mais velho, e que poderia estar disposto a compartilhar *kukummi*: conversa, lendas, história.

Seu nome era Dambó. Ignorava sua idade. John traduziu para mim.

— Setenta ou oitenta — Dambó disse, e admitiu que estava apenas estimando. Aquilo me empolgou ainda mais. Se estava com setenta anos, tinha nove em 1950, ano em que os Marshall chegaram e encontraram a cultura intacta, inviolada. Ele poderia ter lembranças dos velhos costumes.

— Os missionários cristãos estiveram aqui?

— Sim — Dambó disse —, muito tempo atrás. Eu próprio fui cristão por um período. — Deu de ombros enquanto falava. — Mas desisti.

— E os louva-a-deus? Acredita no poder dos louva-a-deus?

Fiz aquela pergunta porque o louva-a-deus rezador verde é uma das criaturas predominantes nas histórias coletadas por Bleek e Lloyd. O louva-a-deus é um ser sobrenatural, chamado /Kaggen, um criador que, por meio do deslumbre de seus sonhos, trouxe o fogo e as ferramentas. O louva-a-deus também foi o criador do povo /Xam, o grupo aos quais os informantes prisioneiros de Bleek pertenciam, e esse criador nem sempre era um inseto, mas às vezes um homem velho. Nada na mitologia /Xam ou Ju/'hoansi (com os quais os /Xam são aparentados) é simples. Nisso se assemelha a muitas das mitologias do mundo, plenas de transformações, em que animais se tornam pessoas ou coabitam com elas. Na mitologia hindu, uma divindade poderia dar à luz um elefante, caso de Ganesha, o deus de quatro braços e cabeça de elefante com uma só presa, cuja mãe é a voluptuosa Parvati (mas esta nem é a história completa). E os Ju/'hoansi acreditam, como muitos outros povos, que os seres humanos foram outrora animais, e ainda conservam as características das criaturas selvagens. E o inverso: alguns animais podem ser ardilosos e egoístas como os humanos, porque seus ancestrais foram humanos.

"Os predadores já foram gente", um bosquímano contou a Lucy Lloyd, e ela o anotou num caderno, que permaneceu nos arquivos até que Neil Bennun o transcrevesse e publicasse. O resto do fragmento que Bennun achou é irresistível. "[As pessoas] se tornaram predadoras por causa do lince e do tamanduá — foram eles os responsáveis. Eles se xingavam mutuamente por causa dos atos da pequena gazela. Se xingavam mutuamente.

"Todas as coisas já foram pessoas."

O tamanduá criou leis que aboliram a imortalidade para a maioria das criaturas, mas não para o /Kaggen (o louva-a-deus), que sobreviveu como herói, embusteiro e transmorfo, porque /Kaggen era imortal.

— Sim, conheço esse louva-a-deus — Dambó disse. Chamou-o por seu nome Ju/'hoansi: G//auan — o "//" era o estalo acelerador.

— Por favor, me conte sobre o louva-a-deus — perguntei por intermédio de John.

— É um diabo — Dambó disse. — Traz doenças.

— Mas é sempre ruim?

— Ele é forte. Sabe de tudo.

— É apenas um pequeno inseto — eu disse, da maneira como poderia provocar um hindu dizendo que Ganesha era apenas um elefante alegre com uma só presa que costumava montar ou dançar sobre um camundongo.

— Os louva-a-deus conseguem matar qualquer coisa — Dambó disse.

— O senhor poderia matá-lo se quisesse, com este cajado — eu disse, porque, além de seu arco, Dambó tinha um cajado curto apertado em seu cinto tecido, com uma ponta grossa como os bordões que os zulus e bôeres usavam para golpear as cabeças das pessoas.

— Se matar um louva-a-deus, estará em apuros.

— Que tipo de apuro?

— Ficará doente. Morrerá.

Aquilo era interessante, porque ali estávamos em pleno sertão, onde os gnus, javalis, chacais e hienas eram comuns, e leões e guepardos, ainda que fossem mais raros, podiam surgir, sem falar das cobras que prosperavam naquele deserto quente: a mamba, a jiboia, a biúta. Uma hiena havia rondado os abrigos dos Ju/'hoansi na noite anterior, provavelmente atraída pela carne de elefante dependurada. Mas o louva-a-deus rezador de aspecto frágil era mais temido que qualquer daqueles outros.

— As pessoas jovens daqui sabem sobre os louva-a-deus?

— As pessoas jovens daqui não sabem nada disto — Dambó respondeu.

Alguns dos jovens observavam nossa conversa, e havia cinco mulheres sentadas à parte, a mais jovem era uma menina acanhada, rosto de elfo, de uns dezesseis anos, as outras bem mais velhas, uma delas uma anciã parcialmente cega. Outra mulher jovem se juntou a elas, e aquela carregava uma criança confusa num sling.

Dambó também tinha a vista ruim — olhos opacos, congestionados, dispersos, que eram vidrados e lacrimejantes. Sua pele era lustrosa e enrugada como pelica. Seu bigode estreito e retorcido lhe dava um aspecto de elegância quase de dândi.

— O senhor já viajou para longe daqui? — perguntei.

— Fui até Windhoek uma vez — ele disse, e quando o incitei, ele acrescentou: — Faz alguns anos.

Foi tão vago sobre a época em que esteve lá como sobre sua idade. Os Ju/'hoansi observam as estações, mas não os anos — e somente as estações secas ou chuvosas recentes. Os anos não têm significado, a história não tem significado. O passado simplesmente passou e é em grande parte esquecido.

— O que pensou quando viu Windhoek?

— Gostei. Foi muito bom. Era muito grande.

— De que mais gostou na cidade?

— A melhor parte — e pela primeira vez em nossa curta conversa sorriu e mostrou seus pequenos dentes escurecidos — é que você não precisa se preocupar em conseguir comida. Tem comida aos montes. — Continuou sorrindo à lembrança das refeições na distante Windhoek. — Tem de tudo para comer.

Perguntei por detalhes — como e por que fizera a longa viagem —, mas ele não atendeu. Tive a impressão de que a viagem poderia ter sido política. Ele era um *ju n!a*, um ancião, e como os anciões eram tidos em alta estima, sua visita pode ter feito parte de uma iniciativa do governo. Apesar do fato de os Ju/'hoansi serem marginalizados, defensores de seu desenvolvimento atuavam em programas de ação afirmativa, implantados pelo primeiro-ministro da Namíbia, Sam Nujoma, interessado em melhorar a vida dos Ju/'hoansi após a Independência. Delegações de aldeias rurais fizeram numerosas visitas à capital. Dambó pode ter integrado um daqueles grupos, trazendo uma reivindicação, dando depoimento ou dando uma opinião. Tal grupo seria confortavelmente hospedado e bem-alimentado. Mas tudo aquilo estava no passado. Windhoek para ele era um local onde ninguém passava fome, ao contrário daqui, onde achar comida era sempre difícil.

Depois ele revelou outra lembrança: entre suas viagens, quando menino pequeno, esteve em Rundu. Essa cidade, em direção ao norte, na fronteira entre Namíbia e Angola, ficava a centenas de quilômetros de distância, e não havia estrada direta, apenas uma trilha selvagem pelo semideserto e a selva de Kaudom, agora uma remota reserva de vida selvagem.

— Fomos a pé e de caminhonete — ele contou, e calculei que "menino pequeno" significava que ele poderia ter oito ou nove anos. Poderia ter sido em 1950 ou antes, quando, como atestaram todos os antropólogos, a cultura de forrageamento e de caça estava intacta, e o povo, ignorado e inalterado, ainda seguia seus velhos costumes.

— Dambó, o que lembra de Rundu?

— Vi um homem branco.

Tive a impressão de ouvir a palavra *!hû*. Conferi e perguntei por que ele usou aquela palavra específica, em vez daquela para homem vermelho, que eu achava que fosse intercambiável.

Ele disse:

— Era branco como você. Chamamos você de branco porque sua pele é branca.

— O senhor era um menino pequeno na época. Já havia visto um homem branco antes?

— Nunca.

— O que pensou quando viu o homem?

— Eu estava com meu pai. Meu pai me levou para Rundu. Ele explicou tudo para mim.

— O que foi que ele disse?

— Meu pai disse: "As pessoas brancas são aquelas para quem você precisa trabalhar."

O trabalho forçado, praticamente trabalho escravo, era comum até a década de 1960. Muitos eram os casos de fazendeiros africânderes brancos que invadiam povoados Ju/'hoansi e forçavam os homens a embarcar em seus caminhões para trabalhar em suas fazendas, mantendo-os em dura servidão, quando não em semiescravidão, como trabalhadores rurais tratados cruelmente. Ao pressionar o governo de Pretória, Laurence Marshall ajudou a dar um basta a essa prática brutal.

— Quando seu pai disse que você teria de trabalhar para eles, como se sentiu?

— Tínhamos medo das pessoas brancas.

— Vocês tinham medo porque eles os forçariam a trabalhar em suas fazendas?

Ele pensou bem antes de responder, e finalmente disse:

— Eles não eram gente boa para nós.

— Você achava que as pessoas brancas poderiam agredi-lo?

— Pensávamos: "Eles vão nos matar."

Seu rosto estava cinzento na sombra, e ele fitou a uma distância média com seus olhos vidrados e congestionados. Ele disse:

— O povo herero também estava matando o povo san.

Outra verdade. A animosidade tinha uma longa história, por certo desde os tempos pré-coloniais e talvez bem antes. Exploradores do início do século XIX haviam descrito as batalhas campais entre os dois povos. Como os hereros haviam sido pastorais e os sans, caçadores-coletores, os dois modos de vida inevitavelmente entraram em conflito. Os hereros conduzindo seu gado à frente haviam invadido terras tradicionalmente bosquímanas, e a invasão havia resultado em submissão, exploração e derramamento de sangue.

— Os hereros são seus inimigos agora?

— Não. Não temos inimigos agora.

— Está tudo pacífico?

Permanecer totalmente imóvel pareceu ser seu jeito de contestar minha generalização. Ele disse:

— Temos problemas.

— Conte alguns dos seus problemas.

— O principal nesta aldeia é a água — Dambó disse. Mas "aldeia" parecia um nome impróprio para aquele pequeno aglomerado de cabanas e abrigos na imensidão da vegetação baixa. — Temos de caminhar muito para achar água.

— As crianças vão atrás da água. — Eu havia me impressionado com as crianças partindo com seus baldes e bacias na manhã quente de um dia de semana.

— Esse é o serviço das crianças.

— E quanto aos outros problemas? — indaguei. — Como as pessoas se adaptam?

— Nós nos acostumamos — ele disse.

Praticamente todos os observadores dos Ju/'hoansi falavam de sua aceitação do adultério, porque o divórcio era uma questão simples. Um parceiro adúltero era afastado do casamento e, subitamente solteiro, autorizado a continuar sem a mancha da transgressão.

Então questionei Dambó a respeito, e ele deu uma resposta surpreendente.

— Se sua mulher fizer sexo com outro homem, você dá uma surra nela — ele disse. — Você pode bater no homem também. Ou matá-lo.

— Essas coisas acontecem aqui?

— Há alguns anos, um homem matou sua mulher nesta aldeia.

Pareceu indelicado perguntar por detalhes, de modo que deixei para lá. Muitos dos crimes violentos entre os Ju/'hoansi eram atribuídos ao álcool, que era um flagelo na vida Ju/'hoansi de hoje. De acordo com um pesquisador recente, até um terço da renda de uma família podia ser gasta em bebida.

Lembrando o filme *Rite of Passage*, a que eu havia assistido em Tsumkwe, perguntei a Dambó sobre seu primeiro animal morto. A lembrança daquela caçada bem-sucedida o animou, e embora tivessem dito que os Ju/'hoansi não viviam no passado e não se comoviam com acontecimentos históricos, o caso era diferente — se Dambó servisse de exemplo — no caso da história pessoal, em que o ritual estava envolvido.

— O primeiro animal que matei foi um órix — ele disse. Trata-se de uma espécie de antílope grande (*Oryx gazella*). Um macho adulto pode pesar quase duzentos quilos, e seus longos chifres afiados, como um par de espadas de samurai, fazem do órix mais do que páreo para um leão agressor. Dambó ergueu o braço e disse:

— Era maior do que isto.

— E qual era o seu tamanho?

— Eu era pequeno.

— Como o matou?

Ergueu seu arco e fez um gesto de pôr uma flecha no arco e lançá-la. Ele disse:

— Depois usei minhas azagaias.

— O que aconteceu depois que matou o órix?

— Fizeram cortes em meu braço... está vendo? — Mostrou-me as cicatrizes rituais dos cortes que seu pai fizera no antebraço e depois pressionara com gordura quente e carne de órix.

Conversamos mais um pouco, e por pura curiosidade eu quis perguntar sobre a palavra Ju/'hoansi para orgasmo, que era *tain*. Eu havia lido (em *The Dobe Ju/'hoansi*, de Richard B. Lee) que *tain* também era a palavra para descrever a doçura intensa do mel silvestre. Resisti à pergunta porque achei que ele poderia se ofender, e com razão, com algo tão indelicado. Por outro lado, eu estava tão contente conversando com aquele velho homem que nem percebera o tempo passar. Ele parecia contente em responder às minhas perguntas, e talvez por ser tão venerável ninguém ousava interromper.

Mas durante uma longa pausa na conversa, John apontou para o relógio e balbuciou as palavras "volta no mato".

Dambó ficou para trás, franzindo o cenho na sombra matizada, enquanto partíamos mato adentro numa longa fileira de homens e mulheres vestindo peles que pareciam dançar pelo mato. Indicaram as plantas que usavam como remédios, as frutinhas silvestres que comiam, e os galhos que eram mais rígidos e retos para as hastes das flechas.

A jovem com rosto de elfo encontrou uma trepadeira, desenterrou um tubérculo em forma de dedo do buraco escuro e estranhamente úmido que havia cavado, colocando-o na mão. Quando sacudiu o pó, a raiz clareou sob as pontas de seus dedos, e sorrindo ela ofereceu a primeira mordida para mim. Depois todos a compartilharam, como compartilhavam tudo.

Mais adiante, dois homens se ajoelharam um de frente para o outro no solo cheio de folhas. Revezaram-se girando um graveto de sessenta centímetros entre as palmas, o que fez surgir uma fumaça do atrito de sua ponta num pedaço escuro de madeira macia, e na poeira daquele bloco perfurado algumas centelhas se acenderam. Um homem ergueu a madeira ardente e ligeiramente esfumaçada, soprou nela com os lábios em uma expressão de beijo, e eis que tivemos fogo.

As mulheres ficaram sentadas à sombra observando, uma delas cuidando do bebê, enquanto um homem mais velho preparava, com uma trepadeira retorcida e um ramo arqueado, uma armadilha para uma galinha-d'angola ou qualquer outra ave distraída.

Eles deram nome às árvores, identificaram um lagarto e o perseguiram, chamaram uns aos outros, riram. O sol caiu. O calor era tremendo e parecia revigorante, e tudo era dourado.

E embora tudo fosse uma farsa, meu estado de felicidade persistiu.

De volta à clareira e ao estrado de carne de elefante secando, os abrigos e barracos pareciam mais deprimentes, semelhantes a uma favela, depois da luz e do ar do passeio no mato. Todos os homens e todas as mulheres haviam sumido, e logo outros apareceram, trajando roupas surradas e desbotadas. Mas o que achei ser uma equipe nova eram as mesmas pessoas, que haviam trocado suas peles de animais por roupas ocidentais doadas por organizações beneficentes estrangeiras, camisetas com as marcas Tommy Hilfiger e Springfield Hockey, e velhas saias plissadas e camisas de pijama rosa puídas com estampas de coelhinhos.

Estavam todos hesitantes, parecendo um tanto apreensivos, porque tinham um favor a pedir.

John, o animado intérprete e motorista, disse:

— Eles estão perguntando se você pode levar alguns deles até Tsumkwe. Aquela — e apontou para uma adolescente magra de blusa azul e saia xadrez — está doente e quer ir para a clínica.

— Diga que podem vir conosco — eu disse. Cinco deles subiram no Land Rover, a menina doente, auxiliada pelos outros, sentou-se no banco traseiro, onde se deitou como se estivesse sofrendo, e não se mexeu nem quando, adiante na estrada, o veículo atolou e tivemos de empurrá-lo.

O que eu havia visto, toda a minha felicidade, meu êxtase beirando o arrebatamento, foi resultado de assistir a uma representação.

"Hoje em dia, ninguém vive à maneira antiga", Elizabeth Marshall Thomas escreveu em 2006. "Todos os bosquímanos, a não ser que vistam peles para um fotógrafo, usam os trajes das culturas dominantes [...] e nenhum deles vive da caça e coleta, embora com essas atividades às vezes complementem suas dietas escassas, que atualmente consiste muitas vezes em fubá fornecido pelo governo namíbio como uma ração assistencial."

Uma organização beneficente alemã, a Living Culture Foundation Namibia (LCFN), patrocinou algumas dessas aldeias Ju/'hoansi como "Museus Vivos" (*Lebende Museen*). Conforme a fundação detalhou em seu site e folhetos, "um Museu Vivo é uma forma interessante e autêntica de apresentar uma cultura tradicional" e os "visitantes podem descobrir muita coisa sobre [...] o modo de vida original dos sans".

"Os três objetivos da Living Culture Foundation Namibia são proteger a cultura tradicional, encorajar o diálogo intercultural e combater a pobreza." Para a realização deste último objetivo, a fundação encorajou "a criação de projetos sustentáveis para a indústria do turismo, por exemplo, nossos 'Museus Vivos'".

Em meados da década de 1930, quando os Ju/'hoansi ainda eram conhecidos como bosquímanos, um sul-africano branco chamado Donald Bain iniciou uma campanha para proteger seu meio de vida, exibiu alguns deles na Empire Exhibition em Johannesburgo e promoveu-os (devido à reputação de remanescentes da "Idade da Pedra") como "fósseis vivos". O que ele conseguiu fazer para realizar sua visão desse povo não diferiu muito da criação dos Museus Vivos.

O que eu vi — o que os visitantes costumam ver — é uma caricatura no sentido literal da palavra: uma paródia, um ato de vestir-se em trajes não naturais. Os Ju/'hoansi vestiam uma fantasia, deturpando a si mesmos para satisfazer as imaginações de fantasistas, entre os quais eu me incluía. Seria como considerar a representação em Plimoth Plantation* e seus fun-

---

* Museu vivo que reproduz o povoado original de Plymouth Colony fundado no século XVII por colonos ingleses. (N. T.)

cionários trajados de colonos puritanos como sendo a realidade da vida ao sul de Boston hoje. No fundo, eu vi a realidade de Tsumkwe, e analisei melhor os esforços dos Ju/'hoansi, que eram extremos. "Longe de serem um 'povo bonito vivendo num paraíso primordial'", um antropólogo escreveu, "são na verdade o povo mais vitimizado e brutalizado na história sangrenta que é a do sul da África".

Se fui um retardatário no mundo dos Ju/'hoansi, não fui o único. Os antropólogos concordam que o estilo de vida de caçadores-coletores se encerrou na década de 1970, sobretudo como resultado da instalação do Exército sul-africano em Tsumkwe e do recrutamento de Ju/'hoansi para lutar em suas fileiras contra os nacionalistas namíbios. Os sul-africanos injetaram dinheiro, ofereceram comida, desencorajaram a caça em algumas áreas e a proibiram em outras. Privados de seu meio de vida tradicional, os Ju/'hoansi se aproximaram da cidade cada vez maior, e com seu soldo do Exército compraram comida nas lojas e álcool nos bares. E pela primeira vez em dezenas de milhares de anos, passaram a sofrer das doenças ocidentais: hipertensão, diabetes, doenças cardíacas e alcoolismo.

O Kalahari Peoples Fund foi criado em 1973, tendo como pano de fundo a força propulsora dos antropólogos e linguistas que haviam observado o declínio de seu estilo de vida tradicional. Em 1981, John Marshall e Claire Ritchie criaram o Nyae Nyae Development Fund e passaram a perfurar poços para fornecer água aos povoados. Uma esperança para a sobrevivência das pessoas era aprender técnicas agrícolas e de criação de gado para se tornar pequenos fazendeiros, bem como ganhar salários e praticar o forrageamento ocasional. Com esse intuito, criou-se a Nyae Nyae Farmers' Cooperative.

Mais ou menos na época em que os Ju/'hoansi haviam quase abandonado a caça e coleta, um cineasta sul-africano filmou *Os deuses devem estar loucos* na região de Tsumkwe, recrutando atores Ju/'hoansi e celebrando o aspecto de "fósseis vivos" daquele povo. Aquilo foi em 1984, e embora a trama do filme se desenvolva a partir de uma garrafa de Coca-Cola lançada de um avião no Éden inviolado da Terra dos Bosquímanos, na verdade nessa época os refrigerantes e as cervejas ocidentais já estavam amplamente disponíveis, e o alcoolismo e a pobreza vinham corroendo sua cultura.

Os Ju/'hoansi perderam sua terra na causa da conservação da natureza, safáris de turistas e reservas de caça em expansão onde elefantes eram mortos por estrangeiros ricos (como mostravam os filés de carne-seca de elefante que eu vi). Robert Gordon, em *The Bushman Myth* — seu subtítulo, *The Making of a Namibian Underclass* diz tudo — fornece uma cronologia detalhada da perda de terras pelos Ju/'hoansi e descreve como o turismo priva o povo de sua dignidade, explora-o e suprime-o, deixando-o manipulado e despreparado para novas formas de vida.

Mas existe uma quase unanimidade na crença de que os Ju/'hoansi não desejam mais o estilo de vida tradicional para si. "É certo que ainda temos de usar tangas?", um ancião indaga, referindo-se a uma reserva de caça planejada pelo governo em que os Ju/'hoansi fariam parte do pitoresco primeiro plano (descrito em Lee, *The Dobe Ju/'hoansi*): "é algo bom, mas não significa que nossas mulheres precisem expor suas barrigas e nádegas novamente trajando roupas de peles."

Após o anacrônico *Os deuses devem estar loucos,* que deixou os antropólogos enfurecidos, John Marshall comparou os Ju/'hoansi, da maneira como são estereotipados, com a imagem convencional dos peles-vermelhas de Hollywood. Há quase trinta anos, ele escreveu: "Entre os [equívocos] mais simples e perigosos está a convicção generalizada de que, em algum ponto no Kalahari, os bosquímanos ainda vivem habilidosa e pacificamente, caçando e coletando. O perigo está na crença de que esse povo mítico possa e queira viver sua vida antiga em isolamento" (John Marshall e Claire Ritchie, *Where are the Ju/'wasi of Nyae Nyae?* [Onde estão Ju/'wasi de Nyae Nyae?]).

O processo desse equívoco ele denomina "Morte pelo mito", o título de um de seus últimos filmes. Trata-se do mito de que ainda são caçadores-coletores, de que podem retornar a esse meio de vida e se desenvolver assim. "O mito é intrínseco ao nosso pensamento sobre os bosquímanos."

O modo de vida tradicional há muito desapareceu. Um Ju/'hoansi nascido após 1950 pouco ou nada saberia sobre caça e coleta. "O ciclo do conhecimento se rompeu." Afora um punhado de Ju/'hoansi que se permitiu ser cooptado para a farsa coreografada que vi, a grande maioria quer aderir ao sistema, ir à escola, trabalhar, viver em um lugar estável e seguro e nunca mais ter de depender da vida insegura no sertão. Eles têm se deslocado para a cidade, onde o trabalho braçal, mesmo com pá e picareta, é mais fácil do que caçar. Alguma assistência social estava disponível em Tsumkwe, e a nova clínica foi instalada para enfrentar as doenças novas.

Nesse triste destino, os Ju/'hoansi passaram de um povo do sertão de andar ligeiro que caçava animais a moradores urbanos assolados pelo alcoolismo e pela fome. No passado haviam conseguido se mudar dos povoados, ir atrás dos animais e de água. Mas vivendo de forma estática, numa economia monetarizada, numa casa em um pequeno lote, aquilo já não era possível, de modo que se tornaram mais dependentes da ajuda governamental.

O mito dos bosquímanos tem moldado os planos das ONGS que tentam ajudá-los. Para as muitas instituições filantrópicas e ONGS (o programa dos Museus Vivos sendo a mais visível), sentimentais como eu, sonhando com os dias Antes da Queda, Elizabeth Marshall Thomas tinha uma réplica perspicaz: "Essas organizações não têm opção senão levar adiante suas missões", ela escreveu em *The Old Way*. "Não admira que queiram salvar a tradicional Nyae Nyae, um local onde uma população nativa ocupou um ecossistema por 35 mil anos sem arruiná-lo. Quem não iria querer a sobrevivência de um estilo de vida capaz desse feito?" E ela acrescentou: "O mito era que os Ju/'hoansi queriam."

Portanto, eles já não caçam como antes. Comem besteira e açúcar refinado demais, e bebem até cair, mas mesmo na anômala Tsumkwe os Ju/'hoansi conservam sua cultura social de interdependência. Com esse modo de sobrevivência e generosidade, ajudam uns ao outros durante as épocas difíceis.

Não havia futuro para eles como dependentes das visitas de turistas, das sobras dos caçadores de troféus ou da ajuda governamental. Parecia-me que, no fundo, Tsumkwe era um vasto sistema de assistência social financiado por ONGS. Mas, em face de um governo indiferente, qual seria a alternativa? Eu vira que na gravação das histórias e lendas orais, e com os programas de saúde, algum sucesso fora alcançado pela turma da virtude dos países estrangeiros.

E talvez os Ju/'hoansi conseguissem se tornar pequenos fazendeiros sustentáveis, criando gado, alimentando-se e superando as novas doenças e os velhos flagelos da fome e da falta d'água.

Eu estava desiludido, é claro, como qualquer um estaria sabendo o que eu agora sabia. Eu tinha me enganado. Enganar-se e desiludir-se parece uma consequência inevitável de qualquer viagem africana séria. Mas eu me sentia sortudo em um aspecto. Eu conhecera o velho Dambó. Ele era sem dúvida um homem do passado, e informado — sábio, experiente, um patriarca. Aquela parte de minha visita, eu estava convencido, não foi uma paródia nem uma farsa. Dambó era uma relíquia real, um sobrevivente de uma era anterior. Poderia ter dito, como Jó e Ismael: *Só eu pude escapar para trazer-te a notícia.*

A imagem dos Ju/'hoansi a que nos apegamos — ao menos eu me apegava — é a de um povo habitante da natureza e autossuficiente. Parece que precisamos que eles sejam assim, não apenas diferentes de nós, e mais puros, porém mais diferentes do que realmente são — tenazes, engenhosos, generosos, pacíficos, como se habitassem o Éden. São lembretes de quem outrora fomos, de nosso antigo lado melhor. Em certa época, faz muito tempo, todos nós fomos forrageadores na Terra. Que alívio num mundo sôfrego por autenticidade saber que, embora tenhamos estragado nosso hábitat, existe um local intacto no planeta, e um povo que desafiou a modernidade se atendo aos seus velhos hábitos. O passado retomado. Não é bonito pensar assim?

9

Montando num elefante: o safári perfeito

O CÉU ENORME E SEM NUVENS sobre o deserto Kaokoveld me aliviou a mente com a perspectiva de liberdade, e a terra plana de saibro e fragmentos de rocha também era inspiradora — você podia ir a qualquer lugar sob aquele ar calmo e luz solar deslumbrante. Mesmo no pior dia no sertão africano, o céu e o espaço oferecem alívio.

Ao final de uma simples viagem sacolejante em uma estrada ruim a leste de Tsumkwe, pouco depois da fronteira Namíbia-Botsuana, a pequena cidade pedregosa de Dobe assava feito um biscoito ao sol — mais Ju/'hoansi necessitados tentando sobreviver, antropólogos em busca de objetos de estudo e babuínos com rostos trágicos catando lixo à beira da estrada. Não longe de Dobe, ainda mais a leste, num canal do delta do Okavango, havia um camping de luxo para pessoas que pagavam grandes somas de dinheiro para montar em elefantes por um terreno mole e por grama alta e brejos, para observar pássaros e animais grandes. Mais ninguém na África montava em elefantes. No Abu Camp, era só o que se fazia.

Tenho aversão pelo adestramento de animais, especialmente os grandes que vivem tão satisfeitos na floresta. Abomino cenas circenses que envolvem grandes feras abobalhadas — tigres intimidados ou leões rugindo desesperados, dando patadas no ar, equilibrando-se em pequenos tamboretes. Deploro zoológicos e tudo relacionado ao confinamento ou a coação dos animais. "Um tordo engaiolado/ Deixa os céus revoltados"* — eu concordo, e canários, papagaios, serpentes e panteras também. Mesmo cães salivantes, carentes, ganindo me parecem um pouco tristes. No início do século passado, lorde Rothschild domou quatro zebras e as atrelou à sua carruagem para transportá-lo em Londres. Michael Jackson mantinha um orangotango demente numa cela com grades em Neverland. Um vendedor de frutas chinês no meu antigo bairro em Cingapura ensinou um macaco a colher cocos. Algumas pessoas consideram as touradas, ou a visão do nado sincronizado de orcas em uma piscina, uma emoção.

Existe um quê de sadismo nisso tudo. Mas a ideia de elefantes africanos se submetendo ao transporte de turistas era algo que eu sentia que precisava ver, porque parecia supremamente absurdo e, além disso, o homem que administrava a operação era meu amigo. Sabendo como eu me sentia em relação à domesticação de animais selvagens, ele me encorajara a fazer uma visita ao seu safári.

Após quilômetros de cascalho, redemoinhos de areia, a vegetação marrom-clara e a imensidão de mata e da planta espinhos-de-camelo — após toda essa sede, o delta do Okavango é inesperadamente encharcado, à medida que o deserto se liquefaz em uma miragem aquosa, uma maravilha verde-escura que se ergue e espraia no ombro esquerdo de Botsuana como uma sucessão de brejos. A maioria dos deltas de rios — talvez todos no mundo — ocorrem na borda de uma massa de terra, alargando e depositando solo e água, ampliando a costa, despejando a corrente do rio num corpo de água, o mar ou um lago. O okavangos é incomum por não ter acesso ao mar. O fluxo do rio, alimentado por numerosos cursos d'água escoando de uma área de captação no planalto de Angola, a área florestada no extremo norte, se torna um delta com centenas de quilômetros de largura. Esse rio viçoso, saturado e assoreado, descarrega seu fluxo no meio do deserto do Kalahari. O termo preciso e bonito para essa maravilha natural de interstícios aquosos e córregos se espalhando é "leque aluvial".

Os resultados dessa vasta torrente de água são canais, zonas alagadiças, lagoas, ilhas de palmeiras e água tão limpa, por se infiltrar nos canteiros de papiros, que é potável. Também brejos sazonais, largas fossas chamadas rios fós-

* Do poema "Augúrios de inocência", de William Blake. (N. T.)

seis que outrora transportavam água, rios efêmeros e rios permanentes — este é um mundo de água. Esse hábitat fértil para animais, aves e flores, uma das glórias da África, carece de aldeias tradicionais. O povo tswana vive quase inteiramente em seu perímetro, entrando no delta apenas para pescar ou caçar.

Na África, grandes e pequenos animais são encontrados nos charcos. O delta do Okavango, pululando de vida selvagem e ainda intacto, pode ser considerado uma dos grandes charcos do continente.

O Abu Camp ("Conheça seu elefante interior") se anunciava como uma "oportunidade única de se unir aos elefantes pessoalmente" e prosseguia: "Situado em uma vasta reserva privada de 160 mil hectares, os hóspedes interagem com a manada de elefantes residente, quer montando-os ou caminhando com eles pela mata. O safári perfeito de aprendizado sobre elefantes!"

O camping havia sido originalmente concebido no final da década de 1980 como um refúgio para "elefantes resgatados" — elefantes que haviam sobrevivido a uma matança ou ficaram órfãos na floresta depois que a mãe foi morta, ou haviam sofrido os tormentos e as provocações de um circo, ou haviam sido confinados num zoológico ou parque de vida selvagem. O refúgio de elefantes foi ideia de Randall Moore, um americano que começara sua vida profissional removendo grandes bolas de esterco de elefante em uma escola de adestramento de animais no Oregon. Por uma série estranha de circunstâncias, veio a ser dono de três elefantes.

A coisa aconteceu assim: um casal de adestradores de animais, um homem e uma mulher que eram seus orientadores na escola, foram mortos separadamente, mas em rápida sucessão, em consequência do estado violento, de alta testosterona, dos elefantes machos. A mulher foi espetada e atravessada pelas presas de um elefante enfurecido — aquilo ocorreu durante um ato circense, diante de uma multidão horrorizada em uma pequena cidade de Quebec. Mais tarde, no Oregon, o homem foi pisoteado até a morte por seu elefante favorito.

Por fazer parte da equipe e entender do assunto, Randall Moore herdou os elefantes, os quais — estigmatizados e rebaixados a "elefantes assassinos" — resolveu salvar transferindo-os para a África, como descreve em seu livro *Back to Africa* [De volta à África] (1989). Sem conseguir achar um lar para eles no Quênia (burocracia, autoridades obstinadas, confusão na selva), foi acolhido em Botsuana, onde, como um empresário da vida selvagem, começou um programa de treinamento para elefantes resgatados e criou seus safáris incomuns. A ideia de safáris montando em elefantes foi inicialmente do fotógrafo da alta sociedade e atuante na África Peter Beard, que sugeriu a Moore, na década de 1980, que andar sobre elefantes pela floresta seria inédito, um safári incomparável.

Abu ("pai", em árabe), que deu nome ao campo, foi um dos primeiros elefantes resgatados, trazido de um parque de vida selvagem no Texas. Como o astro do camping e artista natural, Abu aparecera em diversos filmes. Outros elefantes — suficientes para criar uma manada substancial — foram acrescentados ao longo dos anos, de partes distantes da África e de locais tão remotos como o Canadá e o Sri Lanka. Tinham nomes e linhagens, perfis e personalidades distintas. Uns eram velhos, outros eram bebês, quer nascidos no camping dentro da manada heterogênea ou recém-órfãos. Recebiam cuidados e treinamento de uma grande equipe de *mahouts* — usavam esse termo híndi para encantador de elefantes —, sobretudo africanos, cada um ligado a um elefante específico.

O atrativo do Abu Camp era sua condição remota no delta, a singularidade de um safári nas costas de um elefante e o luxo de suas acomodações. Um dos orgulhos do camping era o fato de o ruído da refrigeração de sua vasta adega de vinhos ser inaudível fora do complexo da cozinha. O camping também era ecossustentável, contando com painéis solares para a eletricidade e transformando todo lixo da cozinha em composto para fertilizar suas extensas hortas. Os alojamentos do pessoal equivaliam a uma aldeia bem-asseada com seu próprio salão de jantar e sala de recreação — quase todos os trabalhadores tinham casas permanentes em Maun, a cidade principal e com o único aeroporto substancial de Okavango, na margem sudeste do delta. A maioria dos hóspedes vinha de avião de Maun até pistas de decolagem no meio do mato em pequenos aviões, sobrevoando bandos de zebras e gnus surpresos.

O camping dispunha de apenas seis tendas, mas "tenda" dá uma impressão errada. Eram mais como bangalôs de lona sobre plataformas elevadas, com chuveiros, banheiras e camas de casal com mosquiteiros como véus de noiva. De sua tenda à beira da lagoa você podia assistir, debruçado em sua grande cama macia, ao bando residente de hipopótamos ofegantes e abrindo a bocarra nas águas lá embaixo.

Michael Lorentz, que administrava Abu, era meu amigo. Denominava-se um guia de safári — e era um guia inspirado —, mas também era a força propulsora por trás de um Abu Camp reinventado e melhorado, e era um apaixonado pela vida selvagem, com uma afeição particular por elefantes. Eu o conhecera dez anos antes em Johannesburgo, ao final de minha viagem de *O safári da Estrela Negra*, e mantivemos contato. Sua sorte aumentara naquela década: ele se tornara empresário com sua própria empresa de safáris sofisticados. Estava agora casado, sua mulher era do meio universitário, e tinham dois meninos pequenos. Estava claramente prosperando em um negócio competitivo — ainda conduzia safáris próprios pelas florestas da África do Sul e de Botsuana, bem como na Zâmbia, no Quênia e na Etiópia.

Figura robusta e imponente com chapéu de safári e roupas cáqui, Michael era um perfeccionista, com uma forte ética de trabalho, que crescera numa família grande — pai cirurgião, mãe paisagista. Abandonando uma carreira em direito para ser guia estagiário no Kruger Park, na África do Sul, subiu na hierarquia, abriu a própria empresa e vinha trabalhando em meio aos elefantes em Abu havia vinte anos. E não tinha muito mais de quarenta anos de idade.

— Pretendo que Abu seja o principal alojamento de safári na África — Michael disse. — Quero que seja como uma *house party* inglesa, uma ótima *house party*, para comermos juntos, sentarmos juntos ao redor da fogueira, por cinco noites, idealmente, compartilhando experiências. Luxo sem excesso.

Michael contou que foi atraído pelo elefante africano devido ao que denominou seu nível profundo de inteligência emocional e capacidade de despertar uma grande variedade de reações nas pessoas que deparam com ele: assombro, empolgação, felicidade, medo, admiração, riso, respeito, humildade.

— Abu é uma imersão completa em uma só espécie — ele disse —, que por acaso também é um dos mamíferos terrestres mais carismáticos: o elefante africano.

Imersão completa significava compartilhar cinco dias de sua vida com uma única manada — interagindo fisicamente com os elefantes, montando neles, caminhando com eles, vendo animais selvagens do alto de suas costas, até dormindo perto deles sobre uma plataforma elevada enquanto os elefantes pastavam e bufavam logo abaixo. Aquelas criaturas inspiravam medo em algumas pessoas, Michael disse, mas ele achava que tinham de ser respeitadas, não temidas.

— Fui atingido por um elefante, por sua presa — ele me contou. — Voei longe! Por quê? Provavelmente eu estava sendo inconveniente.

Michael era um entusiasta: inteligente, com vasta leitura, amigável, fisicamente forte e mais feliz ao ar livre. Parecia ter um dom genuíno para lidar com grandes mamíferos, que se estendia à sua habilidade de se dar com as pessoas. Fiquei encantado ao vê-lo de novo após tanto tempo.

— Tem algo que quero que você veja. Faça exatamente o que eu mandar — ele disse minutos após minha chegada, depois consultou o relógio. — Aceita uma cerveja? Vá até a plataforma diante da propriedade. Beba uma cerveja e me espere.

Aquele era o nível máximo da África dos safáris, a um dia de viagem, mas a um mundo de distância dos Ju/'hoansi necessitados, miseráveis da seca e bêbados em Tsumkwe, dos planos de ajuda e instituições beneficentes, das brigas políticas e das favelas. O Abu Camp era a África do artigo de revista de viagens que promove férias caras, o folheto multicolorido materializado em forma de alojamento elegante, com cadeiras confortáveis, comida gourmet e "Aceita uma toalha fria?" enquanto lhe oferecem uma toalha de rosto resfriada e dobrada presa em tenazes de prata. O Abu Camp representava aquela coisa rara na África rural: conforto e limpeza. Para a maioria dos turistas, era a única África que conheciam. Para a maioria dos africanos, algo completamente desconhecido.

A plataforma na beira do alojamento havia sido construída em torno da torre de um cupinzeiro liso e alto, gordo e cilíndrico, tão escultural que poderia ter sido uma obra de arte. O próprio alojamento ficava num bosque de árvores — ébanos africanos, sicômoros. Fui recebido pelos funcionários que me ofereceram sushi — *sushi!* — em uma bandeja, e me sentei para beber uma garrafa de cerveja St. Louis gelada.

Além das almofadas e das espreguiçadeiras, depois do parapeito da ampla plataforma, a lagoa naquela parte de Okavango era escura e aparentemente sem fundo, à sombra, enquanto o sol se punha atrás. Mas o sol oblíquo dourava os juncos do brejo e reluzia nos ramos das acácias no que pareciam ilhas flutuantes a distância. Faixas de rosa e púrpura haviam começado a aparecer na parte baixa do céu. Geralmente, o anoitecer na África rural é o fim de tudo — nada para fazer, hora de dormir, de aguardar a alvorada. Mas eu estava confiante no conforto daquele lugar suntuoso, capaz de desfrutar o crepúsculo crescente e a expectativa do cair da noite. Comida! Vinho! Lâmpadas foram ligadas, tochas acesas, e depois veio o ruído incomum do brejo.

Era o som de passos pesados na água, chapinhando no lodo e batendo na espessura da grama densa. Olhei para cima e vi uma manada de elefantes rompendo os juncos em frente a eles, presas erguidas. Estavam se aproximando do campo à luz dourada, enquadrados por árvores escuras e o céu púrpura róseo, abrindo caminho na água do brejo e no mato, alguns barrindo. Cada criatura arredondada que avançava era montada por um homem ereto, sentando bem atrás de suas orelhas ondulantes, e embora os homens segurassem um aguilhão, uma vara com um gancho que os indianos chamam de *ankusha*, nenhum deles o usava. Pelo contrário, para guiar os elefantes, eles davam ordens em inglês — embora não fossem necessárias muitas ordens para que os elefantes rumassem à segurança de seu cercado e à expectativa de bolos de comida.

Ao sol poente, o período mais silencioso do dia, a chegada ruidosa e súbita dos elefantes num rebuliço chapinhante foi um espetáculo impressionante. A manada marchou em fila diante da plataforma como soldados disciplinados diante de um palanque.

Eu estava testemunhando aquela caminhada real pela primeira vez, mas os outros hóspedes, que haviam visto tudo aquilo na noite anterior, estavam radiantes de prazer e expressavam seu espanto renovado.

— Contaram que esta seria uma experiência para toda a vida, e é verdade — uma mulher ao meu lado disse. Ela era uma fotógrafa nova-iorquina, pela primeira vez na África. — A África é simplesmente incrível.

Contive o impulso de lhe dizer que aquela era uma experiência que só um punhado de pessoas conhecia. Eu disse, sinceramente:

— Eu não tinha a menor ideia de que alguém na África realmente treinasse e montasse em elefantes.

— Montei em um ontem — ela disse. — Vamos sair de novo amanhã. Mal posso esperar.

O nome dela era Alexandra, e estava tirando fotos para um artigo de revista. Por ser novata em África, estava num estado de excitação, hiperalerta e intensamente observadora.

— Não consigo dormir de tão empolgada — ela disse. — E os ruídos do brejo me mantêm acordada.

— Engraçado. Tenho este problema em Nova York.

À chegada da manada ao escurecer, ela disse:

— Os sons são tão interessantes quanto a experiência visual.

Naquele dia, montada no elefante, ela observara um guia com um rifle à sua frente.

— Foi uma justaposição estranha. Sou o elefante e vejo o sujeito com a arma. — E ela acrescentou. — Você não imagina o quanto esses *mahouts* amam os elefantes.

Após os drinques diante de uma fogueira, reunimo-nos na varanda para jantar, cerca de dez de nós em torno de uma mesa de refeitório comprida. Quatro pratos diferentes, com vinho, Michael à cabeceira da mesa respondendo às perguntas e acalmando os hóspedes mais ansiosos.

— Os elefantes são muito complexos emocionalmente — ele disse. — Nunca perca seu respeito e nunca suponha demais, mas não tenha medo.

— Você deve ter tido algumas experiências incríveis — alguém disse.

— Quer saber uma das melhores? — Michael disse. — Foi ficar deitado no chão durante horas observando a movimentação dos besouros-do-esterco batalhando por uma pilha de bosta de elefante, com os pares rolando freneticamente para longe a bola nupcial.

A estranheza de estar numa sala com abertura lateral, ao redor de uma mesa de jantar coberta com toalha de linho, no meio do brejo africano, tudo isso mantinha a conversa um tanto amortecida. Era uma situação intimidante até para os milionários bem-viajados à mesa, mortificados pela escuridão circundante. A refeição estava deliciosa, mas além das tochas e lanternas, à beira da plataforma podia-se ouvir os bufos e rosnados de hipopótamos se agitando nos juncos, os grasnados das aves e o estrépido dos insetos fritando no eletrocutador.

Após o jantar, Michael me chamou de lado e apresentou a Star, uma jovem mulher tswana, toda sorridente, que era a chef de cozinha, e à equipe gerencial, seus colegas, as pessoas que dirigiam a operação em sua ausência. Um deles, um homem de uns trinta anos, estivera no jantar, ouvindo com atenção as conversas, mas nada dizendo. Por causa do seu silêncio eu o cumprimentei.

— Este é Nathan Jamieson — Michael apresentou. — Estava viajando pela África e nos visitou. Descobriu que gostava do que fazíamos. Ele nos descobriu, e não vice-versa.

Sua apresentação amigável fez Nathan sorrir, mas ele continuava acanhado. Eu me apresentei, e conversamos um pouco. Ele disse que estava em Abu havia poucos meses e que sua namorada, Jen, também trabalhava ali.

— Nathan é um dos nossos treinadores — Michael disse, porque Nathan ainda não o dissera.

Seu acanhamento transparecia no rosto abatido ligeiramente sorridente, na inclinação lateral da cabeça, em sua postura deferente, na posição dos pés. O homem acanhado treinava elefantes de cinco toneladas! Mas aquilo não era de fato tão estranho assim. Acanhamento não é timidez. Ele era um homem confiante, sereno. Os guias de safári carregando rifles, tão ousados em seu ambiente no sertão, espreitando leões ou leopardos, muitas vezes se mostravam pouco comunicativos em ambientes fechados, entre os clientes prósperos e bem-sucedidos, cujo ambiente natural era a mesa de jantar.

Eu disse:

— Então, Nathan, o que está achando aqui de Abu?

— É ótimo, sim. É esplêndido.

Ouvi uma ligeira inflexão, o arrastado nasal australiano e a vogal sorridente curta no *yiss* [*yes*] afirmativo.

— Você vem de onde na Austrália?

— Sydney, originalmente, mas trabalhei num zoológico num lugar... você não deve conhecer.

— Vejamos.

— Dubbo — ele disse naquele tom ascendente de australianos dando informações.

— Estive lá... fica a meio dia de distância de carro de Sydney.

— Trabalhei no Western Plains Zoo.

— Meu Deus, odeio zoológicos.

— Esse aí é diferente. É uma área aberta. Os animais têm um monte de liberdade.

— Fui até Dubbo porque existe um personagem num romance com este nome, Alf Dubbo, em *Riders in the Chariot*. Adoro esse romance e realmente gosto de Alf Dubbo, o pintor aborígene.

Um silêncio desconfortável e abafado caiu sobre nós, o constrangimento de pessoas inteligentes quando se menciona um livro que ninguém leu, como se de repente você desviasse para uma língua estrangeira. Nunca sei, nessas circunstâncias, se devo descrever o livro com uma exortação para que o leiam ou simplesmente me calar.

Não fiz nem uma coisa nem outra. Eu disse:

— Nunca ouço nenhum elogio dos australianos a Patrick White, e ele foi um de seus melhores escritores.

— Sei a quem se refere — Nathan disse. — Nós o lemos na escola.

Quando o assunto passou para os elefantes, Nathan ficou radiante. Ele era como Michael, um entusiasta. Havia trabalhado com elefantes na Tailândia e no Canadá também, e parecia determinado a saber tudo sobre o comportamento daqueles animais. Percebi que eu estava conversando sobre eles como grandes criaturas misteriosas vistas a distância, mas para Nathan eram nítidos e definíveis. Ele tinha opiniões fortes sobre seu comportamento, como eram educáveis, como reagiam. Parecia um cavaleiro que fala da sutileza das reações dos cavalos — como são mais espertos que seu jóquei; ou o dono de um cachorro que diz: "Nugget sempre fica um pouco nervoso com pessoas realmente egoístas."

Um por um, os hóspedes foram conduzidos às suas tendas por um guia que segurava uma potente lanterna, atentos para eventuais cobras ou escorpiões, ou um possível hipopótamo — os hipopótamos deixam a água todas as noites para subir à margem e se alimentar de vegetação.

O ar noturno crepitava com o bater das asas dos morcegos e o zumbido dos insetos e os pios das garças e o arrastar dos hipopótamos pastando nos juncos sob minha plataforma de dormir.

* * *

A alvorada é súbita no mundo aquoso de Okavango, sem nenhum morro ou elevação para retardar o nascer do sol, e os espelhos reluzentes das lagoas e canais intensificavam a luz, que é completamente dourada.

Após o café, Michael me mostrou o camping — os alojamentos dos funcionários, a área de compostagem, os painéis solares —, e no complexo dos elefantes me apresentou aos *mahouts*. Big Joe, George, Itaki, Collet, Frank e Nathan — o único não africano — estavam conduzindo os elefantes de sua paliçada para uma área aberta onde cada animal, com uma algema de ferro prendendo seu pé, foi acorrentado a um enorme parafuso olhal. O clangor das longas correntes pesadas, o estrépito dos parafusos e as ordens berradas pelos *mahouts* enquanto os elefantes arrastavam os pés não combinavam com o lugar idílico — um pátio com uma copa de folhagens altas, a luz solar filtrada pela poeira espalhada pelos elefantes. Os *mahouts* eram ágeis em sua tarefa de acorrentar os enormes animais — e eram necessários dois *mahouts* para arrastar as pesadas correntes. Eu havia visto os elefantes pela última vez na noite anterior, chapinhando pelo brejo à luz minguante do dia. Como pareciam diferentes no resplendor da manhã, acorrentados ao chão para receber seus montadores. Pareciam impacientes e constrangidos.

Mencionei isso a Nathan, que estava prendendo seu elefante, ajudado por Big Joe.

— Ela é uma boa menina — Nathan disse, encostando a cabeça no pilar cinza grosso de sua perna. — Não é, Sukiri?

— Quantos anos ela tem?

— Dezoito — respondeu com seu sotaque australiano. — Ficou órfã num abate seletivo em Kruger com Thandi e Seeni. Foram trazidos para Gaberone. Foi ali que as pegamos. Sossega, menina!

Agora as plataformas de assento — umas engenhocas parecidas com os *howdahs* do sul da Ásia — foram erguidas nas costas dos animais e amarradas em torno dos seus flancos, e quando isso foi feito cada elefante foi verbalmente intimidado até se ajoelhar, seu corpo inteiro rente ao chão. Aquilo foi conseguido por um dobrar lento das pernas e uma queda flácida da grande barriga cinza.

Michael aproximou-se e disse:

— Não é incrível?

— Nunca vi nada igual.

— Você vai montar Cathy hoje. Aquela ali.

— Qual a história dela?

— Foi capturada em Uganda quando sua família foi vítima de uma abate seletivo. Enviada a um zoológico em Toronto. Foi lá que a pegamos. Tem uns cinquenta anos, a matriarca da manada.

Outro elefante se ajoelhando lançou poeira com seu bufo enquanto um grupo de homens se agitava em torno dele, prendendo uma plataforma de assento em suas costas.

— Esta operação é incrível — eu disse. — Todos estes trabalhadores, todos estes animais, e só alguns hóspedes.

— Por isso somos caros — Michael explicou. Mas temos sócios maravilhosos e ótimos clientes. — Ele estava fumando um cigarro e admirando a atividade. — Uma equipe criou isto. Você pode construir o que quiser. Mas sem o elemento humano, não obterá nada.

— Quantos elefantes ao todo?

— Aqueles que montamos... uns doze. Mas tem muitos outros, grandes e pequenos, que fazem parte da manada. Eles saem e os seguem. É uma família anômala, reunida de elefantes.

— E anômala em que sentido?

— Eles são de todos os lugares. Nós criamos a manada, portanto existe todo tipo de dinâmica. — Continuava olhando através do complexo. — Nosso plano é soltar alguns deles de volta na floresta.

Pouco depois, falando aos hóspedes antes do passeio, ele disse:

— Os elefantes corporificam tanto da África...

Aquele discurso sobre a glória dos elefantes africanos me lembrou a paixão de Morel, o herói idealista de *The Roots of Heaven* [As raízes do paraíso], de Romain Gary. Naquele romance inicial (1956) de temática ambiental (mais tarde um filme de John Huston), Morel promove uma campanha na África para salvar os elefantes das espingardas dos caçadores, sem sucesso.

Enquanto os elefantes ficavam ajoelhados no chão, revezamo-nos subindo nos assentos. Não havia um meio delicado de trepar nas costas do elefante e se espremer no lugar, de modo que aquela era mais uma função dos *mahouts* e treinadores — ajudar os hóspedes tímidos e pesadões a chegar à posição. Clientes ricos e respeitáveis, pagando 4 mil dólares diários, subiam desajeitados sobre os elefantes, seus traseiros gordos trajando cáqui erguidos à vista de todos.

Partimos numa fila longa e irregular, avançando pela água do brejo, em busca de animais. Cada *mahout*, sentado no pescoço do elefante, conversava grande parte do tempo com o animal, instigando-o a prosseguir, alertando-o, repreendendo-o suavemente quando — como sempre acontecia — o elefante, movido pela fome, se desviava da rota e, rasgando os tufos de folhas de palmeiras, decidia comer uma árvore inteira. Rumávamos numa direção comum, uma longa fila de elefantes, grandes e pequenos, alguns deles com humanos nas costas. Vimos impalas, zebras, javalis e uma profusão de aves, mas a impressão mais forte que tive dessa incursão foi de uma manada de elefantes pastando calmamente.

— Adiante, adiante. Vamos, Cathy, adiante — Big Joe bradava. E pude ouvir os outros *mahouts* exortando seus elefantes.

Mas os animais estavam famintos, e não havia como dissuadir um animal esfomeado de sua comida — e naquele brejo reluzente, a comida era abundante até onde a vista alcançava. Os elefantes arrancavam galhos folhosos e abarrotavam suas bocas cor-de-rosa com as frondes de palmeiras. Torciam grupos altos de grama com suas trombas e arrancavam feixes inteiros para comer.

— Adiante!

Ao longo de toda a fila, os *mahouts* gritavam em inglês. Donos e treinadores de bichos de estimação falam com seus animais constantemente. Fico impressionado com esses apelos sinceros. Será que os animais entendem a nossa língua e, caso entendam, até que ponto? Suponho que "suplicar" e "rolar" e "patas traseiras" possa extrair uma resposta. Mas e "Você é um bom menino" e "Não, Nugget, pode chorar à vontade que você não vai conseguir mais comida"?

O grito "adiante" pouco convenceu Cathy a abandonar sua refeição, e eu não via sentido em tentar persuadir aquele animal bufante e mastigante de que continuar andando era melhor que terminar de comer a árvore que estava golpeando com suas presas e dilacerando com sua tromba.

Mas a experiência de montar num elefante, pela vida selvagem nas margens relvadas e garças nos canais, sob o céu azul alto, era algo inimaginável para mim, e embora obviamente pudesse ver que o elefante era enorme, e sempre sentisse que os elefantes eram perigosos, me senti a salvo de quaisquer predadores. Que animal ousaria atacar aquela criatura de presas grandes? Seu único inimigo verdadeiro era o ser humano, armado com uma enorme espingarda.

Avançamos até uma ilha entre dois canais em que havia um lamaçal, onde desmontamos. Os elefantes, livres de seus montadores e assentos, rolaram no lodo macio e borrifaram água neles próprios enquanto os poucos hóspedes sentavam-se em cadeiras dobráveis, bebericando água mineral, tirando fotos ou fazendo anotações em seus diários ou para um artigo de revista. *Encontros imediatos com o mundo animal!* e *Suba num elefante africano para o safári perfeito!*

Eu já estivera em safáris antes. É sempre uma atividade delicada e com frequência infantilizante. Primeiro vêm as instruções detalhadas — o que trajar, como se mover, como conversar, o que esperar. Você é privado de todo poder e iniciativa em prol da segurança. É reduzido a uma criança numa excursão escolar, lembrado que é bem pequeno, estranho e vulnerável, de que existem perigos à volta. E isso é uma verdade comprovada. Olhe, um crocodilo na margem, o vislumbre de um leão, um leopardo no alto da árvore, um búfalo dando patadas na poeira, bolas frescas de cocô de elefante sujando a estrada — sinal de uma manada próxima.

Então você se entrega nas mãos de guias experientes que o conduzem de uma paisagem a outra, de um animal a outro. Como uma criança de novo, você é estreitamente supervisionado por um adulto, e redescobre a sensação infantil de admiração. Mas o Abu Camp era algo novo. Eu estava sob os cuidados de um guia e nas costas de um elefante, agora me mostravam uma zebra, depois uma águia, depois era levado para casa para almoçar, e depois tirar uma soneca na minha suntuosa tenda.

Montando num elefante treinado, observando elefantes selvagens — aquilo não se comparava a nada que eu já tivesse feito ou visto, e ao que me constava não tinha um similar na África. Além do fato de Abu Camp ser uma luxuosa ilha no sertão, havia a novidade de elefantes para transporte e da equipe se esforçando para agradar os hóspedes. Eu podia entender o escritor de viagens sendo efusivo para uma revista, escrevendo artigos sobre

"Onde os paquidermes se divertem" e recordando as refeições: "Bifes de antílope fritos na grelha enquanto éramos providos de risoto de cogumelos silvestres, couve-flor gratinada, *tiramisù,* Veuve Clicquot... E enquanto estávamos sentados conversando uma enorme hiena apareceu do nada..."

Uma mulher de seios sensuais em uma roupa cáqui elegante e chapéu de safári batia em seus belos lábios com uma caneta grossa e se preparava para escrever: "Logo descobrimos que montar num elefante não é exatamente confortável — após me sentar de lado na sela por uma ou duas horas me senti inquieta e grudenta." Aí ela acrescentou: "O mais atrevido da manada, e nosso favorito, foi Paseka, de dois anos".

No lamaçal, Nathan e Big Joe bebiam café e observavam seus elefantes. Fui até lá. Nathan me contara que tinha um irmão gêmeo idêntico, Heath, que morava na Austrália. Os gêmeos me fascinam por várias razões, especialmente os exemplos literários óbvios em Mark Twain e Dickens, na *Comédia dos erros*, e Tweedledum e Tweedledee.

— Os iorubás na Nigéria têm uma incidência anormalmente alta de gêmeos — eu disse. — Os gêmeos figuram em seu sistema de crenças. Os iorubás entalham imagens gêmeas especiais para representá-los... acreditam que os gêmeos compartilham a mesma alma.

— Eu entendo. Heath e eu nos damos muito bem — Nathan disse. Depois: — Estávamos conversando sobre nossa viagem. Big Joe, Collet e eu vamos para a América numa viagem de marketing em breve.

Big Joe riu.

— Minha primeira vez na América.

— Aonde vocês estão indo?

— Nova York? — Nathan disse numa voz indagadora. — Toronto? Alguns outros lugares. É mais por Abu, mas vamos visitar algumas instalações de elefantes também. O que você acha?

— Vão se divertir a valer — respondi. — Se vocês conseguem fazer com que estes elefantes se comportem, conseguem qualquer coisa.

Eu havia visto elefantes na África antes. São aspectos imperdíveis da paisagem, visíveis a um quilômetro de distância, e são destemidos, nunca apressados nem circunspetos nem com aparência de caça como quase todos os outros animais selvagens africanos. Os elefantes são os donos do lugar, onde se sentem em casa, passeando em grupos familiares, indo aonde desejam. Se decidem comer uma árvore, comerão, e são conhecidos por dilacerar baobás com suas presas para obter a polpa suculenta. Se você estiver no caminho, eles o pisotearão e seguirão em frente. Nunca dão a impressão de que precisam de alguém ou algo. Devido ao seu tamanho e seu apetite, passam grande parte do dia comendo. O estranho em Abu era que aqueles elefantes, nascidos na selva, haviam sido capturados e dominados, ensinados a se submeter a humanos subindo neles.

Montar num elefante indiano (*Elephas maximus indicus*) no Rajastão não é incomum. Na Índia, são tradicionalmente usados como animais de carga, como trabalhadores no campo e no combate. Assim foi por milhares de anos. Alexandre Magno usou elefantes em sua campanha de conquista ao lutar na Índia, como fizeram os exércitos que o enfrentaram e como fez Aníbal mais tarde, transpondo os Alpes. Mas aqueles eram elefantes de guerra asiáticos ou sírios — variedades menores e dóceis.

Elefantes africanos de orelhas grandes (*Loxodonta africana*) são um caso à parte. Em primeiro lugar, é o maior animal terrestre do mundo, inteligentíssimo, independente e com espírito de família. Entendi facilmente o propósito do Abu Camp como um refúgio para elefantes perdidos e órfãos. Mas foi mais difícil para mim captar a intenção arrogante de criar um programa a fim de induzir os elefantes à obediência, para dominá-los tão completamente que eles se permitissem ser atrelados a uma plataforma de montar. Algumas daquelas plataformas de madeira pesadas conduziam duas pessoas ansiosas, e com o *mahout* incitando em voz alta o animal a avançar, aquilo significava três humanos adultos vociferantes se equilibrando na espinha dorsal eriçada do elefante, enquanto avançava pelo brejo em meio aos outros animais.

Eu estava pensando que a África, que vinha perdendo sua natureza selvagem gradual e regularmente para invasões urbanas e grileiros, também estava sacrificando o caráter selvagem daqueles poderosos elefantes em prol do turismo, explorando-os como bestas, para serem conduzidos para lá e para cá qual animais de carga.

Quando mencionei isso a Michael, ele repetiu que sua principal intenção era reintroduzir a maioria daqueles elefantes na floresta para que pudessem se juntar a uma manada e voltar a viver como criaturas livres. Aquele me pareceu um objetivo respeitável.

Em outro dia em Abu, subimos nos elefantes e fomos levados para um piquenique numa clareira junto a um remanso ao lado de um dos mais largos canais do rio. Aquele piquenique junto ao lago se destaca na minha memória como o nível máximo de conforto que pode ser encontrado no sertão africano, conservando ainda os elementos de uma experiência de safári. A clareira era um cenário adorável, num bosque de mopanes e figueiras, bem sombreada mas à vista da água fluindo pelos canteiros de juncos grossos do Okavango. Essencialmente, estávamos ao ar livre no coração da África, em meio a pequenos pássaros em disparada e garças pescadoras altas. Fomos acomodados em cadeiras dobráveis, os funcionários de Abu nos serviram bebidas geladas, e sobre uma extensão de linho branco uma mesa de bufê havia sido posta: *curries* amarelos, tigelas de verduras púrpura, uma terrina de sopa, pratos de frutas fatiadas e cerveja e vinho em caixas de gelo.

Nathan — com sua serenidade habitual, conversando com os outros *mahouts* — me contou que recentemente levara os *mahouts* e os elefantes para acamparem à noite. Como se divertiram nadando e jogando futebol.

— Dormimos com os elefantes em círculo à nossa volta.

Ele fez com que aquilo parecesse um acampamento de escoteiros. Mas uma das advertências em *Back to Africa*, de Randall Moore — toda a lógica do Abu Camp —, era que o treinador tinha de continuamente lembrar aos elefantes quem era o chefe. "O domínio [...] deve prevalecer", Moore escreve. O treinador "deve deixar claro desde o princípio quem tem os melhores meios de domínio à sua disposição".

Nathan falava dos elefantes, e especialmente de Sukiri, com uma afeição de amigo, mas seu tom também tinha um toque de assombro reverencial, concedendo-lhes um tipo de santidade. Observei que ninguém em Abu contava piadas sobre os elefantes.

Eu disse:

— Estou tentando imaginar o que Big Joe e Collet vão achar de Nova York.

Michael disse:

— Eles vão adorar. Nunca saíram de Okavango, menos ainda de Botsuana. Podem decidir ficar lá por anos.

E, erguendo as taças, fez um brinde aos três homens sentados juntos.

— Viagens seguras — eu disse, brindando a eles.

— E caso os americanos não entendam o sotaque australiano, Big Joe pode traduzir.

Suspirando, Alexandra disse:

— Isto não é mágico? Olhe para nós. É um Manet vivo, *Déjeuner sur l'herbe*.

Era uma experiência transcendental e uma emoção inesperada. Tais experiências são tão excepcionais na África que poucas pessoas as conhecem; e essas pessoas são quase todas estrangeiras que vieram de avião a um alto custo da Europa ou dos Estados Unidos para pagar milhares de dólares por dia por aquilo. Cinco dias em Abu devem ter custado em torno de dezenas de milhares — eu não sabia, pois Michael era discreto demais para me contar. Essas emoções vão se tornar mais raras à medida que os animais de caça diminuírem e os locais selvagens forem invadidos por acampamentos e alojamentos, os rios condenados, as savanas cercadas, a terra dividida e explorada, e os animais do sertão devorados até a extinção. O memorável livro de Peter Beard, *The End of the Game: The Last Word from Paradise* [O fim do jogo: A última palavra do paraíso] foi prematuro (1965), mas profético. A ruína dos animais era inevitável: "A morte é o fato pacientemente aguardado e não temido da vida africana de equilíbrio tão delicado."

Eu admirei a ordem do Abu Camp e a honestidade do desejo de Michael de libertar os elefantes, e esperava que ele conseguisse. Gostei da harmonia e achei engraçado que, embora o *mahout* pudesse gritar e adular, o elefante ficava na sua, sacudindo árvores, enchendo a boca com galhos folhosos, fazendo exatamente o que queria, não tendo pressa, retomando sua caminhada somente depois de se saciar. A superioridade ou o domínio do treinador tinha limites.

Em minha última noite, Michael perguntou aonde eu iria a seguir. Respondi que de volta à Namíbia, e ao norte, para Etosha.

— Etosha é outra história.

Para ele, a bacia de Etosha significava turismo em massa num grande parque de vida selvagem regrado: ônibus cheios de curiosos, bandos de turistas econômicos, enormes complexos de hotéis.

— Vou encontrar com um homem que distribui ajuda americana — eu disse.

Michael disse que permaneceria em contato, e assim o fez. Recebi notícias de Nathan, Collet e Big Joe em Nova York. Os três amigos, ligados por seus meses de trabalho conjunto, se hospedaram no elegante Pierre Hotel e foram entrevistados por jornalistas espantados com sua vida no sertão e suas experiências com as manadas de elefantes em Abu. Visitaram zoológicos em Toronto, Indianápolis, Pittsburgh e Baltimore, observando elefantes e estudando os programas de procriação. Foram fotografados e citados como se eles próprios fossem maravilhas da África. Ficaram por seis semanas.

Ao retornar para Abu, Nathan Jamieson voltou a trabalhar com sua elefanta, Sukiri. Alguns dias após seu retorno, deixou-a solta e, quando se afastou um pouco para apanhar suas correntes e algemas, dando-lhe as costas, o animal o seguiu pesadamente, cabeça balançante de um elefante em missão, e o atacou, esmagando-o até a morte com sua enorme cabeça. Nathan tinha 32 anos.

Houve mais um choque quando seu irmão gêmeo idêntico, Heath, apareceu no campo para levar o corpo de Nathan: toda a equipe africana o fitou num horror fascinado e depois medo abjeto, paralisada pela visão do que pareceu uma reencarnação de Nathan, reivindicando sua alma.

Mais tarde Michael me disse:

— Ele morreu fazendo o que amava.

Lembrei como Nathan havia sido feliz em Abu Camp, como adorara os elefantes, quanta coisa sabia sobre eles. Talvez fosse verdade que teve uma morte feliz.

Ao saber da morte de Nathan, o governo de Botsuana ordenou que Sukiri fosse sacrificada. Michael Lorentz opôs-se vigorosamente, e assim começou um imbróglio que culminou com Michael deixando Abu para sempre, e o campo reiniciando as atividades sob nova direção. Sukiri e os dois elefantes que haviam ficado órfãos com ela foram levados de caminhão a Johannesburgo e transportados de avião aos Estados Unidos, onde estão agora juntos numa jaula no zoológico de Pittsburgh.

10

Os rebanhos famintos em Etosha

VOLTEI A CRUZAR A FRONTEIRA da Namíbia, peguei uma carona e desci no centro amarelado e debilitado do país, permanecendo primeiro num alojamento de safári e depois num hotel. Foi uma daquelas transições inevitáveis das viagens — pausa para um cativeiro rígido e espera forçada. Meses depois, não podia deixar de pensar no que Michael dissera sobre Nathan Jamieson: "Ele morreu fazendo o que amava." Fiquei matutando — e quem não ficaria? — em quais circunstâncias aquele consolo otimista poderia ser proferido sobre a minha morte, e se seria verdade.

O alojamento de safári, ao norte de Grootfontein, tinha apenas mais um hóspede, exceto depois de escurecer, quando cinco elandes grandes, bem-formados, se esgueiravam pelos espinheiros para beber na cacimba perto do alojamento. A gerente, que parecera tão silenciosa, comoveu-se à visão deles, como costuma acontecer com misantropos na presença de animais, dizendo:

— Adoráveis, não são?

No dia seguinte, ela se animou de novo, apontando para um papa-figo dourado e um calau do tamanho de um papagaio adejando pelas mesmas árvores.

Um americano responsável por um programa humanitário concordara em me encontrar em Okavango, me levar à bacia de Etosha e me deixar na estrada para Angola. Dali eu seguiria por conta própria. Vi a magra e triste viúva Helena ("Não tem diversão aqui. Nenhuma vida") de novo no supermercado de Grootfontein, e em Otjiwarongo parei para passar no sr. Khan e comprar mais minutos de crédito para meu celular. E, acolhido por essas pessoas amigáveis, lembrei que, em grande parte da África, são tão poucas as estradas principais que a vida das pessoas continuamente converge e ocorre uma experiência periódica de caminhos cruzados e rostos familiares.

Otjiwarongo parecera um lugar bastante acolhedor quando eu lá passara com Tony, o diplomata americano e meu companheiro de viagem. Mas, após um dia e meio ali, o lugar mostrou-se sonolento, beirando a melancolia, ou seria aquele o efeito previsível de um fim de semana chuvoso numa cidade no interior da Namíbia? No bar do hotel em que eu estava, uma multidão multirracial uivava diante de uma partida sul-africana de rúgbi na TV de tela plana. Alguns eram rancheiros, tão robustos como seu gado. Outros trabalhavam na mina de fluorita ou eram fazendeiros. Era seu dia de beber. Meu quarto fedia a mofo. A chuva de deserto caía intermitentemente do tipo de céu baixo e encardido que eu associava à indústria pesada, mas não havia indústria em Otjiwarongo.

Perguntei à recepcionista do hotel pelo caminho até a rua principal. Ela me informou, e acrescentou:

— Sim, vá passear. Mas é sábado. Cuidado. Vai ter bêbados.

Fui no meio da garoa, descendo a calçada de terra, passando por casas de um só andar cercadas por muros altos — e os muros do perímetro faziam as casas parecerem mais deprimentes do que se fossem barracos. Arrastei os pés em meio aos detritos até os únicos estabelecimentos que estavam abertos, o posto de gasolina e o supermercado Shoprite, onde rapazes e homens cambaleantes gritaram para os carros que passavam, e para mim.

— Você — um dos rapazes chamou, e como estava num grupo ocioso ao lado do estacionamento do Shoprite, decidi perguntar o que queria. Vendo que eu me aproximava, esgueirou-se para o meio dos outros, assim como um animal destacado de um rebanho poderia fazer, em busca de camuflagem e proteção.

— Você queria me fazer uma pergunta? — indaguei. Mas ele estava tímido agora.

— De onde você vem? — um dos outros perguntou. Tinha o olhar vidrado e estava um pouco inseguro, mas não parecia ameaçador.

Eu disse a eles de onde vinha.

— Quero ir aos Estados Unidos — aquele rapaz disse.

— O que você vai fazer lá?

— Posso fazer qualquer coisa.

Essa resposta rápida fez os outros rirem.

— Eu também quero ir — outro disse. — Para trabalhar e curtir.

— Você pode trabalhar em Otjiwarongo ou Windhoek — observei.

— Não tem trabalho aqui. Não tem nada aqui. Não temos dinheiro.

— Nos dê dinheiro — um dos mais jovens disse.

— Talvez amanhã — eu disse, porque eles estavam ficando mais confiantes e insolentes, e agora começavam a me cercar.

— Ele é um homem esperto — o primeiro rapaz disse. — Está nos dizendo mentiras. Está mentindo porque tem medo de nós.

Agora percebi que fora um erro envolvê-los em algum tipo de conversa. Eu disse:

— Obrigado. Vejo vocês amanhã — e me afastei bruscamente, descendo a estrada vazia sob o céu cinza. Pensava na inutilidade daquele encontro, porque, embora estivéssemos na Namíbia, aqueles eram rapazes que eu poderia ter encontrado em qualquer lugar do mundo: inconsequentes, ociosos, pouco instruídos e desempregados.

Caminhei por uma hora e depois retornei por uma rota diferente para preencher o fim de semana. Foi um daqueles interlúdios vazios em viagens, um atraso frustrante e sufocante, quando nada ocorre exceto uma sensação crescente de solidão e incerteza, um ofuscamento das perspectivas, a condição de ser um forasteiro com todas as suspeitas que um estranho desperta.

Para eliminar a maldição do resto do dia, sentei-me e li para passar o tempo: *Benito Cereno*, de Melville (navios, oceano, armadilhas, motim). Nesses momentos sou tão atraído pela vida detalhada do romance que me surpreendo ao levantar os olhos da ficção e ver cascalho, cactos e palmeiras que me lembram que estou em outro lugar.

Fiquei contente quando Oliver apareceu em seu veículo com tração nas quatro rodas. Significava alguns dias de companhia e o prazer de estar na estrada de novo, bem como uma chance de descobrir sobre sua missão humanitária. Seu papel na África envolvia distribuir grandes quantias de dinheiro e supervisionar sua aplicação.

Oliver era o diretor, na Namíbia, da American Millennial Challenge Corporation, agência que financiava cooperação internacional e desenvolvimento. O fundo total era considerável, atualmente na faixa de um bilhão de dólares, e os projetos estavam espalhados por toda a África — na verdade, por todo o globo, sendo a distribuição de dinheiro do contribuinte americano uma tentativa de melhorar a vida de outras pessoas. Um dos projetos na Namíbia era ajudar a infraestrutura turística. Numa era de dificuldades financeiras para os americanos, eu queria saber mais.

"Oliver vai a toda parte da Namíbia", eu havia sido informado. "Ele enche seu veículo de comida, água e gasolina extra e dirige sertão adentro. Se não tem estrada, sobe por leitos de rio secos. Passa semanas no sertão."

Ele era jovem, tinha uns 35 anos, tranquilo e animado. Gostei de sua energia e admirei sua disposição. Andava de bicicleta e corria, mesmo nos dias mais quentes da Namíbia. Era casado, pai de um bebê, e morava em Windhoek quando não estava viajando. Trabalhava para a Millennial Challenge havia quatro anos.

No carro também estava Trevor, um texano magricela, bem-humorado, cuja esposa era oficial médica em Windhoek, especializada na administração de programas de HIV/aids. Trevor planejava seu próximo passo, mas não sabia direito qual seria. Estava mais próximo de minha idade, era bem-viajado, irônico e, como eu descobriria, conhecedor da vida selvagem africana. Seu estado de espírito jovial se refletia em sua forma solta e lépida de andar. Era uma pessoa reflexiva, mas não preocupada. Disse que viera junto pelo passeio, interessado no fato de que eu acabaria seguindo para Angola.

— Você já esteve lá em cima? — perguntei a ele.

Respondeu que não. Nem ele, nem Oliver atravessaram a fronteira, nem conheciam ninguém que tivesse atravessado. Oliver fizera contato com um angolano do outro lado que disse que poderia me ajudar, mas quando pressionado para uma resposta definitiva, o angolano ficou em silêncio e se tornou inacessível.

Dirigimos para o norte por cidades pecuaristas pequenas, estreitas e atravessadas pela estrada, Hartseer, Vrindskap e Outjo, passamos pelas montanhas cor de molho de carne de Fransfonteinberge e, após quase cem quilômetros, estávamos rodando pelo sertão. O terreno era o semideserto constante e a vegetação rasteira que caracterizava grande parte da Namíbia, e parecia estéril até um pomposo avestruz se fazer notar ou um bando de búfalos surgir vagamente com narinas nervosas. Passando não muito longe daqui, 150 anos antes, Francis Galton escreveu em seu diário: "O país é muito uniforme, cruzado por trilhas, e totalmente destituído de acidentes naturais para nos guiar. É também um pouco ondulado, o suficiente para limitar a visão a uma ou duas milhas à frente".

Aquilo continuava sendo verdade. Os poucos viajantes vitorianos que ousaram marchar por essas partes achariam grande parte da Namíbia rural inalterada, por ser subdesenvolvida e tão pouco povoada. Muitas das descrições de Galton em *Narrative of an Explorer in Tropical South Africa*, o relato de sua viagem de 1851 no que era então uma terra inexplorada, ainda se aplicariam a essa paisagem duradoura, cristalina e que parecia aplainada.

Em nenhum lugar aquilo era mais verdadeiro do que em Etosha, onde adentramos algumas horas depois. Afora o portão e o posto de controle, era como Galton havia descrito:

> 30 de maio — Passamos pelo túmulo do deus Omakuru [...] Vim para Etosha, uma grande bacia salina. É muito fora do comum em vários aspectos. As margens são definidas e arborizadas. Sua superfície é plana e eflorescente, e a miragem, excessiva sobre ela. Tinha uns quinze quilômetros de largura, mas a miragem me impedia de avaliar seu comprimento. Certamente excedia 24 quilômetros [na verdade se aproxima mais de 130]. Chik disse que era quase intransitável após a estação chuvosa, e deve formar um lago bem bonito nessa época. Chegamos bem tarde da noite em outro *werft* (ou *werf*: palavra africânder para o cercado em torno de uma área habitada), na margem sul da grande planície, Otchikako-wa-motenya, que parece se estender como um estuário relvado e sem árvores, entre margens arborizadas, até chegar perto do mar.

Galton rumara para o norte com dois companheiros, John Allen e Charles Andersson, e uma caravana de carregadores após uma fila de bois pesadamente carregados. Galton tinha apenas 28 anos, mas estava animado, em busca do lago Ngami de David Livingstone. Naquele tempo, viajantes europeus na África, como Galton, estavam em busca da nascente do Nilo e denunciando o tráfico de escravos. Por quase dois anos, Galton perambulou acima e abaixo do que é hoje a Namíbia, o primeiro inglês a fazer relatos sobre essa região. Não encontrou o lago Ngami, mas penetrou fundo no interior, bem perto da atual fronteira de Angola ("quatro ou cinco dias de viagem fácil à frente"), onde escravos eram regularmente capturados e embarcados para o Brasil a partir do porto angolano de Benguela. Galton observou os costumes dos damaras, ovambos e bosquímanos. Indagou sobre o tráfico de escravos em Angola. Caçou aves e grandes animais selvagens. Cruzou e recruzou o deserto e, à maneira vitoriana, se impôs.

"Um homem que eu havia trazido do *werft* de Chapupa se tornou impertinente", ele escreveu. "Assim, tomei medidas efetivas sobre suas costas e ombros, num grau que espantou os ovambos e corrigiu o homem."

Havia algumas estradas no que agora era o Etosha National Park, mas o resto era sertão e água e uma bacia salina. Galton, o primeiro a trazer Etosha à atenção do mundo falante do inglês, acharia grande parte da área familiar. Decorridos 25 anos da visita de Galton, um jovem mercador-viajante americano chamado Gerald McKiernan acampou na margem de Etosha e escreveu em seu diário: "Foi a África sobre a qual eu havia lido nos livros de viagens. Todos os zoológicos do mundo à solta não se comparariam à visão que tive naquele dia."

Na pré-história, Etosha havia sido um vasto mar interno e ainda dava essa impressão, como se na maré baixa o mar se afastasse, deixando a areia e o leito marinho encrostado expostos como planícies sob um céu vazio. Grande parte agora era uma bacia, parte dela com água o ano inteiro e outras seções sendo lagos sazonais. Nas áreas abertas era uma vastidão de brancura ofuscante que brilhava até o horizonte, e de tão completamente desolada parecia que tínhamos aterrissado em um planeta feito inteiramente de corais esmagados.

Mais a leste a terra era mais variada, com ocasionais moitas de árvores e algumas clareiras ressecadas mas arborizadas, nas quais gazelas esbeltas saltavam e rinocerontes brancos baixavam suas cabeças blindadas e encaixavam suas grandes bocas de pá no chão para rasgar a grama marrom.

— Girafa a noroeste — Trevor disse. Ergueu seus binóculos até os olhos e franziu o cenho, concentrado. — E outra. Com um bebê. Bonita. Está dizendo: "Acho que vou provar as folhas deste galho aqui em cima."

Zebras de dois tons com crinas compactas, eretas, como pincéis, trotavam juntas ombro a ombro, depois, erguendo os joelhos, irromperam em um galope ruidoso.

Chegamos a um charco onde três leões cor de mel jaziam adormecidos, os corpos fatigados relaxados no cascalho ao sol do fim de tarde.

Oliver disse:

— Hora da *siesta*.

Trevor disse:

— Esperem.

Observamos por um tempo: duas leoas esguias e musculosas e um macho de ombros largos, deitado entre elas, a juba felpuda e eriçada como cabelos volumosos.

Trevor:

— O meninão está se mexendo. Ele sabe o que quer.

Bocejando, o leão grande ergueu-se, sacudiu a juba e caminhou até a leoa à sua esquerda. Depois se agachou em uma postura real atrás dela, ergueu sua nobre cabeça e arremeteu contra ela. Aquilo levou alguns segundos. Ao retornar ao seu local de dormir, a leoa que ele havia coberto rolou, ergueu suas patas traseiras pendentes e vibrou na traseira.

Trevor disse:

— Está se certificando de que o esperma chegue aonde deve.

— Foi sensacional — eu disse.

Trevor disse:

— Esperem. Deem mais dez minutos ao meninão.

Em menos do que isso, o leão acordou de seu cochilo, voltou a bocejar, caminhou até a leoa à sua direita e se acocorou sobre ela, joelhos apartados.

Quando o leão se deitou de lado e voltou a dormir, Trevor disse:

— Ele não acabou. Esperem um pouco. Vocês verão.

Exatamente como Trevor havia dito, o leão se ergueu e acasalou de novo com a primeira leoa. Após aquela terceira vez, Trevor previu que haveria mais cópulas, a intervalos de cerca de dez minutos. E aquilo aconteceu. Karen Blixen escreveu em *A fazenda africana*: "Você sabe que está realmente vivo quando está vivendo entre leões."

— A fantasia de todo homem — Trevor observou. Depois: — Órixes.

Aquele ritual de sexo e sono dos três leões estava ocorrendo a uns doze metros de um bando de quinze órixes, que bebiam na beira do charco junto com um bando de gansos egípcios, dois chacais, uma fileira de avestruzes e duas girafas, de cabeças baixas, inclinadas à frente em suas pernas muito separadas. E não era um charco grande; um pouco maior que a piscina de uma família do subúrbio. Oliver disse que era raro ver todos aqueles animais de espécies diferentes, vários deles predadores ou inimigos naturais, compartilhando a água pacificamente, mesmo temerosos, sem ameaçar uns aos outros.

Ao pôr do sol, retornamos para nosso alojamento em Okaukuejo a tempo de testemunhar hordas de turistas, centenas deles, saltando de ônibus e afluindo de seus quartos. Em poucos minutos se acotovelavam na sala de jantar, avançavam numa fila ruidosa para brandir pratos vazios que seguravam com uma das mãos do lado numa postura de lançador de disco, ávidos por se precipitarem ao bufê. Pareciam ferozes, rostos vermelhos e olhos arregalados reluzindo ao calor. Existe algo terrível numa exibição nua de fome, e sua emoção mais próxima talvez seja a volúpia.

— Alemães — Trevor disse no mesmo tom com que dissera órixes.

Estavam clamando pelos pratos de *kudu* assado e frango fatiado, bacias de massa, pilhas de purê de batata e salada verde. Quatro mulheres avançaram à frente, tentando furar a fila, e o arquejo e a inquietude do grupo eram audíveis, insinuações de apetite, muitos deles suspirando impacientes ou resmungando de mau humor, e havia discussões também. Não dava para observar toda aquela confusão sem pensar na ordem do charco, com os animais bebendo placidamente. Do milhão de turistas que visitam a Namíbia, a maioria são alemães, o resto, de outras nações europeias, e quase todos circulam por Etosha em enormes ônibus de turismo.

Existe uma regra na África: não se interponha entre um elefante e a água. Trevor disse:

— Não se interponha entre um turista e o bufê.

No charco iluminado e cercado atrás do alojamento em Okaukuejo, mamíferos se reuniam dos dois lados da barreira: os turistas para observar e cochichar, os rinocerontes e elandes para beber água.

— Diga-me — Trevor indagou em tom retórico —, qual a diferença entre isso e um zoológico?

Debatemos aquele assunto até sermos silenciados e repreendidos por um alemão carrancudo por falarmos alto demais.

Partimos cedo na manhã seguinte para circular pelo perímetro da bacia. Rodar durante horas em busca de animais é menos interessante para mim que deparar com eles a caminho de um destino. Eu costumava curtir a visão dos hipopótamos que passavam sorrateiros pela sala onde eu estava dando uma aula noturna perto do lago Katwe em Uganda, ou a hiena que regularmente remexia na minha pilha para compostagem no Malaui à noite quando eu estava sentado lendo. Eu preferia os animais no pano de fundo, como o vislumbre de um babuíno pesadão na estrada para Swakopmund, que surgiu na relva apartada como um pedestre, esperando para atravessar a estrada.

Chegamos a um lugar chamado Halali no meu mapa, que não passava de um beco sem saída e um lamaçal. Nas proximidades havia um pequeno cemitério. Uma das regras mais rigorosas em Etosha era que ninguém devia deixar a segurança de seu veículo. Mencionei isso.

Trevor disse:

— Mas não vejo ninguém fiscalizando, você vê?

Sair do carro naquele vasto lugar queimado pelo sol foi uma libertação. O cemitério, cercado por uma velha cerca de ferro para dissuadir os animais de violar os túmulos, abrigava os restos mortais de sete bôeres, seus nomes e datas inscritos em letras em estilo antigo em lápides de granito. Todas datadas da década de 1870. Eram pessoas que haviam obviamente morrido naquela inóspita bacia de sal a caminho de Angola, durante a chamada Dorsland ("Terra sedenta"), quando centenas de fazendeiros sul-africanos brancos migraram para o norte em busca de pastagens mais verdes e mais espaço. Uma lápide indicava *Joh. Alberts 1841-1874* — sem dúvida um parente de Gert Alberts, um dos instigadores, e o líder, da jornada. O destino dos aventureiros foi que tiveram de transpor o Kalahari e centenas de quilômetros do deserto de Etosha e Ovamboland antes de alcançar o grande rio Kunene e os planaltos verdes de Angola. Tão ruins quanto os animais ferozes foram os portugueses, que estipularam que, em troca do direito de se fixar ali, aqueles protestantes holandeses teriam de se converter ao catolicismo. Mesmo assim, muitos dos africânderes renegados acabaram se tornando fazendeiros em Angola.

Enquanto percorríamos aquele pequeno cemitério no meio de Etosha, vazia e fulgurante, Trevor subitamente disse:

— Elefantes a nordeste.

Eram minúsculos de longe, talvez a 1,5 quilômetro de distância oscilando para fora das sombras de um grande bosque de árvores como se deixassem um prédio baixo. Moviam-se devagar e às vezes com cautela, qual crianças descalças no cascalho, porque, Trevor explicou, as pedras quebradas eram tão afiadas que podiam penetrar nas patas macias dos elefantes.

Ficamos observando, e em meia hora mais de quarenta elefantes haviam se reunido no lamaçal. A maioria eram mães com filhotes, alguns elefantes machos intimidados pelas fêmeas maiores, e todos ativos — rolando na lama, barrindo, esguichando água com a tromba para se refrescar, os pequenos tropeçando nas poças mais fundas. E ali permanecemos, contemplando a maravilha daquela súbita manada. Ver tantos elefantes sociáveis juntos, observando boquiabertos, foi nossa recompensa por visitar Etosha, e não pude deixar de pensar nos elefantes domados e obedientes, e talvez ressentidos, de Abu.

Embrenhando-se mais em Etosha, a terra era mais plana e sem nenhuma árvore, e à medida que o dia esquentava a bacia inteira era de um branco ofuscante e sem vida.

Chegamos a Namutoni. Francis Galton havia estado aqui também, quando o local era conhecido como um charco confiável, "uma fonte juncosa e pantanosa [...] Fomos recebidos com grande hospitalidade, e uma árvore nos foi designada para que acampássemos sob ela". Ele também reclamou: "Viajávamos por eternos espinhos e pedras por nove horas, e descansávamos em poços — onde passávamos metade da noite limpando a sujeira."

Alguns quilômetros a sudeste de Namutoni ficava o lago Otjikoto, que Galton chamou de "aquele lago notável das montanhas, Otjikoto [...] um buraco fundo em forma de balde" cheio d'água. Os ovambos locais contaram para ele as histórias mágicas e sombrias associadas ao lago, "que nenhum ser vivo que chegou a entrar nele conseguiu sair de novo". Ouvindo isso, Galton e seus dois companheiros tiraram as roupas, desceram a margem até a água e foram nadar. Assim eles "afastaram aquela ilusão da mente selvagem sob o olhar espantado não apenas de toda a caravana, mas do número de bosquímanos que viviam nas redondezas".

O forte em Namutoni era um conjunto de muralhas e torres de vigia caiadas no deserto, que poderia servir de cenário para um filme da legião estrangeira. De fato, uma legião estrangeira havia outrora ocupado o forte: os soldados alemães da Schutztruppe, que repeliram vários ataques do povo ovambo contra a guarnição em 1904. O chefe ovambo Nehale, que ordenou e liderou os ataques, é lembrado pelos namíbios como um de seus primeiros heróis anticoloniais. Os sete alemães da Schutztruppe que repeliram o ataque são lembrados pelos alemães por seu heroísmo colonial. Após os ataques, que destruíram grande parte da estrutura, o forte foi reconstruído e ampliado em 1906 em sua forma atual, e, como quase tudo que os alemães construíram na colônia, foi entregue aos sul-africanos menos de dez anos depois.

Em Namutoni, comendo sanduíches de queijo, Oliver e eu trocamos histórias sobre o Corpo de Paz. Ele havia sido professor em uma aldeia rural em Madagascar.

— Um dia o carteiro chegou com uma carta endereçada a mim — ele disse. — Estranho... eu não recebia muita correspondência. Era de alguém numa cidade a uns vinte quilômetros de distância. Um bilhete curto dizendo: "Gostaria de vê-lo." Era de uma moça que eu havia cumprimentado no mercado. Como eu sabia disso? Porque ela incluiu uma foto. Estava sentada sob uma ponte... nua.

Eu disse:

— Esta foi a melhor história do dia.

Trevor disse:

— Queremos saber mais.

— Achei mesmo que vocês fossem querer — Oliver disse, parecendo impenetrável.

Como só tínhamos mais um dia juntos, perguntei a Oliver, no jantar, sobre a Millennial Challenge Corporation. Passando pelos alojamentos em

Etosha — eram grandes e dispersos, alguns capazes de acomodar centenas de turistas —, ele havia mencionado que estavam recebendo melhorias.

— Os alojamentos dos funcionários vão ser transferidos para lá — ele havia dito ao passarmos de carro pelas casas decrépitas dos trabalhadores. — Isso tudo vai ser arrumado.

Oliver conhecia os planos e as pessoas envolvidas, e dissera que um de seus projetos turísticos no país seria financiado com dinheiro da Millennial Challenge.

A Millennial Challenge Corporation foi criada em 2004 durante o governo Bush, em consequência da frustração das pessoas que viam a Usaid e outras agências despejando dinheiro em países sem nenhum resultado tangível e com pouca supervisão. O dinheiro desaparecia no bolso de políticos locais ou financiava projetos que nunca ficavam prontos. Qualquer um que já tenha estado, ainda que um breve período, num país do Terceiro Mundo viu esse desperdício de dinheiro e a ineficácia de grande parte da ajuda externa. A África é a região de caça preferida dos doadores, bem como das pessoas em busca de recursos. O Estado africano falido clássico é composto de uma capital movimentada onde políticos com altos salários são cortejados e dirigem carrões, favelas densas e desesperadoras cercando a capital e o grande interior vazio, ignorado pelo governo e mais ou menos cuidado por organizações humanitárias estrangeiras, que em muitos casos são grandes empresas dirigidas por executivos bem-remunerados.

Em 2007, Oliver, com seu entusiasmo do Corpo de Paz, começara a trabalhar para a Millennial Challenge Corporation na área de "avaliação de projetos". No ano seguinte, tornou-se subdiretor na Namíbia, e em 2011 foi nomeado diretor no país.

— Quanto vocês estão dando à Namíbia? — perguntei.

— Pouco mais de 300 milhões... mas me deixe explicar — ele disse, porque ao ouvir aquela cifra enorme eu começara a bufar. — A subvenção é ministrada em estágios no decorrer de cinco anos, no que chamamos um pacto. E para que um país faça jus a um pacto, tem de atender a requisitos qualificadores. São necessários dois anos para um país passar pelo processo. Não se trata de doar dinheiro, como se fazia no passado. É um processo rigoroso.

— Que tipos de requisitos, além de "precisamos de dinheiro"?

Eu tinha pegado meu caderno e estava anotando suas respostas.

— Existem três categorias pelas quais nós os avaliamos: governar com justiça; liberdade econômica; e investir nas pessoas. Sem isso não tem dinheiro. Cada uma das categorias é decomposta em dezessete indicadores — como direitos fundiários, liberdades civis, controle da corrupção, liberdade de informação —, e os países precisam ser de renda baixa ou média. Botsuana não se enquadra, porque eles já têm dinheiro. Após o golpe em Madagascar em 2009, o pacto deles foi encerrado.

— Quer dizer que um país simplesmente se candidata e espera ser aprovado?

— Podemos ajudar um país a ser aprovado dando uma subvenção preliminar: 15 ou 20 milhões. Eles a usariam para organizar suas políticas. Isso cria um caminho para obter um pacto que varia de 200 a 500 milhões. Como eu digo, a Namíbia fez jus a 300 milhões.

— Qual o limite?

— A Tanzânia obteve 700 milhões para estradas, energia e alguns outros projetos. Isso é distribuído por cinco anos. Já se passaram três anos, e está funcionando.

— Quase três quartos de bilhão para a Tanzânia! Eles nem gostam de nós!

— Lembra quando George Bush visitou a Tanzânia em 2008? — Oliver disse. — A visita foi um grande sucesso. Ele fez promessas a eles.

— Também recordo os anos 1960, quando os tanzanianos afirmavam que eram maoistas. Conseguiram que os chineses construíssem para eles a ferrovia Tan-Zam, agora caindo aos pedaços — observei. — De qualquer modo, quem fica com o dinheiro? Quer dizer, empresas americanas são contratadas para fazer o trabalho, digamos, das estradas?

— Uma empresa americana concorreu com sucesso para o projeto de energia na Tanzânia. Acho que posso dizer que estamos alcançando os objetivos americanos de desenvolvimento e política externa.

Mencionei que havia lido num jornal namíbio que uma empresa chinesa no país, financiada por dinheiro de ajuda americana, ludibriou e não pagou direito aos seus funcionários namíbios.

— Você viu isso, foi? — Oliver disse. Tinha sido uma manchete de primeira página. — Estatais chinesas antes tinham direito àquele dinheiro, mas isso já não acontece.

Mas ele acrescentou que menos de 10% das subvenções à Namíbia iam para empresas americanas. A maioria do dinheiro ia para empresas namíbias ou sul-africanas.

— Quer dizer que estamos dando dinheiro a empresas estrangeiras para fazerem o trabalho? E costumávamos dá-lo aos chineses?

— É um processo aberto de licitação — ele disse. — E fazemos auditorias. Não há sinais de que os empreiteiros estejam desviando os recursos.

Ligeiramente exasperado com minhas perguntas, ele disse:

— Você não acreditaria quanto tempo gastamos monitorando essas subvenções e fiscalizando.

— Mesmo assim, é uma tonelada de dinheiro.

— Mas existe uma avaliação constante de desempenho. Não acreditamos cegamente nas pessoas, nem listamos números como a Usaid costumava fazer... números sem sentido. Investimos dinheiro em monitoramento, para nos certificar de que o dinheiro vem sendo usado da forma correta, olhando para a meta e para o desempenho em relação àquela meta.

E, ele disse, às vezes o pacto da Millennial Challenge está em vigor e um acontecimento põe em xeque um acordo de desenvolvimento. O Malaui é um exemplo recente. Seu governo assinou um pacto de 300 milhões de dólares para investimentos no setor energético, mas pouco depois da assinatura estourou um protesto na capital do Malaui contra as violações dos direitos humanos pelo governo. Dezenove manifestantes foram mortos a tiros pelo Exército, e muitos foram feridos.

— Fizemos portanto uma suspensão operacional do pacto — Oliver disse. — E então os malauianos acolheram al-Bashir, do Sudão, foragido da Corte Criminal Internacional.

— E o que aconteceu?

— A MCC questionou o comprometimento de Malaui com os princípios.

— Então, nada de dinheiro?

— Nada de dinheiro.

— É assim que deve ser.

Mas eu não estava certo sobre o significado de "investimento no setor energético" — talvez acelerar o fluxo de petróleo estrangeiro, ou subsidiá-lo, ou criar fontes alternativas. Um dos problemas de toda a discussão era a imprecisão dos termos. Mesmo os milhões pareciam abstrações.

Lembrei as hordas de turistas nos alojamentos de Etosha e Oliver nos mostrando os lugares a serem melhorados. Recursos americanos estavam sendo investidos na indústria do turismo da Namíbia?

— Sim.

E Oliver entrou em mais detalhes, dizendo que a cota para o projeto de turismo era de 67 milhões de dólares, para a melhoria e administração do Parque Nacional Etosha e para ajudar a promover o turismo namíbio. A intenção era divulgar a Namíbia como um destino esplêndido, rico em animais e digno de ser visitado. Parte do dinheiro estava destinado a desenvolver um site interativo para a secretaria de turismo. Também era usado para ajudar a Namíbia nas áreas da conservação, ecoturismo e redução da pobreza em domicílios dentro de áreas de conservação.

Tudo isso era bem-intencionado em termos de desenvolvimento — ainda que a descrição fosse vaga — e louvável nos esforços feitos para assegurar que os recursos não fossem roubados ou desperdiçados. Se o dinheiro fosse mal utilizado, a subvenção seria cortada. Mas dinheiro para *turismo*? Muitos destinos turísticos nos Estados Unidos, que nada recebem do governo americano para infraestrutura, sites ou treinamento, ficariam satisfeitos em obter o subsídio de 67 milhões de dólares concedido à Namíbia. Lugares que eu conhecia bem não recebiam nenhum dinheiro do governo para promover o turismo. O Havaí nada recebia, Cape Cod nada recebia, mas estavam na luta. A indústria do turismo do Maine ainda passava por sérias dificuldades após a crise econômica de 2008, com alto índice de desemprego, altos preços da gasolina e uma falta de divulgação fora da Nova Inglaterra das maravilhas de Downeast Maine, uma das costas marítimas mais nobres e mais bem-preservadas da Terra.

Os moradores em dificuldades do Maine, muitos deles trabalhando nos hotéis e restaurantes do estado, estariam contribuindo para a melhoria da indústria do turismo da Namíbia, ajudando a atrair as hordas para Etosha e a Costa do Esqueleto?

— Digamos que eu seja um pescador de lagostas do Maine — eu disse. — Levanto às quatro e meia todas as madrugadas, saio no meu barco e puxo centenas de armadilhas. Alguns dias, o combustível sai tão caro e há tão poucas lagostas que perco dinheiro. Mas continuo puxando as armadilhas, e conduzindo meu barco em círculos. Pago ao homem que vai na popa. Pago meus impostos. Estou molhado e sinto frio quase o tempo inteiro. — Oliver sorria, sabendo aonde eu queria chegar. — O que você diria ao meu amigo Alvin Rackcliff, de Wheeler Bay, em Midcoast, Maine, sobre o uso do dinheiro de seu imposto para atrair turistas à Namíbia?

— Eu diria que estamos tentando ajudar a criar países estáveis — Oliver disse enquanto eu anotava.

— Não acho que Alvin se importaria muito com isso. Ele diria — como Alvin disse certa vez para mim — que a vida humana nada significa na África.

— É menos de um por cento do orçamento americano total — Oliver disse.

— Ainda assim é um monte de dinheiro. Alvin paga impostos altos e trabalha duro e está bem velho. Mas precisa continuar trabalhando.

— A ajuda desenvolve bons relacionamentos — Oliver contra-atacou.

— Alvin gostaria de saber o que a Namíbia está fazendo por si mesma.

— Cada país contribui com até metade do total — Oliver explicou.

Então, vendo que eu estava impressionado, acrescentou que países de baixa renda não precisavam contribuir com dinheiro algum. — Olha, isso ajuda a tornar os países viáveis. Desenvolve infraestrutura. Gana é um bom exemplo de como empréstimos e investimentos ajudam. Tivemos um pacto bem-sucedido ali.

Naquele ponto, Trevor entrou na conversa. Vinha ouvindo atento meu irritante interrogatório. Ele disse:

— E esses políticos em Windhoek que vivem feito reis? Por que estamos dando medicamento grátis ao país se estão gastando dinheiro com luxo?

— A Namíbia tem realizado eleições regulares desde 1990 — Oliver esclareceu. — Além do desenvolvimento baseado no turismo, estamos promovendo a educação e a agricultura. Olha, são cinco anos, e estamos sempre checando que ninguém esteja roubando.

— Entendo — eu disse, porque, de todos os programas humanitários com que deparei, aquele parecia ser operado da forma mais eficiente. Lembrei o livro extremamente crítico *Dead Aid* [Ajuda fatal], e perguntei: — O que a economista Dambisa Moyo pensa disso tudo?

— Ela é cética. Fez algumas críticas a nós — Oliver respondeu. — Mas a ideia toda é que não deveríamos permanecer aqui para sempre. Não deve haver uma ajuda a conta-gotas de longo prazo.

Eu estava convencido de que a Millennium Challenge Corporation vinha fazendo bem seu trabalho. (E, para pôr a cifra de 67 milhões de dólares em perspectiva, logo após minha conversa com Oliver ouvi no rádio que a União Europeia e o FMI haviam aprovado um empréstimo emergencial de 110 bilhões de euros para ajudar a Grécia a amortizar sua dívida.) Gostei da ideia de que a MCC cortaria recursos de países que não cumprissem sua palavra e de que tiranias não tinham direito à ajuda. A melhor notícia foi o monitoramento atento dos projetos e do fluxo de caixa. Algumas nações se beneficiavam e talvez estivessem gratas e mais estáveis como resultado. O que tudo isso significava para o contribuinte americano? Pouca coisa, concluí.

O que significava para Alvin Rackcliff, no Maine, que dava duro e pagava altos impostos? Ele já passara dos oitenta e continuava pescando, ainda puxando armadilhas. Eu podia vê-lo em sua capa amarela impermeável, luvas e botas de borracha em seu barco de pesca de lagostas, *Morning Mist*, risadas soando nos meus ouvidos.

— Se você acredita nisso, Paulie — ele diria —, está louco feito uma ratazana de esgoto! — Ou talvez: — O único queijo grátis está numa ratoeira.

No dia seguinte, Oliver me deixou na cidade de Omuthiya, que de tão pequena nem figurava no mapa. Encontramos seu amigo Moses lá. Moses era um ovambo, de Oshikati, perto da fronteira. Disse que me levaria oitenta quilômetros estrada acima até Ondangwa, onde havia um hotel.

Agradeci a Oliver por me esclarecer sobre seus projetos e por aturar minhas perguntas irritantes, e agradeci a Trevor por seu bom humor.

Trevor disse:

— Vamos sentir sua falta, cara.

— Você fica bem a partir daqui — Oliver disse.

Joguei minha bagagem na caçamba da caminhonete de Moses e subi no banco dianteiro.

Na estrada, Moses perguntou:

— Você vai para a fronteira amanhã?

— Sim.

— Já esteve em Angola antes?

— Não.

— Fala português?

— Não.

— Tem amigos lá?

— Nenhum.

Moses era um homem bonito, mas sua carranca lhe dava um aspecto feroz. Segurava o volante com as duas mãos, com firmeza, refletindo.

— O que você acha? — perguntei.

Ele virou o rosto carrancudo e sofrido para mim e respondeu:

— É um pesadelo!

Moses não sabia metade da história, nem eu. Embora eu só tomasse conhecimento um mês depois, naquele dia na Namíbia, ou talvez antes, em um dos hotéis em que eu usara meu cartão de crédito (eu o usara apenas catorze vezes na Namíbia, sempre para contas de hotel), minhas informações pessoais foram roubadas. Meu nome e números foram impressos num cartão clonado, idêntico ao meu ("É fácil", o esquadrão antifraudes me contou) e, a partir do meu último dia na Namíbia, e pelo mês seguinte, aquele cartão clonado foi usado em mais de cem transações fraudulentas.

Algumas compras foram substanciais (4 mil dólares em móveis da OK Furniture em Windhoek, quase a mesma quantia na Edgar's Furniture); algumas foram ínfimas (uma refeição de três dólares no Olympia Quick Shop, vinte dólares de cerveja no Shoprite). Muito mais móveis, montes de óculos de sol da Sunglass Hut, diversos computadores, um carro usado, vidros foscos, rodas de liga novas, oitocentos dólares em sapatos novos e muitas contas de supermercado. O total ultrapassou 48 mil dólares americanos.

11

A fronteira do carma ruim

VIAJEI NA DIREÇAO NORTE, A estrada ficou cada vez mais tortuosa e, mesmo antes que eu chegasse a Ondangwa, 65 quilômetros ao sul da fronteira de Angola, eu sabia que estava num país diferente, mas sem nome, uma terra fronteiriça mal-definida, uma zona de decrepitude e fome.

Tendo cruzado a Cerca Veterinária de novo, eu estava na Linha Vermelha, na terra de vacas esqueléticas, casas pobres e pilhas de lixo e sacolas de plástico rasgadas lançadas contra cercas de arame e tremulando de espinheiros. Também uma terra de homens bêbados, rapazes ociosos e mulheres sobrecarregadas de trabalho. Quase todo mundo do outro lado da Cerca Veterinária vivia em dificuldades, e as melhores casas eram casebres quadrados, miseráveis, de teto plano, feitos de blocos de concreto. A maioria dos blocos era fabricada por imigrantes chineses recém-chegados para os quais aquele era um negócio rentável de procedimento simples, e eles trabalhavam em barracões com a lateral aberta junto à estrada usando maquinário de mistura rudimentar e moldes de borracha. Os chineses empregavam namíbios, que ficavam cobertos de pó de cimento, fazendo-os parecer uma raça alienígena, qual marcianos de pele cinza explorados. Aquilo era oportuno, porque aquela área parecia uma nação totalmente diferente, e às vezes outro planeta, a estrela negra de meus sonhos inquietos.

Embora tivesse ouvido falar deles incessantemente, havia visto poucos colonos chineses na Namíbia. Mas aqui no norte eram numerosos (e anônimos), suas lojas e empreendimentos próximos da fronteira de Angola, a fonte de grande parte de seus negócios — e eles eram evasivos, geralmente desaparecendo de vista quando eu tentava fazer alguma pergunta. Sua presença ali me fazia refletir sobre a prosperidade da China, porque a maioria dos chineses que encontrei eram fugitivos do milagre chinês que na África acreditavam estar numa terra prometida sem regulamentações, de transações escusas e improvisação. Aqui, onde ninguém os vigiava, encontravam mão de obra barata e lucros fáceis. Aquela situação livre, feliz e capitalista é uma raridade abençoada a que os chineses tradicionalmente se referem entoando uma fórmula ritual (como muitos devem ter feito na África): "O céu é alto, e o imperador está bem distante."

Logo, eu estava num mundo de barreiras de estrada e turbas, de estradas péssimas ou nenhuma estrada, um mundo de mentiras, golpes e policiais corruptos. Era também um mundo de ofensas, um mundo de "*Meester*, por que você está aqui?". O que era uma boa pergunta — por que eu *estava* ali? Nos trechos seguintes da viagem tentei responder à pergunta. À primeira vista, minha estada ali parecia pura perversidade, e insensatez ir mais para o norte.

Nenhum turista se aventurava naquela área de fronteira — por que o fariam? Os hotéis eram terríveis, a comida era sebenta, as pessoas eram suspeitas e ocasionalmente hostis. A margem da estrada era coalhada de vidro quebrado e latas de refrigerante amassadas. Um cheiro ruim pairava acima daquilo tudo — o fedor das latrinas da pobreza, pilhas de lixo fumegante, fumaça de diesel e, em barracas à beira da estrada, bolas de massa amarela fritando em gordura quente. O clima era exaustivo — muito quente, sem sombras, sem chuva.

Ainda na Namíbia, na decrépita cidade de Ondangwa, procurei por viajantes, mas não vi ninguém de Angola nem rumando para lá, exceto pessoas desesperadas cujas famílias estendidas ou tribos haviam sido divididas pela fronteira, pois aquela era Ovamboland e os ovambos viviam dos dois lados. Um mundo de indelicadeza e grosseria. Eu me assustava quando um funcionário gritava "Você!" comigo e erguia um punho, como que prestes a me bater no rosto.

Até um mês depois que parti, quando descobri — tarde demais — que havia levado um golpe como resultado do roubo da minha identidade, a Namíbia havia me impressionado como razoavelmente organizada e educada. Mas, quanto mais viajava naquela estrada rumo ao norte, mais a ordem e a educação se deterioravam, e comecei a me perguntar o que poderia achar na fronteira e do outro lado. Parecia um mundo africano quente de carma ruim, quase anarquia, e oportunismo. Via pobreza e desespero por toda parte, uma cultura de catadores, e em última análise aquilo me fez questionar todo o propósito de minha viagem sentimental.

Todos os viajantes sérios chegam a essa crise de incerteza, empacando na estrada, vez ou outra. A próxima pergunta envolvia se havia algum sentido em prosseguir. Jamais havia me sentido tão velho, um estrangeiro tão visível em um lugar onde ninguém se parecia, ainda que remotamente, comigo; um alvo fácil. Talvez aquilo fornecesse uma boa lição sobre a vulnerabilidade de uma minoria, mas valeria o esforço?

No pequeno hotel, tendo visto o aspecto sujo e decadente da pequena cidade, fiquei curioso em saber até que ponto as coisas poderiam ser ruins adiante, talvez na cidade fronteiriça de Oshikango e além. Até então, eu não conseguia imaginar nada mais caótico ou menos promissor que a cidade de Ondangwa.

Escrevo "pequeno hotel" e "pequena cidade" e "sujo e decadente" e é possível ver nessas palavras certo encanto débil, como se eu estivesse descrevendo um local tropical num romance de intrigas — o bar escuro, o emaranhado de ruelas, a folhagem sobrepairante, os habitantes pitorescos de Ovamboland.

Não era nada assim. O fim de mundo sufocante da ficção nunca é uma favela completa. Sempre tem um refúgio aconchegante: um hotel com uma varanda, um barco fluvial amarrado a um píer, uma velha casa esquisita, uma mulher complacente ou um morador mordaz. E aqui, na sombra confortável, o herói saboreia um drinque, olha a mulher e contempla a cidade decadente. Essa fantasia é completa porque, como um romance (e grande parte da ficção de Graham Greene, por exemplo, é enganadoramente romântica dessa forma falha), inclui um refúgio seguro para você se esconder e talvez alguém por quem se apaixonar ou de quem depender. O fedor do lugar, a desesperança, a vil indiferença não surgem da página.

Não havia refúgio ali, nenhuma posição favorável. Ondangwa era uma desgraça de barracos, carros velhos e lojas vazias, de cães magrelas mastigando em pilhas de lixo, de multidões de pessoas, algumas fitando, outras em conversas desatentas. As pessoas tinham o ar de temporalidade que você vê nos desesperadamente pobres. Não pareciam pertencer ao lugar, mas apenas estar passando por lá. Ondangwa não era, em nenhum sentido visível, uma comunidade, e sua fortuitidade, desordem e mau cheiro pareciam ameaçadores. Não havia onde se esconder, nada que pudesse me agradar, e aquilo fez com que me sentisse um tanto inseguro. Na ficção, apenas Paul Bowles escreve sobre tais lugares, e convincentemente, porque são de fato feios e inabitáveis, exceto por seus personagens pesarosos, autodestrutivos, que geralmente estão no fim de suas forças, e quase sempre morrem nesses lugares detestáveis.

Ondangwa se erguia na areia e nos arbustos. Não havia árvores. Uma cidade sem sombras. Sua população vestia roupas descartadas. Nada funcionava. A própria luz solar a fazia parecer ainda pior, mais sombria e desesperadora em seu brilho horrendo, despida para o céu. Não era um destino. Era um lugar para se morrer, ou de onde partir rapidamente. E estava no caminho para lugar nenhum.

Ondangwa estava perto o suficiente da fronteira para que o caos de Angola tivesse se infiltrado e contribuído para sua desordem. Após seu uivo de "É um pesadelo!", Moses havia me deixado na rua principal da cidade, perto do único hotel, e erguendo sua grande mão conselheira como um tio prudente, fez repetidas advertências: Não confie em ninguém. Não fale com ninguém. Não responda a perguntas de nenhum dos rapazes ou homens que você vir. Fique com a mão no dinheiro, senão seu bolso será pilhado. Segure bem sua bolsa, senão será roubada. Tome cuidado.

E depois ele fez aquela declaração agourenta e atemorizante que penetra nas entranhas:

— Tem gente ruim aqui.

Moses, um amigo confiável de Oliver, era um homem sagaz e prestativo. Via-me como um estrangeiro ingênuo e uma vítima potencial. Tomou-me por um viajante crédulo e possivelmente um tolo. Nessas avaliações, talvez não estivesse muito equivocado. Mas ele morava na região e estava constantemente na companhia de estrangeiros e refugiados, os visitantes usuais encontrados em áreas de fronteira. Nascera na cidade de Oshakati e morava a oeste dela.

Todas as fronteiras nacionais atraem gente em trânsito, bem como rejeitados, imigrantes e negociantes escusos. Ali, no limite do país, longe da capital, as regras normais não se aplicavam. As pessoas faziam qualquer coisa de que conseguissem escapar impunes. A própria presença de uma cerca de fronteira significava que ninguém de fato pertencia ao lugar. Essa área periférica carecia de qualquer identidade exceto sua própria face desgastada, e atraía sobretudo fugitivos e vigaristas. Eu era um dos bandidos, um fugitivo. Não tinha o que fazer ali. Estava apenas passando por lá e esperando pelo melhor.

Antes de ir embora, Moses aconselhou:

— Mantenha a cabeça baixa. Não faça contato visual com essa gente.

Esse conselho foi estranhamente visionário. O contato visual produz agressão. Os estudiosos do comportamento dos animais concordam: encare um chimpanzé, e ele provavelmente o atacará. Olhar nos olhos de um cão pode criar hostilidade. O contato visual prolongado "mobiliza os temores dos animais de carga". A maldade se manifesta no olhar. Não apenas um olhar hostil, mas encontrar os olhos de um estranho pode ser interpretado como um confronto. *Stink eye*, como dizem no Havaí. *Malocchio*, na Itália. Baixar o olhar ou desviá-lo significa submissão. Você escapa de um animal na floresta evitando o contato visual, porque o olhar é percebido como um desafio, se não como uma ameaça direta.

Na verdade, eu sentia que estava me transformando em um animal, ou talvez usando meus instintos animais mais do que nunca. Aquilo parecia bloquear parte do meu cérebro, a parte esponjosa, gelatinosa e reflexiva que eu usava para ficar sereno.

Quando entrei no hotel, o manuseio do meu cartão de crédito foi mais desajeitado que de hábito: "A máquina não está funcionando" e "Já volto com ele". Em retrospecto, é muito provável que minha identidade tenha sido roubada naquele dia, meu último na Namíbia, no Protea Hotel, também conhecido como Hotel Pandu Ondangwa, um prédio quente e soturno cercado de cascalho e plantas mirradas, com um único funcionário dissimulado e lisonjeador que exibia os dentes ao sorrir.

Enquanto o dia ainda estava claro, segui minha longa sombra até a rua principal, que também era a estrada principal para Angola. Fui abordado por homens esfarrapados.

— *Mynheer, mynheer...*

Os namíbios rurais tendem a falar em africânder na presença de brancos.

— Preciso de um transporte para a fronteira amanhã.

Vários disseram:

— Posso levá-lo, *mynheer.*

Olhei para os carros e, achando um em estado razoável, comecei a pechinchar o preço da corrida de quase cem quilômetros.

— Gasolina, *mynheer...* tão cara!

Aquele era Joshua, que disse que poderia me levar até a fronteira. Parecia ter pouco menos de trinta anos, e havia algo de tranquilizador em suas maneiras.

Não estava exagerando sobre a despesa — o custo do combustível em toda a África estava exorbitante. Em Ondangwa, naquele dia, era de quase cinco dólares o galão, ou cerca do dobro do preço nos Estados Unidos. Pedi que me encontrasse às sete para que estivéssemos na fronteira às oito, quando ela abrisse. Depois tive uma conversa particular com ele sobre sua família — seus três filhos, sua aldeia natal, suas ambições — e contei sobre minha mulher e meus filhos. Queria que fôssemos humanos um com o outro. Apertamos as mãos e repeti os detalhes sobre o percurso, o tempo e o preço.

Joshua não apareceu na manhã seguinte. Eu tinha acordado cedo e fechado a conta no hotel. Estava com minha pequena bolsa e minha pasta e fiquei esperando na entrada por quase uma hora.

Em seguida um estranho apareceu.

— Sou o Stephen. Joshua é meu primo. O carro dele não está ligando.

— Como chegarei à fronteira?

— Eu vou levá-lo, *mynheer.*

Aquilo tinha todos os sinais de uma armação. Eu não tinha a menor ideia de quem era aquele jovem. Estava mais maltrapilho do que Joshua. Seu carro era um calhambeque, uma porta se mantinha fechada com um cabide de arame torto. Os bancos estavam rasgados, o estofamento, aparecendo. Stephen parecia inquieto, para não dizer nervoso. Não morava naquela área, mas um pouco distante, em Ogongo, no Ovamboland a oeste. Mesmo assim — que opção eu tinha? — entrei e lancei minha bolsa no banco traseiro.

Aos poucos, ficou claro que Stephen era uma boa alma — gentil, honesto, um pai orgulhoso e com ambição de continuar seus estudos. Como muitos outros homens e mulheres jovens que conheci na Namíbia, queria desesperadamente deixar o país e encontrar trabalho nos Estados Unidos. O que faria?, perguntei. "Qualquer coisa", respondeu. Acreditei nele, e pude imaginar seus colegas de trabalho elogiando-o numa cidade americana onde Stephen poderia ser motorista de táxi, transportador de móveis ou funcionário num posto de troca de óleo a jato. "O cara é uma bola de fogo!" E eles provavelmente não conseguiriam imaginar de onde Stephen viera — a pobreza e desordem de Ondangwa — e o quanto alguém como Stephen estaria grato por ter um trabalho e uma vida numa cidade americana.

Fui lembrado de que, ao longo das fronteiras povoadas por visitantes, oportunistas e predadores, havia também — e talvez pelo mesmo motivo — protetores defendendo os inocentes do mal. Ele era um daqueles anjos. Eu havia encontrado muitos em minha vida, e viria a encontrar mais deles naquela viagem.

Como Moses, Stephen era cheio de advertências, mas me assegurou que, se eu seguisse seus conselhos, chegaria do outro lado da fronteira sem problemas.

— Como é do outro lado?

Fez um sinal de não com a cabeça e sorriu. Não tinha ideia. Nunca estivera lá.

— Empresas chinesas — ele disse ao passarmos por depósitos e pequenas fábricas.

À esquerda, um prédio de dois andares pintado de amarelo com uma placa carmim: HOTEL E RESTAURANTE DRAGON CITY. Perguntei:

— Acho que é uma empresa chinesa. Mas quem vai lá?

— Talvez pessoas de Angola — Stephen respondeu. Então, ao passarmos por mais empresas, ele enumerou: — Indiano: plásticos. Palestino: folhas de estanho para telhados de casas. Chinês: têxteis. Ele os produz ali. Empresa de carros e caminhões: sul-africano. Alemães, ali.

Tudo aquilo devido à proximidade de Angola, a maioria dos produtos vendidos para pessoas que atravessavam a fronteira. Perguntei a Stephen se essa suposição estava correta.

— Eles não têm nada em Angola — ele disse. Pensou de novo. — Mas têm dinheiro.

As fachadas das lojas e empresas se tornaram mais constantes, mais próximas umas das outras, quando nos aproximamos da cidade fronteiriça de Oshikango, mas claro que, por se tratar da fronteira, era apenas meia cidade, separada de seu outro lado por uma cerca de arame que atravessava em ângulo reto a rua principal. Naquela rua, esperando passar pela alfândega namíbia, estava estacionada uma longa fila de caminhões, diversos carros e mesmo alguns carrinhos de mão abarrotados. Pareciam estar aguardando ali havia um ano, e a cena era de grande desordem, quase desenfreada.

Pessoas circulavam em torno dos veículos parados, gritando, vendendo comidas em cestas — pãezinhos, bolinhos fritos, bebidas geladas, legumes murchos e bandejas de chicletes e balas. Além da multidão daqueles vendedores, pude ver outra forçando passagem em direção a um galpão aberto com um telhado alto. Algumas daquelas pessoas, na maioria rapazes adolescentes, os espertalhões que assolam as fronteiras, correram em nossa direção. Nessas circunstâncias, você se sente escolhido e perseguido como uma presa capenga.

— Tome cuidado — Stephen alertou. — Tem ladrões aqui... e do outro lado, muitos ladrões. Não desça do carro enquanto eu não der o sinal. Vou achar alguém para ajudá-lo.

Ele saiu do carro e foi abordado por um grupo de rapazes. Deu uma olhada na rua bloqueada, retornou ao carro e abriu a porta.

— Tranque a porta. Não fale com esses rapazes. Não olhe para eles.

Então ele sumiu, correndo entre a massa de pessoas que forçavam passagem para o barracão. Do lado de fora do carro (minha porta presa pelo cabide), os rapazes se acotovelavam nas janelas, alguns gritando, outros apelando:

— *Mynheer! Mynheer!*

Stephen retornou com uma moça de uns dezenove ou vinte anos, cuja altura não era muito superior a 1,5 metro. Tinha um rosto sério, carrancudo, mandíbula saliente, trajava blusa azul e saia rosa, e sobre a cabeça um chapéu tricotado com abas moles de lã branca, como uma camponesa pitoresca numa lenda ou canção de ninar.

— Esta é Vickie — Stephen disse. — Ela vai ajudar você.

Vendo-a, ouvindo aquilo, a turma de rapazes se pôs a rir, fazendo Vickie dizer algo ríspido que os calou.

— Quanto lhe devo?

— Não mostre nenhum dinheiro — Stephen disse. Escondeu o pagamento; grato por ter me conduzido, eu lhe dera o dobro do que pedira. Entregou a Vickie minha bolsa de lona.

Ela ergueu a bolsa até a cabeça e a segurou com ambas as mãos. Agarrei-me à minha pasta. A medida que descíamos a rua quente e abríamos caminho na multidão até o galpão da alfândega, os rapazes agarravam as mangas da minha camisa.

— *Mynheer!*

Afora os rapazes inoportunos — e outros se juntaram a eles ao avançarmos —, as formalidades do lado namíbio foram simples: apresentação de formulários assinados e passaporte, e a habitual revista da bagagem, com a digressão singular de um inspetor namíbio levantando meu exemplar de *Benito Cereno*, examinando-o, depois folheando-o, seus olhos dançantes indicando que sua cabeça estava cheia de astúcia, como se procurasse uma passagem ofensiva.

— Pode ir.

Encaminhou-me para os fundos do galpão, onde um caminho estreito com laterais altas conduzia a um labirinto.

Os mesmos rapazes me seguiram, uns dez. Eu conhecia seus rostos agora: aquele com camiseta de futebol, o outro de chapéu rastafári de lã, aquele de camiseta Emporio Armani, o com cara de mau e dentes quebrados, aquele que ficava esbarrando em mim — suas sandálias de plástico estavam rachadas, e seus pés, inchados e machucados. Vários rapazes usavam os bonés para trás no estilo de gangue. A alfândega e a imigração aparentemente não se aplicavam a eles. Eles empurravam e se acotovelavam na passagem estreita, que, vi depois, representava uma terra de ninguém.

Ao final da passagem, Angola era outro galpão, com um guichê de madeira mantido aberto por uma escora, mais pessoas em fila, tudo aquilo cercado de arame e fita farpada.

Vickie, cercada pelos rapazes insolentes, apontou para o guichê e indicou que eu deveria mostrar meu passaporte. Ao fazê-lo, ouvi um grito.

— Você! — Era um homem dentro do barracão em uniforme azul. — Fora daqui!

Queria dizer que eu deveria entrar na fila, o que fiz de bom grado, embora surpreso por seu tom ríspido. Eu iria ouvir aquela mesma voz intencionalmente intimidante nas próximas semanas, sempre de policiais, soldados ou funcionários públicos. A voz de autoridade angolana é severa, muitas vezes amarga, em geral repreensiva, e às vezes cruel. Quando eu comentava aquilo ou reclamava, as pessoas diziam: "Eles tiveram quase trinta anos de guerra." A guerra terminara havia mais de uma década, era minha resposta. "Mas eles estavam combatendo soldados sul-africanos", era a réplica. Na verdade, os soldados sul-africanos haviam colaborado com uma grande facção angolana. Eu achava que a hostilidade em toda aquela gritaria e obstrução muitas vezes significava que uma propina estava sendo sugerida.

A antipatia era sempre de uma autoridade, raramente de um civil angolano, mas os civis haviam sofrido também. Eu não conseguia lembrar de ter sido abordado com tamanha rudeza gratuita — nem na África, nem em lugar algum. Mas claro que eu não estava num aeroporto internacional. Eu era um mero pedestre de roupas surradas que havia caminhado através da fronteira da Namíbia com velhas carregando sacos de legumes e cestas de frangos, velhos arrastando os pés atrás delas e rapazes ruidosos berrando uns com outros. Além disso, naquela manhã, eu era o único visivelmente estrangeiro tentando entrar.

Quando chegou minha vez no guichê, o funcionário da imigração angolana com cara de mau e voz agressiva arrebatou meu passaporte e achou meu visto. Mas, em vez de carimbá-lo, pôs de lado.

— Onde está sua carta de convite?

Nenhum estrangeiro pode entrar em Angola sem uma carta de convite formal (autenticada em cartório). A qualquer um nos Estados Unidos que acredite que tratamos os visitantes burocraticamente e com suspeitas insisto que reflita na corrida de obstáculos que Angola (e muitos outros países) representa para seus visitantes estrangeiros: um requerimento de sete páginas, uma reserva de hotel pré-paga, passagens aéreas de ida e de volta pré-pagas, uma série de referências pessoais e uma carta-convite de um morador de Angola declarando exatamente o que o visitante estará fazendo no país. Depois você paga duzentos dólares pelo visto. E aguarda vários meses. E seu pedido pode ser negado, como acontecera comigo duas vezes antes de obter aquele visto.

— Por que se dar ao trabalho? — as pessoas me perguntavam. Mas um país onde é tão difícil entrar me deixava curioso para descobrir o que havia do outro lado da cerca.

Acontece que eu tinha a carta-convite em minha pasta, especificando (em português) que eu estava em Angola para visitar colégios e faculdades e dar algumas palestras. Eu era escritor, ela explicava. Todos aqueles detalhes tediosos tinham o mérito singular de serem verdade.

Entreguei a carta. O homem de cara feroz no galpão não a leu. Colocou-a em sua mesa com meu passaporte.

Aguardei, respirando com dificuldade no calor. Falei com Vickie. Os rapazes ociosos riram. Após uns vinte minutos, voltei ao galpão e levantei a mão para indicar: *Aqui estou, senhor.* Ao me ver, o funcionário da imigração, parecendo ofendido, lançou-se porta afora e gritou comigo, agitando a mão:

— Você deve esperar! Espere ali!

Aquela exibição desnecessária de abuso teve seu efeito na pequena turba. Vendo como o homem me tratara, os rapazes ociosos com bonés para trás e camisetas de rapper, encorajados pelo tom, começaram a me cercar, suas roupas cheirando mal, murmurando para mim em português e africânder e entre eles em sua própria língua.

Mais duas vezes o funcionário gritou:

— Você, espere!

E quando, cerca de uma hora depois, me entregou o passaporte, ficando com minha carta, ignorando meu pedido de uma cópia, percebi que tive uma lição valiosa sobre o cruzamento de fronteiras, sobre as autoridades angolanas, sobre as formas de viajar atuais.

O funcionário fez cara feia para mim e perguntou, em português:

— Você é professor?

— Sim — respondi, também em português. — Sou professor.

E acenou para que eu prosseguisse. Era um dia quentíssimo, e a demora foi inconveniente, mas eu não podia levar aquilo para o lado pessoal.

Eu era um homem mais velho de uma raça estrangeira entrando no país pela porta dos fundos, tratado com a agressão sem cerimônia reservada às almas desprezíveis que caminhavam através da fronteira remota. A qualquer um que tenha entrado pelo aeroporto internacional de Luanda, no tapete vermelho, e elogiado os modos e a modernidade do país, eu poderia dizer: você não tem a menor ideia...

Para alguém como eu, com a pretensão de escrever um livro, a manhã inteira de fracassos em série, passada indo da Namíbia a Angola — talvez uns cinquenta metros de percurso —, não poderia ter sido uma experiência mais rica e esclarecedora.

A seguir, caminhei para um caos ainda maior, a cidade fronteiriça angolana de Santa Clara, Vickie em passo ligeiro atrás de mim com minha bolsa, os rapazes dos dois lados, em passo ligeiro, porque eu estava me apressando, na esperança de desencorajá-los.

— Ônibus — eu disse. Os rapazes me cutucaram. Sabiam onde eu podia conseguir um ônibus. Vickie foi na frente. Achamos dois ônibus, mas nenhum partiria para Lubango, meu destino pretendido, antes do anoitecer. E os próprios ônibus estavam em estado tão precário que duvidei de que chegariam a partir.

Vickie, enquanto isso, ficou do meu lado. Comunicava-se comigo por gestos, e fazia sinais para que os rapazes se afastassem. Ela era jovem, mas obstinada e prestativa, e as pragas ou advertências que murmurava para os rapazes os mantinham a distância.

Tudo que pude ver de Santa Clara foi uma rua principal esburacada, margeada por lojas baixas que vendiam óleo automotivo e artigos de plástico chineses — baldes e cadeiras de pátio. Aqui e ali se erguiam barracões de madeira com letreiros anunciando bilhetes de loteria. As mulheres sobrecarregadas vindas do lado namíbio eram na maior parte vendedoras, e expunham seus legumes à beira da estrada ou os anunciavam em cestas. A cidade, em seu caos, fazia Oshikango, do outro lado da fronteira — dava para vê-la sobre a cerca fronteiriça — parecer pacífica e ordeira.

Um menininho com um balde cheio de garrafas d'água passou por mim. Comprei uma garrafa usando dólares namíbios, e o dinheiro na minha mão atraiu uma nova leva de homens e rapazes se acotovelando, os cambistas. Ao descer a rua, descobri que a cidade de Ondjiva ficava a pouco mais de trinta quilômetros de distância. Se eu chegasse lá de van ou de ônibus, talvez pudesse fazer um plano.

Então vi uma Land Cruiser à frente, antiga, angulosa, como uma caixa de estanho sobre rodas, e um homem do lado. Perguntei:

— Ondjiva?

O homem tinha uns trinta anos e vestia uma camiseta de futebol que já estava empapada de suor por causa do calor do dia. Seu rosto atormentado se tornava ainda mais trágico pela falta do dente da frente, e havia uma caneta esferográfica espetada nos cabelos oleosos e volumosos, como um grampo. Ele indicou que sim. Depois enumerou aonde iria:

— Ondjiva. Xangongo. Cahama. Lubango.

Lubango era meu destino. Perguntei em português quando iria partir.

— Quando vamos? — perguntou ele em português.

Daqui a uma hora — ele indicou no seu relógio de pulso e deu umas batidinhas com o número das horas.

— Quanto dinheiro? — responde também em português.

Ele mencionou um número, depois pegou a caneta de seu cabelo e escreveu o preço com tinta azul em sua palma amarela, indicando mil. Aquela era a quantia em kwanzas angolanos. Mostrei meu dinheiro namíbio. Ele escreveu outro número. Uma quantia razoável. Paguei a ele. Calmamente paguei a Vickie — e, grato como com Stephen, dei mais do que ela cobrara — e fiquei triste de vê-la partir. Ela voltou a transpor a fronteira, seu chapéu mole amassado e disforme por ter carregado minha bolsa. O tempo todo em que permaneceu comigo, ela jamais sorriu.

Apontando para si, o motorista disse:

— Camilo.

— Paulo — eu disse em português.

Se tudo saísse bem, eu chegaria a Lubango naquela noite. Mas poucas coisas nas viagens são simples, e tudo em Angola, mesmo a transação mais direta, era tão difícil a ponto de ser inconcebível. Suspeitei que Camilo quisesse mais passageiros. Eu estava certo. Nas próximas três horas, no calor daquela cidade de fronteira, ficou junto ao carro urrando os nomes das cidades, e, um por um, rapazes, homens e uma mulher com cestas subiram nos fundos do veículo. Como fui o primeiro passageiro pagante, ocupara o banco da frente, mas uma mulher jovem entrou pelo lado do motorista. Assim seríamos três no banco da frente para o percurso de quase quinhentos quilômetros até Lubango.

O nome da mulher era Paulina, e tinha vinte e poucos anos, rosto meigo mas silencioso, e vestia camiseta preta justa e jeans preto. Disse que subiria a estrada até sua aldeia:

— Minha aldeia está perto de Lubango.

Permaneci sentado, de cabeça baixa, matando tempo com anotações que começaram com: *Tedioso demais relatar os atrasos...*

Os sete ou oito rapazes que haviam me acossado do meu lado do carro — importunadores, cambistas, meros curiosos, "Senhor... *meestah*" — haviam se afastado. Para mim, saltar do carro e perambular por ali significaria ser seguido, e qual o sentido disso? Não havia sombra. Não havia nada para comprar. Santa Clara era bem pior, bem mais miserável que Oshikango, a menos de cinquenta metros de distância. Resignei-me a não comer naquele dia, e cochilei.

Numa daquelas peculiaridades irônicas de um mundo ao qual eu não me acostumara, meu telefone tocou no bolso. Eu ainda estava na órbita telefônica da Namíbia. Era minha esposa na linha. Sentia saudades de mim. E como eu estava?

— Dia encantador aqui na fronteira angolana. Estou em Santa Clara.

— Que nome bonito.

No início da tarde, Camilo subiu no carro e pôs-se a manusear as fitas cassete. Encontrou uma que queria e enfiou-a no toca-fitas. Mais tarde, quando tive um vislumbre da etiqueta da fita, vi que era o DJ holandês Afrojack, vocal de Eva Simons, e nas quatro horas seguintes ficou tocando repetidamente, com Camilo às vezes aumentando o volume. Mais tarde, quando ficou bêbado, de olhos vermelhos e irracional, tocou-a num volume ensurdecedor e cantarolou junto, mas num murmúrio cheio de estática, como um cão gargarejando diante de uma TV. *Let's go take a ride in your car... I want you to take over control... Plug it in and turn me on* [Vamos dar uma volta no seu carro... Quero que você assuma o controle... Ligue na tomada e me acenda].

Passei a odiar aquela música, e como muitas músicas odiosas, a melodia e a letra idiota não saíam de minha cabeça. Não deixamos Santa Clara de uma vez. Por razões que não informou, Camilo começou a viagem percorrendo as ruas de terra sulcadas perto da rua principal. Abrigavam as favelas e periferias da cidade, com seus cães de três patas e mulheres lavando roupas em bacias transbordantes de água cinza. Talvez estivesse em busca de mais alguém para apertar no fundo do veículo. Talvez quisesse comprar algo — pareceu fazer várias perguntas discretas. As ruas eram tão ruins que o velho Land Cruiser sacolejava, e a mulher de olhos encovados e meninos taciturnos observaram o veículo passando por seus barracos. Crianças brincavam na poeira, e uma delas tentava manobrar um carrinho de mão quebrado que continha duas melancias machucadas. No calor, o fedor indistinto de excremento humano.

Eu sabia que Angola era rica, mas não sabia então que o país auferia bilhões de dólares anuais de suas exportações de petróleo, diamantes e ouro. Mais tarde, quando descobri as cifras, me lembrei daquele curto passeio por Santa Clara, numa das piores favelas que vi em minha vida. Lembrei-me daquele dia inteiro como um episódio de miséria. Não minha — eu era uma testemunha, passando por lá —, mas daqueles à beira da estrada e nas aldeias, os calados e brutalizados angolanos, ignorados pelos cleptomaníacos no poder.

— Tenho medo do que essa gente irá fazer — um angolano me diria em Luanda quando mencionei o que vi ao sul. — Imagina se percebessem como foram enganados... o que fariam se decidissem se vingar do governo.

Aos que arrecadam dinheiro para os pobres em Angola, eu diria que, antes de pôr a mão no bolso, pensem nas receitas do país: dê uma olhada no preço do barril de petróleo e no fato de que o país produz quase 2 milhões de barris por dia; olhe o diamante no seu dedo, e seu engaste de ouro, e reflita que essas coisas bonitas provavelmente também se originaram em Angola.

No meu primeiro dia do outro lado da fronteira, vi que a falta de dinheiro não era um problema nesse país — mas raramente é nos infernos do mundo. O paradoxo era que talvez o excesso de dinheiro fosse o problema — ou um deles. Isso e um governo administrado por ladrões.

Mas eu estava apenas aprendendo, e pensei, como é comum nessas circunstâncias: quem sabe as coisas melhoram mais além.

Aquela estrada principal norte-sul, a única para a Namíbia e a única para a capital de Angola, estava em péssimo estado. Os buracos eram tão grandes, fundos e numerosos que Camilo, normalmente um demônio da velocidade, com frequência tinha de reduzir a marcha até quase zero e contorná-los, e muitas vezes saiu totalmente da estrada, dirigindo pelo acostamento ou por uma aldeia à beira da estrada.

Trinta quilômetros à frente, chegamos à cidade de Ondjiva, onde paramos inexplicavelmente. Camilo acelerava o motor, enquanto alguém de trás saltou para fazer algo para ele. Saltei também, a fim de esticar as pernas, porque ficara confinado no carro por horas em Santa Clara, e parecia seguro fazer uma pausa aqui. Ondjiva parecia nova, seus prédios, bem-conservados. A cidade tinha um aeroporto. Vi uma placa de hotel. Aquele local não era a ruína ameaçadora de Santa Clara.

Perguntei a Paulina sobre o lugar. Ela respondeu em português, devagar para que eu entendesse:

— Esta cidade foi destruída na guerra. Toda arruinada. Bombas. Incêndios. Metralhadoras. Destruição. Extermínio. Agora está novinha.

Ondjiva, ou N'Giva, havia sido conhecida na época colonial portuguesa como Vila Pereira d'Eça e, após a assustadora e prematura Independência em 1974, recebera seu antigo nome ovambo de volta. António Pereira d'Eça (1852-1917) havia sido um coronel português, e era coerente com a política colonial, impondo uma cultura de personalidades estrangeiras famosas, que muitas cidades em Angola passassem a homenagear soldados e estadistas portugueses. Pereira d'Eça fora enviado para várias expedições militares a Moçambique e Cabo Verde e, após a irrupção da Primeira Guerra Mundial, foi nomeado comandante das Forças Expedicionárias portuguesas para conter o avanço alemão no Sudoeste africano. Mas em 1915 os alemães eram o menor dos problemas, porque o povo ovambo da área, tirando vantagem dos colonizadores sitiados, se insurgiu sob a liderança de seu rei guerreiro e se voltou contra os batalhões de Pereira d'Eça. Os kwanyamas, uma subtribo dos ovambos, foram dizimados em uma sucessão de massacres, e por sua carnificina e repressão prolongada Pereira d'Eça foi recompensado com o posto de general.

Uma consequência daquela brutalidade foi que o nome de Pereira d'Eça ficou associado à aldeia, o local da carnificina. Outra consequência foi a decapitação do rei guerreiro, Mandume Ya Ndemufayo, e sua cabeça cortada sendo exibida por muitos anos na cidade. O tipo de decapitação colonial defendido pelo sr. Kurtz, como Marlow viu em *Coração das trevas*: "meia dúzia de esteios finos permaneciam cravados em fila, aproximadamente da mesma altura, com a extremidade superior ornamentada por bolas esculpidas."* Claro que não eram bolas esculpidas, e sim os crânios nus, branqueados pelo sol, dos inimigos de Kurtz, assim dispostos para desencorajar quem estivesse tentado a transgredir. No tempo de Shakespeare, as cabeças cortadas dos infratores eram penduradas na London Bridge. Em nossa própria época, como revelado por indícios no julgamento pela Corte Criminal Internacional do chefe guerreiro Charles Taylor, as cabeças sangrentas de aldeões, cortadas por crianças soldados, eram expostas na Libéria e em Serra Leoa. A cabeça de Mandume ficou exposta por tantos anos que acabou se reduzindo ao crânio pelas intempéries, e fitava com um sorriso sem lábios.

A cidade foi renomeada, o que não acabou com os problemas. Ao longo da década de 1980, foi área de estacionamento para o regimento de paraquedistas do Exército sul-africano — os Chacais, como se denominavam — em seu combate contra guerrilheiros namíbios que lançavam seus ataques de Angola. E Ondjiva também assistiu a combates entre facções angolanas e soldados cubanos. Não admira que, na década de 1990, a cidade tivesse sido arrasada e que uma parte tão grande parecesse nova. Estava bem-suprida porque todos os seus materiais de construção e veículos, e a maioria de sua comida, vinham da Namíbia, mais à frente.

Saindo da cidade, rumo ao norte, a estrada se deteriorou. Por muitos trechos longos era intransitável, e Camilo desviou por aldeias, permitindo-me um exame de aldeias tradicionais em sua província de Kunene, com suas áreas cercadas e pátios conhecidos como *kuimbo*. Eu não vira algo assim na Namíbia, mas aqui no sul de Angola pouca coisa mudara, apesar de quatrocentos anos de escravidão, colonialismo, incursões militares, atividade guerrilheira, receitas do petróleo e as numerosas obras de caridade de igrejas e ONGS. As taxas de HIV/aids eram altas — quase 20% das pessoas naquela província estavam infectadas. Mas fora isso se tratava da velha África de cabanas de barro, cercas de galhos, vacas magras, galos pomposos e nenhuma lâmpada — dos descalços e destituídos.

* Joseph Conrad, *Coração das trevas*. Trad. Sergio Flaksman. São Paulo: Companhia das Letras, 2014. (N. T.)

Fora da estrada, driblando as árvores, parecíamos avançar. Na estrada, éramos detidos por policiais ou soldados nas barricadas. Não eram as sentinelas alegres tipo "quero ir pra Chicago" que eu vira na Namíbia, mas homens carrancudos, em alguns casos bêbados e bem-armados, ante os quais Camilo — normalmente tão vivaz e ofensivo — se submetia.

— Tu, passaporte — um deles sempre dizia para mim, com seus dedos vorazes erguidos como garras.

Quando saíamos da estrada, os ocupantes do carro desciam para se aliviar. Ninguém ia longe, não mais que três metros, todos cotovelo contra cotovelo, como um concurso de mijo, homens com os pés afastados e braguilhas abertas, mulheres acocoradas com suas saias levantadas, o som dos esguichos contra o cascalho da beira da estrada, como água esguichando de uma bica velha, e riachos escorrendo debaixo delas. Em meio a todo aquele respingar, vi Camilo conversando com os policiais, mostrando seus papéis, discretamente entregando dinheiro a um dos soldados ou policiais. Depois devolveram meu passaporte, e partimos.

Aquilo aconteceu oito vezes, e Camilo, que eu havia visto como uma pessoa irritante e um mau motorista, encolheu a um tamanho patético e servil, mais desdentado e pobre a cada extorsão. O suborno é um modo de vida em Angola — a intimidação mesquinha na estrada de terra no sul é um reflexo das propinas milionárias exigidas por ministros do governo das empresas petrolíferas e das concessões de ouro e diamantes. Por uma propina você nada obtém além de uma garantia superficial de passagem segura, mais como um ingresso ou pedágio do que um pagamento por serviços. A visão de suborno numa estrada secundária de qualquer país é uma indicação clara de que o local inteiro é corrupto, e o regime, uma tirania de ladrões, como Angola tem sido nos 35 anos de sua Independência — e provavelmente por muito mais tempo, já que o governo colonial português foi também um festival de extorsão.

"Ditadores de barricadas" é como o corajoso jornalista Karl Maier chama esses homens nos postos de controle em seu relato da conflituosa história recente de Angola, *Angola: Promises and lies* [Angola: Promessas e mentiras] (2007). "O posto de controle [angolano] consiste em dois sinais vermelhos de 'pare' em direções opostas, dois pedaços de corda." E o homem ali "ostenta aquele meio-sorriso arrogante que é típico dos ditadores de barricadas da África com poder de decidir se os desafortunados passantes escapam com seu dinheiro, suas roupas e até suas vidas. Com sua arrogância, estaria em casa na Libéria, Nigéria, Moçambique ou uma dúzia de outros países em que o limite entre o trabalho da polícia e o banditismo é bem tênue".

As barricadas e propinas eram totais desonestidades, mas serviam a um propósito útil também, porque eu conseguia saltar do carro, esticar minhas pernas e conferir nosso progresso no mapa. Não tínhamos ido longe — eu sempre perguntava ao policial onde ficava certa cidade e me surpreendia com a lentidão de nosso avanço, como estávamos distantes de Lubango. Eu duvidava que chegássemos logo — decerto não naquela noite. *I want you to take over control, take over control...*

Tudo isso enquanto passávamos pelos resíduos da guerra — tanques explodidos e queimados, caminhões do Exército tombados, jipes enferrujados. Os cubanos estiveram aqui, bem como os sul-africanos, e os namíbios com seu exército de libertação, SWAPO, a Organização do Povo do Sudoeste Africano. Batalhas foram travadas ao longo daquela estrada e em várias aldeias. Os sul-africanos haviam controlado algumas das cidades por longos períodos, bem como os cubanos — a 50ª Brigada de Fidel Castro. E com que resultado? Morte em larga escala, é claro. Milhares na província de Kunene haviam morrido. Destruição também. E aquele metal retorcido, o tipo de refugo caro que se vê após todas as guerras — todo aquele lixo sempre parece um memorial planejado, deixado ali para indicar a inutilidade de todo aquele negócio. Mas não, é apenas um ferro-velho sem maior importância, e com o tempo aquilo tudo enferrujará até desaparecer. Os homens jovens naquele veículo, Gilberto e João, contaram que sua única lembrança da guerra era o barulho de artilharia a distância.

Depois, ao fazermos outra parada — "Cerveja!", Camilo bradou —, me convenci de que não chegaríamos a Lubango naquele dia. Diante de uma lojinha, uma fortaleza revestida de estuque amarelo, sob uma ampla acácia, Camilo estacionou o carro e comprou uma cerveja Cuca. Comprei um refrigerante, e teria comprado mais. No entanto, não havia mais nada, nenhuma outra bebida, nada para comer.

Eram aproximadamente cinco da tarde, e o sol começava a se inclinar através das árvores, respingando matizes dourados nas folhas e cones de luz cheios de poeira dourada. Enquanto estávamos na sombra da loja, Camilo começou a praguejar. Caminhou irritado até o Land Cruiser, e só nesse momento percebi que a música de Afrojack havia cessado, o motor em marcha lenta havia desligado, e afora seu xingamento e o zunido dos insetos, estávamos num silêncio inabitual.

Aquele Land Cruiser tinha motor a diesel, não era fácil de empurrar, e talvez fosse impossível fazê-lo pegar sem outra bateria. Vi Camilo junto à roda e outros ajoelhados atrás, ofegantes. Colaram os ombros na traseira do veículo e o empurraram sobre a terra nua. O motor nem sequer palpitou.

— Ajuda — Camilo gritou para mim, querendo que eu me ajoelhasse e também empurrasse.

Fiz um sinal de não com a cabeça e sorri. Sinto muito, cara.

Eles persistiram, falhando a cada tentativa. Não havia outros carros por perto para dar uma carga na bateria. Eu não estava desanimado. Estava farto daquela viagem, odiava a música e agora via que Camilo estava semiembriagado.

O dia terminara tranquilo, o ar estava brando, o sol enfraqueceu ao cair sob as árvores. Eu sabia, pelo mapa que estávamos talvez em uma aldeia chamada Uia, uns cinquenta quilômetros ao norte do povoado de Xangongo, que não fora mais que um borrão quando passamos por lá. Longe demais para caminhar. Usando o que restava de luz, caminhei até a estrada, esperando acenar para um carro que me levasse ao sul, até Xangongo, ou ao norte, até Cahama —, para qualquer lugar que não fosse sob aquela árvore. Mas a noite estava caindo. Vi o homem na loja acender um lampião a querosene, e percebi que estávamos empacados no sertão.

12

Três pedaços de frango

Aos últimos raios de luz do fim de tarde, ao som repetido e estridente de um pequeno inseto no fundo, sob a acácia assolada de pássaros no terreno pisado e nu, e perto do carro com aspecto abandonado de Camilo — marcas de pé nas portas: Camilo dera pontapés furiosos por ele se recusar a dar a partida —, uma mulher velha surgiu através da poeira suspensa iluminada pelo sol.

Segurava um balde de esmalte lascado numa mão e uma longa tenaz de metal na outra. Seus cabelos estavam envoltos como uma tigela num pano amarelo, seu turbante a tornando uma presença incomum, dando-lhe altura e dignidade, e um olhar de calma expectativa. Trajava um vestido azul sem graça que ia até os tornozelos terminando numa bainha esfarrapada, e um avental que já fora branco. Estava descalça, mas seus pés — seu único traço rude — eram grandes e surrados como sapatos. Ninguém prestou atenção nela ou no que estava carregando. Na verdade, Camilo se afastou, agarrando uma garrafa de cerveja Cuca como se quisesse atirá-la. Seus olhos estavam vazios, e ele parecia menos que inútil. Seu corpo parecia inabitado.

Tínhamos vindo para o norte, da província de Kunene para a de Huíla, mas qual era o sentido daquilo? Estávamos empacados ao menos por aquela noite, e talvez por mais tempo. A luz vazava lateralmente do céu de membranas de nuvens, deixando um tecido purpúreo bem acima do horizonte.

A velha mulher veio direto na minha direção. "Velha" talvez fosse impreciso: ela era sem dúvida bem mais nova que eu, sessenta anos ou menos, mas tinha o rosto envelhecido de uma anciã gentil. Eu estava afastado dos outros, que estavam bebendo, e talvez bêbados. Procurei um tronco onde descansar, mas não vi nada para sentar, e o carro parecia amaldiçoado.

Erguendo o balde para que eu pudesse examinar seu conteúdo, a mulher sorriu para mim e movimentou as garras de sua tenaz enferrujada.

— Boa tarde — ela disse, mas parecia noite para mim.

No fundo do balde jaziam três pedaços de frango: coxas presas às sobrecoxas. Estavam sem pele, com nervos reluzentes, e escuros como arenques defumados. Cada um coberto por moscas pretas atarefadas, e mais moscas mergulhavam pela abertura do balde. Era mais um balde de moscas do que um balde de frango.

Apertando sua tenaz enferrujada novamente, a mulher perguntou:

— Qual?

Embora estivesse faminto, acenei para que se afastasse, com ânsia de vômito ao pensar em comer uma daquelas coxas de frango. No entanto, eu não tinha comido nada o dia inteiro, e aquela fora uma viagem longa e cansativa, de tormentos, do cruzamento da fronteira, do vislumbre da miséria e de crianças nuas brincando na poeira, moscas rastejando em seus olhos e nas feridas de seus corpos. Os desvios para fora da estrada haviam sido especialmente desgastantes devido à trepidação do veículo. E os postos de controle, as extorsões, os ditadores das barricadas.

A mulher estava sorrindo porque eu estava sorrindo. Eu acabara de perceber o absurdo do "Qual?" — três pedaços idênticos de frango no balde sujo, todos pontuados de moscas ágeis. Uma pergunta existencial para o estrangeiro em uma terra estranha.

— Não — eu disse. — Obrigado.

Algo no meu sorriso a encorajou e a manteve ali, balançando um pouco, contraindo dedos dos pés contundidos, passando a língua pelos lábios para mostrar paciência. Era esquelética, e ela própria parecia faminta. Mas eu disse não de novo e, ombros caídos em resignação, ela se afastou, em direção aos outros, que estavam postados em grupo ainda bebendo garrafas de cerveja Cuca.

Um músculo se contorceu no meu estômago e deu um puxão na minha garganta: o açoite da fome.

— Olá! — eu disse, e ela se virou para mim, parecendo esperançosa.

— Aquele — eu disse, apontando para o pedaço com menos moscas.

— Frango — ela disse numa voz pastosa, como que nomeando uma iguaria, e molhou os lábios com a língua e engoliu, como as pessoas costumam fazer ao manusear comida. Depois a palavra dita por toda angolana para OK ou legal:

— Fixe.

Dobrou meu dólar e enfiou no avental.

Pedi emprestado o isqueiro de Camilo e acendi uma pequena fogueira na relva seca no canto do terreno, e passei o pedaço de frango pelo fogo, acreditando como um escoteiro que estava matando os germes transmitidos pelas moscas. Depois achei o tronco que vinha procurando, sentei-me e lentamente comi o frango. Era como mascar couro. As tiras dos nervos não se desfaziam, e sua dureza o tornava quase indigerível, minha mastigação transformava a carne em uma bola de borracha. Nauseado com uma refeição que chamou de "uma bagunça de *bouillabaisse*", Henry James disse que foi "um prato pavoroso, exigindo digestão francesa". Talvez eu precisasse daquilo. Estava derrotado pela comida e desgostoso comigo por estar naquela situação, e zombei de mim mesmo com uma frase pomposa que vi um gourmet usar num programa de TV: "Sinto dizer que este prato não atingiu a plenitude." Mas havia algo no meu estômago, e aquilo era uma vitória no território da fome.

Depois relembrei meu primeiro vislumbre do balde — o frango, as moscas e a velha mulher perguntando "Qual?". O tipo de opção com que você se defronta na África, mas eu nunca a vira tão gritante, nos matizes extravagantes de um pôr do sol exuberante.

Desde o momento em que chegamos, aquele lugar sem nome não parecia mais que uma clareira à beira da estrada, do tipo em que os nativos poderiam se reunir e fazer hora devido à sua grande árvore protetora. Mas estávamos sozinhos. Somente nós entramos no bar, que talvez no início tenha sido uma loja e acabara não tendo mais o que vender. Um balcão de bar de tábuas empenadas, com garrafas de cerveja esquentando numa prateleira de madeira na parede dos fundos. O homem atrás do balcão sentava-se com o queixo repousado nas tábuas e os braços envolvendo a cabeça, embalando-a.

O que parecia vago e indefinido à luz fraca ficou nítido após o pôr do sol. No escuro, a lâmpada de querosene transformou o barracão em uma ampla lanterna quadrada, tornou nítidas suas janelas, lançando raios brilhantes de luz pelo terreno onde um cão manco jazia. A parte de baixo da árvore estava iluminada pela luz do lampião, e a estrada — que era uma estrada principal — se ocultava nas sombras. Fomos acalmados na escuridão do sertão, cercados de insetos chilreantes.

No bosque esparso atrás do barracão havia uma aldeia, mais audível que visível, pois, embora eu pudesse ver apenas as chamas superiores de uma fogueira alta, conseguia ouvir o ritmo dos tambores, primeiro como um tamborilar e depois o que parecia uma resposta ao ruído surdo num couro de tambor grosso. Os tambores, e não a fogueira, faziam a aldeia ganhar vida.

O tamborilar foi tão insistente que bastou eu acenar com o polegar ao seu som para o homem do bar responder "Cerimônia", e ele sorriu um pouco e afagou a cabeça com os dedos compridos e finos.

Embora a palavra fosse simples o suficiente, eu não falava mais do que algumas palavras de português. Aquilo era uma desvantagem, não apenas porque o país em geral falava português, mas também devido ao seu isolamento do mundo. Angola era uma anomalia: afora o português, nada mais se falava, exceto seus muitos dialetos tribais, que diferiam de província para província. Suaíli e chicheua, ambas línguas que eu dominava, eram utilizáveis nas províncias do oeste e norte, mas ali eu estava linguisticamente perdido.

Lembrando que soldados cubanos haviam combatido por toda Angola, e especialmente no sul, eu perguntei:

— *Habla español?*

O homem sorriu. Eu disse: "*English?*" Ele sorriu de novo e afagou a cabeça. De brincadeira, eu disse:

— *Parla italiano?*

Atrás de mim, ouvi:

— *Io parlo.*

Era Gilberto, um dos meus colegas passageiros. Eu disse em italiano:

— Verdade? Você fala italiano?

— *Sono stato in Italia per sei mese* — ele respondeu. — *Anno passato.*

Seis meses era alguma coisa. E seus amigos começaram a rir porque Gilberto estava razoavelmente bêbado, e de peito nu, de pé com seu jeans caído de modo que a cueca aparecia. Se aquilo era moda de rua ou desmazelo do sertão, eu não sabia.

— Um sacerdote me levou com alguns outros rapazes.

O sacerdote era italiano, Gilberto contou, um missionário em Angola, cuja cidade natal ficava na Calábria, no sul da Itália, mas cujo convento ficava em Roma. Seis rapazes foram na viagem: Gilberto tinha uns dezoito anos, e supus que os outros tivessem a mesma idade. Eles oraram no Vaticano, visitaram os locais históricos de Roma, comeram massa e permaneceram no convento.

Perguntei a Gilberto se os outros sacerdotes conversavam com os rapazes angolanos.

— Sim. Foram muito legais com a gente! Levaram a gente pra praia — para Óstia, a costa perto de Roma. — Jogaram futebol com a gente.

Às vezes uma pessoa conta uma história e você parece ouvir em estéreo. O contador se entusiasma, dá detalhes e acredita estar persuadindo você de sua verdade. Mas, conforme o monólogo continua, você ouve uma história paralela, traduzindo os detalhes diferentemente, e em sua imaginação você vê algo distinto.

A versão de Gilberto foram alegres seis meses na Itália, pagos pelo sacerdote, umas férias de Angola. Na minha versão, Gilberto estava em uma viagem de recrutamento, o sacerdote, como um técnico de time universitário, mostrando um campus a jogadores de futebol para que se deslumbrem e assinem contrato. Sabe-se muito bem que sacerdotes paroquiais estão escassos, e sacerdotes missionários ainda mais escassos, e que a próxima geração de vocações católicas não virá da Europa nem dos Estados Unidos, mas da Kerala cristã no sul da Índia, das Filipinas, da América Latina e da África.

Após Roma, Gilberto e seus amigos viajaram de trem ao sul da Itália e permaneceram numa pequena fazenda, onde trabalharam nas hortas, oraram e foram à igreja. Estudavam italiano quase todas as noites, e eram encorajados a falá-lo durante o dia.

— Muitas palavras em italiano são como no português — Gilberto disse —, de modo que não tivemos problema.

Mas o português — notadamente nasal e sentimental — carece das dentais claras e labiais sutis do italiano, ainda que compartilhe um vocabulário latinizado aproximado.

— Você fala bem italiano — observei. — O sacerdote quis que você se tornasse missionário?

— Ele mencionou isso um pouco. Pediu que pensássemos sobre aquilo. Sobre fazer um bom trabalho, ajudar Angola. Deus nos revelaria o resto.

Mas Gilberto disse isso de passagem. O que ele adorou na Itália foi a comida, e relatou as refeições que devorou com tamanha energia, descrevendo os ingredientes, que os outros — João, Ronaldo, Camilo — ouviram com uma impaciência faminta, bêbada. Procurei Paulina, mas não a vi.

— O que você achou de virar sacerdote?

— Angola é um país cristão. A maioria das pessoas são católicas. Temos tantas igrejas!

— Você quer ser um sacerdote?

Ele riu.

— Não posso, por causa disto. — Sacudiu sua garrafa de cerveja. — E eu gosto de mulheres! — Repetiu em português aos seus amigos, fazendo-os rir.

Estávamos postados do lado de fora, à luz que se projetava das janelas do barracão, as trevas nos cercando, o cheiro, que era uma pilosidade forte de imundície e bosta. O movimento de carros pela estrada cessou assim que a noite caiu, embora vez ou outra alguém passasse de bicicleta, a corrente chocalhando na roda dentada.

— Pergunte a ele onde estamos — eu disse, indicando o homem do bar. — Qual cidade?

Ele perguntou, o homem explicou. Gilberto disse:

— Nenhuma cidade. Estamos perto de Uia. O grande mercado e o posto de gasolina ficam em Xangongo.

Camilo disse em português:

— Zona verde.

Eu entendi aquelas palavras, e gostei como eufemismo para o sertão. A zona verde — tudo que não fosse uma cidade — sintetizava a África que eu adorava.

— E a música? — Não consegui lembrar a palavra italiana para batucada, mas ele entendeu quando imitei o som: continuava alto. — De onde está vindo?

— Da aldeia — Gilberto respondeu após consultar os demais. — Estão tendo uma celebração. Ele me contou o que é, mas não sei a palavra em italiano. É *Efundula* — e falou com os outros rapazes. — Mesmo em português não temos a palavra *Efundula.* É Oshikwanyama. Eles são o povo kwanyama.

— É circuncisão?

— Não, eles não fazem essas coisas com moças aqui. *Efundula* é só para moças. — Falou de novo com o homem pedindo orientação. — Se estende por quatro dias. Ontem foi o último dia, mas ainda estão dançando. Às vezes dançam a noite toda.

— Iniciação?

— Algo assim.

O homem do bar continuou falando, e sua explicação tornou-se elaborada, porque ele desenrolara suas mãos e braços de sua cabeça e estava gesticulando, falando em sua própria língua e em português. Gilberto sorria, e os outros ouviam com interesse, e então Gilberto levantou a mão para poder me contar o que o homem havia dito.

— A dança é forte porque, se uma moça estiver grávida, não poderá continuar, e vai parar.

— Eles não querem moças grávidas?

— Não, para este *Efundula*, não.

— Pergunte se podemos ir à aldeia ver.

Gilberto não perguntou. Sabia qual seria a resposta.

— É só para elas. Mas você pode escutar.

Bebemos cerveja, murmuramos, ouvimos e então me ocorreu que, se eu não guardasse um lugar no carro, não teria onde dormir. Enquanto estavam conversando, dirigi-me ao Land Cruiser. Reclinei meu assento, cobri-me com a jaqueta e, ao som dos tambores a distância e murmúrios dos rapazes sentados nos degraus do barracão, caí no sono. De tempos em tempos acordava, e me surpreendia com a animação da batucada, mas nas horas mais escuras da madrugada ela cessou, e o silêncio, semelhante à apreensão, me manteve acordado até a luz solar e o calor encherem a clareira.

À luz do dia o lugar era feio, mais cheio de lixo e dilapidado do que parecera no dia anterior. Os rapazes haviam lançado suas garrafas de cerveja vazias de lado, e elas jaziam espalhadas na poeira. Algumas mantas de plástico engorduradas foram colocadas sobre tufos mirrados de grama. E a árvore que parecera nobre em sua altura e porte parecia vandalizada — na parte inferior do tronco, números e nomes haviam sido entalhados.

O aspecto de Angola não era apenas a cidadezinha pequena e as favelas de barracos, mas também a ruína da paisagem brutalizada, dos tocos do desmatamento e dos campos coalhados de tanques queimados, de rios e regatos que pareciam envenenados — pretos e tóxicos. E não havia o menor vislumbre de nenhum animal a não ser uma vaca ou um cão manso. Na maior parte do sertão sul-africano, você ao menos via pequenos antílopes ou gazelas saltitando a distância sobre pernas esguias. O impala estava por toda parte, e era quase impossível imaginar um trecho da savana sem o movimento dessas criaturas. E onde quer que houvesse aldeias, havia sempre abutres, hienas ou babuínos invasores.

Mas nenhum animal selvagem existia em toda a Angola. Um efeito da guerra civil de décadas foi que os animais que não haviam sido devorados por pessoas famintas tinham sido destroçados por minas terrestres. O extermínio dos animais selvagens fora completo. Vez ou outra vacas em pastos eram despedaçadas por explosões de minas, assim como crianças brincando e pessoas pegando atalhos pelos campos.

Um país sem animais selvagens parece inconcebível, porque muitos animais na África, antílopes especialmente, são prolíficos, reproduzindo-se em número tão grande que são capazes de gerar bandos sustentáveis nos lugares mais improváveis. Mas a longa guerra os havia matado, os angolanos famintos os haviam comido: comido os hipopótamos, até os crocodilos, e se havia cobras, não vi nenhuma. Estranhamente, os pássaros também eram escassos. Mesmo onde a paisagem não estava destruída, onde algumas árvores haviam sido poupadas, a ausência de animais — e a presença de seres humanos acocorados, oprimidos, se não de olhar derrotado — fazia aqueles lugares da zona verde parecerem pesarosos, violados, com uma atmosfera de *Depois da Queda*. Algo que fora inexplicavelmente eliminado neles havia solapado sua vitalidade.

Na terra sem animais, os seres humanos eram mais visíveis e pareciam existir em maior variedade, muitos deles, em sua pobreza, tomando o lugar da vida selvagem, vivendo à beira de povoados em abrigos simples e baixos que eram como os matagais onde alguns animais se aconchegavam.

Caminhar por aquele terreno de manhã cedo me entristeceu e me deixou impaciente. Com o sol brilhando acima do mato alto, o calor dominou, e tive o pensamento fugidio de novo: O que estou fazendo aqui?

Ouvi o retinir surdo de metal contra metal, e vi a mulher velha de turbante amarelo se aproximar com seu balde e sua tenaz. Saudei sua visão e disse bom-dia. Ela levantou seu balde e colocou a tenaz em cima dele com o encanto de um mágico tirando algo milagroso do recipiente.

— Frango.

Os dois pedaços restantes no fundo estavam mais cheios de moscas que no dia anterior, talvez porque eu tivesse comido um deles e as moscas, privadas de sua carne, haviam se concentrado nos dois pedaços: menos frango, mais moscas.

Dei à mulher um dólar e, desajeitado, perguntei seu nome.

— Ana Maria — ela respondeu.

Vendo que Gilberto estava acordado e cambaleando, chamei-o para traduzir.

Ele cumprimentou a mulher educadamente e sorriu ao ver que eu espantava as moscas da coxa de frango na minha mão.

— Gilberto, pergunta se ela sabe sobre a cerimônia na aldeia.

— Ela sabe — ele disse, traduzindo minha pergunta. — Ela diz que é *Efundula*.

— Ela viu a dança e a batucada?

— Ela ouviu. É para as moças. Mas a pessoa importante é um velho. Esse velho vem de outra aldeia.

— O que significa *Efundula*?

A explicação da velha em português foi longa, mas Gilberto ouviu, assentindo. Ele disse:

— Temos isto em minha aldeia natal, mas com um nome diferente. Significa que as moças se tornam mulheres; prontas para o casamento. Elas são enfeitadas, dançam, cantam, às vezes cozinham alguma comida.

Agora eu não sabia se ele estava descrevendo a cerimônia em sua aldeia ou naquela ali.

— As moças trajam roupas especiais, esfregam nelas certo óleo de uma árvore. Decoram seus cabelos com conchas.

— Pergunte a esta mulher quanto tempo dura a cerimônia.

— São quatro dias.

Ele não perguntara à mulher. Estava falando de sua própria experiência, de modo que o encorajei a pedir detalhes à mulher.

— Quatro dias — ele disse, depois que ela explicou. — Cada dia tem um nome. Ela me diz em oshikwanyama, mas não conheço as palavras.

Ele conversou com ela um pouco mais, assentindo com a cabeça enquanto ela falava, depois me disse:

— Sim, o primeiro dia é "o Dormir dos Frangos". Ontem foi o que eles chamam de "o Dia do Amor". A música que ouvimos foi isso.

Ter chegado por acaso àquele lugar remoto e sofrido e presenciar um rito de iniciação tradicional era simplesmente maravilhoso, o tipo de sorte de que eu sempre dependera nas viagens. Eu nada conhecia da região. Não sabia então que o povo kwanyama era parente dos ovambos na Namíbia e que dominava aquela província. Tudo que eu sabia era que a guerra fora travada ali — os veículos destruídos estavam por toda parte —, que os aldeões haviam sido expulsos, e as cidades, destruídas, que sul-africanos, cubanos e o exército guerrilheiro de Jonas Savimbi, a Unita (União Nacional para a Independência Total de Angola), haviam se deslocado para lá e para cá, incendiando aldeias, massacrando e decapitando civis, e que aquilo se estendera por trinta anos.

Como era incrível, após todo aquele caos e todas as mortes, encontrar, na persistência da memória, aquela cerimônia duradoura com seus nomes e propósito específicos. A iniciação de uma moça na vida adulta era comum em toda a África Subsaariana. No Malaui, a cerimônia para moças que haviam experimentado sua primeira menstruação (sendo assim consideradas prontas para conceber) se chamava *Ndakula* ("eu cresci") e incluía um curso de instrução sexual — como agradar seu homem. No Quênia, eu estava caminhando com um homem massai na reserva Masai Mara num setembro há alguns anos, perto do povoado das fontes térmicas nos montes Loita chamado Maji Moto, quando deparamos com um grupo de moças que estavam apanhando água. Elas se empolgaram quando nos viram. Uma delas veio ousadamente à frente, rindo. Trajava uma touca enfeitada, em parte uma coroa com uma orla de contas brancas que se agitavam na sua testa. Fiz uma observação a respeito ao lanceiro massai que estava me guiando, e ele me contou que aquela touca apregoava o fato de que ela havia sido *emuratare* — circuncidada, ele explicou —, a palavra era igual para homens e mulheres. Ele disse que as outras moças junto com ela eram crianças, mas ela era uma mulher. "Ela pode se casar agora." Ele ficou indignado quando questionei a mutilação, cujo propósito era eliminar o prazer sexual da mulher.

Mas a clitoridectomia, também conhecida como mutilação genital feminina, generalizada entre os massais e outros povos africanos, não era uma característica da cerimônia de iniciação kwanyama na aldeia vizinha. Os praticantes da mutilação genital mais próximos do povoado eram o povo himba, que se estendia pela fronteira Angola-Namíbia, 160 quilômetros a sudoeste de onde estávamos empacados.

Gilberto continuava conversando com a velha, e estava tão envolvido que parou de traduzir ao italiano para que eu pudesse acompanhar. Sentei-me e acendi outra fogueirinha, tentando matar os germes do pedaço de frango, depois o comi devagar. Em seguida me juntei de novo a Gilberto e à velha. Quando interrompi, Gilberto sorriu e, aparentemente como uma observação ao que a mulher vinha contando, disse:

— Muito interessante.

Não eram nem oito horas e o dia já estava quente, o solo assado pelo sol emanando um forte cheiro de decomposição. Camilo estava bocejando. Levantou a frente de sua camisa e limpou o suor do rosto, depois acenou com a cabeça para mim, me cumprimentando. O Land Cruiser vermelho jazia imóvel no centro do terreno, com marcas de pé empoeiradas nas portas. Fazia parte do cenário agora, o veículo quebrado que parecia um atrativo de todo povoado angolano. Eu não tinha a menor ideia de por que não dava partida, mas não vi nenhuma pressa dos outros em consertá-lo.

Alguns carros e motos haviam começado a passar pela estrada. Fiquei tentado a pegar uma carona até Xangongo, e embora no meu mapa parecesse um lugar de bom tamanho, eu já havia sido enganado por eles várias vezes antes: um nome em negrito no mapa rodoviário muitas vezes não passava de um nome. Se eu visse um ônibus, poderia fazer sinal para que parasse, e assim eu poderia prosseguir caminho até Lubango.

Mas eu não tinha nenhuma pressa. Estava certo de que a aldeia próxima, aquela dos tambores e da dança, teria alguma comida. E estava curioso em saber mais sobre a cerimônia, cujo último ritual aparentemente terminara na noite anterior. Meu telefone não funcionava ali. Eu não comprara um chip ou créditos em Angola. Mas mesmo que tivesse funcionando, não teria ajudado — teria apenas me lembrado de meus apuros. De qualquer modo, eu sabia que Camilo queria levar seu veículo e o resto dos passageiros a Lubango, mais cedo ou mais tarde. Tudo que eu tinha de fazer era permanecer junto com ele. Aquelas pessoas precisavam comer também, de modo que algo estava fadado a acontecer.

— Vou dar uma caminhada — eu disse para Gilberto. — Volto daqui a uma hora.

— Pode deixar que não partiremos sem você — ele disse.

Precisando me animar, e vendo que no meu mapa havia um riacho marcado (com o nome: Techiua), andei para o norte ao longo da estrada a fim de ver se conseguia encontrá-lo. Minha bolsa estava no carro, mas levei minha pequena pasta com o passaporte, papéis importantes e dinheiro. Se alguém roubasse minha bolsa com as roupas dentro, eu podia facilmente comprar outras. Algumas crianças me seguiram de perto ("Senhor! Senhor!"), e quando lhes perguntei sobre o rio, correram à frente, insistindo que eu as seguisse.

Não ficava longe, e corria sob uma ponte na estrada. Não era exatamente um rio, sendo mais um regato, com a largura aproximada de uma estrada de duas pistas. Achei várias coisas interessantes. A primeira foi que mulheres lavavam suas roupas na margem, batendo nelas, torcendo-as e comprimindo-as em bacias de plástico. Outra foi que algumas crianças estavam se banhando nele. E, no meio do rio, um homem de pé impelia uma piroga com uma vara, aparentemente em uma pescaria. Uma cena da velha África — não a África dos rappers e celulares, mas a África de aparência idílica de serenidade rural.

Mas claro que aquilo não era nada idílico. Era a Angola das dificuldades e da penúria. Mais de metade da população do país de 23 milhões vivia abaixo da linha da pobreza, e eu estava observando cerca de trinta daquelas pessoas. Se houvesse peixes comestíveis de bom tamanho no rio, eu me surpreenderia, e o próprio rio estava tão lamacento que lavar roupas e tomar banho pareciam atividades inúteis. O cheiro de estagnação do rio impregnava o ar e cobria a ponte de fedor. Mas a luz solar era bonita, espalhando flocos dourados na superfície da água.

— Senhor! — As crianças queriam que eu descesse até a margem com eles. Viram que eu olhava com atenção, e quando cheguei lá pediram dinheiro por terem me guiado.

Mas eu já tinha visto o suficiente — e a piroga parecia o tipo de peça de artesanato tribal que você acharia em um museu. Se alguém se vangloriasse da prosperidade petrolífera de Angola, eu responderia que vi o seguinte: pessoas seminuas e famintas nas margens de um rio enlameado.

As crianças pararam de me seguir quando voltei à clareira, ao tronco onde eu me sentara para comer a coxa de frango. Camilo abrira a capota do Land Cruiser e, contrariado, manuseava fios sujos de graxa. Agora que eu tinha sobre o que escrever, peguei meu caderno. Continuei minha narrativa abreviada, recomeçando de onde parara, descrevendo o hotel do lado namíbio da fronteira em Ondangwa e a aventura ao cruzar a Fronteira, a chateação e as extorsões. Como costuma acontecer quando estou escrevendo, diversas horas se passaram sem que eu percebesse, e enquanto eu trabalhava algumas crianças se aproximaram com cestas de bananas.

Eu ainda estava escrevendo quando Gilberto se aproximou de mim e disse:

— Você tem uma câmera?

Não uma câmera real, apenas aquela no iPhone que eu trouxera. Mas não conseguia acessar a internet ou fazer uma ligação. Eu tinha o telefone de vinte dólares que comprara do sr. Khan em Otjiwarongo e tinha esperança de usá-lo mais à frente depois que eu colocasse nele um chip angolano. Enquanto isso, de vez em quando ouvia a música que havia armazenado no iPhone. Raramente tirava retratos, mas com frequência folheava com tristeza fotos de pessoas queridas, sentindo-me como um astronauta que se lembra da Terra.

— Sim — respondi, e pensei: Por que raramente tiro fotos? Estava contente por ele ter me lembrado.

Atrás dele, um homem com camiseta de futebol e calça marrom, usando óculos da moda, olhava para mim. Jovem, provavelmente na casa dos vinte, pareceria bem durão não fosse o sorriso esperançoso. Uma mulher mais velha e corpulenta num vestido preto, com cabelos firmemente trançados e um colar de contas azuis, estava ao seu lado, e parecia ter uma expressão suplicante também.

Notei a maneira como estavam vestidos devido ao que vi depois: três moças magricelas, despidas da cintura para cima, mas parecendo crianças, quase meninos. Seu aspecto mais impressionante era um penteado extravagante de contas e conchas. Como se não tivessem cabelos, mas vários cordões e laços grossos de contas pendendo de suas cabeças, cascatas de contas brancas minúsculas como conchas, tão densamente entrelaçadas que seus cabelos estavam invisíveis. Vestiam saias estilo envelope na altura do joelho, de tecido de padrão brilhante, e também colares, agregados de cordões grossos.

Aproximaram-se como gatinhos se aconchegam a suas pernas, com um movimento dócil de cabeça. Riram com a ousadia de pessoas fantasiadas, o ornamento ou o disfarce dando confiança. Eram como crianças em uma festa à fantasia, ainda que todas as conchas dessem um aspecto faraônico, arranjadas em um estilo antigo. Eram admiradas pelas meninas bem mais jovens, as molecas que cercavam aquelas ninfas dóceis e iletradas.

O homem disse algo a Gilberto, que transmitiu para mim, dessa vez em inglês:

— Tire uma foto.

Crianças numa festa à fantasia — exatamente o que eram. Eram as moças — o homem de óculos de sol contou — que haviam sido iniciadas na aldeia nos últimos quatro dias e por algumas semanas antes. Nenhuma parecia ter mais de treze anos, mas foi seu destino terem menstruado — dizem que acontece mais cedo com as meninas do sertão —, de modo que foram selecionadas para a cerimônia.

— Qual a palavra para a cerimônia, Gilberto?

— *Efundula* — ele disse.

Os outros ouviram e riram. Agora um grupo havia se reunido — pessoas da aldeia, mulheres e homens mais velhos, e as meninas bem mais novas olhando com adoração aquelas iniciadas decoradas, como se olhassem com orgulho irmãs mais velhas.

Usei minha câmera do iPhone para me aproximar delas, de modo a poder examinar os penteados de contas, e mostrei as fotos ao homem de camiseta de futebol, que deu um sorriso aprovador. Depois toquei nas contas, com uma expressão indagadora.

— *Elende* — o homem disse, dando-me a palavra para os cabelos decorados.

A semelhança entre elas era emocionante: três ninfas, as Três Graças, uma trinca de garotas magricelas postadas lado a lado, abraçando-se, representando beleza, encanto e doçura. O suplício de sua iniciação terminara, e agora estavam no mundo, contentes consigo próprias, aprovadas pelos mais velhos. A menor das três — parecia uma criança, andrógina: poderia ser tomada por um menino magrela — tinha laços de contas verdes e azuis no cabelo e um colar amarelo.

Perguntei suas idades. Gilberto traduziu — "catorze ou quinze" —, mas nenhuma parecia ter tal idade. Tinham de ser mais jovens. Insisti de novo, e ele conversou com as pessoas mais velhas.

— Elas querem se casar — Gilberto contou. Falou em português com o grupo. As pessoas riam e apontavam para mim. Gilberto disse:

— Você pode escolher uma!

Vendo minha expressão, as pessoas riram ainda mais.

— Tenho algumas perguntas — eu disse. Pedi a Gilberto que as transmitisse ao homem que solicitara as fotos. Ele não queria cópias das fotos. Desejava apenas formalizar o evento em fotos — e as moças aproveitaram para ver as fotos enquanto eu fazia minhas perguntas a ele.

— Posso visitar a aldeia?

Ele disse que sim, e passamos pelo barracão e pelas árvores num caminho estreito que passava por sulcos abertos à enxada que pareciam hortas em preparação. Senti o cheiro das brasas mortas da fogueira e vi a primeira fileira de cabanas, a maioria treliças de paus entrelaçados e galhos desfolhados, algumas com teto de zinco e outras de palha. Aquela era a área cercada tradicional conhecida como *kuimbo*, que eu vira a distância mais ao sul. Procurei um lugar para me sentar, porque queria escrever, depois encontrei um toco de árvore, as três moças enfeitadas se acotovelando junto a mim de novo, rindo. Depois, uma mulher me trouxe um cacho de bananas.

— O que vai acontecer com essas moças agora? — perguntei a Gilberto, que repetiu a pergunta.

— Vão procurar um marido. Vão ter filhos. São mulheres agora.

Não obstante, pareciam meninas para mim — meninas muito novas, três alunas de escola. Perguntei se a cerimônia havia acabado.

— Não — o homem disse. Havia mais, mas era por diversão, não um teste, não a dança da noite inteira para deixá-las exaustas. Elas esfregariam cinza pulverizada para clarear a pele. E aquilo, parte do baile de máscaras, lhes concederia privilégios. Ele insinuou que, com seus rostos recém-pintados, elas se afirmariam. Tentei imaginar aquelas três moças embranquecidas com cinzas, com seus penteados de contas, colares pesados e saias curtas, e parecia uma visão de maquiagem tribal de coquetes belamente pintadas — o que na verdade era toda a intenção. Embelezá-las, fazê-las dançar, dar-lhes aprovação e alguma instrução e enviá-las cintilantes pela aldeia para agarrar um marido. Mas um marido era meramente um meio para um fim. Como em grande parte da região, a finalidade da condição feminina era gerar um filho. Uma mulher sem um filho não era de fato uma mulher, e não tinha nenhum status. Um homem podia se livrar dela, enviá-la de volta aos pais, se ela se revelasse estéril.

Em Angola, como em muitas sociedades que conheci, você não era adulto enquanto não se casasse, mas o casamento era apenas teórico. Tornava-se real quando se dava à luz uma criança. Talvez esse tipo de pensamento fosse um fator subjacente à gravidez adolescente nos Estados Unidos, que costumavam ser vistas como acidentais. Talvez houvesse algo proposital ali, um desejo de ter um lugar no mundo, no sentido como era visto aqui em Angola: a via expressa para a vida adulta era achar um homem adequado e ter um filho. A antropóloga Merran McCulloch o explicou bem ao escrever sobre um povo angolano aparentado, os ovimbundos: "Uma criança ou um adolescente é apenas uma pessoa em 'potencial' (*omunu*)" (*The Ovimbundu of Angola*). A maternidade e a paternidade a tornavam plena. Mas havia uma consequência imprevista: complicações associadas ao parto eram a maior causa de mortes ("mortes maternas") entre moças dos treze aos dezesseis anos naquela parte da África (relatório da Organização Mundial de Saúde, março de 2012).

Sentei-me e comi aos poucos as bananas enquanto uma mulher fervia água num pote enegrecido, jogava umas folhas secas dentro dele e declarava ser um chá. Gilberto se afastara, tornando impossível a comunicação exceto por gestos. Em vez disso, peguei meu iPhone e voltamos a percorrer as fotos, e as Três Graças sorriram de si mesmas e brincaram com suas tranças de contas com dedos esguios, me parecendo uns passarinhos, bonitas.

O lugar-comum para elas seria núbeis. E eram exatamente núbeis: naquele caso não era um lugar-comum, mas uma descrição precisa, porque nubilidade denota maioridade: "núbil" significa em condições de casar. A palavra vem do latim *nubere*, casar, e aquele rito de passagem, o *Efundula*, era uma cerimônia de nubilidade que reconhecia sua capacidade de ter filhos e as tornava aptas ao casamento. O próprio evento, mais que um ritual de maioridade, era uma espécie de iniciação ao casamento. Mas tomar um marido, uma consequência inevitável, envolvia bem menos drama. Aquilo poderia acontecer a qualquer momento, e quanto mais cedo melhor, porque aquelas moças haviam atingido a condição desejada. Alguns detalhes descobri depois, em livros sobre o parentesco dos kwanyamas e grupos tribais afins, como os kwamatwis próximos, que celebravam uma cerimônia semelhante em que uma mulher mais velha brada "*Wafukala*!" — "Você se tornou núbil!". Que num dos rituais no segundo dia ("o Dia do Pequeno Chacal") as moças bebem cerveja misturada ao sêmen do homem que preside a cerimônia. Aquela profusão de contas tinha um propósito além de ornamento, pois se acredita que as contas promovem a fertilidade. Que, como uma elaboração do branqueamento da pele, as iniciadas repetem uma máxima: "Para uma pessoa branca" — ou seja, cobertas pelas cinzas — "nada é proibido".

Elas logo achariam marido. Eram bonitas e, sendo jovens, eram fortes. Seriam úteis trabalhando nas hortas e criando filhos e, aquela sendo a África Subsaariana, estariam fazendo as duas coisas ao mesmo tempo. O noivo pagaria um dote, em dinheiro ou uma vaca, e em troca teria sua própria mão de obra rural vitalícia. Uma vez resolvida essa transação, o casamento é reconhecido. O homem a leva para casa.

"Não existe uma procissão nupcial solene", Carlos Estermann escreve em seu estudo definitivo *Etnografia do sudoeste de Angola*, publicado pela primeira vez em português em 1956. Estermann era um sacerdote alsaciano, filólogo, fotógrafo e antropólogo que viajou de navio de Lisboa a Angola em 1923, fez trabalhos de campo nas províncias do sul, tornou-se etnógrafo em tempo integral em 1951, viveu nove anos entre os kwanyamas e, sem medo da guerra civil, permaneceu em Angola. Ele observou que, na corte dos kwanyamas, o bobo era sempre um bosquímano minúsculo. Ainda em 1976, Estermann estava estudando a possessão por espíritos na região, suas investigações antropológicas ultrapassando em muito seu fervor missionário.

Estermann prossegue: "Nessa noite ela compartilha o leito de seu noivo, que agora é considerado seu esposo. A consumação do casamento não é acompanhada de nenhum ritual, nem é divulgada, a não ser bem discretamente. A esse respeito se pode dizer que os kwanyamas não se preocupam com a virgindade da noiva. Trata-se de algo de que não se fala, e inexiste uma palavra em sua língua para exprimir essa qualidade ou seu sinal fisiológico."

Encontrei esse livro informativo mais tarde, e ele esclareceu alguns aspectos do ritual, mas na época eu estava satisfeito com o que havia visto. O homem de camiseta de futebol vermelha, chamado João, me trouxe uma cadeira, e permaneci confortavelmente na aldeia até o início da noite. Estava contente. Não sentia mais fome. Estava tão cansado que relaxei. Vendo que eu estava encantado, as três moças permaneceram importunas, quase sedutoras, na minha órbita. Parecia que aquele fora meu propósito em vir à África, passar uma noite e um dia como aqueles, e eu adoraria ter permanecido mais tempo. Gostei de estar em uma aldeia. Tinham comida e sombra, e lugares para descansar. Eu conhecia bastante a vida escassa e precária da estrada para odiá-la.

No calor da tarde, em torno das duas horas, Gilberto me gritou:

— *Andiamo*!

Seu italiano fez os aldeões rirem.

Eu me despedi, agradeci aos anciões, e calmamente dei a cada menina alguns dólares.

Deixando o perímetro da aldeia, vi fumaça preto-azulada saindo dos canos de descarga da Land Cruiser, Camilo acelerando o motor.

Ao lado, fitando-me, a velha Ana Maria segurava seu balde, cujo conteúdo eu conhecia bem. Por educação, olhei para dentro, e agora a massa de moscas cobria o pedaço restante de frango, que me era familiar em todos os seus contornos, porém com mais manchas pretas e mordido por mais moscas, que eram familiares também.

— Frango — Ana Maria disse de sua forma apelativa e faminta, engolindo em seco.

Ela era esquelética. Parecia faminta e cansada. Dei-lhe um dólar. Peguei sua tenaz e cerimoniosamente removi o último pedaço de frango do balde. Fiz um gesto formal de agitá-lo e remover suas moscas. Depois apontei o frango para ela, como que brandindo um cetro, e pus de volta no balde. Ela entendeu: aquela seria sua próxima refeição. Sorriu com gratidão e tocou no seu coração com os dedos magros.

Camilo tocou sua buzina, me chamando daquele feliz e pequeno interlúdio do frango: de volta à estrada.

13

Voluntário em Lubango

Aquela ocasião fortuita, ambígua e um tanto surpreendente da cerimônia de *Efundula* dos kwanyamas permaneceu em minha memória, por sua imprevisibilidade e vitalidade — por seu aspecto de ritual também, porque muito do que vi em Angola era improvisado, importado ou torto. Os ricos de Angola — os poucos — eram plutocratas gananciosos morando em casas muradas, enquanto seus pobres — a maioria — estavam exauridos e céticos, vivendo na miséria. Mas no sertão angolano eu encontrara remanescentes da vida tradicional irradiando energia, ainda que (como no caso do povo kwanyama) aquela energia consumisse suas donzelas, transformando mocinhas em coquetes para que pudessem conseguir uma vida de labuta doméstica e uma ninhada de filhos subnutridos.

De volta à estrada — que não era de fato uma estrada —, fizemos uma sucessão de desvios, a habitual rota irregular por caminhos arbitrários, muitos deles valas profundas de lodo, inundadas nessa estação lamacenta de chuvas súbitas. O zigue-zague não nos conduzia rapidamente, mas foi uma revelação para mim. Passamos por aldeias na maior parte do caminho. Raramente estávamos perto da estrada imaginária, parte da qual vinha sendo nivelada por enormes máquinas aplainantes, e o resto abandonada ou inexistente, um movimento de desperdício (criação, destruição) que era trazido à perfeição perversa em muitas áreas da vida angolana. Era como se aquele mecanismo imitasse o fracasso colonial português, pois com certeza nenhuma potência colonial chegou a ser tão politicamente arrogante e culturalmente insuficiente — a obsolescência, prepotência e mentalidade antiquada produzindo uma crueldade refinada e convencida que era a herança de Angola.

E era estranho estar viajando naquele veículo em contato tão íntimo com o povo das aldeias, passando às vezes por um espaço de três metros entre uma cabana de barro e um varal, e quase atropelando as grandes esteiras trançadas amarelas em que pimentões gordos secavam ao sol, dispostos como fogos de artifício, um rosto surpreso na janela da cabana ou a carranca de um homem com as calças no tornozelo, acocorado na beira da fossa de sua latrina com abertura lateral.

Um Camilo diferente surgiu naquele trecho da viagem, mais gentil. Em uma aldeia distante da estrada, ele reduziu a marcha, percebendo uma figura familiar à frente, e deve ter sido alguém que ele conhecia: um homem aleijado, sem uma perna, possivelmente vítima de mina terrestre, bamboleando sob uma árvore. Parando o veículo, Camilo lhe deu algumas notas amassadas de kwanza e um punhado de fatias de pão destroçado — a primeira indicação que tive de que ele havia guardado comida no carro. A cena se repetiu alguns quilômetros adiante, outro homem mutilado trajando uma bata vermelha, Camilo parando no caminho para entregar crostas de pão.

Mais no interior, num conjunto de choupanas, um menino se aproximou com uma ave, um papagaio verde que queria vender. Camilo o pegou e examinou de perto, abanou uma das patas do papagaio, demonstrando que estava quebrada (provavelmente quebrou na armadilha do menino), e o devolveu como inaceitável. Em seguida, Camilo voltou a seu eu bêbado anterior, ruidoso e de olhos rubros.

Nas lajes de lama arrancada e nos buracos fundos cheios d'água e lamaçais daquelas trilhas do sertão, viajamos devagar, para meu alívio. E uma música nova estava tocando no carro, mais amena que *Take over control*. A letra era "*Marry me*" ["Casa comigo"], cantada num sotaque angolano: *Meddy me, meddy me, I love you...*

E assim seguimos aos trancos e barrancos através das aldeias da província de Huíla, com a música em alto volume. Em intervalos de uns trinta e poucos quilômetros Camilo parava, eu achava que era para acharmos comida — alguns aldeões corriam até nós com bananas —, mas era para ele comprar mais cerveja. Camilo bebia sem parar, e após oitenta quilômetros de percurso estava bêbado, babando, acompanhando a música em altos brados.

Em diversas paradas, os aldeões apareciam com pequenos sacos de batatas fritas, embebidas de gordura no plástico estreito e sujo. Eu dizia que não, mas estava faminto, e como os pedaços de frango que haviam revirado meu estômago no dia anterior, as batatas viscosas começaram a parecer apetitosas. De modo que entreguei os pontos e comi, e me senti mal, e me rendi ao barulho, à direção imprudente e ao calor.

Passageiros novos haviam embarcado, o veículo estava lotado, e nos fundos dele um bebê chorão e uma mulher aos berros — a mãe do bebê, presumi — discutiam com dois meninos gritalhões. Nesse momento você naturalmente se pergunta se aquela viagem é necessária e, respondendo à minha própria pergunta, concluí: sim. Eu prometera não pegar um avião, prometera viajar por terra, e embora aquele Land Rover surrado fosse desconfortável e as brigas entre os passageiros fossem enervantes (e pioradas pelas guinadas de bêbado de Camilo), eu estava percorrendo o interior de Angola, que sempre desejara ver, porque tão pouco se escreveu a respeito — nada, realmente, exceto relatos de guerra ultrapassados.

Depois da cidade de Cahama, onde a estrada melhorou, estávamos a uma altitude maior — uma região mais fresca, mais verde, de árvores mais altas, morros a distância que eram irregulares e achatados no topo, alguns como bigornas, outros como pães rechonchudos, alguns com saias verdes. Velas triangulares enfunadas de nuvens navegavam bem alto no céu azul. A grande surpresa para mim foram os poucos sinais de prédios coloniais — uma dispersão de lojas arruinadas, uma ocasional casa de fazenda abandonada, as paredes grossas e telhados de telhas do tipo de construção camponesa rústica que você veria no interior de Portugal. Em certo aspecto, aquela era toda a história do interior angolano: Portugal havia exportado seus criminosos brutalizados e camponeses iletrados, transformando-os em colonos, primeiro para escravizar e deportar africanos e depois para dominar os africanos que restaram. As paredes das pequenas casas das fazendas estavam quebradas, os telhados, desabados, e as telhas, despedaçadas. No entanto, havia apenas um punhado de construções desse tipo nos oitenta ou 110 quilômetros de viagem — isso num país que fora uma colônia por mais de quatrocentos anos.

Algumas das casas estavam destroçadas porque seus habitantes as haviam abandonado, ou tinham sido expulsos, com a aproximação da Independência na década de 1970. Mas também, como todo o sul de Angola, aquela havia sido uma zona de guerra por décadas. Ali, entre Cahama e Xangongo, o Exército sul-africano, numa grande ofensiva em 1983 (Operação Askari), havia enfrentado os guerrilheiros da SWAPO namíbia que estavam se concentrando, pretendendo avançar para o sul pela fronteira para libertar seu próprio país, o Sudoeste africano. E muitas daquelas casas haviam sido explodidas, e os campos enchidos de minas terrestres. Estima-se que 20 milhões de minas foram plantadas em Angola, por todas as facções, durante o longo conflito.

Mas a povoação branca de Angola nunca fora grande, e no sertão os colonos brancos sempre foram escassos. Praticamente desde o início, quando lá aportou, após uma longa viagem, o grande navegador português Diogo Cão, em 1482, Angola foi vista como desagradável, insalubre e violenta, cheia de ar venenoso e povos selvagens — "o túmulo do homem branco" do clichê. O que os portugueses queriam de Angola era o que quase todos os colonizadores desejavam: ouro e trabalho escravo. A estranheza da colonização portuguesa é bem-descrita por Gerald Bender em *Angola Under the Portuguese: The Myth and the Reality* [Angola sob os portugueses: o mito e a realidade] (1978). Angola começou como uma colônia penal. Do final do século XV à década de 1920, foi um local de despejo para criminosos portugueses degredados. Aqueles homens foram os civilizadores e colonizadores de Angola.

Impossível entender Angola sem saber algo sobre o caráter português. À semelhança da Irlanda, Portugal foi por séculos exportador de seus camponeses, um produtor de exilados — fugitivos da terra natal tão opressivos em suas colônias que transformaram os africanos em exilados também. Portugal foi descrito pelo viajante e crítico literário inglês V. S. Pritchett como "prático, estoico, evasivo, seu orgulho pelo passado grandioso, seu orgulho pelo próprio orgulho assolando por dentro como uma tristeza inextinguível". A essa lista de qualidades eu acrescentaria arcaico e obsoleto. Quanto a Portugal ser prático, convém dizer que Angola foi o único país africano que começou sua existência colonial como uma colônia penal, Angola sendo a versão portuguesa da Sibéria: uma prisão.

Criminosos intimidadores e predatórios são déspotas naturais, e muitos dos condenados portugueses exilados se tornaram importantes traficantes de escravos. Eles eram talhados para a tarefa diabólica, já que haviam sido instruídos em Portugal (e suas outras colônias) como ladrões, vigaristas e assassinos, eficientes como perseguidores e intimidadores. Os condenados não eram uma mera ralé oprimida que havia sido (como os exilados iniciais da Austrália) perseguida em sua pobreza e condenada por pequenos delitos. Eram vilões implacáveis, todos homens (um terço dos exilados na Austrália eram mulheres), que formaram o núcleo dos colonos de Angola, promovidos, após a longa viagem, da classe criminosa para a classe dominante. Os trapaceiros tinham de ser os colonizadores de Angola porque poucos outros portugueses queriam viver ali. Serviram como traficantes de escravos até Portugal proibir a escravidão em 1878, e depois passaram a exploradores, envolvendo-se no sistema de trabalho forçado (iludindo africanos, sobrecarregando-os de dívidas), que foi quase sempre mais abusivo do que a escravidão.

Como escravos não podiam ser exportados para fora do país, onde a escravidão era ilegal, outras formas de escravidão ou servidão imposta permaneceram em vigor dentro da colônia. Os trabalhos forçados em Angola continuaram até 1961 (um ano de revoltas no país por esse mesmo motivo), e foi então que relatórios devastadores foram publicados sobre as condições de trabalho punitivas. "'Preciso que me deem negros' é uma frase que ouvi com frequência dos colonos", Marcelo Caetano (mais tarde primeiro-ministro de Portugal) escreveu em 1946. "Como se os negros fossem algo a ser dado!" Nada disso é história antiga. No início da década de 1960, por volta da época em que me tornei professor na Niassalândia às vésperas da Independência, um alto inspetor colonial em Angola, Henrique Galvão, escreveu com um desdém exaltado: "Somente os mortos [em Angola] estão realmente isentos do trabalho forçado."

Antes de 1900, praticamente todos os colonizadores portugueses permaneciam nas cidades costeiras, julgando o interior perigoso devido aos animais selvagens e africanos hostis. Mesmo em 1950, havia menos de 3 mil fazendeiros portugueses no país inteiro, alguns deles no interior em pequenas propriedades. Mas eram improdutivos e desmoralizados, dependendo do auxílio do governo português e do trabalho forçado africano.

Embora no decorrer de muitos anos Portugal tenha executado numerosos planos de colonização rural para encorajar os colonos a se dedicar à agricultura, quase todas as tentativas acabaram em fracasso, e somente as minas de diamantes (operadas por estrangeiros) e mais tarde a produção de petróleo (operada por estrangeiros) tornaram Angola viável. A população branca, predominantemente masculina e costeira, aspirava ao pequeno comércio, a exploração de lojas e bares. Os portugueses haviam tentado criar uma capital, a Nova Lisboa (atual Huambo), no centro do país, mas também tiveram pouco sucesso. A prova de que o interior de Angola quase não recebeu colonos era óbvia aqui na estrada principal na província de Huíla — vazia, inexplorada, as poucas casas coloniais (nenhuma datando de antes de 1950) desabadas ou destruídas por bombas.

O lado positivo da negligência, da indiferença, do desdém e do subdesenvolvimento era uma paisagem verdejante e praticamente sem aldeias — grandes trechos de campos, morros arborizados e trechos do sertão que foram campos de batalha, mas despovoados e com sua vegetação recuperada. Incrível que os séculos de colonização e as décadas de guerra não tenham deixado nenhuma marca. E se você não levasse em conta o estado de humor das pessoas e os traumas de sua história, poderia quase se deleitar com a visão dos adoráveis morros verdes e a aparente pureza do lugar.

Paramos para tomar cerveja e comer ovos cozidos em Chibia. Alguns negociantes locais estavam voltando do mercado improvisado para casa. Eram o povo mwila criador de gado que vivia nas imediações de Chibia, a menos de cinquenta quilômetros de Lubango, e ainda se lambuzava de gordura animal, cobria seus cabelos de lama e esterco de vaca, criando tranças tipo rastafári, e usava colares de conchas e de barro endurecido. Claro que inexistiam animais selvagens, e a estrada era um horror, mas o âmago verde daquela imensa província dava a impressão da África sulina de cartão-postal, um Éden.

Aquilo foi antes de subirmos ao planalto frio do sul e chegarmos aos arredores distantes de Lubango, as comunidades pobres e os casebres de blocos de concreto, os barracos e vendedores de beira de estrada, as áreas invadidas privadas de vegetação e — na falta de combustível — desmatadas por causa da lenha. Apenas favelas cercavam essa cidade sulina. A palavra angolana para favela, ou "povoado informal", é "musseque" — significando "terra vermelha", o solo arenoso em que os barracos eram geralmente erguidos, palavra que sugere um lugar infértil e deteriorado, uma terra inculta. Nem sequer um arbusto ou uma gramínea permaneceram entre os musseques de Lubango, mas por quilômetros estavam abarrotados de pessoas.

Pensei: já estive aqui.

Outra cidade africana, outro horror, mais caos — a luz resplandecente, pessoas lotando as ruas, a poeira fétida e a fumaça de diesel, as cercas quebradas, as fachadas das lojas vandalizadas, as barras de ferro em todas as vitrines, as crianças brigando, as mulheres sobrecarregadas, e nenhum alívio à vista.

Àquela altura, Camilo estava incontrolavelmente bêbado, cambaleante e incoerente, e fiquei contente de descer do carro e me afastar dos passageiros briguentos e da música horrenda. Ele começou a discutir comigo quando saí, alegando que eu lhe devia dinheiro. Gritou comigo numa ruela de Lubango, mas, aproveitando-me de sua bebedeira, eu simplesmente sumi pelas calçadas destroçadas daquela cidade fria e com cheiro de podre.

No dia seguinte, as ruas de Lubango estavam vazias. Era feriado nacional, Dia de Finados, ou Dia de Defuntos. Na república revolucionária socialista de Angola, o Dia de Finados do calendário litúrgico era um dia de festa, como a Páscoa e o Natal, visto com a mesma solenidade do Dia dos Mártires da Repressão Colonial (4 de janeiro) ou o Dia da Luta Armada (4 de fevereiro). Todas as lojas estavam fechadas. Os restaurantes não funcionavam. Ninguém trabalhava.

— Este é um país muito cristão — um angolano me explicou naquele dia. — Mesmo durante a nossa guerra, as igrejas não foram atacadas. As pessoas se abrigavam nelas e sabiam que estariam seguras.

Onde estou?, pensei. Nada para fazer no Dia dos Defuntos exceto caminhar por essa cidade alta em declive, refletindo sobre minha viagem. O que estou fazendo aqui?

Lubango se esparrama por um planalto a quase 1,8 mil metros de altura. O clima estava agradável, em novembro, mas no inverno angolano, de julho a agosto — segundo queixas dos moradores —, fazia tanto frio naquela região que as pessoas usavam casacos pesados e, em certos dias, os cristais da geada tinham de ser raspados das janelas e dos para-brisas.

Até a Independência, a cidade se chamava Sá da Bandeira, nome de um nobre português, Bernardo de Sá Nogueira de Figueiredo, o primeiro marquês de Sá da Bandeira, que na década de 1930 se tornou um primeiro-ministro idealista (ou seja, antiescravagista). Depois a cidade retomou seu nome tradicional, Lubango. No final do período colonial, Sá da Bandeira atraíra emigrantes da Madeira (eles não sabiam que a colônia estava com os dias contados), outro projeto precipitado e instantaneamente fracassado da colonização angolana.

Dezesseis quilômetros ao sul, em Humpata, pioneiros bôeres haviam se fixado no final do século XIX e se tornado fazendeiros, e alguns estavam enterrados ali, em um pequeno cemitério cercado que um dia achei no meio de um milharal. Os colonos odiavam o interior por ser remoto e pelo trabalho árduo nas plantações. A viagem desde o litoral era longa e lenta. A única atração de Lubango — até hoje o quadro icônico associado ao local — é seu vale íngreme, formado de uma fissura vulcânica, os penhascos de rocha impressionantes e o precipício chamado de Tunda-Vale, a vista das planícies a oeste: um local cênico, com um panorama adorável que ficava fora da cidade, em uma estrada ruim que vinha sendo melhorada.

Meu hotel era um ótimo exemplo do estado da nação. Recém-construído, era um complexo murado de jardins, terraços e prédios baixos, de aspecto elegante. Mas metade das lâmpadas no meu quarto não acendiam, não consegui abrir nenhuma janela e o banheiro fedia. Nas áreas públicas, alguns hóspedes estrangeiros conversavam aos sussurros — todos homens de negócio (pastas, celulares, ligeira afetação, apertos de mão). O restaurante era bom, os quartos eram caros, e após uma noite eu estava doido para sair de lá. Mudei para o dilapidado Grand Hotel da Huíla, no centro da cidade, que custava menos da metade do hotel novo.

Somente seu nome era grande. A comida era terrível, e o hotel estava quase vazio, até um pouco fantasmagórico, mas o Grand era amigável e limpo, e dava para me sentar na varanda ao lado da grande piscina rachada e seca e escrever sem ser perturbado.

Nada havia sido escrito sobre viagens ao interior de Angola, nada que eu lera descrevia o que eu vi fora da estrada principal. A história de Angola que chegava ao mundo era uma condenação dos abusos coloniais portugueses, ou a história de uma longa guerra civil, ou o espanto com os fenomenais lucros advindos do petróleo. Só aquilo já me deixava contente por estar ali. Os turistas em viagem de negócios a Angola eram eficientes, discretos e reservados, e muitos tinham rostos com traços angulosos e (assim insinuavam para mim) estavam ansiosos por partir. Eles não descreviam o país a não ser para as suas empresas. Angola não tinha outros viajantes, nenhum mochileiro, nenhum observador de pássaros, nenhum antropólogo ou cientista político, nenhum visitante casual, nenhum flanador como eu — nenhum que eu conseguisse ver.

Livros sobre Angola costumam ser relatos de guerra e de crise, a maioria desatualizada. O mais conhecido em inglês, *Another Day of Life* [Outro dia de vida], de Ryszard Kapuściński, é uma narrativa emocionante da capital Luanda e algumas excursões perigosas ao sertão, durante a guerra, em meados da década de 1970. É angustiante, muito curta, sectária e vaga nos detalhes. *Baía dos tigres*, de Pedro Rosa Mendes, narra uma viagem transangolana (e transafricana) em 1997. É eloquente, impressionista, surreal às vezes, mas ainda mais vaga em detalhes que a de Kapuściński. A maioria dos livros sobre Angola é implacavelmente política, porque sua história é uma crônica de crises violentas entremeadas de longos períodos de torpor ou brutalidade. A longa guerra civil foi amplamente relatada por jornalistas na época. Mas constatei que era pouco discutida agora. A maioria dos angolanos é jovem demais para ter experimentado o pior da guerra e perturbada demais por sua pobreza para se importar. O tema nas cabeças da maioria dos angolanos que conheci era dinheiro: como obtê-lo, onde gastá-lo, e será que poderiam ter um pouco do meu?

Naquele país sem viajantes estrangeiros, sem turistas estrangeiros, eu penetrara na pequena cidade de Lubango e estava sentado na varanda de seu velho hotel, acalmado pelo Dia de Finados. E agora?

Estou começando a pensar que este tipo de experiência de viagem é na maior parte fantasia, escrevi no meu caderno aquele dia. *Muitos viajantes são essencialmente fantasistas. Os turistas são fantasistas tímidos, os outros — os corredores de riscos — são fantasistas mais ousados. Os turistas em Etosha evocam uma África fantástica após seu jantar noturno, ao caminhar até a cerca do charco mantida pelo hotel para contemplar os rinocerontes, leões e elandes vindo beber: um vislumbre da natureza selvagem à luz dos refletores. Vieram de ônibus ao hotel para ver aquilo, e é muito bonito, mas sem esforço.*

Meu único orgulho nas viagens é meu esforço...

Foi tão árduo, foram tantos obstáculos para chegar ali, um tipo de tropeço e incerteza iniciado na fronteira, onde eu era o único estrangeiro distinguível — um chamariz para os importunadores e aproveitadores. Sou visível e solitário e, após dois dias chacoalhando os ossos, cheguei à cidade providencial — uma espécie de vitória se você valoriza esse tipo de marcha pela miséria, realizando a fantasia de ter aparentemente aberto um caminho sozinho.

Tive sorte, consegui, vi as moças iniciadas, perversamente curti a metáfora dos três pedaços de frango que para mim foi como um conto. Fascinei-me com os tanques enferrujados e os destroços de guerra ao longo da estrada, com as moradas arruinadas dos colonizadores desaparecidos, com a estrada inexistente e as lavadeiras no rio e as pirogas ainda úteis. Mas em que tudo aquilo resultava exceto uma história de viajante, algo a relatar, poder me vangloriar de ter conseguido algo que vale a pena contar aos que não viajam? E isso é caro, incerto, fisicamente difícil e solitário.

Sempre senti que o valor da narrativa de viagem, sobretudo uma que desvia por estradas secundárias, é que se torna um registro dos detalhes de como as pessoas viviam numa época e lugar específicos: como falavam, o que diziam, o que comiam, como se comportavam. A União Soviética que vi e sobre a qual escrevi na década de 1960 já não existe, nem a América do Sul que vi na década de 1970, nem a China pela qual viajei na década de 1980. O modo de vida em muitas ilhas do Pacífico mudou desde que andei por lá em 1990 e, como eu estava observando naquela viagem, a África de 2011 passara por alterações substanciais — algumas melhorias, muitas degradações. Para me consolar, eu penso: talvez os detalhes ocasionais nessas narrativas um dia sejam úteis aos historiadores. Preservar a textura da vida numa crônica de viagem poderia ajudar a informar o futuro, assim como os diários de viajantes estrangeiros como Smollett ou Montaigne nos ajudaram a entender a velha Europa.

O historiador francês Fernand Braudel com frequência cita humildes escritores de diários e viajantes ousados em *Les structures du quotidien* [As estruturas do cotidiano], seu relato enciclopédico de como vivemos na Terra. Em 2 de novembro de 1492, em Cuba, Cristóvão Colombo viu um homem Arawak dando baforadas em folhas de tabaco enroladas, a primeira visão de um europeu do hábito de fumar. O chá chegou à Inglaterra proveniente da Holanda em torno de 1657, e Samuel Pepys bebeu sua primeira xícara de chá em 25 de setembro de 1660, conforme escreveu em seu diário. O uso do garfo individual numa refeição data de meados do século XVI. Até então, os europeus comiam com as mãos de uma travessa de madeira compartilhada. Sobre essa forma de comer, Montaigne escreveu: "Às vezes mordo meus dedos em minha pressa." Em torno de 1609, um viajante inglês — Thomas Coryate, que comia com as mãos — viu comensais na Itália usando garfos e os ridicularizou. Os aldeões que vi em janeiro de 1964 no sul do Malaui, pondo guisado em suas bocas de uma tigela compartilhada usando massa *nsima* cozida a vapor com formato de mão, agora empregam colheres e garfos.

Essa defesa da importância da observação trivial é obviamente autojustificadora, mas se você está sozinho na estrada, precisa ser encorajado de algum modo, e ainda que as observações sejam ilusórias, são ilusões necessárias à sua existência. E se você não se anima com fantasias — aqui estou neste velho carro disparando pelo sertão, aqui estou entre pessoas tribais absorvido num ritual —, a experiência seria desmoralizadora. Mas a vaidade implícita me incomodava, porque ser fantasista em uma viagem é pura presunção, e grande parte se perde na tradução.

Estou em busca de algo sobre o qual escrever, porque essa é a natureza desta viagem, e talvez da maioria das viagens: ver algo novo — um estímulo; satisfazer a curiosidade — um prazer; seguir um itinerário — uma narrativa. Mas por trás disso tudo, e especialmente alimentando a fantasia, está a necessidade do viajante de estar à vontade num ambiente exótico, estar bem distante, encenar uma narrativa de descoberta e risco, imitar o estilo dos antigos viajantes, encontrar semelhanças e diferenças.

Meu viajante ideal é a pessoa que segue o caminho tradicional, trabalhoso, rumo ao desconhecido, e é essa crença que está por trás de minhas viagens, e me impele. Quero ver as coisas como são, ver a mim como sou. E vejam bem: sou um homem de setenta anos viajando como mochileiro no meio de Angola, e os únicos outros estrangeiros que vejo — seis ou oito — são homens de negócio apressados para lucrar com os recursos do país. Talvez eu também seja assim, outro tipo de homem de negócios, outro tipo de mascate, alguém esperando ganhar a vida estando aqui e anotando o que vê.

Preciso ser realista, escrevi quando as luzes da varanda se acenderam, tão fracas que eu mal conseguia enxergar as páginas de meu caderno, *porque nunca estive tão consciente da tristeza do tempo desperdiçado. Angola talvez seja uma lição sobre o tempo desperdiçado.*

Quando o raivoso funcionário da imigração do posto de fronteira de Angola mostrou seus dentes, fez cara feia para mim e perguntou "Você é professor?", e eu respondi "Sim, sou professor", eu não estava mentindo. Minha carta de convite afirmava que eu estaria viajando em Angola para lecionar em várias escolas. Como turistas não eram bem-vindos — e o que fariam se visitassem o país? —, eu precisava de um motivo para estar aqui, e dar palestras para estudantes de inglês era um motivo persuasivo. Não era um truque.

Eu estava em Lubango para dar algumas aulas no Instituto Superior de Ciências da Educação, um conjunto de prédios e um campus a pouca distância do Grand Hotel. Meu contato e anfitriã declarada era uma mulher americana, Akisha Pearman, com quem me encontrei pouco depois de chegar.

Akisha vivia sozinha em Lubango, lecionando como professora de língua inglesa sênior no instituto havia quase dois anos. Morava em um quarto pequeno no centro da cidade. Foi uma das pessoas que me contaram dos dias gélidos de julho ("Tive de mandar trazer roupas de inverno dos Estados Unidos"), e que quase todo dia faltava luz durante três a cinco horas na cidade, e que havia escassez de água corrente ou um incômodo semelhante. Akisha achava graça desses aborrecimentos menores. Conformada, paciente, dedicada e trabalhadora, preparara-se para aquela vida em seus dois anos como professora do Corpo de Paz em Moçambique e em seus dez anos de magistério nos Estados Unidos, na Espanha, na Coreia e em Madagascar. Seus alunos e colegas angolanos me contaram que a adoravam. Akisha se tornara merecedora daquele amor.

Em meu espírito de "o que estou fazendo aqui?", Akisha era uma lição oportuna. Fazia questão de permanecer positiva, não resmungava, nunca fofocava e esperava o melhor de seus alunos. Também era uma fotógrafa entusiasmada, e, embora sua conversa fosse sempre animada, suas fotografias eram um registro de tudo que havia visto. Ela não julgava nem ficava de conversa fiada, mas suas fotografias mostravam que ela notava tudo: as disparidades na riqueza, os prédios vandalizados, as contradições, o humor, a boa vontade, as maquinações e a violência em Angola, bem como a alegria.

Quando eu disse que precisava adaptar meu celular a Angola e comprar um pacote de minutos, Akisha disse:

— Vamos ao shopping... sim, nós temos um shopping em Lubango.

O Millennium, como se chamava o shopping center, fora erguido junto a um estacionamento desolado na praça João Paulo II (em homenagem ao papa), uma grande estrutura pintada de amarelo com um teto abobadado alto que imitava um céu noturno com estrelas bruxuleantes, todo o interior mantido em deliberada semiescuridão. Na Angola ofuscada pela luz solar, tal escuridão era uma novidade. As lojas sombrias foram construídas para parecerem velhas lojas e cafés portugueses, com janelas de sacada, lâmpadas antigas e instalações *eurokitsch*, e no centro do shopping havia um chafariz rudimentar e um laguinho — sem água. Um cinema com uma só sala ocupava um canto, e as lojas vendiam telefones, pizza, sapatos, roupas. Em outra área daquele lugar grotesco, um salão de manicure, três bancos e duas butiques vendendo *megahairs* e perucas, desejadas por muitas mulheres, mas (como meu amigo Kalunga Lima me diria depois) ridicularizadas pelos homens angolanos, que eufemisticamente riam delas como "tetos falsos".

— Deixe-me mostrar como essas coisas são caras — Akisha disse. Levou-me a uma loja de roupas masculinas. Uma simples camisa polo que custaria vinte dólares nos Estados Unidos em Lubango custava 120. Os ternos masculinos tinham preços de centenas de dólares, e sapatos de bico fino custavam quinhentos dólares ou mais. Todas as mercadorias eram importadas da China.

Os negócios iam bem, a vendedora elegantemente vestida (jeans preto justo, sapatos de salto alto, blusa de babados, teto falso) afirmou quando perguntei. Mas a loja estava vazia, não havia mais de trinta pessoas no shopping e ninguém estava comprando ingresso para o cinema. O shopping ainda não se tornara um ponto de encontro, e a única loja cheia era aquela que vendia celulares.

Por uns poucos dólares, a mulher na loja de celulares fez meu telefone barato funcionar. A internet não era confiável em Angola, nem servia muito na Namíbia, e tampouco estivera disponível quando estive em Okavango. Talvez a África fosse pular a geração do e-mail e internet, e as comunicações se basreariam, como no Japão e em alguns outros países, na tecnologia do smartphone: mensagens de texto, redes sociais, e não muito mais.

Ao caminharmos pelo Millennium de Lubango — de aspecto desagradável, já desmoronando —, Akisha me contou algo sobre si. Era a mais velha de cinco irmãos. Seu pai, ex-jogador profissional de futebol americano, era um treinador de sucesso na Carolina do Norte, e seus dois irmãos eram jogadores universitários de destaque — um deles um ex-*running back* da NFL. Akisha era uma presença atlética também, irradiando saúde e força junto com seu bom senso e otimismo. Acima de tudo, era independente. Havia se libertado juntando-se ao Corpo de Paz um ano após se formar na faculdade, e como professora em Moçambique se tornara fluente em português.

O exemplo de Akisha me lembrou de como eu admirava pessoas que trabalhavam humildemente na África. Como as melhores delas, Akisha se via mais como aluna do que como professora, procurando se enriquecer com a experiência. E embora nunca aludisse ao fato, não deve ter achado fácil ser a única cidadã americana em Lubango, uma mulher jovem e solteira vivendo sozinha naquele lugar remoto e, pelo que eu podia ver, inóspito.

Mas ela havia vivido e trabalhado por dois anos em Inhambane, uma modorrenta cidade à beira-mar — tempos atrás, um porto importante — no sul de Moçambique, de modo que viera para Lubango com uma compreensão do isolamento e um conhecimento dos absurdos danosos do colonialismo português.

Provavelmente mais absurdos foram proferidos e mais mitos foram criados em torno das aventuras imperiais de Portugal que de qualquer outra nação. O mais ridículo foi o "lusotropicalismo", uma teoria implausível de harmonia racial proposta na década de 1930. Postulava que, graças ao seu temperamento e cultura singulares, os portugueses eram os europeus mais talhados a se adaptar em outras terras e lidar com nativos equatoriais — achando (assim se argumentava) um denominador comum em solidariedade e afinidade. "Nós entendemos os nativos melhor que vocês", vangloriavam-se os portugueses. Isso implica não apenas que o imperialismo português foi um triunfo, mas também que os angolanos foram coniventes em sua própria escravidão e ofereceram voluntariamente seus diamantes e seu ouro.

Mas a realidade é que a história de Angola havia sido uma tragédia colonial, e às vezes uma farsa, plena de racismo, resistência, rebeliões e morte. E o menor dos vislumbres de qualquer território ultramarinho português é prova da desordem que fizeram de suas colônias. Um fato dramático observado por um historiador de Angola, Douglas Wheeler, é que, nos quase quatrocentos anos de 1579 até 1974, jamais ocorreu um período de cinco anos na colônia sem ao menos uma campanha militar punitiva portuguesa. A glória dos portugueses foram seus grandes navegadores e descobridores, mas foram administradores incompetentes, chefes implacáveis e exploradores gananciosos. Os aristocratas desonestos e camponeses desesperados que se fixaram longe de casa e por fim fugiram nada deixaram além de alojamentos de escravos abandonados, garrafas vazias de vinho verde e igrejas sombrias.

No Malaui na década de 1960, conheci homens portugueses de meia-idade do outro lado da fronteira, em Vila Cabral, Moçambique (então uma colônia sonolenta, carente de recursos, conhecida como "Leste Português"), que haviam emigrado de aldeias assoladas pela pobreza no interior de Portugal para se tornar carpinteiros, pedreiros e barbeiros no sertão africano. Suas mulheres eram ociosas e rabugentas, gritando com os primeiros empregados que tinham na vida. Poucos dos colonos sabiam falar a língua local, e não foi surpresa quando os movimentos revolucionários começaram a persegui-los a fim de apressar sua partida. Devido ao caráter dos colonizadores, esse processo foi inevitável, como Douglas Wheeler também descreveu, observando que o colonizador de "uma sociedade rural arcaica, semifeudal em algumas províncias, com frequência tenta enganar o africano por ser mais fraco, e porque ele próprio está habituado a ser humilhado em sua pobreza em casa e veio aqui para ficar rico". Os colonizadores se relacionaram razoavelmente bem com os africanos em aldeias que conservavam costumes tradicionais. Os africanos mais ocidentalizados foram outra história: os novos colonizadores se ressentiam daqueles que sabiam ler, que tinham ambições e ideias políticas. Aqueles africanos foram desprezados e depreciados como "calcinhas".

Quando mencionei que a natureza prepotente e muitas vezes cruel dos portugueses coloniais só se tornava mais clara depois de uma viagem por uma ex-colônia portuguesa, Akisha disse:

— Tenho uma ótima história.

Quando trabalhava em Inhambane, Moçambique, ela conheceu um casal português que, como os que conheci como voluntário do Corpo de Paz tempos atrás em Vila Cabral (província Niassa), haviam imigrado para o país na década de 1960. Naquela época, o governo português, sob o obstinado ditador António Salazar, que governou por um longo período, criou incentivos para que seus cidadãos mais pobres buscassem a sorte nas colônias. Recebiam passagens grátis em navios, aulas de atividade rural e um capital para começar vida nova. E claro que um dos grandes incentivos era a promessa de mão de obra barata, sob o regime de trabalho forçado então em vigor, que forçava os africanos das aldeias, via intimidação, a arar os campos e servir aos fazendeiros brancos.

Durante seu primeiro período na África, Akisha impressionou-se com o fato de que, quarenta anos antes, aqueles europeus haviam deixado sua terra natal moderna para começar uma vida nova no humilde e distante Moçambique.

— Deve ter sido uma grande adaptação fazer a longa viagem de Portugal à África — Akisha dissera.

— Sim, em certo sentido — foi a resposta de um homem português.

— É tão diferente! — Akisha observou. — Como você conseguiu?

— Foi fácil, na verdade — o homem disse.

— Como assim? — Akisha quis saber.

— Viemos de uma aldeia pobre em Portugal — o homem contou. — Em Moçambique, tivemos eletricidade e água corrente pela primeira vez na vida.

* * *

Nos dias seguintes tornei-me professor de meio expediente no Instituto Superior de Ciências da Educação em Lubango. Meus alunos eram o grupo de língua inglesa de Akisha, todos eles também professores aprimorando seus conhecimentos, muitos deles pretendendo retornar às próprias escolas ou usar sua proficiência em inglês para se aperfeiçoar no exterior — dois deles queriam cursar Direito em outro lugar.

Nada é mais satisfatório em uma viagem do que chegar a um lugar e assumir um cargo, ainda que temporário, como professor. Deixar de ser um voyeur e ter um propósito e uma rotina, especialmente uma que envolva interagir com alunos inteligentes. Eu já fora um professor contente na África, de modo que incorporei satisfeito o papel, confortado por uma sensação de pertencimento.

— Muitos deles querem escrever contos e poemas — Akisha me contou.

Sem dissuadi-los abertamente dos textos imaginativos, louvei a importância de ser uma testemunha ocular, de lidar com fatos verificáveis e o passado visitável recente. Mencionei que jornalistas estrangeiros raramente vinham a Angola (mas não mencionei o motivo: o governo angolano odiava jornalistas estrangeiros). Alguns alunos eram mais velhos — na casa dos trinta. Alguns haviam visto a guerra. A cidade de Lubango mudara de mãos diversas vezes durante a guerra civil, de modo que haviam experimentado a ocupação, fidelidades divididas e as adversidades dos cercos — bombardeios, escassez, sobrevivência, morte e a intromissão de soldados em suas vidas. E como resultado conheceram a tensão, a incerteza e o medo. Era algo sobre o que escrever.

Sugeri estruturas, contei-lhes histórias e encorajei-os a me contar histórias, todas ligadas ao tema do testemunho visual: algo que tivessem visto e experimentado, talvez uma lembrança viva de infância. E assim conversamos sobre lembranças antigas para praticar o inglês e exercitar as histórias.

— Minha mãe queria que eu fosse à escola — Miguel contou. — Falava sobre isso quase sempre, e após um tempo fiquei ansioso por ir à escola. Eu não tinha a menor ideia do que me aguardava.

Ele descreveu sua apreensão: os conselhos da mãe, a passividade do pai, sua total ignorância do que a escola implicava. Então chegou o dia de ir à escola, que ficava a uma longa distância a pé de sua aldeia, numa parte remota da província de Huíla.

— Sentei-me ali na sala de aula — ele disse, a lembrança o fazendo hesitar um pouco — e percebi que estava preso. Não podia voltar para casa. Fiquei com medo. Eu estava cativo ali.

— Eu estava com meus amigos a certa distância de minha aldeia, caminhando por uma trilha — Gomes contou, levantando-se e gesticulando com suas mãos expressivas. — Éramos uns dez ou onze. Vimos uma mulher se aproximando de nós. Correu em nossa direção e disse: "Uma casa está pegando fogo na aldeia. Vocês precisam fazer alguma coisa!"

Os meninos pequenos perguntaram o que deveriam fazer.

— Primeiro tirem os sapatos — ela disse. — E por favor aceitem este dinheiro. — Deu a cada um deles uns kwanzas. Eles se deslumbraram com o dinheiro, embora fosse uma ninharia. — Agora vão pra aldeia e ajudem a apagar o fogo.

Achando que fosse uma bruxa com poderes especiais, correram até a aldeia, mas não acharam nenhum incêndio. Ao retornarem em busca da mulher, descobriram que sumira com seus sapatos.

— Minhas lembranças mais antigas são bem remotas — uma mulher, Dinorá, contou com voz solene. — Eu tinha dois anos e estava deitada nos braços de minha mãe. Ela me segurava firme, e eu sabia que estava chateada com algo, mas não sabia o motivo. Ela sussurrou para mim: "Beije teu pai." Mas eu não sabia onde ele estava. Ela me conduziu até ele, e vi seu rosto. Achei que estivesse dormindo. Beijei-o — Ela fez uma pausa para dar um efeito dramático. — Ele estava morto, jazendo num caixão.

Em outra aula descrevi o emprego do diálogo. Um dos alunos, Délcio Tweuhanda, tinha uma ideia para um romance. Jumas Chipondo havia escrito uma série de redações sobre sua vida. Ele era um lunda-chokwe, um dos povos mais artísticos de Angola, e vivera como refugiado na Zâmbia e em Botsuana por uma década durante os anos de guerra. Diversos outros quiseram formar um grupo e escrever um livro juntos, talvez uma história oral. Fizeram perguntas e falaram sobre seus planos, e sempre que eu estava com eles me sentia esperançoso, por eles e por mim.

Fiz questão de perguntar aonde no mundo gostariam de ir. Não a Portugal, eles disseram. Nem a Cuba. Nem a qualquer dos países vizinhos, os mais fáceis de ir — nem Namíbia, nem República do Congo, nem Zâmbia. África do Sul talvez. E com unanimidade: Estados Unidos.

Agora o Grand Hotel não parecia mais arruinado ou abandonado ou um lugar de tristeza fúnebre, como fora quando me mudei para lá. Era meu refúgio, um lugar pacífico. Akisha permanecera lá durante meses após sua chegada. "É como o hotel de *O iluminado*!" Entendi o que ela quis dizer: um hotel grande e vazio com ecos sinistros e odores ambíguos. Mas eu podia escrever ali, de modo que me servia.

Todas as manhãs no desjejum eu me sentava diante de uma grande pintura que cobria uma parede da sala de refeições como um mural. À primeira vista, uma paisagem europeia, rica em detalhes pitorescos, mostrando uma aldeia de casas de estuque com telhados de telhas avermelhadas, uma igreja de campanário branco no centro e um conjunto de escritórios municipais altivos — todas aquelas construções parecendo sólidas e indestrutíveis. Uma cadeia de montanhas magníficas e um céu de nuvens felpudas surgia a distância, e no primeiro plano duas vacas pacíficas pastavam em um prado viçoso.

O único ser humano que vi no quadro era um homem português de sobrecasaca vagueando por um caminho perto das vacas. Toda a pintura, com seus contornos suaves, evocava paz, serenidade, abundância, fertilidade, permanência e até santidade — os raios de luz do sol como uma bênção vinda do alto.

O Algarve? Não, claro que era uma pintura de Lubango em sua encarnação anterior como a cidade colonial de Sá da Bandeira. Embora em estilo e substância fosse um panorama campestre europeu do século XIX, havia sido pintada (data e nome bem pequenos no canto direito) por Rolla Tze (talvez um chinês de Macau?) em 1945, ano da inauguração do Grand Hotel. Nada ali lembrava a África: nenhum africano, nem cabanas de telhado de sapê, nenhum animal ou flor exótica. Ao menos nenhum aparente. Mas ao me aproximar do quadro certa manhã — avultando sobre mim —, achei um homenzinho negro sentado na grama alta bem no canto esquerdo.

Aquilo era como Portugal idealizava Sá da Bandeira, esperando que os colonos a vissem assim também, como um Portugal ultramarino, aguardando pelo machado e o arado do colono, chamando uma congregação devota à igreja, que era a atual Catedral de São José. Sá da Bandeira era apregoada como o tipo de cidade-mercado existente no interior de Portugal.

Embora nunca encontrasse a prosperidade, Sá da Bandeira perdurou como uma fantasia colonial até o ano da Independência. Aqui está a experiência de uma viajante americana, sra. Alzada Carlisle Kistner, chegando com seu marido entomologista, David, ao Grand Hotel em sua viagem de captura de besouros por Angola em 1972 (como ela recordou em *An Affair with Africa* [Uma relação com a África], publicado em 1998): "Um porteiro de libré fez uma mesura de boas-vindas; o recepcionista, trajando um fraque, foi friamente eficiente; empregados carregaram nossas bagagens. O pátio de azulejos cheio de flores tinha uma linda piscina e um ouriço enrolado como uma bola no gramado. Nossa suíte tinha piso de madeira e um banheiro de mármore, onde tomamos banho e nos vestimos para um jantar elegante. Cercados de garçons solícitos, comemos enquanto um trio tocava 'I Left my Heart in San Francisco' [Deixei meu coração em São Francisco]."

Dois anos depois, a cidade virou um inferno e até hoje sofria os efeitos da guerra. Ela crescera e se espalhara, sendo agora uma cidade de 1,5 milhão de habitantes. Quase toda aquela gente morava em choças, alguns em uma favela densa no coração da cidade, que qualquer pessoa a pé — aquela era minha rota habitual — tinha de atravessar para chegar ao Shopping Millennium, o que significava passar entre os barracos, os rapazes barulhentos, os botecos de cerveja, as poças de lama e as latrinas, e saltar sobre um cão morto, que não foi removido durante todo o tempo em que estive em Lubango.

Buscando formas de passar o tempo quando não estava lecionando ou escrevendo, achei o museu etnográfico, abrigado em uma casa caiada numa ruela. Visitei-o duas vezes, e em ambas as ocasiões eu era a única pessoa naquele lugar. Esperava achar máscaras *pwo* chokwe de olhos semicerrados usadas nas iniciações dos meninos ou uma vestimenta chokwe de fibra trançada. Mas o que achei foram objetos que eu havia visto ao longo do caminho desde a fronteira: cajados de madeira que os anciões kwanyamas haviam usado na aldeia do ritual *Efundula*; cestas e tigelas de madeira como aquelas que eu vira; e harpas, marimbas, amuletos e entalhes ainda usados no sertão angolano. O destaque do museu etnográfico era exatamente o tipo de piroga que eu vira com um pescador remando no rio Techiua ao sul de Cahama uma semana antes — reverenciada aqui em Lubango como um artesanato antigo. Assim ambos os tipos de vida persistiam em paralelo, e parecia que os costumes antigos eram, se não os mais confiáveis, ao menos os mais comuns, devido à necessidade.

Perguntei a Akisha sobre os chineses que haviam vindo para Lubango. Ela disse que eram muitos — centenas aqui, milhares na costa, mas se mantinham à parte. Como seus conterrâneos na Namíbia, haviam chegado nos últimos anos da República Popular. Administravam pequenos negócios, envolviam-se na construção civil, alguns eram fazendeiros e três deles eram donos de um restaurante num canto de Lubango.

Para nossa refeição de despedida, Akisha levou-me a um restaurante chinês que ficava numa rua sem saída, esburacada e em aclive. Como muitos dos outros estabelecimentos, tinha a fachada pintada de vermelho e um pórtico de madeira. Mas lá dentro, era a China, com toalhas de mesa de plástico pegajosas, um calendário rosado mostrando um pagode colorido, figuras de animais de porcelana e um pequeno santuário de um imortal barrigudo dourado flanqueado por um prato com incensos queimando.

Oito chineses fumantes compulsivos estavam sentados a uma das mesas redondas, vociferando e bebendo cerveja. Eram o tipo de trabalhadores braçais durões que eu já vira na China firmando palanques de bambu ou cavando fossos — frios e desconfiados, e aqueles estavam ofegantes e de cara vermelha devido ao álcool. Berravam para pedir comida, berravam uns com os outros, berravam para pedir a conta. Lá fora, em Angola, tinham de ser respeitosos e circunspetos, mas aqui dentro, naquela versão da China, podiam uivar. "O céu é alto e o imperador está bem distante."

Como nós, foram servidos por uma mulher jovem, Mei, de Tsingtao, e a comida foi preparada por Zhou, um homem de meia-idade de avental. A gerente era uma mulher que me pareceu ter uns 35 anos, Wang Lin, de Yantai, que chamava a si mesma de Irma. Mas ela me contou que tinha um filho de dezenove anos, de modo que devia ter mais de 45 anos. Akisha e eu comemos *mapo dofu* picante com arroz e travamos contato com os proprietários.

Mei, com uns 25 anos, chegara recentemente. Wang Lin estava em Lubango havia um ano. Disse que achava O.K. — nada mau, um pouco parado talvez. Mas não sentia falta de casa.

— Eu poderia voltar para a China para uma visita — Wang Lin disse em português para Akisha —, mas não para ficar. Vou ficar por aqui.

Mei disse:

— Quero passar umas férias na Espanha.

Zhou disse:

— É aqui que vivo agora.

Os angolanos nunca vinham ao restaurante, eles disseram, mas tudo bem. Tinha chineses, europeus e cubanos suficientes em Lubango para manter o lugar movimentado.

Cada vez que eu via chineses no interior, sentia que estava vendo o futuro da África — não um futuro feliz, tampouco distante, mas um futuro previsível. Eles eram uma nova estirpe de colonizadores, práticos, impassíveis, na maioria operários de construção, aficionados da bricolagem e pequenos comerciantes, difíceis de contentar, mas dispostos a enfrentar condições mais duras que qualquer português.

Alguns analistas da África e economistas ocidentais observaram que a presença chinesa na África — uma súbita intrusão — é salutar e resultará num maior desenvolvimento e mais oportunidades para os africanos. Vendo chineses ganhando dinheiro na África, isolados em seus empreendimentos, despreocupados com os africanos a ponto de serem rudes, e surdos a qualquer sugestão de moderarem suas condutas egoístas, eu tendo a considerar essa visão positiva uma bobagem. Minha impressão é que, como os demais aventureiros na África, os chineses são exploradores. Eles não têm nenhum pacto, acordo ou envolvimento com o povo africano. Sua aliança é com os ditadores e burocratas que eles subornam e permitem que governem de modo abusivo — uma conspiração. Eles são tão criminosos quanto todos os colonizadores anteriores, e isso vai terminar mal — talvez pior, porque os chineses são obstinados, mais ricos e investiram fortemente, e para eles não existe possibilidade de retorno ou rendição. Assim como entraram no Tibete e assumiram o controle (sem nenhuma voz de protesto de ninguém no Ocidente), estão entrando no continente e, gastando mais do que qualquer outro aventureiro, subvertendo os africanos, com a missão de saquear.

Durante a refeição chinesa, mencionei isso a Akisha, mas ela simplesmente disse:

— Veremos.

Quando pedi que me contasse histórias de horror sobre Lubango, ela apenas sorriu seu sorriso de professora gentil e nada revelou. Sentia falta da família, ela disse, mas estava comprometida com seus alunos e em ser autossuficiente. Era um prodígio de serenidade e dedicação, mais forte talvez do que ela mesma percebia. Mas assim é um professor na África: você se fortalece ou volta para casa. Ela se interessara pela língua portuguesa e queria estudá-la mais profundamente, talvez no Brasil. Seu contrato logo chegaria ao fim, mas com amigos na Namíbia e alguns na Cidade do Cabo, não tinha planos imediatos de voltar para os Estados Unidos.

Ela fez com que eu me sentisse pequeno e supérfluo, e embora essa fosse a natureza do tipo de viajante que sou, eu tinha começado a me acostumar com Lubango. Afinal, tinha algo de útil a fazer ali, e assim por um tempo não era um simples voyeur — ou ao menos, com aquele esforço, poderia justificar meu voyeurismo.

Eu retornava todos os dias ao Grand como se voltasse de um emprego, e durante aquele período eu me alegrei por ter uma ocupação útil, tanto uma distração quanto um alívio, que me dava uma compreensão maior do país. Se havia alguma esperança aqui, estava naqueles alunos e professores, mas estava claro que eram mal-remunerados. Alguns professores em escolas rurais, como li em suas redações, não recebiam seus salários havia meses, e tinham de ser sustentados por doações dos pais de seus alunos. Os professores em Angola, como em grande parte da África, eram ignorados e explorados por seus governos, que ganhavam bilhões com exportação de petróleo e ouro. Provavelmente muitos daqueles professores procurariam um futuro em outra parte. Por isso os professores estrangeiros são sempre bem-vindos na África — porque alguém de fora paga a conta.

A rotina de lecionar em Lubango me servia, e me surpreendia também, porque passei a gostar do dia previsível. Eu passara minha vida na estrada, acordando em hotéis agradáveis ou nem tão agradáveis, e partindo todas as manhãs após o café esperando descobrir algo novo e reproduzível, algo sobre o qual valesse a pena escrever. Acho que outros viajantes sérios fazem o mesmo, buscando uma história, encarando o mundo, conquistando um livro com seus pés. O viajante encena a narrativa fisicamente, caça a história, muitas vezes se torna parte da história. É assim que a maioria das narrativas de viagens acontecem.

Por um período feliz eu suspendera minha viagem. Aquilo tornou ainda mais difícil meu desenraizamento de Lubango. O melhor das viagens envolve períodos de residência curtos e intensos. Eu apreciara a rotina de ser um professor. Mas não existe rotina nas viagens, apenas partidas de manhã cedo e insultos, e se existe um ritmo, é um ritmo de rupturas, choques e incerteza — e, na África, o horror de partidas no escuro da madrugada e em ônibus imundos.

14

Os pátios de escravos de Benguela

FAZ MUITO TEMPO, QUANDO LUBANGO era uma cidade do interior chamada Sá da Bandeira, uma ferrovia a servia regularmente, estrepitando por vales profundos e rodando centenas de quilômetros do planalto alto ao povoado costeiro árido de Moçâmedes, agora chamado Namibe. Não mais. O trem caiu em desuso, e os trilhos foram sabotados na guerra pós-Independência. Ônibus substituíram o trem, Namibe está fora do mapa, e Benguela é o principal destino costeiro agora, conservando seu velho e notório nome.

Benguela já foi um dos mais sinistros portos de escravos na Terra. Essa cidadezinha lamacenta ao nível do mar ajudou a povoar as Américas com suas exportações de seres humanos sentenciados a uma vida de cativeiro e trabalho duro. Vejamos a descrição de Benguela no *The South African Year Book and Guide* de 1923: "Cidade dispersa [...] outrora um lugar movimentado [...] Muitas das casas antigas são substancialmente construídas e providas de grandes terrenos cercados, antes usados para escravos aguardando o embarque." Estima-se que até 4 milhões de escravos foram expedidos de Angola ou morreram nas incursões, nas marchas até a costa, ou no mar. Os escravos capturados no interior eram mantidos nas áreas de confinamento de Luanda e Benguela, onde eram engordados para a Passagem Atlântica.

Algum aspecto do tráfico de escravos de Angola se reflete ainda hoje? Sim, e às vezes de formas peculiares. Eu estava num café com um angolano que disse "Vamos comer uns amendoins" e depois, ao garçom: "Queremos alguns *jinguba*", e captei a palavra *jinguba*.

A palavra do quimbundo havia sido trazida por escravos angolanos aos Estados Unidos, onde persiste como "*goober*". Eu depois aprenderia uma palavra do quicongo do norte de Angola ainda mais próxima, a palavra *nguba*, como no provérbio quicongo recomendando discrição: *Ku kuni nguba va meso ma nkewa ko* (não plante amendoins enquanto os macacos estão olhando).

Meu destino era Benguela, mas não era algo simples. Na África e no mundo inteiro, os trens partem do centro da cidade, e a rodoviária costuma ficar na periferia, na parte mais pobre e suja da cidade. O negócio de ônibus de passageiros requer um bom espaço vazio, para estacionar os veículos enormes, manobrá-los e virá-los, e especialmente para abrigar as multidões que ficam zanzando e aguardando com suas trouxas até poderem embarcar nessas conduções notoriamente impontuais. Você encontra esse tipo de espaço próximo às favelas. Uma rodoviária na África Subsaariana não é de fato uma estação: é um estacionamento glorificado, e é uma das inevitabilidades desagradáveis das viagens por terra, não apenas imprevisível mas ofensiva e desordeira, assolada por cachorros vadios rosnando em meio ao lixo descartado pelos passageiros que esperam para embarcar.

Não eram nem seis da manhã, e havia uma briga acontecendo na rodoviária de Lubango, um ônibus tendo acabado de chegar, sacudindo nos grandes buracos como um navio numa tormenta: um grupo de bêbados que tentava embarcar resistia à expulsão por dois dos seguranças contratados para controlar a bagunça.

O barulho havia acordado os passageiros que cochilavam. Estes, olhos vermelhos e cabelos desgrenhados, olharam sonolentos pelas janelas e depois, despertos pela confusão, se puseram a xingar. Tinham vindo de outra cidade, ao sul de Lubango. Sua zombaria não visava a turba ou os bêbados brigões, e sim os fortões que os derrubavam ao chão, o meio mais fácil de deixá-los desacordados.

Um homem gritou de uma janela, em português:

— Então Lubango é um lugar onde um bêbado não pode pegar um ônibus!

Aquela observação solene causou risos estridentes, mais xingamentos, e mais daquela poesia matinal, suja e sem rimas, mas o resto se perdeu no rap que soava mais alto de um amplificador no guichê de passagens.

Eu acordara na escuridão do hotel. Esperei na escuridão e no fedor do estacionamento da estação de ônibus. Um indício fraco e rubro de luz matinal surgiu lateralmente no céu, cada fragmento turvo de claridade fazendo o lugar parecer mais feio, com detalhes avivados de sua decadência, e a gritaria tornando-o pior. *O que estou fazendo aqui?*

Placas quebradas, fios elétricos caídos, caixas de lixo abertas, o rastro do lixo enlameado, um cheiro desagradável no ar como que de bafo de bode e carne deteriorada. Além disso, as mulheres sobrecarregadas com trouxas de pano abarrotadas fechadas com cordões e dois ou três filhos malcomportados, a multidão de jovens rappers angolanos estúpidos com bonés de beisebol e fones de ouvido, e moças bonitas delicadamente postadas na poeira úmida da manhã. A visão daquelas moças me fez pensar que todo um estudo poderia ser realizado sobre os estilos de penteados em Angola — não apenas os extravagantes *megahairs* e perucas felpudas, mas cabelos enfeitados com contas ou tranças nagô ou em cachos serpeantes, e as cabeças de algumas mulheres estavam belamente raspadas, revelando uma calva lustrosa como enfeites de mogno polidos em escadarias vitorianas.

O ônibus para Benguela chegou quando o sol se ergueu sobre os telhados baixos de zinco, o barulho e o calor elevando-se ao mesmo tempo. Assim, a urgência em embarcar combinou com o suor do empurra-empurra, do qual também fiz parte — estranho e detestável para mim, cotovelos a postos, para fazer parte da escaramuça, mas necessário, senão eu não conseguiria um lugar.

E quando partimos vi que a parte habitável de Lubango, a órbita de minhas atividades docentes, era de fato bem pequena, que a cidade era um conjunto de pequenas praças portuguesas cercadas de favelas, como qualquer outra cidade de qualquer tamanho em Angola. E se não estivesse informado, você jamais imaginaria que aquele era um país flutuando num mar de petróleo. Você pensaria, como pensam algumas pessoas sentimentais: pobre lugarejo arruinado — devíamos fazer algo para ajudar. Devíamos enviar dinheiro, talvez montes de dinheiro. Angola (com receitas anuais na casa dos bilhões) parece necessitar de dinheiro.

Saindo da cidade, passamos pelos agora familiares tanques e caminhões militares enferrujados e queimados à beira da estrada perto das casas de fazenda caídas do Velho Mundo português, seus telhados destroçados. Aquilo num lugar chamado Viamba, quando nos aproximamos da escarpa da serra de Quilengues. De quem eram os tanques, os caminhões, as casas? Impossível saber. O tempo avança, ninguém se importa, o ferro-velho aumenta. Ninguém chora os mortos nesses retratos rurais de abandono.

Após uma hora de viagem, em Cacula, paramos num pequeno mercado em que ambulantes — na maioria mulheres suplicantes e crianças empoeiradas e de olhar canino — ofereciam comida em bandejas, tomates gordos, pilhas de pequenas bananas, discos de abacaxi cortado, pães e pilhas de pãezinhos franceses, e sacos de plástico com batatas fritas molengas e engorduradas. Muitas mulheres balançavam réstias de cebolas na cabeça, e uma com uma bacia de pedaços de frango cheios de moscas se aproximou e perguntou:

— Qual?

De novo, a questão existencial: qual dessas coxas de frango velhas, escuras, cheias de moscas e intragáveis deseja, senhor?

Depois daquilo, todos estavam comendo no ônibus e discutindo de um jeito divertido e amigável. Viajamos sob jacarandás que irradiavam suas florações violeta, as flores crepitando e estalando sob os pneus, e reduzíamos a marcha para as vacas que enchiam a estrada.

A intervalos maiores, um grito geral se erguia do fundo do ônibus, e então o motorista gritava o que soava como uma ordem e parava bruscamente. Umas quinze pessoas saltavam para mijar. Não iam longe. Todos mijavam claramente visíveis do ônibus e para os passageiros sentados. Não havia indecência naquilo, nem pressa. Talvez se mantivessem próximos da estrada não por preguiça, mas como resultado das minas terrestres que, todo mundo sabia, haviam sido plantadas — e nunca desativadas — junto às estradas angolanas, especialmente aqui nas províncias do sul. Os homens de pé, pernas abertas, regavam o mato alto. As mulheres abaixavam suas calças de malha, acocoravam-se e esguichavam. Algumas se escondiam atrás de um xale a poucos metros do ônibus, respingando como barracas com goteiras. Como na viagem com Camilo, aquilo era mais um concurso de mijo do que um chamado da natureza, sendo acompanhado de uma tagarelice contínua — os mijões alegres chamando uns aos outros, conversando enquanto urinavam desleixadamente, rindo e caçoando.

A estrada pavimentada era boa demais para durar. Deu lugar ao cascalho e nos enviou para sua lateral. E então, após duas horas de viagem, deixamos a estrada de cascalho para um desvio por bosques, pelo mato e por grupos de casebres de barro quentes e expostos das aldeias pobres. Em alguns lugares, a estrada estava em obra, em outros, fora destruída pelas chuvas recentes. O atraso não importava muito. Havíamos deixado a escarpa e rumávamos morro abaixo rumo ao calor. Colidindo com raízes de árvores delgadas, perto de um casebre decrépito numa daquelas trilhas do sertão, um garotinho disforme e paralítico lutava para avançar, agarrando sua muleta, golpeando a poeira e mancando. O motorista do ônibus diminuiu a marcha — como Camilo fizera uma semana antes —, e lançou-lhe um pacote de pão pela janela, e o menino magro tocou no coração em agradecimento.

Qualquer que fosse a inconveniência de estar viajando daquele jeito, lenta e desconfortavelmente, ao menos tive o privilégio de testemunhar aquele ato impulsivo de bondade humana com uma alma aleijada e abandonada, sustentada por uma muleta em meio ao sertão.

Viajando por terra, como fizera desde a fronteira, vi que a Angola portuguesa havia sido uma colônia não de cidades, mas de postos avançados, a maioria fracassada. E a Angola independente não era muito melhor — ainda um país de postos avançados isolados, mas maiores, e igualmente famintos. Em torno do meio-dia, após cinco horas de viagem e faltando mais de metade do caminho até a costa, chegamos a Quilengues, que era uma cidadezinha assombrada, congelada no tempo, talvez os anos 1950 dos imigrantes assistidos. Quilengues tinha uma igreja, casas coloniais e lojas à beira da estrada. Parecia um lugar totalmente intacto, mas dois dos professores estudantes que conheci em Lubango haviam ensinado na escola de lá e me contaram que frequentemente ficavam meses sem receber — onze meses em um ano —, e quando enfim entrava algum dinheiro ele era depositado em pequenas prestações. Assim os professores eram mantidos reféns: podiam permanecer e aguardar ou partir e abandonar tudo que lhes era devido. Um local bonito, Quilengues, mas com uma história secreta de professores enganados, escolas sem recursos e falta d'água crônica. De novo, este é um país riquíssimo em receitas de petróleo.

Na maioria das viagens africanas por trilhas do sertão daquele tipo, você esperaria ver animais. Como já observei, não em Angola. Nem sequer uma gazela ou um macaco. Era como se, da ausência explícita de animais de caça, sua alma tivesse sido arrebatada. Havia espaço abundante para os animais viverem, habitat e ração suficiente, e muitos charcos. No caminho até a costa, passamos por paisagens e climas diferentes, descendo do planalto frio para o grande sertão em declive e depois para a planície relvosa. Mas eram paisagens sem animais, exceto por uma vaca ou cabra, apenas eventuais aldeias feitas de sapê e de lama.

Com o dia esquentando, entramos em um anel de áreas de sertão que havia visto lutas violentas, com base nos sinais de tanques semienterrados, enferrujados e explodidos. Muitas representavam antigas batalhas, mas uma em Chongoroi, por onde passamos, ocorrera apenas doze anos antes. Em março de 1998, cem homens armados das forças Unita de Jonas Savimbi desceram sobre Chongoroi, queimando os veículos de monitores da ONU e as caminhonetes do Programa Mundial de Alimentos, mataram duas pessoas e feriram três, antes de fugir. Em vez de um memorial aos mortos e feridos, ali havia tanques virados com buracos de balas nas laterais.

Mais próximo à costa, as aldeias eram maiores, e uma cidade, Catengue, uma antiga povoação portuguesa, havia sido reconstruída — a primeira cidade rural que vi parecendo habitável, com prédios velhos de fachadas lisas e telhados reparados. Um motivo poderia ser o fato de ter se tornado uma cidade ferroviária novamente; o trem de Benguela passava por lá duas vezes por semana, mas não naquele dia.

Mais paradas para comer, paradas para urinar, paradas para reabastecer, mercados de beira de estrada com frango, laranja, banana e batata frita oleosa, com mais gritos irados do fundo do ônibus, o motorista berrando de volta e rindo. O homem do meu lado deu de ombros diante dos gritos e explicou (em português): "Muito lento", o que, como uma indicação de andamento numa partitura musical, era fácil o suficiente para eu entender. O ônibus estava indo devagar demais para os passageiros impacientes.

Em uma das paradas para comer, enquanto eu procurava uma xícara de café, um homem do ônibus me perguntou em inglês:

— Senhor, posso ajudar?

Eu era o único passageiro branco no ônibus e talvez também o mais velho. Quando informei que estava querendo café, ele disse, rindo um pouco:

— Não tem café aqui.

— Mas Angola cultiva café.

— Sim, mas — e voltou a rir, dando de ombros —, é que... — Seus gestos significavam "estamos no fim do mundo, não existe nada aqui". Então: — Qual o seu país?

Informei o que ele queria saber.

— O que está achando de Angola?

Respondi:

— Angola é bem legal.

Naquele momento, afastei com um gesto uma mulher que segurava uma bacia com uma gororoba pegajosa, disforme, como se me mostrasse uma amostra da vida em água estagnada.

O homem traduziu meu elogio ao amigo ao lado, que quase cuspiu a banana que estava comendo — dois angolanos à beira da estrada, compartilhando a piada do americano: *Ele disse que Angola é bem legal!*

Eram Miguel e Delfino — Miguel era o que falava inglês. Tinham ido a um casamento em Lubango e estavam a caminho de Benguela para pegar outro ônibus até Lobito, onde moravam. Eles também reclamaram que nosso ônibus estava lento. Já deveríamos estar em Benguela agora, Miguel disse. E deu de ombros.

— Em Angola a situação está ruim — ele disse. — Nada está certo. Não há justiça. Está vendo a estrada? Ruim. Está vendo a comida? É... — Fez cara de nojo. — Lobita é boa. Minha casa é boa. Mas os negócios vão devagar. Todo mundo quer... — fez um sinal de dinheiro com os dedos.

Retruquei:

— Angola tem petróleo. Angola tem ouro e diamantes. Angola tem dinheiro.

— Os grandões têm dinheiro — Miguel respondeu. — Os grandões têm dinheiro demais. Mas não... — indicou com a cabeça a atividade do mercado, a mulher com as bandejas na cabeça e os filhos nas costas, as crianças com baldes de garrafas de plástico de água ou cestas de laranjas, implorando por clientes, as moças balançando cestas de batatas fritas, as bacias repletas de criaturas de lagoa disformes e pegajosas, todo mundo se acotovelando para vender seus produtos, sorridentemente destituídos, competindo e abrindo caminho aos empurrões antes que o ônibus partisse e um grande silêncio iluminado pelo sol descesse de novo sobre seu mercado — ... não as pessoas pequenas.

— Mas você é uma pessoa grande, Miguel — observei. E era: fisicamente imponente, rosto rechonchudo, pançudo, transpirando num suéter de listras azuis que provavelmente vestira naquela manhã na gelada Lubango e não tirara mais. Delfino era menor e mais alinhado, num colete de couro preto e sapatos de bico pontudo, ouvindo atento, observando-me com olhos semicerrados.

— Eu, eu sou grandão — e Miguel bateu com uma mão na barriga —, mas não tenho dinheiro. — Inclinou-se para mim e confidenciou: — O pessoal do governo tem dinheiro... e seus amigos, suas famílias. O pessoal da política tem dinheiro. — Estava sussurrando agora. — Eles guardam. Não dão para ninguém.

Fiz um ruído de solidariedade nos meus seios nasais.

— Está mal — Miguel disse, e após explicar em português ao seu amigo, Delfino murmurou algo com que Miguel concordou:

— Um problema.

— Grande problema?

Ele assentiu com a cabeça e, projetando o lábio inferior para enfatizar, disse:

— Grande problema. As pessoas pequenas não estão satisfeitas.

Eu tampouco estava satisfeito. Pensava: já ouvi essa história antes. Já vi isso antes. O incessante eco do subdesenvolvimento, mas com uma diferença: mais gente, mais miséria, uma maior separação entre os governantes ricos e seus amigos parasitas e os pobres que vivem sem esperança.

Chegamos a uma estranha planície do sertão, com talvez uns mil baobás, mais do que vira em qualquer lugar, sem nenhuma outra árvore por perto para reduzir o poder de seus troncos bojudos e seus galhos grossos, enrugados, como raízes. Como os baobás são preferidos pelos elefantes, pela água armazenada no cerne de seus troncos e galhos, costumam ser descascados, fragmentados e espetados pelas presas poderosas dos enormes animais. Mas, na ausência de elefantes, aqueles baobás permaneciam intactos.

A longa estrada reta descendo por encostas arenosas até o litoral, os últimos trinta quilômetros daquela viagem de dez horas, oferecia um panorama da costa repleta de palmeiras, a baía de Benguela e o Atlântico Sul, uma extensão de seda azul cintilante naquele dia ensolarado. E depois estávamos no tráfego barulhento em ruas tropicais estreitas.

A quente, plana e costeira Benguela era o contrário da fria, montanhosa e alta Lubango. Mas ambas eram decrépitas e desordenadas, enaltecidas pelos moradores, que diziam: "Você deveria ter visto este lugar há dez anos!" — o tipo do elogio duvidoso que você ouve em Calcutá. Mas tinham uma razão em dizê-lo. O jornalista americano Karl Maier, em *Angola: Promises and Lies* [Angola: promessas e mentiras], descreveu como em 1992 forças pró-governamentais bombardearam o quartel-general de Benguela do Exército ocupante da Unita, que havia dinamitado o mercado central. "Ambos os lados realizaram execuções sumárias", Maier escreveu. "Escavadeiras foram trazidas para recolher centenas de corpos largados e em decomposição nas ruas."

A carnificina em Benguela havia sido terrível e relativamente recente. Mas eu viera por um motivo. Concordara em lecionar para turmas de inglês ali também.

"Benguela dos quintalões [pátios de escravos]", o romancista angolano Pepetela escreve em sua saga familiar *Yaka*. Pepetela, que significa "pestana" em quimbundo, é seu *nom de plume*; seu nome real é Artur Carlos Maurício Pestana dos Santos. Esse romance é uma boa introdução à cidade, um relato da família de imigrantes Semedo através de quatro gerações, começando no século XIX, a família crescendo junto com Benguela, primeiro com o tráfico de escravos, depois no comércio, varejo e atividade rural, mas sempre explorando a mão de obra africana. *Yaka* começa com duas lembranças vivas de Alexandre Semedo: a primeira, seu medo dos pátios de escravos, "cantos monótonos e batuques misturados a ruídos de correntes", e a segunda o som de leões rugindo à noite. "Os leões nunca me meteram medo, foi a minha primeira música de embalar."

A ficção dá vida a lugares de formas expressivas, como nenhum livro de história pode sequer começar a sugerir. Os personagens nos romances nos admitem em intimidades — o que não ocorre com os relatos acadêmicos, por mais detalhados que sejam. Conhecemos as pessoas nos romances melhor do que nossos próprios amigos. Sem realçar a complexidade racial da Angola colonial, Pepetela aceita como naturais os diferentes estratos da sociedade branca. Em *Yaka*, Alexandre diz: "Éramos de fato brancos da última condição", pela família não ter criados nem escravos. Continua: "Minha mãe e eu éramos brancos de segunda, por termos nascido em Angola". Esse tipo de coloração dá à ficção angolana uma textura e ênfase estranhas — nem a ficção zimbabuense nem a sul-africana, normalmente cheia de famílias de colonos brancos, penetra em tais classificações raciais ou descreve brancos tão pobres que executam trabalhos servis e não têm criados.

Na Benguela de *Yaka*, Alexandre reflete sobre como a "mãe morreu com complexo de branca de segunda: queria branca de primeira para [casar com] o filho". O status é tudo na colônia remota — criminosos exilados em busca de respeitabilidade "até se ofendem por se lembrar do passado crapuloso deles". Mas ninguém segue as regras, apenas ladrões vencem, e a paixão física domina a vida dos personagens: o padre Costa, um sacerdote rural, desafiadoramente foi pai de quinze crianças mulatas.

Como se escreve muito pouco sobre Angola, e a ficção é sempre tão reveladora, fiz questão de me aprofundar nos escritores angolanos. O romance angolano é incomum, diferente do típico romance africano de vida tribal, anseio por liberdade, despertar da identidade política e advento da Independência. O romance angolano é uma miscelânea anárquica e multicultural, um artefato tão autorreferente, incestuoso e doméstico quanto todo o resto na isolada e xenofóbica Angola. Seu tema costuma ser expectativas frustradas.

Esses romances não são para o crítico literário ou para o conhecedor de ficção. Não são muito divertidos, e é um trabalho tedioso terminá-los. Mas eu não estava interessado em saber se aqueles livros eram bem ou mal escritos. Só queria saber se davam alguma ideia da vida no interior do país, e mesmo livros mal-escritos ou toscamente traduzidos com frequência conseguem isso. A Angola da ficção angolana (de Pepetela, de José Luandino Vieira, de Arnaldo Santos e de Sousa Jamba) engloba a vida de africanos negros, geralmente falantes de quimbundo, mas também de camponeses brancos e moradores de favelas brancos, muitos falando uma gíria favelada misturando palavras em quimbundo e em português.

Yaka retrata uma Benguela de trabalhadores rurais pobres, proprietários de terras ricos, racismo, segredos de família, crueldade imparcial, baixas de guerra, conflitos de família, caipiras litigiosos, sexo brutal, bebedeiras e a longa sombra do passado pairando sobre toda essa panela de pressão ficcional. Soa como Faulkner, até o alcance e escopo gótico sulino, mas não é feliz como Faulkner, e, como muitos romances africanos, é sentencioso e carece de humor. Porém o livro dá acesso a Benguela. *Yaka* é uma crônica do país visto pelos olhos de uma grande família multigeracional cujo primeiro ancestral, Oscar, é um condenado enviado a Angola em 1880 por matar sua mulher — dez anos de prisão em Angola é sua pena, bem como o degredo vitalício na colônia.

A cronologia rigorosa do romance é útil, como um livro de história de família: o povoado inicial, a escravidão e o trabalho forçado, a família crescente, as guerras brutais, as batalhas tribais, o levante de 1961 que levou a redes clandestinas de rebeldes, a partida em 1975 dos portugueses de Lobito, o porto "todo atravancado de caixotes dos mais diversos tamanhos. [...] Vai Angola inteira naqueles caixotes, dizia o tenente. Máquinas desmontadas, diamantes no tanque de combustível dos carros, tecidos, aparelhos de todo o tipo, as coisas mais incríveis [...] e até coisas que se pensava não tinham valor, estátuas e máscaras de madeira, tudo se vende na Europa, peles de onça e esteiras, marfim e cestas, é dilapidar enquanto é tempo [...]".

A última seção de *Yaka* aborda a frágil Independência e a guerra subsequente, quando o neto de Alexandre Semedo (adotado por umas pessoas cuvales do sudoeste de Angola) combate na guerra de guerrilhas "que vai ficar célebre, por trás das tropas inimigas, e só vai durar cem dias, cem obscuros dias, é certo, a ocupação de Benguela [...]".

A referência não é à ocupação pelos portugueses, mas após a Independência pelos sul-africanos, cujos soldados se apossaram da cidade, intimidaram seus moradores e a entregaram à oposição ao governo após uma grande batalha em 1975, que ocorreu na área por onde viajei, de Lubango a Benguela. A maioria dos locais fictícios de Pepetela (entre eles Dombe Grande e Capangombo no planalto, perto de Humpata) pode ser achada num mapa — por onde os personagens se deslocaram, onde tinham suas fazendas e lojas, onde procuraram por esposas, onde (perto da estrada para a costa e o rio Caporolo, que eu cruzara no fim daquele dia) os portugueses na década de 1940 partiram em grupos de caça para provocar os africanos e massacrá-los depois que conseguiram envolvê-los.

O primeiro lugar que vi em Benguela, porque havia corrido até a orla em busca de alívio e uma brisa, foi o alojamento central dos escravos. É um dos marcos da cidade, uma fortaleza velha, baixa, feito prisão, uma estacada de pedra, de frente para o oceano. Por estar tão perto da água, o alojamento dos escravos é um local popular de encontro de jovens, e embora alguns vendessem sorvete, balas e chicletes, todos pareciam famintos.

Benguela não era um lugar natural para os portugueses se instalarem. No entanto, foi identificada como um ótimo local para a colonização em 1615 por Manuel Cerveira Pereira, que a chamou de São Filipe de Benguela em homenagem a seu protetor, o rei Filipe II da Espanha e de Portugal. Mas era pantanosa, insalubre e inóspita. Como o romance *Yaka* dramatiza, foi por séculos uma cidade de pequenos lojistas e traficantes de escravos, quase todos, é claro, sentenciados exilados.

Desde os primórdios um pequeno porto de escravos no final do século XVII, Benguela cem anos depois teria importância comparável à de Luanda. Nunca teve uma grande população de colonos. Mesmo no século XX, o número de brancos em Benguela e em Lobito ainda era minúsculo (a "cidade nativa" dos guias de viagem dos anos 1920). Mas então a população branca de Angola era relativamente modesta. Até 1940 os portugueses étnicos constituíam menos de um por cento dos habitantes de Angola, e só em 1950 sua proporção se aproximou dos 2%.

O governo de Portugal, na tentativa de estabilizar a população branca, tentou criar uma colônia agrícola perto de Benguela em 1885. Não deu certo porque foi dirigida por ex-prisioneiros que odiavam a agricultura e eram tirânicos com seus trabalhadores. Os fazendeiros fracassados foram pressionados a engrossar o Exército, mas foram malsucedidos como soldados também, devido à sua brutalidade absurda ou à simples deserção. O historiador de Angola Gerald Bender observou que em 1907 a maioria dos crimes em Benguela foram cometidos por aqueles ex-prisioneiros.

Todos os testemunhos oculares de Benguela ao longo dos anos descrevem uma cidadezinha miserável sustentada pelo tráfico de escravos. Após o fim da escravidão, o trabalho forçado foi instituído. A prática era a mesma. Tratou-se apenas de uma mudança do nome de "escravo" para "serviçal". À semelhança dos escravos, os serviçais eram trocados por armas e tecidos, levados em marchas forçadas até Benguela e Lobito e enviados a outras colônias portuguesas que necessitavam de mão de obra, entre elas São Tomé e Príncipe. Uma média de 3 mil pessoas por ano foram mandadas para fora do país na década de 1920. Alguns observadores portugueses se opuseram, e na década de 1940 um dos críticos mais acirrados, Henrique Galvão, alto funcionário do governo por longo tempo, compilou um relatório de abusos cometidos contra os africanos que haviam sido submetidos à servidão. O governo Salazar reagiu prendendo Galvão por traição e censurando seu relatório. Apesar da introdução de algumas reformas trabalhistas do final da década de 1940 ao final da de 1950, como fiquei sabendo em Lobito, o trabalho forçado continuou até a década de 1960. Assim, se pode dizer que, até recentemente, Benguela não passava de um depósito para o tráfico humano.

Um dia, perambulando pela cidade, deparei com uma igreja construída em 1748 e dedicada ao santo padroeiro da cidade, são Filipe de Benguela. Era um dia de semana, mas mesmo assim algumas pessoas rezavam seriamente lá dentro, um grupo de mulheres perto do altar declamando juntas em voz alta um serviço religioso como uma espécie de coro. A igreja era fria, sombria, um refúgio do calor, barulho e poeira, e as oito mulheres que rezavam — negras, brancas, mulatas — pareciam afirmar uma continuidade de crença que sobrevivera aos séculos, porque além de sua busca por borracha, cobre, ouro e escravos, os portugueses também quiseram achar almas para converter. Enquanto os engordavam, os colonizadores ritualmente batizavam cada escravo e trabalhador forçado, em grupos ajoelhados, antes de serem acorrentados e conduzidos aos navios.

Outro lugar que vi logo após chegar a Benguela foi uma área na parte sul da cidade onde empreiteiros e trabalhadores chineses erguiam seis prédios grandes e feios de vários andares, alguns rosa claro, outros amarelo-canário, ainda outros azul pastel. Indústria chinesa, gente chinesa, trabalho chinês, pintura chinesa e investimento chinês são evidentes por toda parte nas cidades portuárias de Benguela e Lobito.

Os primeiros trabalhadores chineses a chegar a Angola foram criminosos, prisioneiros do sistema judicial chinês: ladrões, estupradores, dissidentes, desertores e piores, um eco da imigração inicial de Portugal. Personagens em *Yaka* falam de estarem exilados em Angola para cumprir sentenças de dez anos. Os primeiros trabalhadores que os chineses mandaram foram prisioneiros enviados acorrentados para cumprir suas sentenças de trabalhos forçados. Angola, tendo começado como colônia penal dos portugueses, tornou-se recentemente colônia penal para os chineses. Aqueles prisioneiros chineses eram a força de trabalho dos projetos de construção China-Angola — os prédios em, tom pastel feios e superdimensionados, as estradas costeiras, a dragagem do porto de águas profundas de Lobito — e depois de cumprir suas sentenças, o acordo era que permaneceriam em Angola. Presumivelmente, como os degredados portugueses, eles se alçariam à burguesia ou a uma classe superior de novos-ricos.

Possivelmente, também como os condenados portugueses, os chineses se tornariam os racistas mais estridentes, e pelo mesmo motivo. "O complexo de inferioridade da população de colonos criminosos e incultos contribuiu para uma forma virulenta de racismo branco entre os portugueses, que afetou todas as classes de cima para baixo", o historiador político Lawrence Henderson escreveu sobre os primeiros colonos. Os prisioneiros portugueses se tornaram os empregadores mais brutais e os fazendeiros mais preguiçosos, e um número considerável se tornou furiosamente respeitável, do modo como prostitutas arrependidas se transformam em pregadoras e freiras implacáveis.

Após a primeira onda de prisioneiros chineses ("Começamos a vê-los em torno de 2006", um homem em Luanda me contaria mais tarde), mais navios carregados de trabalhadores chineses semiqualificados chegaram. Assim como os primeiros sentenciados portugueses, eram todos homens. Alguns anos depois, mulheres foram autorizadas a trabalhar em Angola, como Wang Lin e Mei, que eu conhecera em Lobito. Agora havia casamentos chineses, crianças chinesas com nacionalidade angolana, lojistas chineses e pedreiros, bombeiros, carpinteiros e operadores de máquinas pesadas chineses de alto a baixo no país.

Quantos chineses havia em Benguela e Lobito? Todas as pessoas com quem eu falava diziam um número diferente, mas sempre alto. Uma estimativa — errada, ao que se revelou — foi 250 mil. Atribuí aquelas cifras altas ao medo. Assim como na Namíbia, negociantes chineses preenchiam a faixa inferior do setor de construção — por exemplo, fabricando blocos de concreto vendidos aos africanos para construírem casas nas favelas.

Uma das construções mais novas que vi em Benguela foi a estação ferroviária, um prédio cercado, de teto chato e de um só andar, projetado e construído pelos chineses em 2011 para substituir a antiga, que fora bombardeada. O Caminho de Ferro de Benguela fora estabelecido um século atrás para criar uma ligação de 1350 quilômetros com a cidade de Luau, no limite leste de Angola, perto da fronteira do Congo e das minas de cobre no Katanga congolês. Um inglês, Robert Williams (que deu nome a uma estação rural), havia sido a força propulsora para a construção da ferrovia, uma concessão dos portugueses. O trabalho na via férrea começou em 1903, numa época em que havia menos de 10 mil brancos em toda a Angola, a maioria degredados — prisioneiros, desertores, dissidentes. Mas a ferrovia só entrou em pleno funcionamento em 1928, quando os portugueses apregoavam ser uma linha transcontinental lucrativa, transportando minérios congoleses à costa do Atlântico, e parte da rota terrestre até Moçambique, do outro lado da África.

No decorrer dos anos, a Ferrovia de Benguela tornou-se um alvo para sabotadores, até ser totalmente destruída durante a longa guerra civil. Um desafio à reconstrução foi que minas terrestres tinham sido plantadas ao longo da linha. Num período recente de dez anos, 2 mil minas haviam sido encontradas no corredor ferroviário e removidas por uma organização beneficente britânica chamada HALO Trust. (No total, 68 mil minas em Angola haviam sido desativadas por essa organização valente, que continua descobrindo minas terrestres pelo país.) Os chineses, emprestando 300 milhões de dólares ao governo angolano e fornecendo mão de obra tanto qualificada quanto prisioneira, ajudou com uma parte da remoção das minas, recolocou os trilhos, ergueu novas estações e reconstruiu a infraestrutura no interior até Huambo, com a intenção de alcançar a fronteira do Congo.

As informações eram de que a linha estava funcionando. Mas a nova estação de Benguela com fachada de vidro estava fechada, e ninguém sabia quando abriria. Nenhum horário estava afixado, nem ninguém sabia quando o próximo trem para Huambo estaria partindo.

— Como é Huambo? — perguntei.

— É como Lobito, mas menos bonita.

Sou conhecido por dizer que nunca vi um trem sem sentir vontade de embarcar. Eu poderia ter me esforçado por achar informações sobre a linha de Benguela, e eu poderia ter conseguido comprar uma passagem até Huambo. Mas, tendo acabado de chegar do planalto central, onde algumas das mesmas cidades eram ligadas pela linha, eu tinha um indício da viagem. Eu já conhecia as cidades ferroviárias de Catengue e Binga, e tinha uma boa noção de como seria Huambo. Assim — algo inédito em minha experiência —, surpreendi a mim mesmo dizendo:

— Acho que não vou embarcar.

— Pensei que você fosse pular para dentro do trem — a mulher americana que me trouxera ali disse.

— Não vou embarcar.

— Ouvi dizer que você ama trens.

Sim — o que aconteceu? Porque aquela viagem estava perdendo a graça? Seria porque eu sempre tinha de lutar por um lugar, e continuava vendo as mesmas vistas pavorosas, as mesmas estradas ruins, a mesma mulher do mercado triste, as mesmas favelas? Na África, cada aldeia rural é diferente, mas todas as cidades são iguais, e um perfeito susto.

A mulher americana era Nancy Gottlieb. Ela vivera em Angola, principalmente em Benguela, intermitentemente por dezessete anos, e jurava que a cidade estava melhorando. Um de seus vários projetos foi dirigir uma escola de língua inglesa. Dei algumas aulas para turmas dela e também no Instituto Superior de Ciências da Educação, no centro da cidade.

O nome do instituto era grandioso, e os alunos e professores, dedicados. Falavam inglês razoavelmente bem — o inglês era o tema de estudo, e metade estava empregada como professores em escolas em Benguela e arredores. Disseram que gostavam de livros, mas quando os pressionei, nenhum deles conseguiu me dizer a diferença entre ficção e não ficção; entre um romance, livro de história, memórias da vida familiar, um conto sobre uma atrocidade, uma fábula com animais — era tudo mais ou menos a mesma coisa ("histórias"). Aquela percepção limitada de definição e forma me pareceu uma grande deficiência em professores de literatura, como um chefe de cozinha sem o sentido do olfato.

— Livros são tão caros — Sylvia observou quando insisti que lessem um pouco mais. Ela estava elegantemente vestida e era professora universitária. Verdade, tudo era caro em Angola exceto bananas, mas aquelas pessoas eram acadêmicas. O resto da turma concordou: livros eram inacessíveis.

— O que vocês leem?

Eles nomearam algumas brochuras nigerianas de décadas atrás que tinham ganhado. Não estavam familiarizados com os romancistas angolanos que eu vinha lendo.

Domingo perguntou:

— Poderia nos dar alguns dos livros que escreveu?

— Não trouxe nenhum comigo — respondi. — Por que não pede ao Ministério da Educação ou a um dos seus bilionários?

Minhas aulas eram sobretudo um esforço para encorajá-los a escrever sobre eventos que testemunharam, mudanças econômicas, o andamento de um casamento ou de um enterro, a novidade dos colonos chineses, mesmo (sugeri delicadamente) a repressão e a intimidação política — porque o governo reagia com violência a quaisquer reuniões, protestos ou passeatas, batendo e prendendo as pessoas, utilizando esquadrões com cães e canhões de água.

A grande ironia, se não a farsa escancarada, dos direitos humanos em Angola foi que um dos primeiros prisioneiros de consciência selecionados pela Anistia Internacional, em sua fundação em 1961, foi o dr. Agostinho Neto, designado "prisioneiro político do ano" por ter sido encarcerado pelos portugueses. Depois de libertado da prisão, Neto veio a se tornar o primeiro presidente de Angola, e logo começou a prender *seus* oponentes, os quais se tornaram prisioneiros de sua própria consciência. Assim, a Anistia esteve na posição paradoxal de pedir justiça para as vítimas do mesmo homem que haviam defendido com tanto sucesso. Mencionei esse fato aos estudantes no instituto, que não se impressionaram, respondendo com delicadeza e talvez com um fundo de verdade que coisas piores aconteciam em Angola.

Depois que passei a conhecê-los melhor, perguntei onde estiveram em seu país. Afora visitas a Luanda e Lubango, não haviam viajado muito, e nenhum estivera ao sul de Lubango. Não tinham nenhuma vontade de ver as áreas rurais de Angola, nem qualquer país africano. Que lugar do mundo gostariam de visitar, perguntei. À semelhança dos estudantes em Lubango, foram unânimes em escolher os Estados Unidos. Foram específicos sobre os lugares: Nova York, Chicago, Califórnia. Nos raros dias em que a internet funcionava em Benguela, aqueles estudantes a esquadrinhavam em busca de imagens dos Estados Unidos. Estavam certos sobre o que achariam lá.

— E Texas — Francisco acrescentou.

— Por que o Texas?

— Porque tudo é maior no Texas.

Aquilo provocou risadas, mas após a aula, quando lhe perguntei se falara sério, Francisco respondeu confiante, como se me desse uma dica de viagem:

— Austin, Texas, é o melhor lugar para festas. Muitos bares, muita música e mulheres. Você se diverte lá.

— Não dá para se divertir em Benguela?

— Não esse tipo de diversão.

O dinheiro estava nas suas cabeças. O dinheiro estava na minha cabeça também, porque somente dinheiro vivo, de preferência dólares americanos, era aceitado em Angola. Nenhum hotel ou restaurante aceitava cartão de crédito. Não ter dinheiro suficiente não era desculpa — um caixa eletrônico seria indicado: "Use aquele." E foi em Benguela que usei meu cartão com o maior limite de crédito e constatei que era repetidamente rejeitado. Aquele era o cartão que tinha sido clonado na Namíbia, minha identidade roubada. O cartão estava inutilizável, de modo que eu dependia do estoque minguante de dólares em minha bolsa. Eu ainda não sabia da fraude com o cartão de crédito. Achei que havia algo de errado nos caixas eletrônicos angolanos, já que havia tantas outras coisas erradas em Angola.

À minha preocupação financeira se juntou a melancolia de Benguela: a complacência e tédio das tardes quentes, sufocantes mesmo junto ao oceano, o mar marrom-esverdeado turvo e a espuma amarelada de suas ondas pequenas quebrando, o píer arruinado para onde os escravos engordados e batizados tinham sido conduzidos antes de embarcar nos navios negreiros.

Além disso, havia notícias de agitação no Congo e os constantes massacres do Boko Haram na Nigéria — muçulmanos fanáticos assassinando quem parecesse cristão, ocidentalizado ou estrangeiro. Eu tinha pensado que poderia seguir naquela direção. Mas centenas de nigerianos haviam sido mortos no norte de seu país, e cada semana trazia mais um ataque sangrento.

Eu estava inquieto, e aquilo me deixou curioso sobre Nancy Gottlieb, que permanecera em Benguela e dirigia uma escola de inglês. Perguntei sem rodeios como ela foi parar ali. Ela disse que era formada em administração, mas se desiludira com as empresas para as quais trabalhou nos Estados Unidos. Ouvira falar de uma entidade filantrópica dinamarquesa com uma filosofia de "de pessoa para pessoa". Ingressou nela e foi enviada a Benguela em 1994 a fim de ajudar a dirigir uma escola. Nos anos seguintes, passara por um período turbulento. Em 2001, por exemplo, a escola foi atacada e alguns dos alunos foram sequestrados por soldados contrários ao governo. A incerteza, as privações e a violência ocasional duraram até o fim da guerra.

Perguntei o que a fizera ficar ali — uma mulher delicada e solteira — por tanto tempo em uma cidade provincial em Angola. Ela respondeu que, após passar um tempo na Índia praticando meditação Vipassana, teve um insight:

— Eu meio que disse para mim mesma: "Se eu não achar o tipo de homem qualificado para ser o pai de meus filhos, acho que prefiro passar meu tempo ajudando crianças na África." Veja bem, um tipo de pensamento que você simplesmente tem e guarda para si, mas você sabe que teve.

E após dezessete anos, ela ainda achava sua vida ali gratificante, e se sentia mais segura do que em muitas cidades que conheceu nos Estados Unidos.

— Todo mundo que eu conheço tem problemas muito maiores que os meus — ela disse. — No entanto, estão quase sempre contentes, rindo, ativos, sorrindo.

Disseram que havia um homem em Lobito que eu deveria visitar. Lobito ficava a apenas 26 quilômetros costa acima, e no caminho parei em um forte arruinado num morro alto nos arredores da cidade de Catumbela, logo acima do rio de mesmo nome. Perto, mas a uma altura maior, no topo de um morro, o luxuoso Riomar Hotel estava sendo finalizado por trabalhadores chineses — um dos muitos projetos da filha bilionária do presidente, Isabel. A mansão do governador de Benguela — que também parecia um hotel — era outra atração do alto do morro.

O velho forte, no monte Catumbela de terra argilosa amarela e topo achatado, tinha paredes de pedra espessas, com cubículos e apartamentos no interior, quadrados e baixos, com uma vista da zona rural circundante. A mansão e o hotel eram excepcionais. Todas as outras habitações ao longo do rio eram barracos ou casebres.

Uma placa no forte dizia que seu nome era Reducto de São Pedro, reduto significando uma fortaleza. O texto dizia: "Foi feito à custa dos habitantes de Benguella, honra à digna Camara Municipal, por causa dos contínuos insultos feitos aos brancos pelos indígenas deste districto [...] 1ª pedra 5 de Outubro de 1846."

Uma acusação e tanto: por causa de suas ameaças e insultos, tivemos de construir e pagar por este forte. Vejam o que vocês nos levaram a fazer!

Descobri depois que em 1836 um povoado de brancos livres havia sido fundado por perto, na margem do rio, mas se extinguiu. Mesmo assim, alguns portugueses permaneceram e puniram os habitantes locais bem-sucedidos. Mais tarde, no início do século XIX, um comerciante chamado António da Silva Porto morou à beira do rio perto dali. Era um "sertanejo", um mercador que circulava da costa ao interior. Polígamo, com várias esposas africanas e muitos filhos mestiços, e com um negócio duvidoso, Silva Porto foi um sr. Kurtz português, porém mais alegre, menos bem-sucedido e, a julgar por uma de suas anotações no diário, realista sobre sua residência em Angola. Porto escreveu: "Na terra dos cegos, quem tem um olho é rei. Por mais pobre que seja agora, se me retirasse para Portugal hoje, não seria nada. Por outro lado, sou quem sou por aqui enquanto possuir uma peça de tecido comercializável."

Isso sintetiza perfeitamente toda a aventura portuguesa em Angola: europeus desesperados, ineptos e lascivos explorando africanos que julgavam serem ainda mais desesperados e ineptos. E foi um legado: o corrupto presidente angolano José Eduardo dos Santos, ainda no poder após 32 anos, continua explorando o povo e acusando seus críticos de espalhar a confusão e o caos.

Lobito, do outro lado do rio Catumbela e estrada adiante, foi o lugar mais radiante que eu vira até então em Angola: um porto de águas profundas que vinha sendo melhorado pelos chineses, um grande depósito de petróleo, o centro da cidade apenas ligeiramente vandalizado e um hotel mais antigo restaurado, o Terminus, outrora ligado à Ferrovia de Benguela.

O hotel e aquela parte um tanto salubre de Lobito ficavam numa ponta de terra estreita chamada de Restinga. Aquela península em forma de dedo se projetando de Lobito era um gueto dos afluentes, com praias dos dois lados, margeado por palmeiras e casarões, bangalôs modestos e prédios de apartamentos de dois andares. Alguns daqueles prédios datavam dos anos 1920, mais a maioria fora construída nos anos 1950, a época em que a imigração portuguesa para a colônia havia sido encorajada com subsídios generosos. E era possível notar que naquele pedaço de terra um colono podia se sentir seguro, porque dava a impressão de ser uma ilha no mar.

A pessoa que eu vim visitar era um homem alto e bem-apessoado de uns sessenta anos com o sonoro nome de Rui da Câmara e Sousa. Descobri que havia lido alguns dos meus livros e teria prazer em se sentar comigo e contar sobre sua família eminente. Ele descendia de um conhecido governador de Benguela e era professor universitário e empresário do ramo imobiliário. Seu casarão, erguido em 1954, era um lugar bonito, mas como em todas as casas na Restinga, havia um clamor contínuo de gritos e música dos aparelhos de som dos que faziam piquenique na praia do outro lado da rua estreita, alguns nadando, outros comendo ou dançando sob as palmeiras e árvores de pau-ferro, muitos gritando uns com os outros. Rui disse que estava acostumado. Nascera em Angola.

Seus primeiros ancestrais, tendo navegado da Madeira a Moçâmedes, costa abaixo, haviam sido pioneiros no planalto de Huíla — em Sá da Bandeira, ainda recente em minha mente como Lubango — e Humpata. Quando um dia caminhei por Humpata e vi os túmulos dos bôeres da década de 1920, surpreendeu-me que a terra fosse tão montanhosa, fresca e fértil, tão semelhante a uma comunidade agrária em Portugal, exatamente as qualidades que haviam atraído os bôeres e portugueses. A Madeira naquela época estava assolada pela pobreza, como muitos dos lugares (a província de Bragança em Portugal, os Açores) de onde os camponeses portugueses emigraram. Em Angola aquelas pessoas eram em grande parte agricultores de subsistência, a maioria cultivando batata-doce.

— Levava uns dois meses de viagem da costa até Humpata — Rui disse, referindo-se à viagem por carro de boi. — Mas era um bom lugar para colonizar. Os protestantes dali chamavam a si mesmos de "a tribo branca de Angola".

Rui percorreu o resto de sua linhagem, não ostentando, mas completando o retrato da família. Seu bisavô, o capitão António Barrada de Câmara, fora governador militar em 1900 e morreu em um acidente durante uma caçada. O avô de Rui, Hortensio de Sousa, governador da província, não havia sido esquecido: uma ponte e um parque em Benguela receberam seu nome. Hortensio era muito pobre em Portugal, estudante de Direito, e depois funcionário humilde num banco de Lisboa em 1914. Quando a Primeira Guerra Mundial começou, envolveu-se com um homem pouco confiável em Luanda.

— O trapaceiro era Alves do Reyes — Rui disse. — Queria ser como Cecil Rhodes, mas era mais como Bernie Madoff em sua trama para falsificar dinheiro. Seu negócio era bom, claro. Quando Reyes foi detido por fraude, meu avô prosperou.

Embora a província estivesse em constante desordem na década de 1920, Hortensio teve êxito em Benguela. Foi um dos poucos homens na pequena população branca que não era um exilado criminoso e que não se transformou em lojista ou comerciante. Como administrador, chegou a governador e morou naquela mansão enorme que eu havia visto no alto de Catumbela.

— Levou muito tempo para os portugueses terem continuidade aqui — Rui disse. — É um fato registrado que só em 1906 nasceu em Angola a primeira pessoa portuguesa que sobreviveu. Todos os outros bebês morriam.

Observei:

— Mas pouquíssimas mulheres vinham para Angola.

— Nenhuma mulher vinha! — Rui retrucou. — Por isso digo que a maior contribuição de Portugal a Angola foram os "pombeiros".

A palavra era novidade para mim.

— Eram as pessoas nativas que calçavam sapatos — Rui explicou: agentes, homens livres, todos eles mulatos. — Os "pombeiros" construíram o país. Eram eles que contactavam os europeus e promoviam o comércio. Supriam os traficantes de escravos com cativos. Viajavam ao interior. Em alguns casos, se embrenharam na África. Bem antes da famosa viagem de Livingstone a Angola, os portugueses foram a pé até Moçambique.

David Livingstone não apenas atravessou o continente, caminhando 2,5 quilômetros em seis meses, chegando a Luanda em 1854, mas também se recusou a abandonar seus homens, os makololos que haviam sido seus carregadores e guias. Sua razão não declarada foi que ainda precisava deles nessas funções, e assim, em vez de aceitar uma passagem em um navio, deu meia-volta e retornou para leste, até a costa de Moçambique, descrevendo, mapeando e dando nome às cataratas Vitória no percurso.

Rui era hospitaleiro, e como construtor, especulador e cidadão angolano estava otimista quanto ao futuro do seu país. Não obstante, foi desconcertante ouvi-lo enaltecer a influência dos pombeiros. Em seu afã de explicar uma das instituições permanentes que os portugueses haviam criado em Angola, fixou-se naqueles mestiços, nos pombeiros, que ganhavam sua vida como comerciantes de escravos, agentes e intermediários, trocando tecidos e contas, fios de cobre e rifles por seres humanos, que eram arrebanhados, entregues ao negreiro e depois enviados para fora acorrentados.

Conversamos um pouco sobre a palavra "pombeiro". Perguntei se vinha da palavra suaíli *pombe*, para bebida alcoólica. Alguém que vendesse *pombe* podia ser chamado de pombeiro. Os portugueses adotaram palavras suaílis, e existem palavras portuguesas em suaíli: *meza* (mesa), *sapatu* (sapato), e a palavra *gereza* — prisão — deriva de igreja. Mais tarde em minha viagem, um angolano meu conhecido disse que *pombe* significava "poleiro de pombo" — um eufemismo para os alojamentos de escravos. Mas Fernand Braudel escreve: "A palavra 'pombeiro' pode vir de *pumbo*, o movimentado mercado no que é agora Stanley Pool" — hoje chamada Malebo Pool, à margem do rio Congo. Qualquer que seja a origem do nome, Braudel acrescentou, os pombeiros "exploraram seus irmãos africanos ainda mais cruelmente do que os brancos".

Meu amigo angolano negro não concordou com Rui e disse que os mestiços eram odiados pelos negros e considerados colaboradores.

Mesmo assim, era uma novidade estar sentado em uma casa agradável num dia ensolarado em Lobito, ouvindo a história da família de um homem cujos ancestrais haviam colonizado o país. Em mesas e estantes estavam dispostas peças artesanais africanas — objetos domésticos, máscaras, bancos, fetiches e cestas — criados pelos mestres do entalhe angolano, os povos lunda-chokwe e yaka. Mesmo o instrumento de madeira mais corriqueiro, como uma colher de mexer, um apoio para a cabeça ou um pilão, era primoroso, delicadamente talhado e ornamentado, e Rui os manuseava com um conhecimento que indicava sabedoria interior. Não havia ostentação nesse branco nascido em Angola, que se considerava membro da tribo branca. Estava cheio de planos, também, de negócios e oportunidades locais. Era um otimista, ele disse. O país tinha um grande futuro, e ele se via compartilhando a prosperidade vindoura.

A conversa parou subitamente, porém, quando o telefone celular de Rui tocou, e ele ergueu a mão me mostrando a palma num gesto de espere-só-um-minuto.

Aí começou a falar com eficiência e rapidez, e a voz na outra extremidade era um choro quase histérico, facilmente audível, embora eu estivesse a quase dois metros do aparelho.

— Filipa — Rui disse, tentando interromper. — Filipa... Filipa... Calma, por favor, ouça, Filipa...

Ele tranquilizou a voz perturbada, falou um pouco mais, e desligou. Depois disse.

— Era minha filha. Acabou de sofrer um grave acidente de carro na estrada que sai de Luanda. Acho que está bem, mas está muito nervosa, e seu carro foi destruído. Nessa estrada, acontecem com frequência desastres de carro terríveis. Preciso ir até lá agora. Você me desculpa?

Na Restinga em Lobito, num café à beira-mar ao ar livre, ofereceram-me uma refeição comemorativa, porque eu estaria partindo em poucos dias para Luanda. Os outros à mesa eram expatriados americanos, com os quais eu passara o dia.

Uma noite bonita, festiva, com casais passeando de mãos dadas, famílias angolanas, jovens falando ao celular ou digitando mensagens de texto, todos bem-vestidos, com seus carrões ou utilitários estacionados ali perto.

Na nossa mesa conversávamos sobre um homem que conhecemos: Jim, um texano que trabalhava para a Exxon Mobil no projeto e fabricação de bases de aço de plataformas de petróleo no mar.

— Tem mais petróleo em Cabinda do que na Nigéria — ele tinha dito.

Jim nada fazia além de trabalhar — noventa dias seguidos era o normal, e nos seus poucos dias de folga bebia cerveja. A esposa e os seis filhos estavam em Houston. Por motivos de segurança, sua empresa não permitia que viajasse depois de escurecer, nem mesmo a curta distância até Benguela, e era acompanhado de guarda-costas sempre que saía à noite em Lobito. Uma vida de trabalho estranha, mas ele vira lugares estranhos antes — "as nações petrolíferas são sempre as mais esquisitas" —, Argélia, Paquistão, os Estados do golfo Pérsico. Jim não reclamava. Aquele era um dos países mais ricos em que já estivera, embora não muitos angolanos realizassem o trabalho. Seus funcionários eram britânicos, filipinos e cidadãos de Bangladesh. Deixaria Angola em breve. Jim disse sem grande interesse que nunca percorrera os 26 quilômetros de Lobito à sua cidade-irmã Benguela.

— O pessoal do petróleo está sujeito a regras de viagem rigorosas — um dos meus colegas expatriados disse. — Não podem atravessar a ponte Catumbela depois de escurecer.

Comemos pizza, bebemos cerveja e conversamos sobre como aquela refeição estava agradável, como em um café no Mediterrâneo, uma brisa leve do oceano, os risos, o cheiro da comida, os namorados, os bebedores.

Foi aí que vi as crianças se aproximando. De início achei que estivessem lustrando os carros de luxo — um esfregava um trapo num Mercedes novo estacionado a 1,5 metro de distância. Mas era um artifício: o menino com o trapo parecia estar se ocupando de modo a ter um motivo plausível para se aproximar de nós.

Com uns nove ou dez anos, macérrimo, descalço, vestia uma camiseta rasgada e calças esfarrapadas. Tinha os olhos grandes e brilhantes de alguém muito doente ou muito faminto. O menino se aproximou quando terminamos a refeição, um terço da pizza ainda sobrando no prato, um crepe inacabado no outro.

O menino ficou olhando, os outros atrás, todos com olhar esperançoso. Então o menino ousou a pergunta num sussurro, uma palavra que soou como "termina", facilmente traduzível, e a mulher que falava português disse que havíamos realmente terminado, e empurrou os pratos com as sobras para mais perto dele.

Ele apanhou a comida dos pratos com seus dedos magrelas e caminhou uns metros, e ali, no enclave mais feliz e rico que eu havia visto até então em Angola — a sofisticada Restinga — vi o menino engolir a comida, depois se afastar cambaleante e, naquela expressão desesperada de fome, ofegar devido ao esforço.

Filipa, a filha de Rui, sobreviveu ao desastre. Rui não teve a mesma sorte. Nove meses depois, sozinho em sua casa — a mulher e os filhos estavam de férias em Portugal —, foi encontrado pela empregada, assassinado no leito, "com a cabeça esmagada", como informou o *Correio da Manhã.* "Um rastro de sangue." Não havia sinal de arrombamento, "o que leva a polícia a acreditar que o empresário abriu a porta a conhecidos". A polícia também especulou que o motivo poderia ser um roubo. "Numa casa com tantas peças e objetos valiosos, só demos conta do desaparecimento de uma televisão, do computador e do telemóvel."

"Meu pai não tinha inimigos", seu filho Ricardo informou ao jornal *Sol.* "Ele vai ser enterrado aqui em Lobito. Ele nasceu cá, tal como o seu pai e o avô. Esta era a terra dele e sei que era aqui que queria ficar." A pessoa que me havia apresentado a Rui contou um detalhe sinistro que me impressionou.

— Ele foi espancado até a morte com um grande bastão, do tipo usado para triturar milho até virar farinha. Estava em sua casa.

O bastão era um daqueles primorosos pilões pesados de aldeia que ele me mostrara em sua coleção de peças artesanais africanas, que conservava com tanto carinho, como se fossem relíquias de família.

15

Luanda: a cidade improvisada

Rumando para o norte ao longo da costa, avançando pelos destroços de desastres de carro (parei a contagem em quarenta), e passando por cidades entupidas do limo amarelo removido dos penhascos de arenito pelas chuvas, a própria beira da estrada repleta de lixo, eu parecia estar viajando para uma miséria maior. Não a minha miséria — como um pássaro voando de passagem, eu nada tinha de que me queixar —, mas a miséria da África, a horrível, envenenada e populosa África. A África das pessoas enganadas, desprezadas, destituídas, de desgraças quase incorrigíveis: tão horrível de fato que é irreconhecível como a verdadeira África. Mas claro que é: a nova África.

Os angolanos viviam entre pilhas de lixo — garrafas de plástico, latas de refrigerante, sacolas rasgadas, cadeiras quebradas, cachorros mortos, comida apodrecendo, restos indefiníveis, seus próprios excrementos espalhados — e em uma cidade havia uma pilha de vacas mortas, inchadas pela putrefação, parecendo uma carga esquecida de mobília vitoriana descartada, com o tipo de pernas rígidas retas que a gente vê fixadas em velhas cadeiras desconfortáveis.

Aquela desgraça não eram as "trevas", o epíteto africano ofensivo, mas um vazio reluzente, o oco do abandono iluminado pelo sol tropical implacável, aterrador em seus detalhes nus. Nada mais triste do que a miséria à luz do dia.

Não importa, existe mais miséria estrada adiante na próxima cidade, parecendo exatamente a mesma mas, apesar de sua familiaridade, igualmente assustadora. O ponto além do qual você não consegue achar mais palavras para a miséria é aquele em que você pensa: por que continuar? É como a sensação inútil de descrever uma devastação, a suprema destruição, uma cratera de bomba, um terremoto, uma guerra ou um massacre: seu suspiro ecoa o desespero que você acabou de testemunhar. Algumas cidades da África do Sul que eu vira inspiraram essa sensação e talvez pudessem ter me preparado para o que estava vendo agora. Mas um pesadelo não prepara você para o próximo. Cada pesadelo novo é singular de sua própria maneira fantasmagórica. Assim é com as cidades africanas.

Por algumas semanas eu vinha pensando que, nas cidades apinhadas da África, eu nada aprendi exceto que as pessoas que vieram a esses lugares suportavam a sujeira e o desconforto porque foram animadas pela expectativa de partir e se sentiam mais seguras no anonimato denso de uma favela. Uma sensação de temporariedade tornava a miséria suportável. Era a mesma justificativa que viajantes davam em terminais de ônibus, que não passavam de estacionamentos sujos e impregnados de óleo: "Sim, terrível. Mas, senhor, um ônibus virá nos levar embora!" Ninguém cogitava viver por muito tempo em uma favela africana — sem luz elétrica ou água não era possível. Só se pensava em ir embora, e o maior desejo era ser mandado a outro país menos pestilento.

— Para onde você deseja ir? — eu sempre perguntava aos estudantes.

— Para longe daqui — era a resposta inevitável.

Um angolano não era alguém trabalhando, mas alguém esperando. Não dava para culpá-los por quererem fugir, embora alguns fossem notadamente presunçosos em um aspecto. Quando estudantes angolanos recebiam uma bolsa para estudar nos Estados Unidos, ou lhes ofereciam um tour de três meses para conhecer cinco cidades de lá, geralmente insistiam em voar de primeira classe — foi o que me garantiram os funcionários que processavam aquelas concessões de viagens. E quando o pedido de uma passagem de primeira classe era negado (pois até o embaixador americano voava de classe econômica), o estudante solicitava ao governo angolano um *upgrade*, que era regularmente aprovado. Afinal, os angolanos no poder viajavam de primeira classe.

Quando confidenciei aos poucos estrangeiros que conheci na estrada que achava tudo aquilo assustador e pouco promissor, eles discordavam de mim ou se mostravam neutros. Alguns disseram que tinham esperanças. Achei que não conseguiam suportar parecerem rigorosos, ou talvez fossem mais idealistas que eu. Ou talvez vissem algo que eu não percebera. Alguns argumentavam convincentemente que os angolanos haviam sido brutalizados por seu passado, ou viram coisas bem piores em sua história colonial e em suas guerras — aquela parte da costa fora uma sequência de campos de batalha na luta por Luanda. Minhas próprias esperanças estavam minguando, e achei que a viagem lenta e fatigante podia estar me deixando delirante. Talvez estivesse errado. Talvez esperasse demais.

Naquele estado de ânimo inquiridor conheci Kalunga Lima, um angolano mais jovem que eu, cujos sentimentos refletiam os meus próprios — mas ele sabia bem mais sobre o país do que eu. Em meu socorro, e nesse espírito de concordância, tornou-se meu amigo. Ele enunciou o que eu sentia.

— Algo está chegando aqui, algo que temo — Kalunga disse. — Este é um país de gente jovem, e pouquíssimos têm empregos. Todos nasceram depois que José Eduardo dos Santos assumiu o poder. Não conhecem nenhum outro governo. Não conhecem sua história. Não têm ideia do que aconteceu na guerra.

Abaixou o olhar para mim, que anotava aquilo em meu caderno. Eu perguntei:

— Posso citá-lo?

— Alguém tem que dizê-lo. — Continuou falando. — Esses jovens mostrarão sua raiva: com os preços, a corrupção, as injustiças. Este é um país intensamente corrupto. Todos no poder recebem uma comissão.

Pedi exemplos.

— Você não consegue obter um diploma ou certificado em nenhuma faculdade sem subornar os professores. Todo mundo no governo recebe propina. O país inteiro se baseia no suborno. Isso vai acabar mal.

Ele falava rápido. Eu continuava escrevendo, e ergui o olhar esperando mais.

— Acho que a maré vai virar — ele disse. Veja todos esses jovens ociosos. Ficam à toa nas favelas, mas veem o que está acontecendo. O governo deixa os chineses construírem seus prédios. Deixa os trabalhadores estrangeiros do petróleo ganharem sua renda e pagarem suas contas. Esses jovens não estão envolvidos. Tudo que fazem é observar de seus musseques. Estão ficando mais raivosos.

— É mesmo?

— Paul, ouça. A taxa de mortalidade infantil aqui está entre as mais altas da África.* As estradas são terríveis; as moradias, péssimas; as escolas, inúteis. As pessoas não têm água. E é um governo de multimilionários. Os lucros, só do petróleo, chegam aos 40 bilhões de dólares por ano!

Kalunga disse tudo que estava na minha mente, e foi ponderado e eloquente. Em sua indignação, tinha a autoridade que advinha de viver e de trabalhar no país. Deu de ombros quando apontei para um grupo próximo de policiais com cara de poucos amigos e disse que talvez o prendessem por tumulto ou disseminar o alarme e o desânimo.

— Aqueles guardas?

Estávamos num café na calçada. Eram nove da noite, e o tráfego estava intenso. A rua da Missão, onde estávamos, era uma das mais movimentadas da cidade.

— Estão esperando para parar um carro e conseguir uma propina. Chamam isso de "gasosa". "Me dá uma gasosa."

Após cinco minutos, haviam parado uma van e estavam encostados ao motorista, pedindo a propina que Kalunga havia previsto.

Angolano na casa dos quarenta anos, Kalunga era corpulento, parcialmente calvo e fisicamente vigoroso. Tinha um olhar intenso e o tipo de rosto que parecia iluminado de dentro para fora, sugerindo alta inteligência. Era mergulhador, fotógrafo profissional e cineasta. Costumava andar numa grande motocicleta Kawasaki. Uma das primeiras coisas que me contou foi que com frequência viajava naquela moto de Luanda a Lubango parando apenas para comer e reabastecer — quase mil quilômetros em estradas ruins e trilhas no sertão. Era diferente de todos que eu conhecera em Angola, e eu não me recordava de ter encontrado um africano com sua visão e objetividade, que falasse tão livremente e com tamanha franqueza.

* * *

* E do mundo: 215ª entre 224 países, de acordo com o *CIA World Factbook* para 2012. A taxa é de 84 mortes de crianças para cada mil nascimentos em Angola. (N. A.)

Aquilo foi em Luanda, alguns dias depois que cheguei da estrada. A viagem para o norte a partir de Benguela começara às cinco horas de uma madrugada escura, no terminal de ônibus, como sempre um campo oleoso e sombrio. Enquanto chacoalhávamos para o norte rumo a Lobito, observei coisas que não tinha notado antes: um enorme e novo estádio de futebol (construído pelos chineses), um projeto inútil para um torneio pan-africano e um lembrete de quantas escolas poderiam ter sido erguidas ou melhoradas com aquele dinheiro; um aeroporto novo (construído pelos chineses), ainda não inaugurado; uma ponte nova (construída pelos chineses) sobre o rio Catumbela e o aprofundamento do porto de Lobito, a dragagem realizada por trabalhadores chineses.

Mais à frente, o lixo e a visão de vidas destroçadas, pessoas existindo feito párias em Xilip, Cangulo, Sumbe e Porto Amboim: os moradores das favelas aglomerados e imóveis como suas próprias pilhas de lixo. Por que lançavam toda aquela sujeira, poluindo exatamente os lugares onde viviam? Entre as cidades, os vales dos rios eram verdes, ainda arborizados, e a maioria das praias estava vazia, baías arredondadas reluzentes e promontórios, nenhum barco de pesca ao largo, absolutamente nenhum barco, apenas o tapete contínuo de areia amarelada junto ao brilho da água.

A estrada principal era estreita, mas reta e pavimentada, e essa simetria criava um perigo maior do que o cascalho sulcado e esburacado, porque estimulava os motoristas a correr. As consequências enchiam a margem da estrada: caminhões e minivans queimados e carros destruídos por todo o caminho até Luanda. Um dos destroços mais recentes, como fiquei sabendo, pertencia a Filipa, a filha de Rui.

Nove horas daquilo, desviando de vacas, cabras e cães, e com paradas. Mas uma parada seriam quinze minutos em um pátio enlameado de uma cidade costeira, lodo amarelo até meus tornozelos enquanto eu patinhava até a barraca vendendo... o quê? Sacos oleosos de batatas vagabundas e pilhas de frango com moscas ("Qual deles, senhor?"), e nenhuma banana. E um bate-papo com Agostinho.

"Qual o seu país?", era uma pergunta a que eu podia responder, mas "É turista?" era uma pergunta difícil.

Respondi:

— Não sei.

— Seu negócio?

— Nenhum negócio.

— É professor?

— Às vezes.

Ele me cutucou no peito com um grande dedo duro e riu, dizendo:

— Por que veio aqui?

— Para ver isto — eu disse. Apontei para as pilhas de lixo, as mulheres do mercado acocoradas junto às suas cestas de frutas machucadas, espantando as moscas, as crianças choramingando por comida, os rappers, os cães surrados, as fachadas de lojas com marcas de balas, as pilhas de DVDs piratas, as moças estranhamente enfeitadas em calças justas e megahairs encaracolados reluzentes, fitando-me com olhar de desaprovação.

E Agostinho me saudou na língua nacional.

Fiquei surpreso ao ver as amplas praias vazias. Talvez de perto parecessem tão poluídas quanto as cidades, mas a distância, vistas da estrada costeira mais alta, pareciam lavadas pelas ondas, limpas e desoladas. Em Luanda eu conheceria um jovem diplomata português atlético que me contou que, quase todo fim de semana, descia a costa de carro para surfar as ondas aqui em cabo Ledo e cabo de São Brás. Surfava sozinho. Nunca via outros surfistas.

Alguns trechos internos da costa eram verdes, aldeias aparecendo através das árvores, algumas delas aglomerados de cabanas de teto de sapê, outras áreas de casas de blocos de concreto com um só aposento e tetos de zinco. Áreas da paisagem haviam sido queimadas ou profundamente erodidas, e pareciam arruinadas pelo tempo e pelas intempéries (e por bombas de artilharia), mas a despeito do que jazia longe do mar, o litoral sob os montes ondulantes era adorável — permanecia adorável, provavelmente por ser inabitável. Ninguém podia morar na praia ou perto dela. Nada cresceria na areia. A água era imbebível. O dom tradicional para a pesca marítima em pequena escala parecia ter se perdido.

De tarde cruzamos o Kwanza, um rio largo que dá nome à moeda angolana (*kwanza*, uma palavra do quimbundo, não deve ser confundida com a palavra swahili *kwanzaa*, significando "primeiro"). A ponte sobre o rio havia sido explodida várias vezes e estava sendo recuperada de novo — projeto chinês, trabalhadores chineses, dinheiro chinês.

Embora eu não soubesse na época, aquela era uma fronteira importante, um rio um tanto místico para os angolanos, cenário de mitos, lendas e de muitas batalhas. A terra ao redor do Kwanza parecia quase idílica. Mas pouco depois de passarmos por lá — a cinquenta quilômetros da capital — a miséria de Luanda começou. Logo não havia árvores, somente barracos, pessoas e solo nu. A miséria não se limitava aos barracos pequenos, casas de blocos de concreto, lixo à beira da estrada e aldeias sofridas situadas num mar de lama. A miséria também era evidente nas novas estruturas de cimento maiores, inacabadas, ou abandonadas, ou vandalizadas, jazendo em mares de lama.

O que pareceu um boom imobiliário modesto foi na verdade oportunismo brutal, empreendimentos imobiliários aleatórios e porcamente construídos — casas feias e estruturas esqueléticas grotescas projetadas para serem hotéis. Por que alguém permaneceria naqueles prédios horrendos cercados de casebres de favelas? O boom imobiliário fora superado pelo crescimento das invasões, pelas encostas de morros de barracos. Prédios brotavam, mas as favelas também cresciam — os prédios verticalmente, as favelas horizontalmente. Como o padrão de migração sul-africano, pessoas não paravam de chegar das áreas rurais — as favelas crescendo mais rápido do que quaisquer urbanizações, a cidade baixa e miserável de recém-chegados se espraiando.

Num ônibus que parava no tráfego às vezes durante vinte minutos seguidos, e com o contínuo saltar de passageiros, pensei que deveria estar perto do centro de Luanda, de modo que saltei com outros passageiros. O lugar se chamava Benfica, um bairro de tráfego pesado e prédios feios, cheirando a poeira e fumaça de diesel. África, sim, mas também era uma versão da Chechênia, e da Coreia do Norte e do Brasil litorâneo abandonado, lugares sem aspecto salvador algum, lugares dos quais fugir.

Enquanto eu estava postado na beira da estrada, esticando as pernas, um carro pequeno tentando driblar o trânsito pesado passou disparado por mim, colidiu com a divisória de estrada, voou para o outro lado e, deformado pelo choque, deu uma guinada para fora da estrada. Um homem com rosto e mãos ensanguentados abriu a porta do motorista e, vendo-o, os transeuntes riram. O homem de rosto ensanguentado cambaleou, com os braços flácidos, boquiaberto, como um zumbi libertado de um caixão. Estava descalço. Ninguém foi ajudá-lo. Ajoelhou-se e uivou.

— Idiota — um homem ao meu lado disse, e cuspiu na poeira.

* * *

Percebi que estava adentrando uma zona de irracionalidade. Aprofundar-se Luanda adentro significava viajar para a loucura. Tudo parecia torto ou improvisado, com uma vibração apocalíptica se intensificando. Eu ficaria contente de entrar num ônibus na direção contrária, mas me sentia no dever de prosseguir com meus planos, continuando para o norte, insanidade adentro.

Muitos lugares onde eu estivera no sertão — Tsumkwe ou Grootfontein ou Springbok — foram descritos como "fins de mundo". Mas não era assim que eu os via. Tinham uma personalidade própria, por mais isolados que estivessem, povoações com um aspecto peculiar — o aspecto de lar. Mas esse Benfica era a corporificação do fim do mundo, e no caminho para o fim do mundo, a ruína assustadora da África urbana. Postado junto à loja de chapa metálica, poeira soprando, grandes caminhões e fumaça, barulho e calor, refleti como aquele era um microcosmo de toda a experiência urbana na maior parte da África, embora até então houvesse evitado encarar o fato. E àquela altura nem sequer havia visto a plena extensão da feiura de Luanda.

Da imensidão das favelas, a má conservação das estradas e a irregularidade dos prédios, pude ver que o governo era corrupto, predador, tirânico, injusto e completamente desinteressado por seu povo — temendo-o pelo que via, odiando-o pelo que dizia ou escrevia. Embora o governo fosse culpado por numerosas violações dos direitos humanos, aquele não era um lugar ostensivamente opressivo. A polícia era corrupta, mas displicente — Angola estava ocupado demais com suas extorsões comerciais para ser um Estado policial. Era um governo de ganância e roubalheira, determinado a excluir quaisquer outros da partilha, e as autoridades angolanas tinham obsessão em controlar as informações.

Soube de muitos casos em que jornalistas investigativos foram detidos por fazer seu trabalho — dois deles por volta da época em que estive em Luanda. Em um caso, um jornalista da mídia impressa, Coque Mukuta, foi espancado e encarcerado por descrever um protesto pacífico, e vinte dos ativistas também foram detidos. Em outro exemplo, um jornalista de rádio, Adão Tiago, foi preso por relatar episódios de "desmaios em massa", possivelmente causados pela liberação de fumaça industrial tóxica. Mas o governo angolano não persegue ativamente a maioria de seu povo. É uma burocracia que o empobrece ao ignorá-lo, sendo indiferente à sua miséria e às suas condições de vida desumanas.

Uma sociedade de extorsões e oportunismo é inevitavelmente uma sociedade de improvisação. Aquilo se tornou claro em Luanda: a ponte ou rua improvisada, o casebre ou abrigo improvisado, o governo improvisado, a desculpa improvisada. Angola era um país sem um plano, uma terra de ninguém movida pela ganância. Difícil percorrer o país sem sentir que o lugar estava amaldiçoado — não amaldiçoado por sua História, como os observadores costumam dizer, mas amaldiçoado por sua imensa riqueza.

Uma sensação de desesperança, feito uma febre, havia me derrubado desde que cruzara a fronteira semanas antes. E com aquela febre veio uma visão que estava ficando mais forte, ganhando mais foco, como que me convidando a olhar mais de perto. Minha primeira reação foi um riso de aversão pela feiura à minha volta, como a exalação de uma latrina que faz você uivar ou a visão de um balde sujo com pedaços de frango cobertos de moscas. Passado o momento de hilaridade impotente, o que permanecia era a certeza de que eu nunca mais ia querer ver outro lugar como aquele.

A xenofobia que caracteriza as autoridades angolanas nas províncias remotas, aldeias e cidades costeiras é o estado de espírito predominante na capital, onde o ódio aos forasteiros parecia intenso. Individualmente, os luandenses eram bem amigáveis, às vezes loucamente, bradando seus alôs sem sentido. Nancy Gottlieb, em Benguela, via isso como "feliz, risonho, vigoroso, sorridente", mas me parecia mais perto do frenesi. Nas multidões, empurravam e abalroavam com a impiedade de uma turba, e qualquer pessoa de uniforme, distintivo ou algum sinal de autoridade era sem dúvida ríspida ou completamente ameaçadora.

A cordialidade ajuda um estrangeiro, mas eu conseguia me virar sem ela. Ser olhado com desdém ou depreciado é desagradável, mas não uma inconveniência grave — nenhum escritor ou viajante está alheio à crítica hostil ou indesejada. Mas a xenofobia tal como encontrei em Luanda, e numa escala oficial, o ódio institucionalizado ao estrangeiro, era novidade para mim. Parecia estranho ser odiado porque era um forasteiro, e embora os estrangeiros que conheci na capital tivessem sua própria explicação para essa conduta (escravidão, colonialismo, guerra civil, o sistema de classes, tribalismo, pobreza, as empresas petrolíferas indiferentes) e tivessem meios de enfrentá-la, achei inconveniente que fosse tão ostensiva e desenvolvi uma aversão geral por ser desprezado.

Luanda foi uma surpresa porque havia sido para mim, como grande parte de Angola, uma terra estrangeira sem um rosto. A razão desse silêncio ou da falta de expressão era que o governo angolano restringe fortemente a entrada de jornalistas estrangeiros, fingindo desdenhá-los, acusando-os, em seu jargão de paranoia favorito, de espalharem a "confusão". Forasteiros que atrapalham o andamento tranquilo da roubalheira burocrática. Mas desdém era a palavra errada — o desdém é inspirado pela superioridade. Uma palavra mais verdadeira seria medo. Os políticos e homens de negócio tinham pavor de serem desmascarados, de alguém contar a verdade sobre esse país corrupto.

Quando Luanda consegue chegar aos noticiários, costuma ser uma manchete desaprovadora de que a cidade é praticamente inacessível aos estrangeiros: "A cidade mais cara na África!" A *Economist*, a BBC e outros veículos de comunicação têm publicado matérias desse tipo, com detalhes grotescamente ostentosos, sobre as somas absurdas que se tinha de pagar para obter bem pouco, o que fazia os estrangeiros se queixarem. As pessoas que mais sofriam com o alto custo de vida de Luanda não eram os estrangeiros mas, é claro, a população urbana pobre, amontoada nos musseques. Uma classe predominantemente silenciosa, mas não taciturna. As favelas de Luanda se caracterizavam pela música barulhenta e pela euforia beirando a histeria.

E quando ouvia um casal de estrangeiros dizer que pagou milhares de dólares por um quartinho com frequente falta de luz, ou centenas de dólares por uma refeição modesta num restaurante, suspeitava de que estavam indiretamente se vangloriando, porque o que os mantinha em Luanda eram seus salários generosos.

— Meu aluguel é de 7 mil dólares mensais — um estrangeiro da indústria petrolífera me contou. — E tem gente que paga 8 mil dólares mensais, e metade do tempo falta água. — A única razão pela qual os estrangeiros vinham à cidade era para ganhar dinheiro, e permaneciam porque seus salários aumentavam à medida que os lucros com o petróleo cresciam. As cifras de produção petrolífera haviam acabado de ser revisadas para cima, a produção se aproximando de 2 milhões de barris ao dia, a cem dólares o barril: uma receita bruta de 1 bilhão de dólares a cada cinco dias, um fluxo de caixa quase inimaginável.

Luanda era considerado pelo serviço diplomático americano um posto difícil — havia sido assim no decorrer de sua história —, mas se tornara uma cidade promissora graças ao petróleo. Nenhum viajante jamais elogiou Luanda em seus dias pobres do passado, mas estava bem pior recentemente devido à sua riqueza: os restaurantes ruins em que era impossível conseguir uma mesa, os bares fétidos em que era difícil pedir uma bebida, os bairros caros com ruas esburacadas, os engarrafamentos em que as pessoas esperavam horas em seus BMWs, Mercedes ou Hummers imóveis — vi mais Hummers grandões e caros num dia comum em Luanda do que em um mês nos Estados Unidos. Ou os hotéis ruins onde os luandenses diziam que só com muita sorte eu iria conseguir um quarto.

Achei o caminho até o centro da cidade, e na recepção de um hotel novo, mas já decadente, fui informado de que seria possível me acomodarem por três noites. Agradeci à recepcionista pela hospitalidade.

Sem sorrir, atarefada, desviando o olhar de mim, ela disse:

— Pagamento adiantado. Três noites. Dá 1100 dólares. Dinheiro vivo, por favor. Não aceitamos cartão de crédito.

— E você pode não ter água quente — disse uma voz debochada atrás de mim.

Não tive alternativa. Toda Luanda era uma convergência de interesses petrolíferos e mineradores, disputando os poucos hotéis e restaurantes (e prostitutas) da cidade. Os hóspedes no meu hotel eram trabalhadores estrangeiros nas indústrias nacionais — alguns tipos rudes em roupas velhas, especialmente barulhentos à noite, e os especuladores mais ardilosos, de aspecto pior, de todas as nacionalidades em seus ternos novos, fechando negócios em petróleo, diamante e ouro. As palavras "petróleo, diamante e ouro" exercem muita atração e sugerem glamour e riqueza numa cidade fabulosa engordando com seus lucros. Mas aquele não era o caso. A cidade era sombria, tão improvisada quanto suas favelas — quente e caótica, inóspita e cara, grotesca e pobre.

Sempre havia sido uma cidade de desesperança e exílio. Ninguém ia a Luanda por prazer. Os exilados criminosos foram sucedidos pelos escravos e, mais tarde, mercadores de borracha e marfim, como os belgas do rei Leopoldo no vizinho Congo. Quando os comércios da borracha e do marfim declinaram, Angola retornou à escravidão e aos trabalhos forçados. Mas esses papéis cruéis nunca eram mencionados. Peça a qualquer português para explicar o relacionamento de seu país com Angola, e você ouvirá uma versão do lusotropicalismo, como os portugueses tinham uma afinidade natural pelos povos pardos dessas terras quentes, beijadas pelo sol. Mas a realidade era que Portugal, tendo se imposto sobre o país, ficou completamente fora de sintonia, social e culturalmente, com Angola. Um pequeno exemplo: a música angolana foi proibida de ser tocada na estação de rádio nacional — a única do país — até 1968.

A cidade jamais despertara nenhum elogio. Um viajante em Luanda em 1860, citado pelo historiador Gerald Bender, descreveu uma cidade "afundada até os tornozelos na areia [...] Bois têm seu estábulo no colégio dos jesuítas". Pode-se dizer: "Mas foi em 1860!" É verdade, mas era a principal cidade da colônia, e a colônia existia havia mais de dois séculos. Mais tarde no século XIX, outro viajante descreveu Luanda como "uma fornalha queimando [com uma] legião de mosquitos, aranhas, lagartos e baratas — uma praga infernal". Em meados da década de 1920, "Luanda foi descrita por um observador português como 'cidade porca'" (Douglas Wheeler e René Pélissier, *Angola*). Naquela época, somente dois locais de Angola — Luanda e Benguela — podiam ostentar uma população qualificada e trabalhadora de "negros de calças" ou "caminhos", como eram conhecidos em Angola. Nenhum africano trajava calças em outras partes. Não que aquilo tivesse importância, mas o orgulho português — em grande parte uma ficção autoaduladora — era que, como imperialistas inspirados, haviam criado uma classe inteira de angolanos doutrinados, instruídos e assimilados.

Mesmo na década de 1940, Luanda era pequena, com apenas 61 mil habitantes. A população aumentou rapidamente nas décadas de 1950 e 1960. A maioria dos portugueses deixava de bom grado sua terra natal numa época em que apenas 30% dos domicílios em Portugal dispunham de eletricidade e menos da metade, de água encanada. A migração se intensificou e continuou até meados da década de 1970, quando o número de brancos superou 300 mil. Conhecemos essa cifra porque pouco antes da Independência os portugueses tentaram freneticamente fugir de Angola, e aquele foi o número dos que partiram — quase todos. Uma lenda urbana forte que ainda circula por Luanda descreve o destino de uma menina portuguesa abandonada pelos pais no impulso de escapar do país. A menina foi criada pela antiga empregada da família num musseque, uma criança branca solitária em uma favela negra.

Em 1974, o ano da liberdade e de colonos em debandada, começou uma luta fratricida como jamais se viu na história daquele país conflituoso, quando duas facções principais e seus patrocinadores estrangeiros (Cuba de um lado, África do Sul de outro) se digladiaram pela posse do país. A guerra de quase trinta anos enfim se encerrou em 2002, com a morte do comandante da oposição, Jonas Savimbi, por um foguete de fabricação israelense (os israelenses foram acusados de cumplicidade no assassinato). Angola era a corporificação das palavras de Rebecca West em *Black Lamb and Grey Falcon*: "Às vezes é muito difícil saber a diferença entre história e o cheiro de um gambá."

Um país tão sitiado, cansado de batalhas e esgotado, sujeito a décadas de lutas e de incerteza, talvez possa ser perdoado por ser meio louco e anômalo. A Luanda de 1991-92, que me parece simplesmente ontem, é descrita em *Angola: Promises and Lies*, de Karl Maier, como uma cidade sob ataque, uma cidade-fantasma de estragos da artilharia e ruas coalhadas de corpos, sua população de refugiados sustentada por doações do Programa Mundial de Alimentos da ONU. Sem chamar a atenção para sua própria coragem, Maier relata intimidação, perseguição, massacres e assassinatos em nome da "limpeza". Em Luanda, Maier acha indícios de execuções em massa e túmulos ocultos: "Eu detecto movimento, uma correria entre os túmulos por que passamos. Uma inspeção mais próxima revela pequenos túneis da largura de uma lata de cerveja. Existem minúsculas passagens por toda parte entre as tumbas — ratos estão escavando os túmulos."

Essa era a herança de Luanda. Sem a riqueza do petróleo, teria continuado a ser mais uma cidade africana apodrecendo à beira-mar, como Freetown ou Monróvia ou Abidjan, as capitais do horror da África Ocidental. Mas estava flutuando, balançando, boiando num lago de petróleo, por isso era movimentada. Mais que movimentada: estava ensandecida.

Não dê ouvidos a mim. Ouça José, um homem de uns 35 anos, funcionário de médio escalão da indústria petrolífera, nascido na província de Cabinda — local dos poços de petróleo, a maioria no mar. Uma alma séria, ligeiramente agitada e doce, José confidenciou suas dúvidas para mim. Não me conhecia, e tampouco eu o conhecia. Encontramo-nos por acaso num bar de Luanda tomando cerveja Cuca, e minhas perguntas diretas o provocaram.

— Existe algo de errado neste país — ele disse. — Eu estive nos Estados Unidos em negócios de petróleo. Estive no Texas. Pude ver como era diferente daqui.

— Você não ficou tentado a permanecer no Texas?

— Sim, porque era muito bom. Mas como eu poderia ficar? Não é meu lar. O seu país não é o meu país.

— Onde exatamente você mora?

— Você não saberia o nome. Minha cidade fica em Cabinda. Adoro essa cidade. Mas é difícil chegar lá. Veja bem, não dá para ir por terra até Cabinda, porque significa passar pelo Congo, o que não é possível.

Uma das anomalias geográficas de Angola é que Cabinda, rica em petróleo, é uma província separada, isolada, cercada pela República Democrática do Congo, um resultado esdrúxulo da expansão colonial portuguesa. Mas só se mostrou valiosa recentemente. Quando John Gunther viajou por Angola para seu *Inside Africa* [No interior da África] (1955), nada o impressionou no país, e ele descartou completamente Cabinda como uma área remota sem nenhum recurso. "Uma curiosidade geográfica é Cabinda", Gunther escreveu, "um enclave de território português separado do resto de Angola pela embocadura do Congo. Pouca coisa se conhece — ou vale a pena conhecer — sobre Cabinda". Cabinda é a fonte de praticamente toda a imensa riqueza de Angola (95% da receita nacional em 2011). Próspera e isolada, com algumas pessoas instruídas, a província possui até seu próprio movimento separatista, que vez ou outra explode uma bomba ou sabota um prédio.

José não queria falar sobre aquilo, e não pude culpá-lo — afinal, eu era um estrangeiro, talvez com perguntas demais. E eu era um americano reservado. A CIA tinha um longo histórico de interferência, suas operações secretas visando aumentar a instabilidade angolana, como fiquei sabendo ao ler *In Search of Enemies* [À procura de inimigos], de um ex-agente da CIA em Angola, John Stockwell. Mas José parecia doido para desabafar.

— Angola — ele disse, fazendo sinal negativo com a cabeça. — Tem algo errado. Você não pode tratar as pessoas desse jeito!

Suspirou exasperado e me olhou de perto.

— Viajou por aqui?

— Um pouco.

— Você vê como as pessoas são pobres? Mas outros são muito ricos. Algumas pessoas em carrões, ali sentadas, relógio caro, joias, ternos de Lisboa. E fora do carro as mulheres na rua, descalças. Você as vê, elas carregam coisas na cabeça.

— E vivem nos musseques.

— Sim. Esta cidade é tão suja! Estou aqui para uma reunião de negócios, mas se minha empresa pedir que eu venha morar aqui, terei de pagar de 3 a 4 mil dólares mensais por um quartinho. É um problema para mim. Não posso fazê-lo. Eu iria a qualquer lugar menos para cá.

— Então, o que você acha que é o problema, José?

— O governo é o problema — ele disse sem hesitar. — Eles não se importam. Estão apenas roubando dinheiro da indústria do petróleo.

— Como na Nigéria.

— Pior! Bem pior. E a Nigéria é terrível — ele disse. — Precisamos de uma mudança: o governo inteiro devia ir embora. É preciso um governo novo que use melhor o dinheiro.

Um pouco ofegante por ter desabafado, ele parecia surpreso com a própria franqueza. Perguntou o que eu estava fazendo no país.

Respondi:

— Apenas visitando.

Ele disse:

— Sinto muito que esteja assim.

Nenhum jornal estrangeiro relatava a estranheza de Luanda, embora o escritor Pepetela tivesse publicado um romance alucinatório sobre a cidade. Talvez para evitar a censura, seu livro de 1995, *O desejo de Kianda* é dissimulado, dependendo para seu efeito de um estranho desabamento, semana após semana, de prédios modernos e altos em Luanda, como que sob efeito de uma maldição. A forma da destruição é um mistério, aparentemente associada à violação do hábitat sereno de um espírito residente — possivelmente a perturbação da "velha identidade africana". Mas a maldição é simples o bastante para se entender: é a praga da modernidade incompleta e maldirecionada. A urbanização perturbou tanto a ordem natural das coisas que a própria terra se tornou sísmica e instável.

Essa ficção fantasiosa é penetrada por vislumbres ocasionais de realidade, como quando Pepetela descreve a vida diária em Luanda no tempo da guerra:

> Até onde vamos descer?, se perguntava na bicha de maximbombo, na frente das lojas com produtos que poucos podiam comprar, nos hospitais sem medicamentos nem algodão nem gaze, nas escolas sem livros nem carteiras. Luanda se ia enchendo de gente fugida da guerra e da fome, num galopante e suicidário crescimento. Milhares de crianças sem abrigo vagueavam pelas ruas, milhares de jovens vendiam e revendiam coisas aos que passavam de carro, mutilados sem conta esmolavam nos mercados. Simultaneamente as pessoas importantes tinham carros de luxo, de vidros fumados, ninguém que lhes via a cara, passavam por nós e talvez nem olhassem para não se incomodarem com o feio espectáculo da miséria.

Essa descrição de Luanda no início da década de 1990 pode facilmente representar a Luanda que vi quase vinte anos depois. Assim, com toda sua dissimulação, o romance é visionário. E dois personagens que fazem breves aparições na narrativa são outros escritores angolanos vivos: Arnaldo Santos e José Luandino Vieira. Vieira, que nasceu em Sambizanga, a mesma favela onde o presidente atual, José Eduardo dos Santos, viu pela primeira vez a luz do dia, celebra a favela como um vórtice de energia. Santos é um poeta minimalista; Vieira, um dos primeiros romancistas da revolução e ele próprio ex-prisioneiro político.

Todos os três escritores — Pepetela, Santos, Vieira — são brancos, mas se identificam como plenamente angolanos. Os escritores brancos na África do Sul também se identificam como sul-africanos, e de fato são, mas vêm de uma classe privilegiada, ou ao menos instruída, enquanto esses angolanos são dos níveis mais pobres da sociedade, nascidos e criados na favela. Outro escritor angolano importante, porém bem mais jovem, é Sousa Jamba, nascido numa aldeia rural perto de Huambo em 1966. Jamba passou grande parte da juventude como refugiado de guerra na Zâmbia, depois alternou entre a Grã-Bretanha e os Estados Unidos, onde estudou. Após publicar três romances, o autor retornou à sua aldeia natal em 2004 e informou à BBC que o lugar estava em situação bem pior do que quando ele partiu décadas antes, durante os anos de guerra: "A escola caiu aos pedaços [...] [Os alunos] precisam trazer suas próprias cadeiras, as janelas estão completamente quebradas. Eles não têm canetas ou lápis. Acho muito triste que um dos países mais ricos da África possa ter crianças que não dispõem de lápis."

Eu já encontrara Jamba em Londres e Vieira em Portugal, onde se retirara para uma pequena aldeia. Os dois homens eram agradáveis e inteligentes, mas tinham o ar perturbado e um tanto solitário de exilados: um olhar desorientado. Nascido numa favela em Luanda em 1935 e criado na pobreza, José Vieira foi um alvo prematuro dos portugueses, detido pelas autoridades coloniais como dissidente quando tinha 24 anos. Dois de seus romances, *A vida verdadeira de Domingos Xavier* e *João Vêncio: os seus amores*, e sua coletânea de contos *Luuanda*, são expressivos, escritos num dialeto quase intraduzível (assim garantem os tradutores; eu os leio em inglês), uma combinação de quimbundo e português peculiar aos bairros pobres de Luanda, o idioma do gueto que Vieira aprendeu, uma "eloquência literária baseada na gíria, no dialeto e na terminologia de cafetão".

Tomando café na cidade portuguesa de Matosinhos, Vieira contou que seus pedidos de visto para os Estados Unidos continuavam negados devido às suas antigas crenças políticas, seu encarceramento pelos portugueses e sua antiga militância. Como Pepetela e Santos ainda moravam e escreviam em Luanda, fiz uma tentativa, através de um intermediário, para encontrá-los. E disse que, se estivessem interessados, eu teria prazer em dar uma palestra na União dos Escritores Angolanos ou me encontrar com eles para um cafezinho.

Essa organização de nome estranho, um conjunto burocrático de escritores com ideias afins (ou seja, autorizadas), era uma regressão cultural à adoção pela União Soviética, na década de 1960, da luta de libertação de Angola. O Mausoléu de Agostinho Neto, no centro de Luanda, constituía outra reaparição soviética, inspirada na mumificação no túmulo de Lenin. Devido ao marxismo declarado de uma facção, muitos angolanos, nas décadas de 1960 e 1970, estavam mais inclinados a estudar na União Soviética do que em qualquer outro lugar, recebendo bolsas soviéticas. O presidente José Eduardo dos Santos era um falante de russo que havia estudado engenharia em Baku, Azerbaijão, e cuja primeira mulher foi russa.

(Sua filha, Isabel, tornou-se uma investidora milionária em Angola, sendo apontada como uma das cinco mulheres mais ricas da África.)

— Eles não querem se encontrar com você — meu intermediário falou sobre minha proposta de um cafezinho com os escritores angolanos na união dos escritores.

— E uma palestra minha? Você mencionou?

— Eles tiveram uma dificuldade com isso.

— Que tipo de dificuldade?

— Eles não veem o objetivo.

— De eu falar com eles?

— De ouvirem outros escritores. Eles são assim, esquisitos.

— Escritores como eu?

— Todo e qualquer escritor estrangeiro.

— Então o que foi que eles disseram?

— Que não achavam que houvesse algo que você pudesse contar que eles já não soubessem.

— Provavelmente é verdade! Mas talvez eles pudessem me contar algo — eu disse. — E a curiosidade literária... ou qualquer curiosidade?

— Acho que não têm.

O que eles tinham — seu traço principal, o mal da burocracia angolana — era xenofobia, um tanto estranha em qualquer escritor e um fardo. Tornava grande parte de seus textos carente de humor, hipócritas e provincianos, o que era outra razão de a união dos escritores ser necessária para eles, porque os legitimava como escritores. Eles tinham um diploma impresso que podiam emoldurar e pendurar em uma parede, como faziam os dentistas e massoterapeutas. E, afetados naquela forma politicamente protegida, podiam continuar escrevendo suas fantasias e ser recompensados pela ditadura, enquanto o país inteiro caía aos pedaços diante de seus olhos.

Sim, eles provavelmente não gostariam de me ouvir dizendo esse tipo de coisa para eles.

Nesse ínterim, percorri a cidade barulhenta. O tráfego não andava, o engarrafamento era incessante. "Gastam-se horas para andar alguns quilômetros!", as pessoas reclamavam. "Levo duas horas de casa ao trabalho!" As calçadas estavam quebradas e obstruídas. Vans de cor azul e branca chamadas *candongueiros*, que não seguiam nenhum itinerário fixo, zanzavam de rua para rua pegando passageiros. Algumas ruas haviam sido nomeadas da forma solene dos políticos dogmáticos — rua Friedrich Engels, boulevard Comandante Che Guevara e até rua Eça de Queirós — homenagem ao escritor de, entre outros romances, *Primo Basílio*, pelo qual é às vezes chamado de "o Flaubert português".

Uma rua em Luanda com que deparei durante uma caminhada noturna foi a rua de Almeida Garrett (transversal da avenida Ho Chi Minh). Seu nome homenageava João Baptista da Silva Leitão de Almeida Garrett, escritor e político português do século XIX, pouco conhecido nos Estados Unidos e talvez menos ainda em Angola. Eu só o conhecia por uma epígrafe em um romance de José Saramago, uma afirmação que tinha tudo a ver com Luanda: "E eu pergunto aos economistas políticos, aos moralistas, se já calcularam o número de indivíduos que é forçoso condenar à miséria, ao trabalho desproporcionado, à desmoralização, à infâmia, à ignorância crapulosa, à desgraça invencível, à penúria absoluta, para produzir um rico?"*

Muitas ruas na cidade não tinham nome, um tema de sátira entre as pessoas às quais eu pedia orientação, um tipo de paradoxo "daqui não dá para chegar lá". Mas os luandenses — os trabalhadores, os estrangeiros, os homens de negócio — conviviam com todas essas inconveniências e riam delas, porque suportá-las significava que podiam ganhar dinheiro. Os fracos voltavam para casa, os pobres morriam, os fortes permaneciam e enriqueciam.

Bilhões de dólares eram regularmente embolsados por políticos angolanos e executivos do petróleo. Martin Meredith dedica um capítulo esclarecedor em *The Fate of Africa* [O destino da África] (2006) às flagrantes trapaças das autoridades angolanas, que é um amplo catálogo de clepto-esquemas. Alguns homens de negócio se envolviam num mecanismo conhecido como "*trade mispricing*" (manipulação de preços comerciais). Essa trama financeira estranha foi explicada por Ed Stoddard em um relatório da Reuters de 2011 sobre a corrupção em Angola. "Nesse caso, a forma como costuma funcionar é os importadores angolanos fingirem pagar aos estrangeiros pelas importações mais do que realmente gastam. A diferença fornece dinheiro que pode ser discretamente aplicado em bancos ou outros ativos no exterior." Funcionava melhor com petróleo, mas também com

* Almeida Garrett, *Viagens na minha Terra*. (N. T.)

transações de importação mais simples. "Um importador angolano sobrepaga ao exportador, digamos nos Estados Unidos, e pede que este deposite o pagamento excedente na conta estrangeira do importador ou num banco suíço", explica Dev Kar, economista sênior do Fundo Monetário Internacional. Através dessa fraude, bilhões desapareciam num ano comum.

Era de se esperar que tal lugar estivesse moribundo, mas Luanda estava alvoroçada. Uma corrente palpitava por lá como uma pulsação rápida — um clangor de buzinas de carros, *zungeiros* (vendedores de rua), ambulantes vendendo bilhetes de loteria, mulheres aos berros com cestas de frutas na cabeça, crianças e amputados esmolando — mais exigindo do que implorando. Os dias também eram bem quentes — a cidade de Luanda, a nível do mar, é notória pela umidade enervante. Não havia espaço suficiente na cidade para todos os carros e mercados improvisados, e o constante excedente de pessoas, abarrotando as ruas e calçadas, tornava o lugar atravancado e atormentado.

Como só se aceitava dinheiro vivo, os bancos eram cercados por gente fazendo saques, e a maioria das lojas sofisticadas ou de empresas de qualquer tamanho dispunham de um caixa eletrônico em suas instalações — meu hotel tinha dois no saguão, e estavam em constante uso. O fato de tantas pessoas circularem com pilhas de notas de kwanza fazia de Luanda uma cidade de assaltantes e ladrões. Uma mulher americana me contou que, para conseguir voltar aos Estados Unidos com sua família de quatro membros, teve de trazer uma mala com 4 mil dólares em dinheiro até o escritório da empresa de aviação para comprar as passagens.

Como Luanda era problemática, sujeita a súbitos apagões e a faltas d'água, as pessoas endinheiradas — angolanas e estrangeiras — criavam pequenos povoados herméticos, complexos murados, onde tinham seus próprios geradores, suas fontes de água e amenidades: quadras de tênis, piscinas, clubes sociais e de golfe e, é claro, seguranças armados e cães de guarda.

A Escola Internacional de Luanda era um daqueles complexos saudáveis, um oásis atrás de um muro, atendendo os filhos de estrangeiros, diplomatas, pessoal do petróleo e angolanos ricos. Indesejável nas escolas públicas e rejeitado pela união dos escritores, visitei a escola por curiosidade, para observar uma comunidade fechada em ação. Em troca da hospitalidade, dei uma palestra aos alunos.

Após um percurso longo e nada simples até o sul da cidade, através dos bairros improvisados, os arredores sinistros da pobreza, a Escola Internacional de Luanda foi uma surpresa: organizada, bem-planejada, espaçosa, limpa e cercada por jardins floridos. Crianças sadias de todas as raças estavam reunidas em grupos afins — 630 alunos, 91 professores —, e singular na escola foi a presença de livros. Afora o departamento de Akisha Pearman no Instituto Superior em Lubango, os livros não figuravam muito em nenhuma das escolas que visitei. *Por favor, mande-nos livros dos Estados Unidos*, me imploravam, e minha resposta de sempre era recomendar que pedissem aos bilionários em seu governo.

A biblioteca recém-construída na Escola Internacional era digna de uma pequena faculdade. E os alunos eram centelhas brilhantes, o ar confiante que advém de um bom ensino, de ser levado a sério e — verdade seja dita — de ser rico, ao abrigo das monstruosidades de Luanda. Dei minha palestra, respondi às perguntas, e os professores, sinceros e otimistas, me mostraram a escola. Tudo pareceu maravilhoso, e foi quase inacreditável que um lugar assim pudesse existir em meio à desesperança circundante.

Perguntei casualmente:

— Então, quanto custa estudar aqui?

— São 47 mil dólares ao ano — uma professora informou, engolindo em seco enquanto tentava proferir as palavras.

Na época, aquilo era aproximadamente a anuidade da Universidade de Harvard. Como muitos dos alunos eram filhos dos funcionários da indústria petrolífera, a existência de uma boa escola servia como incentivo para trabalhadores estrangeiros permanecerem com suas famílias em Luanda. Um executivo do petróleo mais tarde me contaria que os angolanos simplesmente não trabalhavam, e acrescentou:

— Quarenta mil trabalhadores na indústria petrolífera sustentam 23 milhões de angolanos.

Os complexos residenciais e outras amenidades eram o meio de os estrangeiros darem as costas à realidade do lugar, de se isolarem do caos, de estarem seguros. Em muitos aspectos, aquele padrão não diferia do planejamento urbano de Palm Springs ou dos condomínios murados em torno de Phoenix e em outras partes, mas em Luanda o que jazia fora dos complexos eram favelas de extremo perigo e de puro horror.

16

"Na hora do fim do mundo, é isto que vamos ver"

A INTENSIDADE DE UMA VIAGEM — comida ruim, deslocamento difícil, ônibus lentos, clima quente, zombarias dos nativos — pode induzir a um estado de isolamento, provocando episódios de alienação que se assemelham a experiências fora do corpo. Penso: estarei imaginando isto? E não tenho resposta, porque ninguém ouve a pergunta. Mas então acho alguém para perguntar.

Assombrado com Luanda e desanimado com minha viagem, tive a sorte de na época ter conhecido o lúcido angolano Kalunga Lima, que me contara muitas coisas de que eu precisava saber — e acima de tudo que minha impressão de Angola, e de Luanda em particular, não era consequência de fadiga de viagem. Fui apresentado a Kalunga em uma exposição fotográfica uma noite em Luanda. Ele me assegurou de que eu não estava superdramatizando a situação. Ele era impressionante, inteligente e sem meias palavras, e seu dom para a sátira foi um alívio para mim.

Eu disse:

— Um homem na Namíbia me contou: "Angola é um pesadelo!"

Kalunga respondeu:

— Os namíbios têm um dom para o eufemismo.

Talvez uma pista para seu desabafo fosse sua história incomum. Filho de pai angolano politicamente ativo e de mãe portuguesa adorável, nascera na Argélia, onde seu pai, um revolucionário dedicado, era um soldado exilado. Kalunga fora educado no Canadá e nos Estados Unidos e mais tarde, por um capricho, lecionou na ilha caribenha de Santa Lúcia. Viajara amplamente pela África e pela Europa, lera muitos livros e era receptivo, engraçado e informado. Vendo uma Hummer empacada no trânsito em uma rua de Luanda, Kalunga disse: "Este aí ostenta riqueza!" Dirigia documentários, e seu último projeto era relatar a descoberta do "Titã de Angola", um dinossauro cujo fóssil havia sido descoberto no deserto sulino perto da Namíbia. Rodara também um documentário sobre a esquiva e pouco conhecida palanca-negra-gigante, aparentemente o último animal selvagem vivo de Angola.

Eu gostei de Kalunga instantaneamente, por sua cordialidade, sua franqueza, seu entusiasmo, e logo depois de nos conhecermos fizemos planos de viajar no sertão angolano, um safári em que ele seria o fotógrafo, e eu, o escritor. Ele queria me mostrar o habitat da palanca-negra ameaçada de extinção.

— Vamos trabalhar juntos! Será uma ótima matéria de revista!

Uma ótima matéria de revista era um incentivo menor para mim do que mergulhar mais fundo nas áreas rurais. O que me convenceu de que seríamos uma boa equipe foi que ele parecia compartilhar certas ideias cruciais, como ceticismo em relação à ajuda estrangeira e descrença no processo político vigente, com curiosidade sobre a cultura tribal tradicional e a sensação geral de que qualquer salvação, ou simples esperança, em Angola provavelmente não seria encontrada em Luanda, e sim nas paisagens do interior distante.

A palanca-negra era um animal singular em Angola, e por causa disso, um ícone no país — o símbolo da linha aérea nacional, o nome da seleção de futebol. De todos os antílopes do mundo, era o que tinha os maiores chifres, e não existia em nenhum outro lugar do mundo senão em Cangandala.

— Pensava que não restassem mais animais selvagens em Angola — eu disse.

— Somente este, e está condenado — Kalunga disse. — Você tem que vê-lo logo, antes que esteja extinto.

— Onde fica Cangandala?

— A leste daqui. Perto de Malanje.

— É lá que quero ir. De trem.

— Zona verde — ele disse.

— Adoro esta expressão. Ouvi um sujeito usá-la quando ficamos parados a caminho de Luanda. A zona verde.

— O sertão.

— Por que sempre me sinto esperançoso no sertão?

Thoreau escrevera em seu ensaio "Caminhando": "Acredito na floresta, e na pradaria, e na noite na qual o milho cresce." Eu também acreditava nessas verdades.

— Porque não esculhambaram com ele — respondeu. E sendo Kalunga, de olhos cinza, ele sorriu e acrescentou: — Ainda.

Verdade, ele disse, que Luanda era uma cidade de milhões de ociosos. Três quartos da população do país tinha menos de 25 anos, e pouquíssimos tinham emprego. Um quarto dos angolanos vivia em Luanda. A taxa de desemprego ele estimava em uns 90%. Mas aquelas eram conjecturas, já que não existiam estatísticas oficiais. Ninguém sabia o tamanho da população. O último censo geral fora realizado havia quase quarenta anos, em 1974.

— As pessoas do interior afluem para Luanda... e pra quê? — ele questionou. — Não tem trabalho. É só favela após favela. Eles não vão à escola, não têm emprego. Não têm ideia da guerra que terminou faz apenas nove anos.

Eu por acaso estava em Luanda no Dia da Independência de Angola. Um feriado nacional, mas para uma população desempregada e desenganada, que o governo encarava como "os muitos, mutáveis sempre, e sempre malcheirosos", era inexpressivo. Não houve celebração, nem música, nem bandeiras hasteadas. Não houve paradas. Apenas um dia de folga, um dia vazio.

Kalunga mencionou uma grande batalha, o cerco em 1994 de Cuito Cuanavale no sul, uma cidade controlada por soldados angolanos e cubanos que foi atacada por colunas armadas do Exército sul-africano. Em quarenta dias de bombardeios, tanques soviéticos contra aviões de caça Mirage, o resultado foi a morte de mais de 50 mil pessoas e a derrota de ambos os lados, toda aquela luta sangrenta levando a um impasse. Ouvi aquela batalha ser chamada de "Gettysburg de Angola" e "Stalingrado de Angola".

— Foi a maior batalha convencional travada em qualquer ponto da Terra desde a Segunda Guerra Mundial — Kalunga disse —, e esses rapazes angolanos que você vê não têm nenhuma ideia de que ela aconteceu. Existem minas terrestres em Caxito — quase cem quilômetros ao norte de Luanda — que continuam mutilando fazendeiros, mas ninguém parece se importar. As pessoas ficam inertes. Outras pessoas, de agências estrangeiras, as desativam.

— Mas, se tem trabalho para os chineses, por que não tem trabalho para os angolanos? — eu quis saber. No dia anterior, eu havia falado com um homem informado que dissera que a cifra exata do número de expatriados, homens de negócio e colonos chineses em Angola seria de uns 70 mil, e que estava crescendo devagar.

— Os chineses são uma força de trabalho separada — Kalunga disse. — Eles se isolam. Começamos a vê-los pela primeira vez em 2006. Viviam em navios ancorados no porto de Luanda. Sabe por quê?

— Me contaram que eles eram criminosos cumprindo suas sentenças.

— Certo. Trabalho escravo. Trabalharam nos prédios que agora estão começando a desmoronar... há rachaduras em todos os prédios chineses. Eles continuam aqui. A primeira geração de bebês sino-angolanos está começando a aparecer. Você os vê nas favelas de Luanda, esses pequenos mestiços meio asiáticos.

Alguns daqueles ex-prisioneiros chineses haviam cumprido suas sentenças, aberto seus negócios e ficado ricos, ou ao menos bem de vida. Dirigiam fábricas que produziam artigos de plástico e blocos de concreto. Alguns haviam retomado suas velhas atividades criminosas. Kalunga citou o exemplo de uma grande quadrilha de falsários que produzia notas falsas de 2 mil kwanzas. Aquele foi um golpe sagaz. Mesmo que os angolanos soubessem facilmente reconhecer notas de cem dólares falsas, ninguém reconhecera os kwanzas falsos porque ninguém via sentido em falsificá-los. Aquelas notas falsas foram usadas nos mercados e nas lojas, e muitas haviam sido trocadas por dólares americanos reais, a moeda mais cobiçada no país. Mas os chineses tinham seus problemas de adaptação. Antes de tudo, a diferença étnica era visível, e Kalunga e outros que conheci em Luanda me contaram que os chineses eram molestados, odiados, empurrados, azucrinados, vistos como presa fácil e roubados. Na semana antes de minha chegada à cidade, dois chineses morreram apunhalados em um roubo casual.

— Mais recentemente, mulheres e crianças chinesas começaram a chegar e a se estabelecer aqui — Kalunga disse. — E vejo chineses ricos nos restaurantes e cassinos. Fazem parte da vida local.

— Se a coisa é tão terrível como você diz, como consegue viver em Luanda?

— Eu não vivo em Luanda! — ele informou. — Viajo muito.

Foi então que ele descreveu seu filme sobre o símbolo icônico de Angola, a palanca-negra-gigante. Quando mencionei que conhecia o animal de seu retrato na nota de dez kwanzas, Kalunga riu. Não, ele disse, aquele era mais um exemplo de angolanos se equivocando: o animal retratado no dinheiro não era uma palanca-negra, mas uma criatura diferente: o burro do sertão. Os angolanos não sabiam a diferença, mas de qualquer modo só restavam uns quarenta daqueles animais na natureza, devido à erosão de seu habitat e sua caça por causa da carne e de seus chifres esplêndidos. Estavam condenados.

— E estamos provavelmente condenados — Kalunga disse. — Por isso não moro em Luanda. Transferi minha família para Lubango para podermos sair do país em caso de distúrbios. De lá é possível chegar à Namíbia por terra. Numa crise, jamais sairíamos de Luanda por terra ou ar. Ficaríamos presos aqui, e isso, meu amigo, não seria nada bom.

Sua esposa, Maria Manuela, que ele chamava de Nela, era médica do Exército angolano, e eles tinham três filhos jovens: Carlos, de dezesseis anos; Rafael, de nove; e Luena, de sete. Mas sua esposa mal ganhava para sobreviver. Os médicos em Angola não tinham status, ele disse. A maioria dos médicos ganhava "uns 3 mil dólares mensais, e um caixa de banco ganha uns oitocentos". O hospital público de Luanda era tão mal-administrado que sua mulher não conseguia realizar as cirurgias necessárias — Nela era cirurgiã plástica especializada em corrigir deformidades e ferimentos de guerra —, de modo que aderira à equipe de um hospital financiado por uma organização beneficente canadense.

— Imagine, um hospital particular! Porque este governo, nadando em dinheiro, não consegue administrar um hospital... a situação é desesperadora assim — Kalunga disse. — E os angolanos nada produzem. Tudo é importado. Existe muita coisa do Brasil. Comida da África do Sul. Tudo que você vê neste país, cada artigo individual, foi produzido em outra parte.

Conhecer Kalunga Lima me animou, porque ele próprio estava animado. Falava o que pensava, e eu podia falar o que eu pensava, e estava livre para fazer perguntas provocadas pela ignorância. Ele revelou um lado de Luanda que estivera oculto para mim. Apresentou-me aos seus amigos. Alguns tão intensos quanto ele, outros empresários educados — financistas, importadores de carrões de luxo, executivos do petróleo. Em vez de ir aos restaurantes gourmet — os lugares lotados e caros —, fomos para locais mais despretensiosos, que de fora nem pareciam restaurantes — fachadas de loja simples que escondiam cantinas caseiras.

Aquele era outro aspecto da cidade secreta e improvisada. Uma das cantinas — sem nome, sem letreiro — servia comida portuguesa caseira, e uma grande tela de TV mostrava ao vivo o parlamento português debatendo o desastre da economia portuguesa. Kalunga disse que — pela comida, pelas toalhas de mesa axadrezadas e pelos proprietários gentis, sr. e sra. Coelho — era como se estivéssemos em Lisboa ou no Porto. Por sinal, ele disse, o primeiro-ministro português chegaria a Luanda nos próximos dias, esperando obter um empréstimo dos angolanos a fim de salvar Portugal da bancarrota. (Aquilo aconteceu, como ele previu.)

Kalunga me explicou as origens da luta pela Independência. Seu pai, Manuel dos Santos Lima, havia sido o primeiro comandante militar do MPLA (Movimento Popular pela Libertação de Angola), baseado na Argélia na década de 1960, e ajudara a fundar a ala militar do partido. Kalunga disse com um sorriso triste que, entre todos os soldados estrangeiros, somente os cubanos haviam sido idealistas, mas com o tempo também se desencantaram com a corrupção e o egoísmo que sucederam a revolução. Detalhou as atrocidades, as decapitações, os assassinatos em massa cometidos pelos dois lados, e a competição entre os combatentes pela Independência, e descreveu o financiamento da guerra, a matança de elefantes por causa do marfim, a venda de diamantes de sangue.

Mas a corrupção não era novidade em Angola, ele disse. No final do século XIX, um chefe tribal megalomaníaco de Ovamboland, no sul, havia empobrecido seu povo, roubado suas vacas e construído para si um castelo no sertão. Certos chefes tribais dos kwanyamas compravam roupas importadas, bebiam champanhe, estudavam etiqueta e se empanturravam de comida numa época em que seu próprio povo morria de fome. Essas extravagâncias eram um eco distante do que vinha ocorrendo em Angola agora.

Falando em ecos distantes, foi Kalunga quem usara a palavra *jinguba*, com o significado de "amendoim", que associei a "*goober*". Ele disse que a palavra quimbundo *mbanza*, um instrumento musical, provavelmente virou "banjo". Seu nome, Kalunga, dado por seu orgulhoso pai, significava "Deus", "ser supremo" ou "ser de extrema inteligência", e ele riu ao me contar isto. Explicou que naquele lugar desolado muitos pregadores evangélicos do Brasil se deram bem, transformando cinemas em templos. Apelar a Deus era uma das indústrias em crescimento de Angola — templos dirigidos por pregadores brasileiros exibicionistas. Eles eram inescrupulosos, de conversa mansa, e por pedir dinheiro aos novos crentes e brandir diplomas falsos eram conhecidos como vendedores de "banha da cobra".

— Você já ouviu a palavra "assimilado"? — Kalunga perguntou um dia quando bebíamos um café. Eu tinha ouvido o termo e achava que indicasse um mulato instruído. Mas ele disse que não. — Eram pessoas nativas que detinham o status de cidadãos. Havia três exigências. Primeira: você tinha de falar português fluente. Segunda: tinha de dormir em uma cama, não no chão. Terceira: tinha de comer com talheres. O que você acha?

— Parece razoável. Mas e saber ler e escrever?

Ele deu um risinho.

— Ser alfabetizado não era uma exigência! Sabe por quê? Porque as autoridades portuguesas que os testavam... *muitas* não sabiam ler nem escrever. Ha!

Blogueiro habitual, Kalunga costumava postar num site de documentaristas, o Creative Cow. Uma postagem havia sido uma mensagem a um jovem cineasta: "Tanta coisa na vida ocorre de formas que não conseguimos prever totalmente, assim, ter uma variedade de experiências abre possibilidades que você pode não ter previsto. Por exemplo, fazer um curso num ambiente formal lhe dará uma chance de conhecer indivíduos com objetivos semelhantes que você não conheceria.

"Último conselho: prepare-se para o longo prazo. Faça o que fizer, certifique-se de que é sustentável, pois invariavelmente chegar a algum lugar na vida leva mais tempo do que você imagina."

Kalunga me pôs em contato com um amigo bem viajado a quem indaguei sobre a história pessoal do presidente angolano, e ele disse:

— Vi favelas no Brasil e favelas na América Latina e na África. A favela onde José Eduardo dos Santos nasceu, Sambizanga, é de longe a pior de todas. Nunca vi nada comparável em sordidez e pobreza.

Conversamos sobre ir até lá. Kalunga disse:

— Para quê?

E o amigo concordou:

— Quando Mandela se tornou presidente, fez questão de beneficiar a comunidade onde nasceu, melhorando as moradias e fornecendo água e eletricidade. Mas José Eduardo dos Santos, um multibilionário poderoso, nada fez. Não tem desejo de melhorar sua cidade ou qualquer coisa. Não tem nenhum sentimento, nenhuma piedade.

O país se prestava à sátira. Em 2012, a *New York Times Magazine* publicou uma matéria paga pelo governo angolano (um governo que até então proibira qualquer jornalista do *New York Times* de entrar no país), que se referiu à "maturidade da jovem democracia [angolana]". "Jovem democracia" é uma forma curiosa de descrever o sistema de um país com um presidente que se nomeou em 1980 e está no poder desde então. O retrato de José Eduardo dos Santos está no dinheiro. Quando o retrato de um político está em todas as cédulas, você pode ter certeza de que ele planeja permanecer no poder a vida inteira. Jovem democracia!

Fui convidado a dar uma palestra no Viking Club para o Angola Field Group, cujos filiados são alguns angolanos e muitos estrangeiros, professores, funcionários do setor petrolífero, trabalhadores de ajuda humanitária, parasitas e bebedores de cerveja hospitaleiros. Embora não estivesse presente naquela noite, Kalunga era filiado e exibira seus documentários ali.

Minha palestra foi precedida pelo canto de três homens bakongos minúsculos em chapéus de abas ajustáveis, da província Uige no distante norte. Chamavam-se Discípulos e cantavam em harmonia "Go down, Moses" e "When the saints go marching in", que haviam aprendido na missão religiosa na remota cidade de Bungo.

Em vez de dar uma palestra formal ao grupo embriagado, limitei-me a descrever minha viagem desde a fronteira — somente dois dos 250 membros do clube, ao que fiquei sabendo, haviam estado perto da fronteira. Eu disse:

— Não há nada que eu possa lhes contar sobre Angola que vocês já não saibam, mas com certeza há muitas coisas que vocês podem me contar — e convidei-os a fazer comentários.

Um dos homens na plateia detalhou os vários eufemismos usados pelas autoridades para pedir propinas. Outro disse:

— Ouviu falar do Dia do Homem? Toda sexta-feira é Dia do Homem em Angola. Os homens se encontram, tomam um porre, saem à caça de mulheres. Não existe Dia da Mulher.

— O mototáxi tem um nome engraçado — um homem jovem disse. — Chama-se "cumpapata", literalmente "agarra-bunda", porque é assim que a pessoa atrás do motociclista se firma.

Uma mulher disse:

— Cerveja Cuca... vou te contar o que Cuca significa: com um coração angolano.

Foi uma noite agradável com estrangeiros e angolanos amigáveis que viviam em Luanda como que sitiados. Depois me recompensaram com relatos de como era caro viver na capital. Porém ninguém reclamava. A simples sobrevivência na cidade representava uma espécie de vitória.

Encontrei-me com Kalunga no dia seguinte em outro restaurante.

— Este é um peixe de rio — ele disse, explicando os ingredientes de minha refeição. — Chama-se "cachucho". Eles o pescam no rio Dande, ao norte daqui. Podemos ir até lá. Podemos ir a tantos lugares! Angola tem terras e água. Toda a comida fresca é importada da África do Sul, mas Angola poderia alimentar a África. Sobre este país não se escreveu absolutamente nada!

Assim traçamos planos: procurar mais palancas-negras-gigantes; visitar o sítio do recém-descoberto dinossauro Titã de Angola, que ele mostrara em documentário; ir ao norte até a província do Zaire ver o povo bakongo e as florestas inexploradas de Uige; e pegar o trem até Malanje. E viajaríamos de barco ao longo do limite oeste de Angola, descendo o rio Kwango, sobre o qual David Livingstone escrevera.

— À zona verde! — ele exclamou, brindando, e enquanto examinávamos o mapa, disse que aquilo tudo era viável.

Brindamos à nossa proposta de viagem, nossa aventura, nas palavras de Kalunga, às terras do fim do mundo.

Eu nunca imaginara viajar com outra pessoa. Eu sempre louvara as virtudes de ir sozinho, enfrentando os incômodos, assumindo os riscos. Foi assim que eu tinha chegado a Luanda. Mas percebi que não poderia ir além sozinho — ao menos não naquele país — e fiquei lisonjeado por Kalunga me ver como eu o via: como um bom companheiro de viagem, alguém apto a enfrentar o sertão.

No dia em que o primeiro-ministro português chegou de Lisboa para pedir dinheiro a Angola a fim de salvar sua economia falida, Kalunga levou-me de motocicleta à estação de trem de Luanda, num lugar chamado Viana. Fizemos pesquisas: os horários dos trens para Malanje, o preço. Dois trens por semana, passagens baratas, uma viagem fácil.

— Tem certeza de que quer andar nisto? — ele perguntou, brincando.

— Não. Quero pensar a respeito.

— Talvez o último trem para a zona verde.

Ele estava brincando. Brincar costuma ser sinal de confiança, de amizade, de um vínculo.

Ainda era possível ver a cidade, com seus prédios em construção, seus muitos guindastes altos e o som de escavadeiras e britadeiras. Parecia bem plausível como cidade em ascensão. Mas era uma ilusão. Luanda era uma cidade em decadência. Saímos do bairro Viana até a beira de um musseque denso e decrépito. Melhor não se embrenhar, Kalunga disse. Sua Kawasaki era nova e poderosa, o tipo de máquina que uma gangue de rapazes adoraria roubar. Os rapazes vigilantes e ociosos eram os mesmos rapazes vigilantes e ociosos que eu vira por toda a Angola. Haviam sido meu primeiro vislumbre do país, os rappers e inoportunos na fronteira em Santa Clara. Moças bonitas se aproximaram, admiraram a motocicleta e flertaram com Kalunga. Algumas moças dançavam umas com as outras diante de uma barraca improvisada que vendia música angolana. Aquela favela de Luanda era densa e labiríntica, por isso permanecemos junto à moto, no perímetro. Mesmo assim, pude ver que era um lugar animado — música alta, muito bate-papo, multidões apressadas e risos estridentes.

Estrangeiros que eu havia encontrado mencionaram os risos. "São um povo alegre" era uma observação frequente. Um inglês me contou:

"Às vezes a gente os vê pulando e plantando bananeiras nas calçadas." Os saltos e risos não pareciam alegres para mim, e sim frenéticos, como a superestimulação que eu vira em cidades africanas. Aproximava-se mais da histeria ou da tagarelice triste que você ouve de alguém à beira do pânico. Às vezes era como frenesi. Pensei: este é o riso à sombra do patíbulo, o som de pessoas que sabem que estão condenadas. O aspecto de um lugar que está indo para o inferno. Essa mesma histeria se encontra na descrição de Tucídides da peste em Atenas: "Oprimidos com a violência da calamidade, e sem saber o que fazer, homens se tornavam negligentes [...] e a grande licenciosidade [...] começou."

Como os atenienses, os angolanos dos musseques agiam como se o juízo final fosse iminente: uma sociedade estridente, caótica, imprudente, à beira da extinção. Não pessoas em desespero, mas pessoas dançando — fazendo o kuduro e a kizomba, como Kalunga explicou sobre as moças fazendo piruetas na favela, e às vezes irrompendo numa dança ao caminhar. A cidade estava repleta de prostitutas, muitas delas refugiadas do Congo, tentando pegar homens no Pub Royal e Zanzibar. Muitas pessoas davam risadas porque sabiam que seu número estava no fim. Era assim que os risos angolanos soavam para mim: insanos, inarticulados e agônicos, como um estertor. Com o desastre ou a morte pairando sobre eles, à semelhança dos atenienses, "pensaram em aproveitar alguma pequena parte de suas vidas".

Kalunga montou em sua motocicleta, mas não deu a partida. Ficou sentado, olhando a cidade, e disse:

— Na hora do fim do mundo, é isto que vamos ver.

Duas semanas depois, Kalunga Lima morreu de ataque cardíaco em sua casa em Luanda.

Estivera praticando o mergulho subaquático na costa sul de Angola alguns dias antes da morte, e aquilo pode ter sido a causa, uma embolia provocada pelo incidente hiperbárico. Vinha trabalhando num documentário sobre as águas costeiras para o estande de Angola na Expo 2012 na Coreia.

Àquela altura, eu me retirara da dispendiosa Luanda e, procrastinando, comecei a reconsiderar a continuação da minha viagem.

17

O que estou fazendo aqui?

Todas as suas lâmpadas resplandecendo, as janelas brilhando, suas formas espectrais iluminadas, o último trem para Malanje tinha um brilho de vaga-lume, tremendo na semiescuridão poeirenta e no calor da estação Viana de Luanda, quando Kalunga Lima apontou para ele e perguntou: "Tem certeza de que quer andar nisto?"

Ele estava brincando porque, desde que o conheci, ele me via como alguém que sempre deixa tudo para depois. Normalmente não sou nada disso: saltar no escuro é meu modo habitual de viajar, e no momento em que o conheci eu já estava na estrada havia várias semanas. Era *ele* o hesitante, em minha opinião, um angolano e antigo morador de Luanda que se mudara com a família para o interior. Angola estava condenada, ele disse, por causa da minoria que enganava a maioria. Kalunga se mudara para a distante Lubango, para fugir mais facilmente do país pelo caminho mais simples do sul quando o caos que esperava chegasse. E me ocorreu que muitas pessoas compartilhavam seus temores, que as favelas de Luanda, como muitas em cidades africanas que eu havia visto, não passavam de campos de passagem para pessoas em rota de fuga.

Minha hesitação era bem mais uma reversão do que ele sabia. Eu era o homem encantado pelo Chattanooga Choo Choo, pelo Expresso da Patagônia e pela Ferrovia Transiberiana, que escrevera: "Desde a infância, raramente ouvi um trem passar sem desejar estar dentro dele" — no entanto, ali estava o trem chinês novo em folha, iluminado, em uma linha recém-restaurada, que poderia me levar em relativo conforto a leste num safári por 427 quilômetros zona verde adentro — o sertão angolano, terra dos poucos animais selvagens restantes no país e do tipo de vida de aldeia que sempre parecia um consolo. Minha ideia vitalícia da suprema felicidade era ser passageiro de um trem estrepitando pela noite para um lugar distante e desconhecido para mim.

Mas pensei: *Não desta vez.* Eu não tinha desejo de embarcar no trem. E, pensando naquilo, estava radiante — um grande alívio concluir que aquele era o fim da minha viagem. *Não mais.* O mesmo júbilo que eu sempre sentira ao partir em uma longa viagem agora me acometeu naquela decisão de não prosseguir. *Não aqui, não agora.*

Foi então que Kalunga me levou ao chocante musseque além de Viana e, franzindo a testa ante a música ruidosa e olhando de soslaio para a multidão turbulenta e para os barracos — a pobreza, a excitação convulsiva beirando o frenesi, a desesperança daquilo —, proferira a devastadora declaração que não esqueci mais: "Na hora do fim do mundo, é isto que vamos ver."

Impressionado por essa visão apocalíptica, e entristecido por seu próprio destino depois disso, fiquei refletindo sobre meu próximo passo. Sabia que Malanje, a última parada na linha ferroviária, era um beco sem saída: nenhuma estrada conduzia ao norte dali. Eu teria de retornar à detestável Luanda e pegar a estrada costeira até um lugar chamado N'zeto. No mapa não consegui identificar nenhuma estrada a partir dali. Provavelmente só poderia viajar para o norte pelo ar, e ainda que passasse semanas enfrentando estradas vicinais até a fronteira, meu prêmio seria a cidade ribeirinha congolesa de Matadi, um conhecido inferno. Depois pegaria um ônibus até Kinshasa, uma cidade em decomposição como Luanda — e se decompondo pelos mesmos motivos: um governo corrupto rico graças aos diamantes, ouro e riquezas minerais e às técnicas sutis de apropriação indébita e manipulação de preços comerciais.

Eleições fraudadas na época haviam provocado rebeliões nas ruas de Kinshasa e uma intensa presença policial. Depois daquilo, Brazzaville, Pointe-Noire e uma passagem pelas cidades miseráveis da costa, porque o interior congolês se constituía predominantemente de áreas impossíveis de visitar. Claro que eu poderia abaixar a cabeça e prosseguir, mas sabia o que encontraria: cidades decadentes, multidões famintas, jovens predatórios e pessoas abandonadas por seus governos, pessoas que viam cada estrangeiro como alguém que poderiam abordar e pedir dinheiro, pois era óbvio que só estrangeiros pareciam se importar com o bem-estar dos africanos.

Como eu estava viajando por terra, o que jazia à frente era um itinerário turvo e frustrante de cidades da África Ocidental — ou seja, favelas da África Ocidental. Nenhuma pobreza na Terra conseguia igualar a pobreza em uma favela africana, e nenhum outro lugar vivia tão desprovido de esperança. Numa aldeia africana, a pobreza era um termo relativo. Eu sabia disso pelas aldeias humildes que vira em Botsuana, na Namíbia e no interior angolano, lugares onde as pessoas sobreviviam, como sempre sobreviveram, numa economia de subsistência, cultivando o que precisavam, permutando comida extra pelo que não podiam cultivar ou comprar, vivendo em cabanas de barro, usando uma latrina de fossa estreita, praticando agricultura de derrubada e queimada. Era uma vida de coletar, carregar e diligenciar: caminhar uma hora para pegar água, lavar roupa no rio, vasculhar em busca de lenha, matar um frango ocasional, numa existência precária — não prosperando, mas ganhando a vida com o suor do rosto em rotinas escassamente produtivas.

Aquela vida precária em uma área rural não podia ser comparada à vida de cão em uma favela, onde a horticultura era impossível, a água era escassa e o combustível — lenha ou carvão — em geral não estava disponível. Onde o único modo de sobrevivência era um emprego servil, um trabalho casual ou a prostituição, a esmola ou o crime. Mas aquela sendo Angola, eram os ricos, e somente os ricos, que me pareciam sórdidos e criminosos. No sertão existia a possibilidade de renovação: uma nova estação, uma nova colheita, uma nova fonte de água. Aquela pobreza rural extrema podia ser aliviada por modos de sobrevivência, muitos deles estratégias tradicionais. Mas numa favela urbana, a sobrevivência não estava garantida, as tradições não se aplicavam, e uma economia monetarizada tornava as pessoas peculiarmente destituídas e vorazes.

O roubo era uma tendência que alguns economistas marxistas perdoavam (Eric Hobsbawm, por exemplo, em seu livro *Bandidos*), explicando-o como o reflexo de camponeses injustiçados ou oprimidos praticando o "banditismo social", os pobres politizados reduzindo a desigualdade ao roubar dos ricos. Minha experiência da fraude do cartão de crédito na Namíbia poderia ser interpretada como o ato de um bandido social usando alta tecnologia em vez da machete, mas aquilo não fez com que eu me sentisse melhor. Deixou-me quase falido e um tanto desmoralizado.

Contudo, a perda de dinheiro não foi nada comparada com a perda de amigos. Três pessoas que eu passara a conhecer relativamente bem, três homens que eu admirara em sua paixão pela África, haviam morrido: o jovem Nathan, violentamente esmagado por um elefante; Kalunga, vítima prematura de um ataque cardíaco, e Rui da Câmara com o crânio atingido por um intruso. A morte de outros numa época e paisagem que você próprio habitava só pode lembrá-lo de sua própria mortalidade.

As viagens, em especial as viagens solitárias, são algo mórbido. "Nas viagens sempre se é acompanhado pelo séquito da Morte ou seu ordenança", Henry Miller escreve em *Remember to Remember* [Lembrar para lembrar]. Trata-se de uma passagem bem apropriada para uma viagem rodoviária pela África.

> A aldeia tranquila onde o rio flui tão pacientemente, o próprio lugar que você escolhe para sonhar, costuma ser o local de uma antiga carnificina. O que leva alguém ao devaneio é o sangue que foi derramado mais copiosamente do que vinho [...] o recitativo histórico silva pelos ossos embranquecidos de ruínas sonolentas.

Nas minhas últimas poucas viagens longas, pensei com frequência que poderia morrer. Eu não estava sozinho naquele temor. É a conjectura racional da maioria dos viajantes que conheço, sobretudo os de minha idade. Os temores de amigos viajantes se justificavam: alguns haviam morrido na estrada ou adoecido gravemente. "Ele morreu fazendo o que adorava" é um sentimento que pode consolar um sobrevivente, mas se a vítima tivesse a chance de escolher antes, o que teria feito? Eu às vezes me imaginava mutilado num desastre de carro no sertão. Constantemente, num ônibus lotado na África, não pensava em nada além da morte, e odiando a viagem emitia uma risada espectral ao pensamento de alguém dizendo ante meu corpo abatido: "Ele morreu fazendo o que adorava."

* * *

Na Cidade do Cabo, no início de minha viagem — embora eu supersticiosamente evitasse mencionar a alguém —, sonhara em terminá-la em Timbuktu. Eu estava rumando naquela direção. Tinha traçado um itinerário provisório no meu mapa da África que me levava para o norte, ziguezagueando da Cidade do Cabo a Angola e (de algum modo) dali, via Congo, Gabão e Camarões, pela Nigéria e prosseguindo até a fabulosa cidade no Mali.

Todos os mapas são enganadores, e os mapas africanos são os mais enganadores de todos. No passado, eram alarmantes pelas grandes áreas vazias intituladas *Canibais*, mas agora eram inexatos pelas estradas que os entrecruzavam. Muitas das vias amplas e multicoloridas mostradas em destaque no mapa de Angola não existiam, e o símbolo *H* designando um hotel era uma ficção. Sabe-se que o Congo possui pouquíssimas estradas utilizáveis. Apesar de sua riqueza, é um país sem estradas, e por isso inseguro. Mas eu também tinha me agarrado à crença de que, com tempo suficiente, pode-se ir a qualquer parte. A gente simplesmente viaja devagar, escolhendo o caminho, tomando desvios, caminhando onde necessário, pegando caronas, vivendo a vida de paradas e avanços de um errante.

Esse método funciona na maioria dos lugares. Não funciona na África — embora antes funcionasse. Os seguidores das pegadas de H. M. Stanley pelo Congo, de David Livingstone por Angola e de Samuel Baker pelo Sudão rapidamente descobriram que a viagem é impossível na África atual. O interior é agora controlado por chefes guerreiros, exércitos rebeldes mercenários, tribos hostis, separatistas e fanáticos religiosos fortemente armados — islamitas linhas-duras (Boko Haram, Ansar Dine) ou cristãos ensandecidos (o Exército da Resistência do Senhor). Tim Butcher, que em *Blood River* [Rio de sangue] conta como tentou recriar a viagem transafricana terrestre de Stanley, de leste a oeste, acabou tendo que pegar um avião.

Eu poderia ter voado, mas qual o sentido disso? Você não vê nada a 9 mil metros de altura. E agora tinha uma ideia do que encontraria — cidades indistinguíveis em sua esqualidez e decrepitude. Nas indescritíveis cidades arruinadas da África Subsaariana, os pobres — os milhões, a maioria — ignorados por seus governos vivem uma existência de catadores em condições quase idênticas, em barracos, em meio ao lixo doméstico de fabricação chinesa — bacias e baldes de plástico — e trajando roupas chinesas. Poderiam ter um celular, mas na maioria dos casos é pouco mais que um brinquedo enlouquecedor. Todos sofrem das mesmas privações — falta de comida, nenhuma instalação hidráulica, nenhuma clínica médica, nenhuma escola, nenhuma segurança — e as mesmas doenças: cólera, malária, tuberculose e HIV/aids. Aguardam sem muita esperança pela salvação, se não pela transformação. Mesmo a pequena e tranquila Windhoek, orgulhosa de suas casas, tinha Katutura e suas favelas. A adorável Cidade do Cabo tinha Langa, Lwandle, Gugs e outras comunidades igualmente desoladoras.

Embora eu estivesse desencorajado pelos obstáculos e consternado com as mortes de Nathan, Kalunga e Rui, havia me apegado ao meu sonho secreto de continuar viajando de Angola e ir parar em Timbuktu. Mas logo dois acontecimentos abalaram aquele sonho. Um golpe separatista por uma facção de oficiais de baixo escalão do exército no Mali, alimentado por arengas da Al-Qaeda no Magreb, dividiu o Mali em dois países. Timbuktu no norte (uma região tão grande como a França) era agora um baluarte da indignação e de ameaças islâmicas. Viajantes estrangeiros vinham sendo sequestrados para serem trocados por resgates. Um havia sido morto. Com o tempo, aquela luta pelo poder poderia se resolver, ao que me informaram, mas no momento a lendária cidade estava fechada para o mundo externo.

A Nigéria representava um problema mais grave, mas também uma divisão norte-sul. Os estados dominados por muçulmanos ao norte — diretamente em minha rota — eram atormentados pelo movimento Boko Haram. O nome na língua hauçá significa "educação ocidental é pecaminosa". O nome oficial do grupo é Jama'atu Ahlis Sunna Lidda'awati wal-Jihad, que em árabe significa "Pessoas Comprometidas com a Propagação dos Ensinamentos e Jihad do Profeta". Naqueles estados do norte da Nigéria, regidos pela lei charia, os jihadistas do Boko Haram atacavam cristãos, igrejas cristãs, escolas não islâmicas e quase qualquer um trajando roupas ocidentais — nigerianos e estrangeiros também.

Ouvi falar pela primeira vez dessa organização hostil durante minha estada em Lubango e tomara notas pessoais sobre essa ameaça pairante no Dia de Finados, quando comecei a refletir seriamente se minha viagem valia o risco. Desde que cruzara a fronteira angolana, a pergunta "O que estou fazendo aqui?" havia relampejado em minha mente. Não era um lamento. Era uma indagação intrigada — a maioria das pessoas ponderadas da Terra se fazem essa pergunta regularmente.* Eu continuara avançando, como mostra esta narrativa, aguardando uma resposta. Mas no momento em que estava tomando minha decisão de abaixar a cabeça e pegar a estrada para o norte, o Boko Haram tornou-se ativo de novo.

Um artigo opinativo de argumentação tortuosa no *New York Times* da historiadora e africanista Jean Herskovits, "Na Nigéria o Boko Haram não é o problema", explicava que o Boko Haram era "um grupo dissidente islâmico pacífico" que havia sido explorado "para fins eleitorais". Imagens em vídeo da morte violenta, sob custódia da polícia nigeriana, em 2009, de um clérigo muçulmano haviam radicalizado o movimento, embora Herskovits observasse que a "causa básica da violência e da raiva tanto no norte como no sul da Nigéria é a pobreza endêmica e a desesperança".

Ela alertava que não eram mulás e fanáticos, mas grupos criminosos alegando representar o Boko Haram, que estavam aterrorizando os cristãos, incendiando suas casas e lançando bombas em hotéis e mercados, tudo para desestabilizar o país. Não deveríamos nos precipitar em rotular isso de terrorismo islâmico, ela escreveu, ou nos entregar a um "julgamento apressado que obscureça a complexa realidade da Nigéria". A complexa realidade era um presidente bitolado chamado Goodluck Jonathan, sulista e cristão, seus políticos corruptos e o povo nigeriano, que se tornava mais pobre e numeroso diariamente.

Um julgamento apressado era a última coisa na minha cabeça. Mas e a violência relatada? Depois de ler a matéria, que me pareceu tendenciosa, fiquei de olho nas afrontas do Boko Haram. Seis dias após a publicação da matéria, vinte pessoas foram mortas por jihadistas que se diziam ligados ao movimento. Uma semana depois, 174 assassinatos, e duas semanas depois daquilo mais uma dúzia, todas sectárias. Tropas nigerianas se envolveram,

---

* A pergunta foi feita por Arthur Rimbaud no Aden, em 1884, desempregado, escrevendo para casa e lamentando o calor. "Que existência deplorável levo neste clima absurdo e sob que condições assustadoras! Que maçante! Que vida estúpida! O que estou fazendo aqui?" (citado em Jean Marie Carré, *A Season in Hell* [Uma estação no inferno], 1931). (N. A.)

matando vinte membros do Boko Haram. E então, a intervalos semanais nos três meses seguintes, ocorreram ataques de homens-bomba, incêndios de escolas e de igrejas e matanças direcionadas — o assassinato de cristãos em Maiduguri e Jos. Milhares de mortes até agora nas cidades e nas rotas de ônibus de minha pretendida viagem.

A professora Herskovits pedira paciência, mas talvez não tivesse previsto os vários massacres que se seguiriam ao seu artigo estranhamente apaziguador. Mais recentemente, uma série de acadêmicos alertaram o governo americano para não rotular o Boko Haram como organização terrorista, porque isso "internacionalizaria a seita" e aumentaria sua visibilidade, tornando-a mais ousada. Como um grupo terrorista nigeriano (ou uma reunião de gangues criminosas), o argumento prosseguia, era perigoso somente para os nigerianos.

Mas parecia perigoso para viajantes ocidentais também. A linha de raciocínio dos acadêmicos (eles queriam, entre outras coisas, estreitar o contato com os membros do Boko Haram) me pareceu tendenciosa, egoísta e inútil. Se a causa básica das matanças não era o jihadismo islâmico, e sim a "pobreza e desesperança", ocorreriam muitas outras mortes, porque a Nigéria era pobre e desesperada. E para um viajante como eu, sem outra opção além de passar por terra pelo norte da Nigéria, não importava muito se eu estava sendo ameaçado por um jihadista inimigo do Ocidente ou por membros armados de um bando criminoso, ambos usando o nome Boko Haram.

Viajantes muitas vezes ficam famosos por arriscar viagens por lugares perigosos. Eu correra riscos em minha vida e padecera minha própria versão dos antropófagos e dos homens cujas cabeças crescem debaixo dos ombros. Assim eu me defrontava com as cidades congolesas arruinadas e o fanatismo do norte da Nigéria. Ocorreu-me que, se prosseguisse em meu caminho, minha viagem seria uma proeza, como percorrer um deserto montado num pula-pula. Um esforço destemido, mas para quê?

"Será que vale a pena?", Apsley Cherry-Garrard pergunta ao final de *The Worst Journey in the World* [A pior jornada do mundo], ao falar sobre a excursão polar fracassada de Robert Falcon Scott na Antártida. Vale a pena arriscar a vida por uma façanha, ou perder a vida pelo seu país? Enfrentar algo por ser uma façanha, e somente uma façanha, não era muito atraente para Scott. Precisava conter um objeto adicional: conhecimento.

Viajar ao norte pelo caos — o que eu encontraria que já não tivesse aprendido? Como Estado produtor de petróleo, a Nigéria muito se assemelhava a Angola em sua corrupção e penúria. Lagos e Kinshasa eram versões maiores de Luanda. As áreas rurais na minha rota estavam deterioradas: jovens ociosos, aldeões doentes, pedintes, rappers. As lições que eu aprendera até então eram que um itinerário de esqualidez urbana pouco compensa. Viajar é difícil, às vezes impossível. Um viajante estrangeiro representa riqueza, uma oportunidade para o ladrão ou "bandido social". E a repetição da esqualidez acaba sendo tão inútil em seu horror que se torna banal ao ser contada. Imaginei a continuação da minha viagem como nada mais que visitas animadas a favelas, a provação habitual de cheiros rançosos e comida ruim, mas sem um aspecto redentor, um percurso tóxico pelas entranhas da África Ocidental, ao longo da Côte d'Ordure.

É preciso certa dedicação de especialista para viajar por cidades miseráveis e favelas fétidas, em meio aos pobres totalmente dependentes, que perderam quase todas as suas tradições e a maior parte de seu habitat. Você precisa em primeiro lugar da habilidade e do temperamento de um proctologista. Essa pessoa, perita em exames retais, é tão essencial à medicina quanto qualquer outro especialista, mas só alguns resolutos optam por examinar a condição do corpo humano erguendo o olhar solene — equipados como espeleologistas com microscópios, tubos e luvas — para seu ânus e perscrutando seus intestinos, fazendo o *grand tour* do cólon. Algumas viagens guardam certa semelhança, e alguns viajantes poderiam se enquadrar na descrição de especialistas retais da topografia, tristemente percorrendo as tripas e as entranhas da Terra e descrevendo sua decrepitude. Não sou um deles.

Há quarenta anos, quando planejei minha viagem de *O grande bazar ferroviário*, cogitei pegar o trem da Turquia ao Iraque, viajando ao sul de Mosul a Bagdá e prosseguindo até Basra, onde cruzaria a fronteira do Irã.

— Como é Basra? — perguntei a um amigo que estivera lá.

— Não é o cu do mundo — ele respondeu. — Fica a 130 quilômetros acima dele.

Assim, fui ao Irã por uma rota diferente, e passei minha vida de viagens evitando esses lugares. O que aprendi? Que a proctologia descreve bem a experiência de viajar de uma cidade africana a outra, especialmente as cidades do horror da África Ocidental urbanizada.

Mas a inclinação científica não é suficiente. Certa criatividade é necessária. Para relatar tal angústia, você precisa ser um viajante com gosto por ruínas, alguém que sente prazer nelas, como Giambattista Piranesi (1720-78) na Roma do século XVIII. Ele foi o inspirado artista cujo brilho extravagante residiu em descrever os vestígios rachados de uma civilização antiga, gravuras meticulosas da ruína, até o último detalhe decaído. Suas águas-fortes escuras de Roma desintegrada, desmoronada e dispersa eram vendidas como suvenires para visitantes da cidade. Os viajantes da época, fazendo o Grand Tour — aristocratas ingleses e escritores como Smollett e Goethe —, se apoderaram delas, porque Piranesi encontrara um meio de trazer uma visão de glória perdida, até de esplendor, a essas cenas de devastação antiga.

Seria aquilo o necessário: proctologista e Piranesi, ciência e arte — um estômago forte e um fascínio pela decadência, desordem, desesperança e anarquia das periferias.

Existe algo de constritivo e claustrofóbico no viajante limitado a ruínas cloacais e becos sem saída urbanos. Eu me tornara um viajante pela liberdade de perambular, e em algumas de minhas viagens mais difíceis me senti libertado pelo espaço e pela luz. Raramente fui um viajante em cidades. Em geral as evitei — todas as cidades, não apenas na África, mas também na Ásia e América Latina. Sou por natureza um inimigo das cidades, achando a vida urbana desagradável, velada e difícil de penetrar. Para mim, mesmo as maiores cidades são locais de solidão e confinamento em que as pessoas são estranhas umas para as outras.

Por que ia querer viajar pela desgraça e desordem somente para descrever a mesma feiura e miséria? A desgraça não é exclusiva da África. A favela miserável de Luanda não apenas é idêntica à favela miserável da Cidade do Cabo, de Johannesburgo e de Nairóbi. Todas elas se parecem, em seu desespero, às suas congêneres no resto do mundo. Uma periferia na Califórnia é em cada detalhe uma duplicação de uma periferia na África, digna, por esse motivo, de um exame por um escritor de viagens. Mas não sou esse escritor, nem tão comprometido com o desconforto ou tão magnânimo assim.

A cidade está se tornando intensamente urbanizada. "A megacidade estará no núcleo da geografia do século XXI", Robert D. Kaplan escreve em *The Revenge of Geography* [A vingança da geografia]. Mas o mundo onde cresci não foi um mundo de grandes cidades, e comecei minha vida de viagens esperando encontrar diferenças em paisagens e pessoas, não versões repetidas da experiência metropolitana. Não ridicularizo o esforço. Não estou à altura da tarefa. O viajante nas cidades precisa entender as cidades melhor do que eu, e não se indignar com suas deficiências crônicas. Esse viajante precisa se importar mais, ser mais experiente em certas áreas, mais inocente em outras, mais esperançoso. De qualquer modo, o morador bem-sucedido da cidade tem um talento para enfrentar os horrores, os agressores, os cheiros desagradáveis, a música alta, a grosseria eventual, os hábitos manhosos dos motoristas de táxi, a ausência de árvores, os rostos ameaçadores, o barulho, a algazarra das vozes — muitas delas gritando; o ribombo e o chiado que é incessante — o zumbido noturno também, junto com as luzes noturnas; a fisicalidade disso tudo, especialmente a proximidade das multidões, a falta de espaço vital, a experiência diária de esbarrar em outras pessoas, o que é uma violação constante de seu espaço e seu corpo, o roçar físico em estranhos que equivale ao assédio sexual, conhecido coloquialmente em Nova York como "*subway grinding*".

Essa vida não é para mim, seja para viajar assim ou para escrever a respeito. Nada tem a ver com minha idade. Agora a África é um continente de cidades enormes, insustentáveis, e a maioria dos africanos são eles próprios moradores urbanos, tendo trocado suas aldeias pobres por favelas bem mais pobres. É impossível viajar por terra na África em transporte público — como fiz do Cairo à Cidade do Cabo e agora da Cidade do Cabo a Luanda — sem fazer um circuito pelas cidades, lugares horríveis sem nada para se aprender exceto o que você já conhecia dos piores bairros de seu próprio país.

Uma solução para a repulsa em tais viagens é a do aforista francês Nicolas Chamfort, que escreveu: "Engula um sapo de manhã e você não encontrará nada mais repugnante o resto do dia." Passei uma vida de viagens dormindo em camas estranhas e jantando comidas sinistras, e só reclamei ligeiramente por ser natural das viagens sentir desconforto, se não pavor. Mas insultar é outra coisa, e insultos gratuitos são censuráveis porque não levam a nada. Você pode permanecer em casa e ser insultado. Não precisa viajar 15 mil quilômetros para ser ridicularizado. Não há revelação em receber gritos, ser importunado, xingado ou molestado, como começou a acontecer com muita frequência em minha viagem. Acredito que esse assédio seja o destino de muitas mulheres que viajam sozinhas para países dominados pelos homens — ou seja, a maioria dos países — e me solidarizo com elas, geralmente sobrecarregadas com um filho ou uma mochila, por terem de suportá-lo.

É humilhante e tedioso para qualquer um ter de abrir caminho à força para embarcar num ônibus sujo. No entanto, tive de fazê-lo e descobri que empurrar e ser empurrado e golpeado por imbecis impacientes não é o pior. Se, ao final da viagem, após nove ou dez horas de percurso no ônibus miserável, com suas paradas para urinar e crianças com diarreia e frangos apodrecendo em cestas e passageiros berrando e seu motorista incompetente — finalmente tendo de abrir caminho a cotoveladas para saltar do ônibus... se, então, o viajante não vê nada de novo, trata-se de uma viagem inútil também, e ninguém gostaria de ler sobre ela. Descobri cada vez mais, nesses lugares enganados com recursos escassos, que teria de lutar por um assento, e fiquei cada vez menos disposto a fazê-lo. A mulher sozinha, o viajante mais velho, o estrangeiro de aspecto frágil ou mirrado, o solitário, o andarilho noturno — todos são considerados presas fáceis, sendo importunados ou depenados. A única lição é: *caveat viator*, viajante, cuidado, e talvez perguntar de novo: "O que estou fazendo aqui?"

Minha resposta não consistia em um manifesto para permanecer em casa, e sim em um ensaio em outras direções, já que existem tantos lugares na Terra dignos do esforço de um viajante e mais passíveis de deixá-lo feliz. Não sou velho demais para isso, estou mais paciente do que nunca, mas sou por temperamento inepto para relatar a vida de sarjeta da favela africana que requer que eu engula um sapo todas as manhãs. Não há nada para escrever sobre ela que eu já não tenha escrito, e amplamente. Esses lugares são campos de trânsito repletos de pessoas que foram abandonadas por seus governos enriquecidos e corruptos. Esses lugares poderiam, como

Kalunga Lima previu, um dia explodir num acesso de fúria, a combustão espontânea de pessoas enraivecidas e enganadas. Conheço bastante do ajuste de contas e da inconstância das revoltas para evitá-las.

Mas não tenho nenhuma ideia do que acontecerá com essas cidades e áreas de favela agigantadas. Minha sensação sempre foi de que a verdade é profética, e se escrevo precisamente sobre o presente, vendo as coisas como são, aspectos do futuro serão sugeridos. Eu estava um tanto animado com o progresso feito em dez anos nas comunidades da Cidade do Cabo, como as favelas e periferias haviam sido transformadas em povoações habitáveis. Aquilo se deveu em grande parte aos esforços de agências sul-africanas e estrangeiras solidárias, inovadoras e bem-intencionadas: a instalação de água e de luz elétrica, a melhoria das casas e ruas, a novidade da água encanada, a construção de escolas.

Fui esclarecido. Então é assim que uma cidade cresce, que as cidades — uma raridade na vida remota do mundo povoado — cresceram ao longo da História. Impossível dizer quando a primeira cidade surgiu na Terra, e provavelmente é verdade, como o historiador J. M. Roberts escreveu, que "mais do que qualquer outra instituição, a cidade proporcionou a massa crítica que produz a civilização e promoveu a inovação melhor do que qualquer outro ambiente até então". A África é um mostruário de cidades em sua infância conturbada: perigosas, insalubres, corruptas, sem lei, improvisadas e ainda assim crescendo. A modernidade é visível na África quase sempre como desgraça, a desfiguração de cidades e das paisagens, uma grande e predominante feiura.

No entanto, a transformação de uma favela em um lugar com casinhas asseadas não é o fim da história. Não existe fim. Soube disso quando, após minhas visitas a Khayelitsha e Guguletu, vi os recém-chegados das províncias exaustos e surpresos. Num país desregulado, mal-administrado e malgovernado, inexiste limite ao crescimento de uma favela. Cada comunidade melhorada atrai uma favela nova, cada favela nova atrai uma invasão, cada invasão atrai mais gente deixando suas terras tradicionais em troca de uma vida incerta na cidade, entre as multidões de desempregados. Existe um ponto além do qual a sordidez não consegue ir mais fundo, ou piorar, e foi esse ponto que essas cidades africanas atingiram. As pessoas vivem nelas num espírito de renúncia. Uma cidade africana desse tipo é uma aglomeração de pessoas desesperadas, uma multidão estática que se sente mais segura quando está aglomerada.

"Você não viu as áreas ricas!" — me dirão. "Você não viu as casas bonitas!"

Mas eu as vi. Espiei pelos muros dos arredores e vi as guaritas, os clubes particulares e os condomínios fechados. Fui recebido em alguns deles, comi e bebi em seus aposentos maravilhosos — "Coma mais um pouco de carpaccio de *kudu*" — e constatei que realmente aqueles eram enclaves minúsculos, meras ilhas preciosas em um mar de destroços.

Meu interesse horrorizado pela África sem futuro, distópica, de um mundo fracassado tipo *Mad Max*, de crianças-soldados, gangues de rua, favelas fétidas, pilhas de lixo, puro desespero, crença equivocada, cultos milenaristas de nova era e tentativas de resgate fracassadas está enraizado no distanciamento. É a curiosidade indigna, não mais que ociosa, ligeiramente nauseante pela modernidade em sua forma mais odiosa, do tipo que a tecnologia piora ao tornar as pessoas mais preguiçosas e gananciosas, seduzindo-as com visões do inatingível, induzindo muitas a serem refugiadas e parasitas na Europa e nos Estados Unidos. Concedemos à África o suficiente do lixo descartável do mundo moderno para criar nas cidades africanas uma réplica de depósito de lixo do Ocidente, uma imagem espelhada de nossos próprios fracassos — mas não melhor do que isso. Escrever a respeito, escolher a paisagem e a miséria urbanas como tema, é algo para um obituarista. Tal visão, ou visita, representa tudo que sempre evitei em termos de viagem.

Mas não sou um afropessimista. Afora a proliferação óbvia e descontrolada de pessoas e o inevitável desaparecimento ou extinção de animais selvagens, não está claro qual será o futuro do continente. Mas o que está acontecendo na África hoje também está acontecendo com maior sutileza no resto do mundo: a diminuição dos recursos, o desaparecimento dos empregos, o crescimento das áreas urbanas. A diferença é que a população da África está crescendo bem mais rápido que a de qualquer outro continente. Estima-se que hoje existam 1 bilhão de africanos. Dentro de quatro décadas serão 2 bilhões de pessoas — a maioria vivendo em cidades, em países sem indústrias, sem comida, água ou energia suficiente, países que são mal-governados e inseguros. Projeta-se que, em poucos anos, a população da Nigéria terá atingido a cifra 300 milhões, numa área do tamanho do Arizona e do Novo México. A ajuda de doadores pode ser responsável pela pouca infraestrutura existente. Mas a ajuda de doadores, governos estrangeiros com interesses próprios e a "ajuda perversa" da China e da Coreia do Norte — dinheiro oferecido sem questionar os direitos humanos — são em grande parte responsáveis pela persistência dos maus governos também.

O chefe de Estado assassino, autoeleito, megalomaníaco com a moral de uma drosófila, há décadas no poder, junto com sua vaidosa e frívola esposa viciada em lojas, seus puxa-sacos e seu esquadrão de imbecis, é um aspecto obsceno da vida africana que não tende a desaparecer. Quando me queixei a uma burocrata de Burkina Faso (porque esse país também estava em minha rota pretendida) sobre a persistência dos tiranos, ela ergueu a voz e disse com um sotaque de rã: "É a *réalité*!" — porque seu próprio país era governado por um viciado no poder (25 anos por enquanto). Não é absolutamente uma realidade, mas uma fantasia de poder promovida pelo tirano.

A maioria dos políticos acredita em suas mentiras, mas os doadores estrangeiros as tornam piores. Elimine as formas corruptoras de ajuda externa e o desespero popular poderia se tornar produtivo, a rebelião levando a eleições que talvez melhorassem a situação no longo prazo. Uma alternativa melhor às incessantes doações é o investimento. Mas investir dá mais trabalho que a entrega pomposa de doações, exigindo mais responsabilização, mais humildade, mais paciência e maiores riscos — e, é claro, menos mitologização colorida do esforço, as sessões fotográficas com crianças destituídas.

O colonialismo oprimiu e subverteu os africanos, transformando-os em catadores, suplicantes e criados — e transformou alguns deles em rebeldes. A imitação colonial da África pós-Independência tem sido uma continuação disso — mais catadores, mais suplicantes e pedintes. E a consequência de cada nova guerra civil ou irrupção de conflito religioso ou tribal é a existência de mais danos deliberados por reparar — mais minas terrestres deixadas para trás, mais aldeias queimadas, mais amputados, refugiados e órfãos.

Sempre haverá leões, elefantes e impalas na África, porque sempre haverá um tipo ou outro de reserva animal. Se muitos animais forem comidos ou seus habitats destruídos — ou se, como o rinoceronte, o cão selvagem, o quaga ou a palanca-negra-gigante, enfrentarem a extinção —, haverá reservas particulares e fazendas de vida selvagem cercadas em que outros animais grandes podem ser vistos. É o que ocorre hoje na África do Sul, onde, por um preço, garantem uma experiência africana, ainda que não passe da emoção comercial de um parque temático esplêndido que oferece a ilusão do que a África foi outrora — se não um Éden repleto de animais e pessoas vivendo em relativa harmonia, então uma terra ainda arborizada de cidades-mercados, povoações viáveis e aldeias com muros de barro, com sua alma intacta.

Mas a girafa na fazenda de animais e o elefante cavalgável na concessão de terras do sertão tampouco são para mim. Uma vez que você viu animais na selva, é impossível gostar de vê-los atrás de um cercado, por mais vasto que seja. "Qual a diferença entre isto e um zoológico?", Trevor astutamente indagou em Etosha, na Namíbia, quando estávamos sentados atrás da cerca em Okaukuejo com as centenas de turistas alemães observando o elande, iluminado pelos refletores, bebendo no charco. E Trevor sabia: Já vimos tudo isto antes. Nada para relatar.

O tempo é um fator nas viagens, um dos mais fundamentais, embora não importasse que eu tenha começado a viajar quando jovem, e continuasse quando homem de meia-idade: eu acreditava que tivesse todo o tempo do mundo então. Minha viagem era em aberto. "Não sei direito quando estarei de volta", costumava dizer à minha família. Eu sumia nos países e, de tão fora de contato, parecia evaporar. Não tinha a menor ideia de para onde estava indo, mas era uma alegria estar a caminho, e vivia achando lugares onde gostaria de morar — um grande incentivo nas viagens, a sensação de que descobriria um novo lar.

Recordo minha viagem pelo Afeganistão e descendo o passo Khyber até a encantadora cidade de Peshawar, pensando: eu poderia morar aqui! Como estava errado. Peshawar tornou-se uma cidade de refugiados, fanáticos, mujahidin, homens-bomba e um bazar do comércio de drogas e armas da Ásia Central. Mas me sentia tentado a partir para outros lugares no mundo — ir embora parecia uma das tentações nas viagens, que eu permaneceria em Bali, na Costa Rica ou na Tailândia e nunca voltaria. Ainda não descobrira o que Camus escreveu em seu *Diário de viagem*: "Quando um homem aprendeu — e não no papel — como permanecer sozinho com seu sofrimento, como superar seu desejo de fugir, a ilusão de que outros possam compartilhar, então pouco lhe resta a aprender."

O sofrimento não tem valor, mas você precisa sofrer para saber disso. Nunca achei fácil viajar, mas a dificuldade nas viagens as tornava satisfatórias, por se assemelhar assim ao ato de escrever: um salto no escuro, perambular pelo desconhecido, vir a entender a condição da estranheza. Nas viagens, como Philip Larkin diz em seu poema "The importance of elsewhere" [A importância de outro lugar], a estranheza faz sentido. Contudo, quanto mais eu viajava, maior ficava meu instinto doméstico. À medida que envelheço, os consolos do lar assumem um sentido mais profundo.

Embora eu tenha vivido por mais de seis anos contínuos na África, e sempre retornasse, resisti à tentação de permanecer por um período extenso. Nunca conheci ninguém que dissesse, como os missionários holandeses costumavam dizer no Malaui muito tempo atrás: "Quero ser enterrado aqui." Certa vez me ocorreu a ideia de criar uma escola no sertão do Malaui, até que percebi que não cabia a mim ajudar os africanos dirigindo uma escola para eles, mas aos próprios africanos assumir essa responsabilidade. Ainda existem estrangeiros que são exploradores, aventureiros e empresários na África, e conheço alguns, mas nenhum está nessa atividade visando o longo prazo, e todos têm uma estratégia de saída. Concentra a mente estar num lugar que você sabe que não tem nenhum futuro.

O tempo significa muito mais para mim agora do que no passado. Atualmente, atento ao tempo desperdiçado, ouço o relógio tiquetaqueando com mais insistência. Odeio a ideia das viagens como déjà vu. Mostre-me algo novo, algo diferente, algo mudado, algo maravilhoso, algo estranho! Deve haver alguma revelação em passar longos períodos de tempo viajando, senão é mais desperdício. Outro efeito das mortes de Nathan, Rui da Câmara e Kalunga foi esse insight: eu estava onde queria estar, fazendo o que adorava? A resposta era, às vezes: Sim; às vezes: Onde estou? Mas com mais frequência era: O que estou fazendo aqui?

Como todas as cidades estão dominadas por uma incapacidade de serem conhecidas, e assim precisam ser inventadas ou imaginadas, essas eram perguntas que eu fazia nas cidades. Eu nunca questionava o fato de estar num safári na zona verde. O sertão era a salvação da África, e a minha. Camus exortou a si mesmo em seus *Cadernos*: "Escreva a história de um contemporâneo curado de seus desgostos somente pela longa contemplação de uma paisagem."

É pela paisagem natural que sempre ansiei — e pelas figuras humanas nessa paisagem. Não posso aturar o pensamento de viajar de cidade para cidade, e cidades eram principalmente o que me aguardava no último trecho desse derradeiro safári. A longa contemplação de uma paisagem era outrora a própria definição de uma viagem pela África. Deixou de ser.

Nem minha velha paixão de partir a qualquer custo continuava me impelindo. "Começando numa tora oca de madeira — a uns milhares de quilômetros rio acima, com apenas uma perspectiva infinitesimal de retornar — eu me pergunto: 'Por quê?'" Richard Burton escreveu no Congo, em carta a um amigo. Ele respondeu a si próprio, como fiz certa vez à minha maneira: "E o único eco é 'maldito tolo!... O Diabo impele.'" Mas Burton tinha 42 anos na época. Eu já fui um homem vigoroso de 42 anos em uma piroga num rio rumo a lugar nenhum. Quando se aproximou de minha idade (Burton morreu em Trieste, aos 69), ele era mais cauteloso, não mais correndo riscos, mas sofrendo de gota e bronquite, e mais feliz em casa, mimado pela mulher, passando seus dias a folhear os livros de literatura erótica em sua biblioteca.

"Uma pergunta costuma ser formulada aos exploradores: 'O que o impediu de ir além já que tinha conseguido chegar tão longe?'" Francis Galton escreveu no prefácio à sua *Narrative of an Explorer in Tropical South Africa*, porque ele voltou para casa um tanto abruptamente. "E a resposta é que diversas circunstâncias independentes convergem para deter um homem depois que viajou certo tempo e distância."

Galton então examina as circunstâncias: o reaparelhamento da expedição, obter mais dinheiro, aprender outra língua, estudar os costumes, achar informações úteis, traçar novos planos.

> Mas as energias [do viajante] estão reduzidas, e seus meios se tornam inadequados à tarefa, e portanto não lhe resta alternativa senão retornar [para casa] enquanto ainda lhe é possível

> fazê-lo. Portanto não é de se esperar que alguma grande porção da vasta região inexplorada diante de nós revele seus segredos a um só viajante, e sim que se tornará conhecida pouco a pouco mediante várias descobertas sucessivas. [...] É provável que, nos anos vindouros, ainda reste amplo espaço na África aos homens inclinados à aventura para exercer ali, se não em outras partes, o ofício de exploradores.

Era assim também que eu me sentia. Deixe outra pessoa (proctologista, Piranesi, andarilho destemido, alguém com tempo livre) continuar de onde parei, e o resto da África poderá revelar seus segredos a esse viajante. Em minhas experiências rigorosas com espaço e tempo, eu só tinha uma cobaia para torturar: eu mesmo. E agora, tendo me dado um descanso, de volta à Cidade do Cabo, revisitando alguns dos lugares que havia visto, encerrando a minha viagem, estava feliz.

No meu último dia, acordei como de hábito, meditei um pouco, engoli minhas pílulas para gota e fiz algumas anotações enquanto tomava café. Depois juntei minhas roupas, tudo exceto o que eu vestia. Estava cansado das roupas que usara todos os dias de minha viagem. Fiz uma trouxa delas, com meu chapéu idiota no topo, peguei o trem para Khayelitsha e, escolhendo aleatoriamente uma mulher em uma barraca do mercado, perguntei se as queria. Ela não se surpreendeu com a oferta repentina, um perfeito estranho erguendo um braço cheio de roupas velhas para ela. Reagiu como se esse tipo de coisa ocorresse o tempo todo e aceitou-as agradecidamente, dizendo:

— Vão caber no meu marido.

Com um sorriso gentil, me aconselhou a ter cuidado na comunidade, manter a mão na carteira e partir o mais cedo possível.

Não o fim das viagens, ou dos ensaios arrojados — eles nunca acabam para mim —, mas o fim daquela viagem e desse tipo de viagem, marinada em política e destroços urbanos, em que a única narrativa possível que vejo (e que não quero escrever) é uma anatomia da melancolia. *O mundo é muito grande.*

O que estou fazendo aqui? Enfim eu soube. Estou me preparando para partir. Nas estradas de barro vermelho do sertão africano entre pessoas pobres e ignoradas, com frequência pensei nos pobres dos Estados Unidos, vivendo da mesma maneira, precariamente, nas estradas vermelhas do Extremo Sul, em fazendas decrépitas, aldeias miseráveis se sucedendo, currais de ovelhas e moinhos — pessoas que eu só conhecia dos livros, como conhecera inicialmente os africanos —, e me senti atraído de volta para casa.

FSC
www.fsc.org
MISTO
Papel produzido
a partir de
fontes responsáveis
FSC® C112738

A marca FSC® é a garantia de que a madeira utilizada na fabricação do papel deste livro provém de florestas que foram gerenciadas de maneira ambientalmente correta, socialmente justa e economicamente viável, além de outras fontes de origem controlada.

Este livro foi impresso na
LIS GRÁFICA E EDITORA LTDA.
Rua Felício Antônio Alves, 370 – Bonsucesso
CEP 07175-450 – Guarulhos – SP
Fone: (11) 3382-0777 – Fax: (11) 3382-0778
lisgrafica@lisgrafica.com.br – www.lisgrafica.com.br